I0827223

LES

FABLES EGYPTIENNES ET GRECQUES.

TOME SECOND.

Y 59
c2.

LES FABLES EGYPTIENNES ET GRECQUES

Dévoilées & réduites au même principe,

AVEC

UNE EXPLICATION DES HIÉROGLYPHES,

ET DE

LA GUERRE DE TROYE:

Par Dom ANTOINE-JOSEPH PERNETY, *Religieux Bénédictin de la Congrégation de Saint-Maur.*

Populum Fabulis pascebant Sacerdotes Ægyptii ; ipsi autem sub nominibus Deorum patriorum philosophabantur. Orig. lib. 1. contra Celsum.

TOME SECOND.

BIBLIOTHEQUE ROYALE

A PARIS, *Quai des Augustins.*

Chez BAUCHE, Libraire, à Sainte Genevieve & à S. Jean dans le Désert.

M. DCC. LVIII.

AVEC APPROBATION ET PRIVILEGE DU ROI.

LES FABLES ÉGYPTIENNES ET GRECQUES.

LIVRE III.

La Généalogie des Dieux.

CHAPITRE PREMIER.

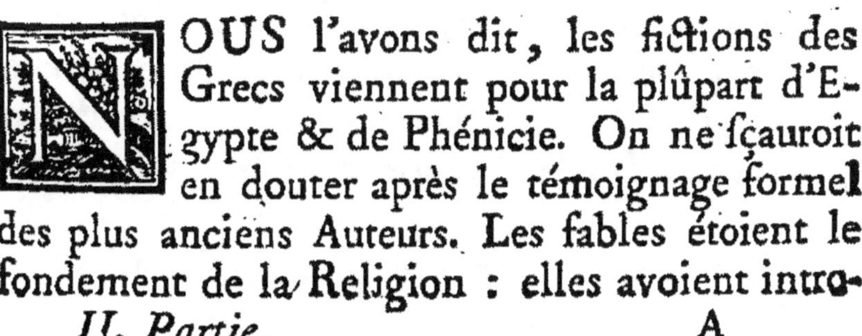

NOUS l'avons dit, les fictions des Grecs viennent pour la plûpart d'Egypte & de Phénicie. On ne sçauroit en douter après le témoignage formel des plus anciens Auteurs. Les fables étoient le fondement de la Religion : elles avoient introduit ce grand Nombre de Dieux qu'on avoit ſubſtitués à la place du véritable. Ainſi, en apprenant la Religion des Egyptiens, les Grecs apprenoient auſſi leurs fables. Il eſt certain, par exemple, dit M. l'Abbé Bannier (*a*), que le culte de Bacchus étoit formé ſur celui d'Oſiris; Diodore le dit en plus d'un endroit (*b*). Les repréſentations obſcenes de leur Hermès & de leur Priape, n'étoient-elles pas les mêmes que le *Phallus* des Egyptiens? Cerès & Cybelle les mêmes qu'Iſis? Le Mercure des Latins, l'Hermès des Grecs, le Teutat des Gaulois differoient-ils du Thot ou Thaut d'Egypte? Enfin ni les Pelaſges, qu'Herodote (*c*) dit avoir introduit en Grece le culte & les infamies du *Phallus*, ni les Grecs mêmes ne ſont à beaucoup près ſi anciens que les Egyptiens. S'il y a donc quelques differences, & dans les noms & dans les circonſtances des Fables, c'eſt que les Grecs qui avoient un penchant marqué pour les fictions, & qui d'un autre côté vouloient paſſer pour anciens, changeoient les noms & les aventures, pour qu'on ne reconnût pas d'abord qu'ils deſcendoient des autres Peuples, & qu'ils avoient appris d'eux les cérémonies de la Religion. De-là vient ſans doute que l'on trouve chez les Grecs les Fables Egyptiennes ſi défigurées, & qu'il y a tant de difference entre ce qu'Herodote, Diodore de Sicile & Plutarque diſent d'Iſis & d'Oſiris d'après les Prêtres d'E-

(*a*) Myth. Tom. I. p. 84.

(*b*) Lib. 1.

(*c*) Lib. 2.

gypte, & ce que les Poëtes racontent de Cerès, de Cybelle, de Diane, de Bacchus & d'Adonis, qu'on feroit tenté de croire que ce ne font pas les mêmes Divinités.

Si nonobftant toutes ces differences, les Mythologues, qui ne foupçonnoient pas le véritable objet de ces fictions, y ont reconnu le même fond, quoiqu'habillé différemment, ils auroient dû n'en pas varier fi fort les explications, & les faire envifager toutes dans le même point de vûe: mais, & les Hiftoriens & les Mythologues font fi peu d'accord entr'eux, qu'on ne fçait à quoi s'en tenir. Car enfin fi toutes ces Fables ont été inventées pour le même objet; fi celles des Grecs ne different de celles des Egyptiens que par l'habillement & les noms, quand on a expliqué ces dernieres, on ne devroit pas donner des premieres des explications différentes des autres. Si les voyages de Bacchus font les mêmes que ceux d'Ofiris, quand on fçait ce que fignifient ceux du prétendu Roi d'Egypte, on fçait auffi à quoi s'en tenir pour ce qui regarde ceux de Bacchus.

Homere & Hefiode font en quelque maniere les peres des Fables, parce qu'ils les ont réduites en corps, & qu'ils les ont divulguées d'une façon affez conftante; mais ils n'en font pas les inventeurs: l'idolâtrie étoit plus ancienne que ces deux Poëtes. Orphée, Melampe, &c. en avoient rempli leurs ouvrages, & l'on n'ignore pas que ces Poëtes & bien d'autres, de même qu'Homere, avoient puifé ces fictions en Egypte & dans la Phénicie.

Entreprendre de réfuter les Poëtes & les Hiftoriens ſur l'exiſtence réelle des Dieux & des Déeſſes, comme tels, c'eſt l'ouvrage d'un Chrétien, qui n'enviſage ces Dieux que par rapport à la Religion. Ce n'eſt pas l'objet que je me propoſe. Le ſentiment de pluſieurs Mythologues qui les regardent comme des perſonnes réelles, & qui adoptent cette exiſtence comme celle des perſonnes que les peuples ont diviniſées, mais qui ont un rapport néceſſaire & direct à l'Hiſtoire; & ceux qui penſent que les fables ſont des allégories pour la morale, ne penſent même pas qu'elles puiſſent avoir eu un autre objet. Les uns & les autres m'engagent à examiner cette théogonie, & à prouver qu'ils ſe ſont également trompés : car enfin ſi ces Dieux, ces Déeſſes, ces Héros n'ont jamais exiſté perſonnellement, le Chrétien prendroit aujourd'hui une peine fort inutile pour combattre au milieu du Chriſtianiſme un être actuel de raiſon. L'Hiſtorien Chronologique établiroit ſon hiſtoire ſur des époques chimériques, telle qu'eſt l'Hiſtoire du Monde de M. Samuel Shuckford, quant au prophane de ces ſiécles appellés fabuleux. Et comment le Moraliſte trouvera-t-il des regles pour les bonnes mœurs dans des exemples qui ne ſont propres qu'à les corrompre?

M. l'Abbé Banier a recueilli avec un travail immenſe tout ce que les Poëtes & les Hiſtoriens nous ont tranſmis des Dieux, & en a fait trois volumes de Mythologie, dans leſquels il s'eſt propoſé de démontrer que toutes les fables ne ſont que des traits d'hiſtoire, défigurés par une quantité prodigieuſe de fictions qu'on y a mêlées. Il est surprenant que ce Sçavant, après s'être vû forcé d'avouer que toutes les anciennes Fables des Grecs sont des imitations d'autres Fables pures d'Egypte, il ait malgré cela pris le parti d'en regarder les personnes feintes, comme des hommes qui ont réellement existé. » C'est dans » ce Livre, dit-il (liv. 5. du tome I.), qu'après » avoir rapporté les sentimens des Philosophes » anciens sur la Divinité, je prouverai par tout » ce que l'antiquité a de plus respectable, que » malgré leurs raffinemens, on a cru toujours » que la plûpart des Dieux avoient été des hom- » mes, sujets à la mort, comme ceux qui les » adoroient; & j'espere que cet article de la » Théologie Payenne sera prouvé d'une maniere » qui ne souffrira point de replique. «

Ce n'est cependant pas un petit embarras que de débrouiller dans ce sens-là la généaologie des Dieux; & ne pourroit-on pas lui dire avec Horace (*a*) :

Verum quid tanto feret promissor hiatu?

Cet Auteur, pour tenir sa promesse a employé tous les textes des Anciens qui favorisent son systême, & suivant les circonstances où il en avoit besoin. Il est arrivé de-là que ce qu'il dit dans un chapitre, détruit souvent ce qu'il avoit dit dans un autre, & que son ouvrage est rempli de contradictions. J'en donne des preuves dans celui-ci, lorsque je traite la même matiere, & l'on pourroit faire un volume des exemples dont je ne ferai point mention. Quelquefois même il

(*a*) Art Poet.

donne pour une véritable histoire, ce que dans quelques autres endroits il traite de fable pure. Il avoue que Palephate & beaucoup d'autres Auteurs, sont très-suspects, & il ne laisse pas de s'étayer de leur autorité toutes les fois qu'il trouve leurs textes propres à son projet. Quel fond peut-on faire après cela sur les explications qu'il donne des Fables? Et pensera-t-on avec lui qu'elles ne souffriront point de replique? Je laisse au Lecteur sensé & attentif, à juger si cette grande confiance étoit bien fondée.

Les Fables nous ont été transmises dans les écrits de plusieurs anciens Auteurs qui nous restent. Hesiode dans sa Théogonie, Ovide dans ses Métamorphoses, Hygin & plusieurs autres en ont traité assez au long. Homere (*a*) parle de cette généalogie des Dieux sous l'allégorie d'une chaîne d'or, à laquelle tous les Dieux s'étoient suspendus pour chasser Jupiter du Ciel, & dit que leurs efforts furent inutiles. La plûpart des Payens regardoient Jupiter comme le plus grand des Dieux; mais comme ils ne disoient pas qu'il n'avoit point d'autre origine que lui-même, nous examinerons quels étoient son pere, sa mere & ses ayeux.

(*a*) Iliad. l. 8.

CHAPITRE II.

Du Ciel & de la Terre.

LEs Auteurs des généalogies des Dieux n'ont eu que des connoissances fort confuses sur la véritable origine du Monde ; on pourroit même dire qu'ils l'ont absolument ignorée. Eclairés par les seules lumieres de la raison, ils se sont égarés dans leurs vaines spéculations, comme l'Apôtre saint Paul le leur reproche, & ils se sont en conséquence formés des idées diverses & de Dieu & de l'Univers. Ciceron, qui avoit recueilli toutes ces idées dans son Livre de la Nature des Dieux, nous en fait voir lui-même le peu de solidité.

Quelques-uns ont entrevû un être indépendant de la matiere, une intelligence infinie & éternelle, qui donne au Monde le mouvement, qui lui a donné la forme, & qui le conserve dans sa maniere d'être ; mais ils ont aussi supposé la matiere coéternelle à cette intelligence. Aristote & les Peripatheticiens paroissent l'avoir pensé ainsi. Platon & ses Sectateurs reconnoissent un Dieu éternel, comme cause efficiente de tout ce qui existe, & l'Univers comme un effet de cette cause, produit par ce Dieu, quand il lui a plû, & non de toute éternité comme lui. D'autres avec Epicure, ont pensé que le Monde s'étoit formé par le concours fortuit d'une infinité d'Atomes, qui après avoir long-tems voltigé dans le vuide, se seroient réunis ou coagulés comme le beurre ou le fromage se forme du lait, sans nous dire quelle a été ou pu être l'origine de ces Atomes.

Thalès, Heraclite & Hesiode ont regardé l'eau comme la premiere matiere des choses, & ils seroient en cela d'accord avec la Genese, s'ils avoient ajouté que le cahos ou cet abysme n'existoit pas de lui-même, & qu'une suprême intelligence & éternelle lui avoit donné l'être, la forme & l'ordre que nous y voyons.

La création de l'Univers s'est faite dans des ténebres trop épaisses, pour que nous puissions voir comment les choses s'y sont passées. C'est tems perdu que de raisonner là-dessus, & de vouloir imaginer des systêmes. Tous ceux qui en ont formé, ou qui ont voulu raffiner sur le peu que Moyse nous en a dit, n'ont rien donné de satisfaisant, & sont quelquefois tombés dans le ridicule. Je laisse aux Physiciens la discussion de tous ces sentimens; je ferai seulement observer que le Créateur de tout ce qui existe, n'étant pas assez connu des anciens Philosophes, ils n'ont peut-être étudié la nature des Dieux que par rapport aux choses sensibles, dont ils cherchoient à connoître l'origine & la formation, & qu'au lieu de soumettre la Physique à la Théologie, comme le dit fort bien M. l'Abbé Banier, ils ne fondoient leur Théologie que sur la Physique.

Ces idées se formerent des conséquences malentendues, mais puisées dans les principes philosophiques que les Grecs furent étudier chez les Egyptiens. Taüt, suivant le témoignage de Philon de Byblos, Traducteur de Sanchoniathon, avoit écrit l'histoire des anciens Dieux; mais c'étoit des Dieux dont nous avons parlé dans le premier livre; & le même Philon avoue que des Auteurs mêmes des siecles suivans, ne les avoient regardés que comme des allégories. Nous avons assez prouvé que Thaüt ou Mercure Trismégiste ne reconnoissoit qu'un seul Dieu, & s'il a parlé & écrit de quelques autres Dieux, il ne croyoit, ni ne vouloit pas que l'on crût qu'ils avoient été des hommes véritables & mortels, qu'on avoit déifiés dans la suite, puisqu'il étoit défendu, sous peine de la vie, de dire qu'ils avoient existé sous forme humaine; non qu'ils eussent été en effet des hommes, mais pour les raisons que nous avons déduites assez au long, lorsque nous avons expliqué les idées des Prêtres Egyptiens sur Isis & Osiris. Ainsi tous les témoignages des Auteurs que l'on apporte pour prouver que les Dieux avoient été de vrais hommes, prouvent seulement qu'ils n'étoient pas au fait du secret des Prêtres d'Egypte, & qu'ils avoient pris à la lettre ce qu'on n'avoit donné que pour des allégories.

Les Philosophes & les Poëtes se sont souvent moqués de ces Dieux. Rien de plus indigne & de plus choquant que la maniere dont ils en parlent. Ils en font des monstres, dit le célebre M. Bossuet (*a*); ils en représentent de ronds,

(*a*) Discours sur l'Hist. Univ.

de quarrés, de triangulaires, de boîteux, d'aveugles : ils parlent d'une maniere boufonne des amours d'Anubis avec la Lune; ils disent que Diane eut le fouët; ils font battre les Dieux, & les font blesser par des hommes; ils les font fuir en Egypte, où ils sont obligés, pour se cacher, de se métamorphoser en animaux. Apollon pleure Esculape, Cybele Athis: l'un, chassé du Ciel, est obligé de garder des troupeaux; l'autre, réduit à travailler à des ouvrages de maçonnerie, n'a pas le crédit de se faire payer: l'un est Musicien, l'autre Forgeron, l'autre Sage-femme. En un mot, on leur donne des emplois indignes; ce qui sent plutôt la boufonnerie du Théâtre, que la majesté des Dieux.

Peut-on en effet trouver rien de plus indécent que le rôle qu'Homere leur fait jouer dans ses Ouvrages? Et si ces Dieux avoient été des Rois, ou même des Héros, en auroit-il parlé avec si peu de respect? Lucien, dans ses Dialogues, ne se joue-t-il pas aussi des Dieux? Juvenal dit (a) que les enfans seuls le croyoient.

Nec pueri credunt, nisi qui nondum ære lavantur.

Nombre d'anciens Philosophes & Poëtes reconnoissoient cependant un Dieu unique, une intelligence suprême, de laquelle tout dépendoit, qui gouvernoit tout (b) : mais comme peu

(a) Sat. 6.

(b) Il y avoit à l'entrée du Temple de Delphes une ancienne inscription comprise dans ces deux lettres grecques ΕΙ : sur quoi Plude gens avoient assez réfléchi pour connoître le vrai Dieu, & en avoir une idée juste, ne trouvant rien de plus parfait que le ciel & la terre, il étoit tout naturel de les regarder comme les premiers Dieux. Ils imaginerent de-là que l'air & le ciel, la mer & la terre, les fleuves, les fontaines, les montagnes, les vents devoient être parens ou alliés, ou du moins contemporains, ou même, ce qui étoit plus croyable, tous freres & sœurs jumeaux (*a*). Mais comme le Soleil & la Lune étoient les deux objets les plus beaux & les plus frappans qui se présentent à nos yeux, ces deux astres devinrent les Dieux de presque tous les Peuples. Si nous en croyons les Anciens, le Soleil étoit l'Osiris des Egyptiens, l'Ammon des Lybiens, le Saturne des Carthaginois (*b*), l'Adonis des Phéniciens, le

tarque fait dire à Ammonius, principal Interlocuteur dans le Dialogue qui a cette inscription pour objet, que ce mot EI étoit le titre le plus auguste que l'on pouvoit donner à la Divinité; qu'il signifie TU ES, & exprime l'existence nécessaire de l'Etre suprême; que comme ce titre ne peut convenir à aucune créature, & qu'il n'y en a aucune dont on puisse dire dans un sens absolu, EI, TU ES, parce que leur existence est empruntée, incertaine, dépendante, sujette au changement & momentanée, ce nom peut, dans son sens le plus propre, être donné à la Divinité, parce que Dieu est indépendant, increé, immuable, éternel, toujours le même, & par conséquent que c'est de lui seul qu'on peut dire, qu'il est. Plutarque conclut encore mieux de ce seul mot EI, l'unité de Dieu, sa simplicité, & les droits qu'il a sur nos hommages.

(*a*) Voy. Hesiode Theog. v. 125. & suiv.

(*b*) Servius in 2. Æneid.

Bal ou le Belus des Assyriens, le Moloch des Ammonites, le Dionysius ou l'*Urotal* des Arabes, le Mithras des Perses, le Belenus des Gaulois. Apollon, Bacchus, Liber ou Dionysus, étoient la même chose que le Soleil chez les Grecs; Macrobe (a) le prouve d'une maniere qui ne laisse point de replique, dit M. l'Abbé Banier (b).

De même la Lune étoit Isis en Egypte, Astarté en Phénicie, Alilat chez les Arabes, Mylitta chez les Perses; Artemis, Diane, Dictynne, &c. en Grece, dans l'Isle de Crete, dans celle de Delos & ailleurs. Macrobe va même jusqu'à dire que tous les Dieux du Paganisme devoient rapporter & rapportoient en effet leur origine au Soleil & à la Lune. Après un tel aveu de M. l'Abbé Banier, n'est il pas surprenant qu'il veuille en faire des hommes?

Mais enfin on convenoit que le Soleil & la Lune devoient leur origine à quelqu'un plus ancien qu'eux, & l'on établissoit en conséquence une succession généalogique, dont le Ciel & la Terre étoient la premiere racine.

Uranus, dont le nom dans la Langue Grecque signifie le Ciel, épousa Titée ou la Terre, sa sœur, & en eut plusieurs enfans. Voilà le Ciel & la Terre reconnus comme source des Dieux. C'est donc eux & leur race que nous allons passer en revûe à l'imitation d'Hesiode (c).

(a) Sat. l. 1. c. 10.
(b) Mith. T. 1. p. 451.
(c) Salvete natæ jovis, date verò amabilem cantilenam. Celebrate quoque immortalium divinum genus semper existentium.
Qui tellure prognati sunt, & Cœlo stellato. *Theog.* *v. 104.*

Ces Dieux eurent pour enfans, Titan, Oceanus, Hyperion, Japet, Saturne, Rhée, Themis & les autres que ce Poëte rapporte. De Saturne & Rhée nâquirent Jupiter, Junon, Neptune, Glauca & Pluton : de Saturne & Phillyre, Chiron le Centaure. Des suites d'une opération violente que Jupiter fit à Saturne, nâquit Venus. De Junon seule vint Hebé. De Jupiter & de Metis, que ce Dieu avoit engloutie, sortit Pallas. Jupiter eut de Junon, sa sœur, Vulcain & Mars; de Latone, Apollon & Diane; de Maja, Mercure; de Sémele, Denys ou Bacchus; de Coronis, Esculape; de Danaé, Persée; d'Alcmene, Hercule; de Leda, Castor & Pollux, Helene & Clytemnestre; d'Europe, Minos & Rhadamante; d'Antiope, Amphion & Zethe; les Palisques de Thalie, & Proserpine de Cérès.

Nous ne ferons mention que de Saturne, Jupiter & ses enfans que nous venons de nommer, & nous y ajouterons seulement quelques-uns de ses petits-fils; car nous ne finirions pas, si nous voulions parler de tous. Au reste ce que nous dirons de ceux-ci, sera plus que suffisant pour apprendre à interpréter ce qui regarde ceux que nous omettrons.

Comme la généalogie du Ciel & de la Terre ne s'étend pas au-delà d'eux, à moins qu'avec quelques Auteurs on ne les dise enfans du Cahos, il est inutile d'en parler plus au long. Voyons ce que c'étoit que Saturne, afin d'avoir quelque connoissance du pere par le fils.

CHAPITRE III.

Histoire de Saturne.

SAturne fut le dernier & le plus méchant des fils du Ciel & de la Terre. Les Anciens, pour s'accommoder aux procédés que la Nature employe dans toutes ses générations, se sont trouvés dans la nécessité de personnifier ces deux parties qui composent l'Univers : & comme toute génération suppose un accouplement du mâle & de la femelle dans les êtres animés, ou de l'agent & du patient dans ceux qui ne le sont pas, on a donné à Saturne, supposé animé & intelligent, un pere & une mere de même espece.

Il n'y a pas d'apparence qu'en supposant le Ciel qui est sur nos têtes, & la Terre sur laquelle nous marchons, pere & mere de Saturne, Hesiode & les autres ayent prétendu nous faire croire que le Ciel & la Terre se soient accouplés à la maniere des êtres animés; c'est donc comme agent & patient, comme forme & matiere; le Ciel faisant la fonction de mâle, & la Terre l'office de femelle; le premier comme agent, donnant la forme; la seconde comme patiente, & fournissant la matiere. Il ne faut donc pas s'imaginer que les Anciens ayent deliré au point de supposer en réalité au Ciel & à la Terre des parties animales propres à la génération d'individus animés.

Les Mythologues qui ont voulu rapporter les Fables à l'Histoire, ont été obligés d'en fabriquer une, sans s'inquietter beaucoup si elle étoit conforme à ce que les plus anciens Poëtes nous ont dit de Saturne, quoique c'étoit d'eux seuls que l'on pouvoit apprendre l'histoire de ce Dieu, puisqu'ils sont plus anciens que les Historiens. On a donc feint qu'Urane ou le Ciel étoit un Prince, qui surpassa tellement tout ce que son pere & ses prédécesseurs avoient fait de remarquable, qu'il effaça dans le souvenir de la postérité jusqu'aux noms mêmes de ceux dont il descendoit (*a*). On ajoute qu'il passa le Bosphore, porta ses armes dans la Thrace, conquit plusieurs Isles, se jetta rapidement sur les autres Provinces de l'Europe, pénétra jusqu'en Espagne, & passant le détroit qui la sépare de l'Afrique, il parcourut la côte de cette partie du Monde, d'où revenant sur ses pas (*b*), il alla du côté du Nord de l'Europe, dont il soumit tout le pays à sa puissance. On dit même qu'il ne fût nommé *Urane*, que par le soin qu'il eut de s'appliquer à la science du Ciel, à en connoître la nature, les révolutions & les divers mouvemens des astres.

Si Uranus n'a pris son nom que de-là, il faudra donc dire aussi que Titée n'a pris le sien, que de l'application qu'elle s'est donnée à connoître la nature de la Terre & ses propriétés. Mais ne voit-on pas que de telles explications sont peu satisfaisantes? On ne s'est pas avisé de

(*a*) M. l'Abbé Banier, T. II. p. 22.

(*b*) Diod. de Sic. l. 1.

celle du nom de *Titée*; elle eût cependant été néceſſaire pour former une explication vraiſemblable. Car comment ſeroit-il arrivé que la femme d'Uranus ſe ſeroit préciſément nommée Titée? Et s'ils n'avoient l'un & l'autre ces noms, que par des raiſons auſſi peu ſolides que celles que nous venons de déduire, comment les Titans, leurs enfans, en auroient-ils pris occaſion de *publier qu'ils étoient les enfans du Ciel & de la Terre, croyant ſe rendre auſſi reſpectables par cette origine, qu'ils étoient redoutables par leur force & leur valeur* (*a*)?

Les Titans que nous venons de nommer, ne furent pas les ſeuls enfans de la Terre. Irritée de la victoire que les Dieux avoient remportée ſur eux, elle fit un dernier effort, & fit ſortir de ſon ſein le redoutable Typhon, qui ſeul donna plus de peine aux Dieux que tous ſes autres freres enſemble : mais nous en avons déja parlé dans le premier livre; revenons à Saturne.

» Urane, pere de Saturne, dit Heſiode (*b*),
» ayant jetté les Titans, ſes fils, liés & garrotés
» dans le Tartare, qui eſt le lieu le plus téné-
» breux des Enfers, ce fut, ajoute cet Auteur,
» dans cette occaſion que Titée indignée du
» malheureux ſort de ſes enfans, engagea les
» autres Titans à dreſſer des embuches à ſon
» mari, & qu'elle donna à Saturne, le plus jeune
» de tous ſes fils, cette faulx de diamant avec
» laquelle il le mutila. «

En feignant Urane & Titée enfans du Cahos,

(*a*) M. l'Abbé Banier, T. II. p. 22. (*b*) Theog.

comme

comme ont fait les Anciens, il n'est pas naturel de les regarder comme des personnes réelles, & cette mutilation d'Urane ne peut en conséquence avoir lieu, & être prise dans le sens naturel. Si on les prend pour le Ciel & la Terre, qu'auroient-ils engendrés? Sans doute un autre Ciel & une autre Terre, puisque chaque individu engendre son semblable dans son espece. Saturne, Rhée & leurs enfans auroient donc été autant de nouveaux Ciels, ou de nouvelles Terres. Les Mythologues n'ont pas fait cette réflexion. De Saturne ils ont fait le Tems, de Thetis une Déesse marine, de Themis la Déesse de la Justice, de Cérès la Déesse des grains, de Titan, de Japet, &c. je ne sçai trop quoi. Selon les Atlantides, ces enfans du Ciel & de la Terre étoient au nombre de dix-huit, & suivant les Cretois, cette famille n'étoit composée que de six garçons & de cinq filles.

Du nombre des garçons, Saturne fut le plus célebre. On le représentoit anciennement sous la figure d'un vieillard pâle, & courbé sous le poids des années, tenant une faulx à la main, avec un dragon qui se mordoit la queue, & de l'autre un enfant qu'il portoit à sa bouche béante, comme pour le dévorer. Sa tête étoit couverte d'une espece de casque, & ses habits sales & déchirés, la tête nue & presque chauve. On plaçoit à ses côtés ses quatre enfans, Jupiter mutilant son pere, & Vénus naissante de ce qu'il avoit coupé. Saturne, quoique le plus jeune des enfans d'Urane, s'empara du Royaume, qui appartenoit par droit d'aînesse à Titan. Les enſans de celui-ci eurent beau s'oppoſer à la puiſſance naiſſante de leur oncle, tout plia ſous elle; mais il ne mit fin à cette guerre que par une paix, dont les conditions étoient que Saturne feroit mourir tous les enfans mâles qu'il auroit de Rhée, ſon épouſe & ſa ſœur. Scrupuleux obſervateur du traité, Saturne les dévoroit lui-même à meſure qu'ils naiſſoient. Jupiter eût éprouvé le même ſort, ſi Rhée n'avoit uſé de ſtratagême pour le ſouſtraire à la voracité filicide de ſon pere. Elle préſenta à ſon mari un caillou emmailloté, & tout couvert de langes. Saturne ſans examiner l'avalla, penſant que c'étoit Jupiter.

Rhée ayant ainſi trompé ſon époux, mit Jupiter en nourrice chez les Corybantes, & leur confia ſon éducation, juſqu'à ce qu'il fût parvenu à un âge propre à regner. Neptune & Pluton furent auſſi ſauvés par quelqu'autre ruſe. Saturne devint enſuite ſenſible aux appas de Phillyre, fille de l'océan, & ſe voyant pris ſur le fait par Ops, il ſe métamorphoſa en cheval : c'eſt pourquoi Phillyre mit au monde Chiron, le plus juſte & le plus prudent des Centaures, à qui fut confiée l'éducation d'Hercule, celles de Jaſon, d'Achille, &c. Jupiter en uſa enſuite impitoyablement avec Saturne, comme celui-ci en avoit uſé avec le Ciel, ſon pere. On dit même que dans une des imprécations que la colere dicte aux peres & aux meres contre un fils ingrat, Urane & Titée annoncerent à Saturne que ſes enfans le traiteroient comme il les avoit traités lui-même; & qu'intimidé par cette menace, il prit le parti de faire périr tous ſes enfans.

Saturne mutilé & déthrôné, errant du Ciel, se retira en Italie, où il se cacha; & c'est de-là, ajoute-t-on, que l'Italie prit le nom de *Latium*, de *latere*, se cacher (*a*). Il est en vérité bien surprenant qu'une si petite portion de la Terre ait pu contenir & cacher le fils d'un pere si vaste & si étendu. Il a plu aux Auteurs de s'égayer ainsi, sans doute dans le dessein de donner à leurs Villes & à leur pays un relief qui les mît au-dessus des autres Peuples.

Saturne étoit un des principaux Dieux de l'Egypte, de même que Rhée, son épouse. Quelques Auteurs ont même avancé qu'il fut pere d'Isis & d'Osiris. Herodote & après lui beaucoup d'Historiens, & presque tous les Mythologues, conviennent que les Grecs ont pris des Egyptiens le culte des Dieux. Il est constant d'ailleurs que le culte de Saturne étoit établi en Egypte avant que les Phéniciens prissent le parti de conduire des Colonies dans la Grece. Il est certain encore, comme l'assure le même Herodote, que les Egyptiens n'ont point emprunté le Saturne ni le Jupiter des Grecs. Quoique l'antiquité nous ait laissé peu de lumieres sur le tems auquel Saturne & Jupiter ont regné, M. l'Abbé Banier (*b*)

(*a*) *Primus ab Æthereo venit Saturnus Olympo*
Arma jovis fugiens, & regnis exul ademptis.
Is genus indocile, ac dispersum montibus altis
Composuit, legesque dedit, latiumque vocari
Maluit, his quoniam latuisset tutus in oris.
Virg. Æneid. l. 8.

(*b*) T. II. p. 130.

pense qu'on peut le déduire de la généalogie de Déucalion, dont les marbres de Paros placent le regne en la neuvieme année de celui de Cécrops. Enfin tout calcul fait, ce sçavant Mythologue croit qu'on peut fixer la mort de Jupiter à l'an 1780. avant l'Ere vulgaire, & le regne de Saturne vers l'an 1914. avant Jesus-Christ. Il s'agit de sçavoir si le Saturne dont il parle, est le même que celui d'Egypte : Herodote (*a*) parle des huit grands Dieux des Egyptiens ; & puis des douze ; & l'on sçait que Saturne & Jupiter étoient du nombre des prêmiers. On les disoit même l'un & l'autre peres d'Osiris, comme nous l'avons rapporté dans le premier livre. M. l'Abbé Banier pense aussi (*b*) qu'Osiris est le même que Mesraim, fils de Cham, qu'il dit être Ammon. Mais de quelque maniere qu'on regarde la chose, il restera pour constant que Saturne étoit un des grands Dieux d'Egypte, & que s'il fut Roi dans ce pays-là, on a tort de supposer son regne dans la Grece ou dans l'Italie, puisque les meilleurs & les plus anciens Auteurs soutiennent que les Grecs emprunterent des Egyptiens le culte des Dieux, dont celui-ci étoit du nombre.

Au reste, tout ce que les Grecs disoient de leur Saturne, convenoit très-bien au Saturne d'Egypte, & il y a grande apparence que l'amour-propre & la vanité seule avoient engagé les Grecs à feindre que Saturne & Jupiter avoient pris naissance chez eux ; parce que, comme nous l'avons dit, ils ne vouloient pas qu'on crût qu'ils

(*a*) L. 2. (*b*) T. I. p. 484.

tiroient leur origine d'autres que des Dieux. Si M. l'Abbé Banier & la plûpart des Anciens avoient fait cette réflexion, ils ne se seroient pas tant mis l'esprit à la torture pour chercher l'époque du regne de Saturne & des autres Titans, & auroient vû sans peine que toutes ces fables étoient des fables purement allégoriques, & non de véritables histoires racontées fabuleusement. Il suffit même pour en être convaincu, de lire avec un peu d'attention l'histoire de ces Dieux dans la Mythologie du sçavant Abbé que nous citons si souvent. Quelqu'ingenieuses que soient les explications qu'il en donne, on sent combien il est difficile de suivre, ou plutôt de faire promener Saturne dans différens cantons de la Grece, de l'Espagne, ensuite de l'Italie; combien il en coûte au Jugement pour se persuader qu'il y a eu un autre Saturne que celui d'Egypte, fils comme lui du Ciel & de la Terre, frere & époux de Rhée, & pere de Jupiter: Cérès, même fille de Saturne, suivant les Grecs, n'est point différente d'Isis. Vesta, autre fille de Saturne, étoit aussi une Déesse de l'Egypte. Typhon enfin, qui causa tant de peines & d'embarras aux Dieux Saturne, Jupiter, &c. étoit un Titan, & un Titan Egyptien, de même que Promethée, fils de Japet, & neveu de Saturne, puisqu'Osiris le constitua Gouverneur d'une partie de ses Etats pendant le voyage qu'il fit aux Indes. Il suffiroit donc de rapprocher toutes ces histoires, pour voir d'un coup d'œil sur les explications que nous avons données dans le premier livre, & sur ce que nous venons de dire, que ces prétendus Princes Titans ne sont que des êtres fabuleux & allégoriques.

Par Saturne, plusieurs ont interprété le tems, à cause de son nom *Chronos*. Il est unique, dit-on, il paroît engendré, ou, si l'on veut, combiné & mesuré par le mouvement des Cieux; cette filiation unique a fait imaginer qu'il avoit mutilé son pere. On se fonde encore dans ce sentiment, sur ce que le tems dévore tout; ce qui se fait dans le tems, est comme son enfant; & s'il épargne quelque chose, c'est tout au plus les cailloux & les pierres les plus dures : c'est pourquoi l'on feint qu'il vomit le caillou qu'il avoit avalé, croyant avoir dévoré Jupiter. *Tempus edax rerum*, dit Horace.

Telle est l'explication de quelques autres Mythologues, appuyée sur le témoignage de Ciceron même, qui dans son Livre de la nature des Dieux, fait parler deux Philosophes, dont un des Interlocuteurs dit que c'étoit ce Dieu qui gouvernoit le cours du tems & des saisons.

Il faut avouer que cette explication n'est pas mal trouvée : mas malheureusement elle cloche par quelque endroit, & laisse à côté plusieurs circonstances de cette fable. Que le Ciel soit pere de Saturne, passe; mais que la Terre soit sa mere, cela ne quadre pas tout-à-fait bien. La Terre auroit-elle donc conçu le Tems? Et que fait la Terre à sa production? Qu'y fait même le Ciel? à moins que l'on n'y considere que le cours & le mouvement des Planettes & des Astres. Pour moi, j'aurois plutôt imaginé le Soleil que Saturne pour pere du tems; on ne le regarde cependant que comme le petit-fils de ce premier des Dieux. C'eſt ſur le cours du Soleil, que ſe reglent le jour & la nuit, l'année, l'Eté, l'Hyver & les autres ſaiſons. Je l'aurois même pris pour le Tems même, plutôt que le fils du Ciel.

Pourquoi en effet repréſenter le Tems ſous la figure d'un Vieillard pâle, languiſſant, courbé ſous le poids des années, par conſéquent très-peſant & très-tardif, lui qui vole plus vîte que le vent, lui dont rien n'égale la célérité, lui qui ne vieillit jamais, & qui ſe renouvelle à chaque inſtant? On dit que le dragon ou ſerpent que l'on met à la main de Saturne, ſignifie l'année & ſes révolutions, parce qu'il mord ſa queue; mais il repréſenteroit mieux, s'il me ſemble, le ſymbole de la jeuneſſe, parce que le ſerpent ſemble rajeunir toutes les fois qu'il change de peau, au lieu qu'une année paſſée ne revient plus. Je ne vois même aucune différence entre ce ſerpent, & ceux que l'on donne à Mercure, à Eſculape, ceux mêmes qui étoient conſtitués gardiens de la Toiſon d'or & du jardin des Heſpérides. Pourquoi ſeroit-il donc là le ſymbole de la révolution annuelle, ici celui de la concorde & de la réunion des contraires, là celui de la Médecine, & ici celui de la prudence & de la vigilance?

Pour trouver la véritable ſignification de ce ſerpent, c'eſt des Egyptiens, les peres des ſymboles, & des Hiéroglyphes, qu'il faut l'apprendre. Horapollo (*a*) nous dit que ces Peuples voulant

(*a*) Quod vero velut cibo, ſuo utatur (ſerpens) corpore, ſignificat id, quæcumque Dei providentiâ in

représenter hiéroglyphiquement la naissance des choses, leur résolution dans la même matiere, & les mêmes principes dont elles sont faites, mettoient devant les yeux la figure d'un serpent qui dévore sa queue. Le même Auteur dit que pour représenter l'Eternité, les Egyptiens peignoient le Soleil & la Lune, ou un Basilic, appellé par les Egyptiens *Urée*, parce qu'ils regardoient ces Astres comme éternels, & cet animal comme immortel (*a*). Il ajoute (art. 3.) que la figure d'Isis étoit le symbole de l'année, comme le palmier : mais il ne dit en aucun endroit, que le serpent mordant sa queue, en fût la figure. Le Pere Kircher (*b*) semble avoir voulu généraliser l'idée d'Horapollo, en disant que les Egyptiens voulant désigner le Monde, représentoient un serpent mordant sa queue, comme s'ils eussent voulu indiquer que tout ce qui se forme dans le monde, tend peu à peu à sa dissolution en sa premiere matiere, suivant cet axiome, *in id resolvimur ex quo sumus*. Il apporte même en témoignage le sentiment d'Eusebe, qui en parlant de la nature du serpent, suivant l'idée qu'en avoient les Phéniciens, dit :

mundo gignuntur, ea rursum in eandem materiam resolvi, & tanquam imminutionem sumere. *Liv. 1. chap. 1.*

Porro annum demonstrare volentes, Isin, hoc est mulierem pingunt : quo etiam signo Deam significant...... Aliter quoque annum indicantes palmam pingunt, quod arbor hæc sola ex omnibus ad singulos Lunæ ortus, singulos etiam ramos procreet, ita ut duodecim ramorum productione annus expleatur. *Horapollo, l. 1. c. 3.*

(*a*) *Ibid.* chap. 1.

(*b*) Ideæ Hierog. lib. 4°.

καὶ εἰς ἑαυτὸν ἀναλύεται ὧ περιπροκεῖται. Le Pere Kircher approche même de l'idée que les Philoſophes Hermétiques attachent à la figure & au nom du ſerpent, lorſqu'il dit (*a*) que les Egyptiens figuroient les quatre élémens par ce reptile: car les Philoſophes prennent le ſerpent, tantôt pour ſymbole de la matiere du Magiſtere, qu'ils diſent être l'abrégé des quatre élémens, tantôt pour cette matiere terreſtre réduite en eau, & enfin pour leur ſouphre ou terre ignée, qu'ils appellent la miniere du feu céleſte, & le receptacle dans lequel abonde cette vertu ignée qui produit tout dans le monde. Cette matiere, diſent-ils, compoſée des quatre élémens, doit ſe réſoudre en ſes premiers principes, c'eſt-à-dire en eau, & c'eſt par ſon action que les corps ſont réduits en leur premiere matiere. Si vous voulez ſçavoir quelle eſt notre matiere, ajoutent-ils, cherchez celle en quoi tout ſe réſout; car les choſes retournent toujours à leurs principes, & ſont compoſées de ce en quoi ils ſe réſolvent. Bernard Treviſan (*b*) explique cette réſolution, & avertit qu'il ne faut pas s'imaginer que les Philoſophes entendent parler des quatre élémens ſous les noms de premiere matiere, ou de premiers principes; mais les principes ſecondaires ou principiés des corps, c'eſt-à-dire eau mercurielle.

Les Philoſophes ont ſouvent pris le ſerpent ou le dragon, pour ſymbole de leur matiere. Nicolas Flamel y eſt précis. Majer (*c*) en a fait

(*a*) Loc. cit.
(*b*) Philoſ. des Métaux.
(*c*) Atalanta fugiens.

le quatorzieme de ſes emblêmes, avec ces vers au-deſſous :

Dira fames polypos docuit ſua rodere crura ;
Humanâque homines ſe nutriiſſe dape.
Dente draco caudam dum mordet & ingerit alvo ;
Magna parte ſui fit cibus ipſe ſibi.
Ille domandus erit ferro, fame, carcere, donec
Se voret & revomat, ſe necet & pariat.

Les Diſciples d'Hermès ont donc ſuivi les idées de leur Maître ſur l'hiéroglyphe du ſerpent. Ils en ont donné à Cadmus, à Saturne, à Mercure, à Eſculape, &c. Ils ont dit qu'Apollon avoit tué le ſerpent Python, pour dire que l'or philoſophique avoit fixé leur matiere volatile. Ils en ont fait Typhon l'anagramme de Python, & lui ont donné pour enfans tous ces dragons & ces monſtres, dont il eſt parlé dans les Fables. Les Philoſophes plus modernes ſe ſont conformés aux anciens, & par le ſerpent qui dévore ſa queue, ils entendent proprement leur ſoufre, comme nous l'apprennent une infinité d'entre eux, particulierement Raymond Lulle, en ces termes (a) : » Mon fils, c'eſt le ſoufre ou la » couleuvre qui dévore ſa queue, le lion rugiſ- » ſant, l'épée tranchante, qui coupe, mortifie » & diſſout tout. Et l'auteur du Roſaire : On » dit que le dragon dévore ſa queue, lorſque la » partie volatile, veneneuſe & humide, ſemble » ſe conſumer, car la volatilité du ſerpent dé-

(a) Codic. c. 31.

» pend beaucoup de sa queue. « D'Espagnet fait aussi mention de ce serpent en ces termes: *In ambabus his posterioribus operationibus sævit in seipsum draco, & caudam suam devorando totum se exhaurit, ac tandem in lapidem convertitur.*

Quant au serpent simplement considéré en lui-même, les Philosophes en ont donné le nom à leur eau mercurielle, parce qu'on dit communément que les eaux serpentent en s'écoulant, & que les ondes imitent les inflexions que le serpent fait en rampant. D'ailleurs, dans la seconde opération du Magistere, le serpent philosophique commence à se dissoudre par sa queue, au moyen de sa tête, c'est-à-dire de son premier principe.

Ces explications ne sont pas de moi. Il ne faut qu'avoir tant soit peu lû les ouvrages des Philosophes, pour en être convaincu. » Considérez bien ces deux dragons, dit Flamel (*a*); » car ce sont les vrais principes de la Philosophie, que les Sages n'ont pas osé montrer & » nommer clairement à leurs enfans propres. » Celui qui est dessous sans aîles, c'est le fixe » ou le mâle; celui qui est dessus avec des aîles, » c'est le volatil, ou la femelle noire & obscure, » qui prendra la domination pendant plusieurs » mois. Le premier est appellé soufre, ou bien » *calidité* & *siccité*; & le second, argent vif, » ou *frigidité* & *humidité*. Ce sont le Soleil & » la Lune de source mercurielle & origine sul-

(*a*) Explic. des fig. chap. 4.

» fureuſe, qui par le feu continuel s'ornent
» d'habillemens royaux, pour vaincre toute
» choſe métallique, ſolide, dure & forte, lorſ-
» qu'ils ſeront unis enſemble, & puis changés
» en quinteſſence. Ce ſont ces ſerpens & dra-
» gons, que les anciens Egyptiens ont peints
» en cercle, la tête mordant la queue, pour dire
» qu'ils étoient ſortis d'une même choſe, &
» qu'elle ſeule étoit ſuffiſante à elle-même, &
» qu'en ſon contour & circulation elle ſe par-
» faiſoit. Ce ſont ces dragons que les anciens
» Poëtes ont mis à garder, ſans dormir, les
» pommes dorées des jardins des Vierges Heſpe-
» rides. Ce ſont ceux ſur leſquels Jaſon, en l'a-
» venture de la Toiſon d'or, verſa le jus préparé
» par la belle Médée : des diſcours deſquels les
» livres des Philoſophes ſont ſi remplis, qu'il n'y
» en a point qui n'en ait écrit, depuis le véridi-
» que Hermès Triſmegiſte, Orphée, Pythagoras,
» Artephius, Morienus & les autres ſuivans
» juſqu'à moi. Ce ſont, &c. «

Le portrait que Baſile Valentin fait de Saturne (*a*) convient très-bien avec celui de la Fable. » Moi Saturne, dit ce Philoſophe, la
» plus élevée des Planettes du Firmament, je
» confeſſe & proteſte devant vous tous, mes
» Seigneurs, que je ſuis le plus vil & le moin-
» dre d'entre vous; j'ai un corps infirme & cor-
» ruptible, de couleur noire, ſujet à beaucoup
» d'afflictions, & à toutes les viciſſitudes de
» cette vallée de miſere. C'eſt moi cependant

(*a*) Préf. de ſes douze Clefs.

» qui vous éprouve tous ; je n'ai point une de-
» meure fixe, & en m'envolant, j'enleve tout
» ce que je trouve de ſemblable à moi. Je ne
» rejette la faute de ma miſere que ſur l'inconſ-
» tance de Mercure, qui par ſa négligence &
» ſon peu d'attention, m'a cauſé tous ces mal-
» heurs. « Un Auteur anonyme, en parlant de la génération de Saturne, dit (*a*) : » Il eſt
» ſujet à beaucoup de vices par le défaut de ſa
» nourrice, boîteux, mais cependant d'un génie
» doux, aiſé, ſage, prudent, & même ſi ruſé,
» qu'il eſt le vainqueur de tous, excepté de deux.
» Sa mauvaiſe digeſtion, ajoute-t-il, le rend
» pâle, infirme, courbé ; il porte la faulx,
» parce qu'il éprouve les autres. On lui donne
» un ſerpent, parce qu'il les renouvelle & les
» rajeunit, pour ainſi dire, en ſe renouvellant
» lui-même. «

Je ne prétends pas nier que la plûpart des Anciens n'ayent pris Saturne pour le ſymbole du Tems. Ciceron aſſez bien inſtruit de la Théologie Payenne, dit poſitivement dans ſon ſecond livre de la nature des Dieux : » Les Grecs pré-
» tendoient que Saturne eſt celui qui contient
» le cours & la converſion des eſpaces & du
» tems. Ce Dieu s'appelle en grec, *Chronos*,
» mot qui ſignifie le tems. Il eſt appellé Satur-
» ne, parce qu'il eſt *ſou d'années* : & l'on feint
» qu'il a dévoré ſes propres fils, parce que l'âge
» dévore les eſpaces du tems, & ſe remplit in-
» ſatiablement des années qui s'écoulent. Il a

(*a*) Philoſ. Occ. ch. 12.

» eté lié par Jupiter, de peur que sa course ne fût immodérée : voilà pourquoi Jupiter s'est servi des Etoiles, comme de liens pour le garroter. «

Si cet endroit de Ciceron prouve pour ceux qui prétendent avec lui que Saturne ne signifie que le Tems, au moins prouve-t-il également que Saturne ne fut jamais un Prince réel de la Gréce, mais seulement un personnage feint, & son histoire une allégorie. Et si c'étoit le sentiment même des Grecs, envain M. l'Abbé Banier & quelques autres Mythologues se mettent-ils en frais de raisonnemens & de preuves tirées de Diodore de Sicile & de plusieurs Anciens, pour en fabriquer une histoire, dont ils prétendent nous soutenir la réalité. Varron lui-même, après bien d'autres Philosophes, qui avoient raisonné sur la nature des Dieux, trouverent tant d'absurdités dans le fond même de leurs Histoires, qu'ils sentirent la nécessité indispensable de recourir à l'allégorie, pour trouver quelques explications au moins vraisemblables : mais la grande diversité de leurs interprétations, prouve qu'ils n'étoient pas au fait des objets que les Auteurs de ces allégories avoient en vûe. Saint Augustin les trouvoit si peu satisfaisantes, qu'il dit que par leurs explications, ils veulent faire honneur à ces fables ridicules, extravagantes, en les appliquant aux opérations de la Nature & de l'Univers, & aux différentes parties de l'un & de l'autre. Il suffit en effet de lire tout l'endroit que nous venons de citer de Ciceron, pour voir clairement que ces explications sont absolument forcées. Car qui prendra jamais des étoiles pour des liens de laine? Qui pourra penſer avec lui que Saturne a été ainſi nommé, de ce qu'il eſt *ſou d'années, quod ſaturetur annis*, puiſque le Tems en eſt au contraire inſatiable? L'en croira-t-on ſur ſa parole, quand il ajoute, que l'on feint que Saturne a dévoré ſes propres fils, parce que l'âge dévore les eſpaces du tems? Si cela étoit ainſi, comment auroit-on pu dire qu'il revomit le caillou & le reſte qu'il avoit dévoré, au moyen d'une boiſſon qu'on lui fit prendre, puiſque le tems une fois paſſé ne revient pas, & ne rend jamais ce qu'il a englouti?

L'hiſtoire de Saturne renferme même une infinité de circonſtances qui ne peuvent convenir au Tems. Ses guerres, par exemple, avec les Titans, ſa mutilation, ſon déthrônement, ſa fuite, & ſa retraite en Italie pour s'y cacher, ſon regne avec Janus, ſa parenté même; car que feroit-on de Titan, de Japet, d'Atlas, de Rhée & des autres? à quelles parties du Tems les attribuera-t-on? Et ſi le Tems eſt le plus ancien & l'aîné des choſes, comment pourra-t-on dire que Saturne étoit le plus jeune des enfans du Ciel & de la Terre?

Quant à ſon nom grec Κρόνος, qu'on dit être le même que *χρόνος*, *tempus*, je croirois que cette reſſemblance de noms a été la cauſe de l'erreur de ceux qui ont pris Saturne pour le Tems. Si l'on avoit fait attention aux autres noms que les Grecs donnoient à ce Dieu, on auroit reconnu que Κρόνος pouvoit ne pas ſignifier le Tems, puiſque celui d'Ἴλος, que Philon de Byblos, Interpréte de Sanchuniathon, donne à Saturne, suivant le témoignage d'Eusebe, l. 1. προπάρχσκιυ, n'a aucun rapport avec le Tems. Ἴλον τὸν καὶ Κρόνον καὶ Βέτυλον, &c. dit cet Auteur. On sçait qu'Ἴλυς veut dire du limon, de la boue, & qu'il a été fait d'ἕλος, *palus*, duquel on peut également avoir fait Ἴλος, qui est le nom de Saturne; & alors Κρόνος pourroit venir de Κράνα, ας, que les Doriens disoient pour Κρήνη, *fons*; car on n'ignore pas que les Grecs changeoient assez souvent l'*a* en *o* : peut-être viendroit-il encore de Κρουνὸς, *fons scaturiens*, qui a été fait aussi de Κρήνη, & dans ce cas on auroit dit Κρόνος par syncope pour Κρουνός. Cette étymologie paroît d'autant plus naturelle, que la plûpart des Anciens admettoient avec les Philosophes Hermétiques, l'eau comme premier principe, ou le cahos, qu'ils regardoient comme une boue, & un limon duquel tout étoit sorti. Quelques-uns ont même dit que l'Océan ou l'eau étoit le plus ancien & le pere des Dieux. D'autres ont dit qu'Océan étoit seulement frere de Saturne, sans doute parce que l'eau & la boue sont toujours ensemble. L'eau seroit alors l'Océan, & le limon Saturne; ce qui seroit désigné par son nom Ἴλος.

Les Philosophes Hermétiques ont toujours eu cette idée de leur Saturne, puisqu'ils ont donné ce nom à leur cahos ou matiere dissoute, & réduite en boue noire, qu'ils ont appellée *plomb* des Sages. Mais comme ces noms de *plomb* & de *Saturne* pouvoient induire en erreur les Chymistes, Riplée les en avertit, en disant (*a*):

(*a*) Philorii, cap. 20.

» Notre

» Notre racine est renfermée dans une chose
» vile, méprisée, & à laquelle la vûe ne met
» point de prix; (qu'y a-t-il en effet de plus mé-
» prisable que la boue?) mais prenez garde de
» vous tromper sur notre Saturne. Le plomb,
» croyez-moi, sera toujours plomb. «

Telle est la véritable idée que nous devons avoir de Saturne, ce Dieu couvert de haillons, ou d'habits sales & déchirés; puisque la matiere du Magistere est dans cet état de dissolution & de noirceur, un objet vil, méprisé comme de la boue, qui paroît à l'œil sous un dehors sale, & plus capable de la faire rejetter & fouler aux pieds, que d'attirer des regards. Les Philosophes toujours attentifs à ne s'exprimer que par énigmes, ou par des allégories, ont parlé de cette matiere, tantôt en général, tantôt en particulier, & l'ont appellée *Saturnie végetale*, *race de Saturne*; ils en ont parlé dans cet état de confusion & de cahos, comme de la matiere de laquelle se formoit ce cahos & cette boue. Raymond Lulle dit en conséquence (*a*): » Elle paroît
» à nos yeux sous un habit sale, puant, infecté
» & venimeux. « Et l'auteur du *Sæculum aureum redivivum* : » Le lait & le miel coulent de
» ses mammelles. L'odeur de ses vêtemens, est
» pour le Sage comme celle des parfums du
» Liban, & les fous l'ont en horreur & en abo-
» mination. «

C'est proprement cette dissolution, appellée par les Philosophes, *réduction des corps en leur*

(*a*) Theor. c. 18.

premiere matiere, qui a fait donner le serpent & la faulx pour symbole à Saturne, comme nous l'avons dit ci-devant, conformément à l'idée qu'en avoient les Egyptiens, desquels les Grecs avoient emprunté la plûpart des leurs. Et si l'on a feint que Saturne avoit dévoré ses propres enfans, c'est qu'étant le premier principe des métaux, & leur premiere matiere, il a seul la propriété & la vertu de les dissoudre radicalement, & de les rendre de sa propre nature. Aussi Avicenne dit-il avec les autres Philososophes : *Vous ne réussirez jamais, si vous ne réduisez les métaux* (philosophiques) *en leur premiere matiere* (*a*).

De tous les enfans que Saturne dévora, aucun n'est nommé jusqu'à Jupiter ; & les Philosophes n'en nomment aucun jusqu'à la noirceur, ou leur Saturne. Avant que cette couleur paroisse, ils appellent leur matiere cahos. » Elle est, dit » Synesius (*b*), le nœud & le lien de tous les » élémens qu'elle contient en soi, comme elle » est l'esprit qui nourrit & vivifie toutes choses, » & par le moyen duquel la Nature agit dans » l'Univers. « Cette matiere, dit un Anonyme, est la semence du Ciel & de la Terre, premier principe radical de tous les êtres corporels. Saturne est le dernier des enfans du Ciel & de la Terre, & regne néanmoins au préjudice de Titan, son frere aîné ; mais il n'obtient pas la Couronne sans guerres & sans combats ; car la dissolution ne peut se faire sans une fermentation. Les Titans, fils de la Terre, sont les parties de

(*a*) Avicen. Epist. de re recta.

(*b*) Sur l'Œuvre des Philosophes.

la terre philoſophique, qui ſe combattent avant la putréfaction ; de cette putréfaction naît la noirceur appellée Saturne : & comme cette noirceur eſt auſſi appellée *Tartare*, à cauſe du mouvement & de l'agitation des parties de la matiere pendant qu'elle eſt dans cet état, on a feint que Saturne avoit précipité les Titans dans le Tartare, qui vient de ταράσσω, *turbo*, *commoveo*.

Le regne de Saturne dure donc autant que la noirceur. Il ſemble alors dévorer tout, juſqu'au caillou même qu'on lui préſente au lieu de Jupiter, puiſque tout eſt diſſout : mais le caillou eſt de trop dure digeſtion, & ſi-tôt qu'on aura fait boire à Saturne une certaine liqueur que la fable ne nomme pas, c'eſt-à-dire, après que les parties aqueuſes & volatiles auront commencé à monter au haut du vaſe en forme de vapeur, & après s'être condenſées en eau, elles retomberont ſur la matiere terreſtre & noire, appellée Saturne, comme pour lui donner à boire dans le ſens que Virgile dit :

Claudite jam rivos pueri, ſat prata biberunt.

Où, comme on dit que la roſée & la pluie *abbreuvent* la terre : alors Saturne rendra le caillou qu'il avoit englouti ; la matiere des Philoſophes, qui étoit terre avant d'être réduite en eau par ſa diſſolution, recommencera à paroître, ſi-tôt que la couleur griſe commencera à ſe manifeſter. Alors Jupiter, qui n'eſt autre que cette couleur griſe, par conſéquent fils de Saturne & de Rhée, puiſqu'il eſt formé de la noirceur, lavée par la pluie, dont nous venons de parler. Cette pluie est parfaitement désignée par Rhée, qui vient de ῥέω, *fluo*, *fundo*. Jupiter alors détrhônera son pere; c'est-à-dire, que la couleur grise succédera à la noire. Les quatre enfans de Saturne & de Rhée sont tous formés dans cette occasion. Jupiter est cette couleur grise; Junon est cette vapeur ou humidité de l'air renfermé dans le vase; Neptune est l'eau mercurielle ou la mer philosophique, venue de la putréfaction; Pluton, ou le Dieu des richesses, est la terre même qui se trouve au fond du vase : ce qui a fait dire aux anciens Poëtes, que l'Enfer ou le Royaume de Pluton étoit au fond de la Terre. Jupiter & Junon se trouvent par conséquent les plus élevés, & occupent le Ciel, parce que cette couleur grise se manifeste sur la superficie de la matiere qui surnage; c'est-là le Ciel des Philosophes, où nous verrons que sont tous les Dieux; Neptune ou l'eau se trouve au-dessous, & enfin Pluton est la terre, qui est au fond de l'eau. Cette terre renferme le principe aurifique; elle est fixe, & c'est elle qui fait la base de la pierre philosophale, source des richesses. On a donc raison d'appeller Pluton, le Dieu des richesses : & si l'on donne à Mercure l'épithete de *dator bonorum*, c'est que le mercure philosophique est l'agent de l'œuvre, & celui qui perfectionne la pierre. Quant à Chiron le Centaure, autre fils de Saturne & de Phillyre, j'expliquerai dans son lieu ce qu'on doit en penser.

Ceux qui ont pris Saturne pour le Tems, l'ont représenté quelquefois avec un clepsydre ou ſable ſur la tête, au lieu d'un caſque que quelques Anciens y avoient mis pour déſigner ſa force. Les aîles avec leſquelles quelques-uns repréſentent Saturne, contrediſent viſiblement ceux qui ont avancé qu'il avoit les pieds liés avec des cordes de laine ; à moins qu'on ne veuille dire qu'on lui avoit donné des aîles pour ſuppléer au défaut des pieds. Pour moi, je croirois plutôt que ceux qui ſe ſont aviſés anciennement d'expliquer allégoriquement les Fables, & de les repréſenter par figures ſymboliques, ſans être au fait de l'intention des Auteurs de ces Fables, ont confondu la figure ou l'hieroglyphe du Tems avec celle de Saturne. Je penſerois donc qu'il faut diſtinguer les unes des autres, & ne regarder comme figure de Saturne, que celles qui ont un rapport viſible avec ſon hiſtoire, & laiſſer au Tems celles qui lui conviennent. Je ne nie cependant pas que chez les Grecs & les Romains on n'ait pris Saturne pour le Tems, & qu'on ne lui en ait donné les attributs ; mais on ne trouve aucun monument Egyptien, & aucun Auteur ne peut avancer ſur des raiſons ſolides, que les Egyptiens ou les Phéniciens ayent jamais regardé Saturne comme le ſymbole du Tems. Il peut ſe faire que dans les ſiécles poſtérieurs à ceux qui ont tranſporté les fictions Egyptiennes dans la Gréce, les Artiſtes mal inſtruits de leurs intentions, ayent repréſenté Saturne comme le Tems. Ainſi les mauvaiſes interprétations des Fables & les repréſentations de Saturne faites en conſéquence, auront contribué à faire naître l'erreur, & à l'entretenir.

Aucun des Philoſophes diſciples d'Hermès ne ſe ſont aviſés de donner dans cette erreur. Ils ont pris Saturne ſuivant l'idée des Egyptiens, & s'ils diſent avec eux qu'il fallut combattre ſon frere Titan pour s'emparer du Thrône, c'eſt qu'ils ſçavent que le fixe & le volatil ſont freres; que celui-ci dans la diſſolution remporte la victoire, & demeure le maître; de maniere que Jupiter, ſon fils, eſt le ſeul qui puiſſe le détrôner par les raiſons que nous avons dites ci-devant. Ils ſçavent auſſi qu'Héſiode (*a*) avoit raiſon de dire que la pierre avalée & rejettée par Saturne, fut dépoſée ſur le Mont-Hélicon, où les Muſes font leur ſéjour, parce qu'ils n'ignorent pas que ce *Mont-Hélicon* n'eſt autre choſe que cette terre ſurnageante, en forme de mont, qui peut être appellée Mont-Hélicon ou *Mont noir*, d'ἑλικὸς, *niger*. On peut le dire proprement l'habitation des Muſes, puiſque c'eſt ſur lui que voltigent les parties volatiles, que nous avons dit dans le premier livre, avoir été déſignées par les Muſes, comme nous le démontrerons encore dans la ſuite. C'eſt d'ailleurs cette pierre célebre dépoſée ſur le Mont-Hélicon, qui a fourni matiere aux Poëmes d'Orphée, d'Homere & de tant d'autres. Ce mont a pris différens noms, ſuivant les différens états où il ſe trouve, & les variations de couleurs qu'il éprouve pendant le cours de l'œuvre. Lorſqu'il tranſpire ou tranſude, c'eſt-à-dire, que lorſqu'ayant la forme du chapeau qui s'éleve ſur le moût ou ſuc de

(*a*) Theog.

raiſin dans la cuve, il forme une eſpece de monticule, & que l'eau mercurielle qui eſt au-deſſous tranſude à travers, pour s'élever en vapeurs & retomber en roſée ou pluie, on lui a donné le nom de Mont-Ida, d'ἰδὸς, ſueur; quant après cela il devient blanc, beau & brillant, c'eſt le mont couvert de neige d'Homere (*a*); le Mont-Olympe, ſur lequel habitent les Dieux. Tantôt c'eſt l'Iſle flotante, où Latone met au monde Phébus & Diane; tantôt Niſa environné d'eau, où Bacchus fut élevé : ici c'eſt l'Iſle de Rhodes, où tombe une pluie d'or à la naiſſance de Minerve; là c'eſt l'Iſle de Créte, &c.

Les Philoſophes Hermétiques repréſentent Saturne dans leurs figures ſymboliques, de la même maniere que les Anciens, c'eſt-à-dire, ſous la figure d'un Vieillard tenant une faulx, & ayant des aîles. Nicolas Flamel nous a conſervé dans ſes figures hiéroglyphiques celles d'Abraham Juif, & nous préſente dans la premiere, Mercure ou un jeune-homme ayant des aîles aux talons, avec un caducée; & un Vieillard venant à lui les aîles déployées, avec une faulx à la main, comme pour lui couper les pieds.

Noel le Comte entêté de ſa morale, qu'il croit voir dans toutes les fables, ne peut ſouffrir qu'on leur donne d'explications qui tendent à un autre but. Il avoue que les Chymiſtes interprétent la fable de Saturne des opérations de la Chymie; mais il paroît qu'il ne ſçavoit pas faire la diſtinction d'un Chymiſte vulgaire & d'un Chy-

(*a*) Iliad. l. I. v. 420. & alibi.

miste Hermétique. » Comme on a attribué, dit-» il (a), un métal à chaque planette, à cause » de quelques ressemblances qu'on a cru remar-» quer entr'elles, les tyrans des métaux ou Chy-» mistes ont expliqué presque toute cette fable » rélativement à leur art, voulant se donner » par-là pour les disciples & les imitateurs » d'Hermès, de Geber & de Raymond Lulle, » qui étoient Platoniciens. . . . Car ces bourreaux » des métaux s'efforcent d'inventer de tels & » semblables artifices, pour les transmuer & » leur donner d'autres formes, par la crainte » qu'ils ont de la forme affreuse de la pau-» vreté. «

Cet Auteur, en traitant les Disciples d'Hermès de *bourreaux des métaux*, montre son ignorance parfaite de l'art Hermétique; premierement, parce que Geber, Raymond Lulle & les autres Philosophes ne parlent que des métaux philosophiques, & non des vulgaires; & ont soin d'avertir que ceux du vulgaire sont morts, & les leurs vifs (b). 2°. Ils ne suivent pas les procédés de la Chymie vulgaire dans leurs opérations, & ne bourrellent pas les métaux, puisqu'on peut être très-bon Philosophe Hermétique, & ignorer

(a) Myth. l. 2.

(b) Corpora autem illa virginitate intemeratâ, & incorruptâ; viva & animata, non extincta, qualia sunt quæ à vulgo tractantur, sumi necesse est; quis enim à mortuis vitam expectet? D'Espagnet Arcan. Herm. Philos. Opus, Can. 21. & in Can. 23. Lunæ nomine, Lunam vulgarem Philosophi non intelligunt. Et in Can. 44. Lunam Philosophorum sive eorum mercurium, qui mercurium vulgarem dixerit; aut sciens fallit, aut ipse fallitur.

parfaitement la Chymie vulgaire (*a*). Celle-ci n'est guéres occupée que de la destruction des mixtes, l'autre travaille à les perfectionner. Les Chymistes vulgaires, ou plutôt les Souffleurs, cherchent à faire de l'or, & détruisent celui qu'ils ont. L'art Hermétique se propose de faire un remede qui guérisse les maladies du corps humain : il ne se flatte pas de faire de l'or immédiatement, mais de faire une matiere qui perfectionne les bas métaux en or. D'ailleurs Noel le Comte dit fort mal-à-propos que Geber, Hermès étoient Platoniciens, puisque Platon fut très-postérieur à Hermès. Mais peut-être ce Mythologue le disoit-il, comme S. Jerôme disoit de

(*a*) Studiosus tyro ingenio perspicax, animo constans Philosophiæ studio flagrans, Physicæ admodum peritus, corde purus, moribus integer, Deo plurimum addictus, licet Chemicæ praxeos ignarus, regiam naturæ viam confidenter ingrediatur. *D'Espagnet, Can. 7.*

Ars Chemiæ ejusmodi subtilitates nunc invenit, ut vix majores possint reperiri.... Si hodie revivisceret ipse Philosophorum pater Hermès, & subtilis ingenii Geber, cum profundissimo Raymundo Lullio, non pro Philosophis, sed potiùs pro discipulis à nostris Chemistis haberentur : nescirent tot hodie usitatas distillationes, tot circulationes, tot calcinationes, & tot alia innumerabilia Artistarum opera, quæ ex illorum scriptis hujus sæculi homines invenerunt & excogitaverunt. *Cosmop. Nov. Lumen Chemic. Tract. 1.*

Est autem aliud Philosophorum Secretissimum opus, quod nec igne nec manibus perficitur ; & ad illud revocanda sunt omnia quæ dixerunt de operationibus & coloribus, &c. *Philal. Introit. apertus, cap. 18.*

Philon Juif : *aut Plato Philoniſat, aut Philo Platoniſat.*

Nous avons déja parlé du regne de Saturne en Italie, dans le livre précédent, au chap. du Siécle d'or. Il nous reſteroit à parler du culte de ce Dieu, & des fêtes iuſtituées en ſon honneur; mais nous renvoyons cet article au livre ſuivant, qui traitera des fêtes, des jeux & des combats inſtitués en l'honneur des Dieux & des Héros.

CHAPITRE IV.

Hiſtoire de Jupiter.

SI je m'étois propoſé d'expliquer toute la Mythologie, ce ſeroit ici le lieu de parler de Titans, Japet, Thetis, Cérès, Themis & les autres enfans du Ciel & de la Terre : mais comme j'en parlerai dans les circonſtances qui ſe préſenteront, je les laiſſe pour ne pas rompre la ſuite de la chaîne dorée, & je viens à Jupiter.

Entreprendre de diſcuter ici tous les ſentimens différens ſur Jupiter, ſa généalogie, ſes différens noms; vouloir auſſi entrer dans le détail de tout ce que les Hiſtoriens, les Poëtes & les Mythologues en ont dit, ſoit pour rendre ſon hiſtoire moins abſurde, ſoit pour conſtater ſon exiſtence réelle, comme Dieu, ou comme Roi, ou même comme homme, ce ſeroit ſe mettre en tête un ouvrage qui n'auroit pas une liaiſon aſſez directe avec le but que je me ſuis propoſé. On peut voir tout cela dans le premier livre du ſecond Tome de la Mythologie de M. l'Abbé Banier.

Ainſi, que des Rois de la Gréce ayent, ſi l'on veut, porté le nom de Jupiter, peu m'importe; & quelque matiere à contradiction que me fourniſſe la fixation des époques des vies & des regnes de ces prétendus Rois, par le ſçavant Mythologue que je viens de citer, je n'examinerai point ſi, comme il le dit (*a*), Apis, Roi d'Argos & petit-fils d'Inachus, prit le nom de Jupiter, & vivoit 1800. ans avant Jeſus-Chriſt. S'il eſt vrai qu'un Aſtérius, Roi de Créte, environ 1400. ans avant l'Ere Chrétienne, ait pu enlever Europe, fille d'Agenor, Roi de Phénicie, & ſœur de Cadmus, qui vint s'établir dans la Gréce, ſuivant le même Auteur (*b*), 1350. ou 60. ans avant Jeſus-Chriſt, la quatrieme année du regne d'Hellen, fils de Deucalion, qui regnoit 1611. ans avant la même Ere (*c*). Si le premier fait eſt vrai, il faut avouer que les Crétois gardoient la rancune & le deſir de ſe venger par repréſailles bien long-tems, puiſque plus de 400. ans ne purent l'éteindre. Herodote au commencement de ſon Hiſtoire, convient avec Echemenide dans ſon hiſtoire de Créte, que les Crétois en enlevant Europe, ne le firent que par droit de repréſailles, les Phéniciens ayant auparavant enlevé Ino, fille d'Inachus. Il n'eſt pas moins ſurprenant qu'Apis, Roi d'Argos & petit-fils d'Inachus, ait regné près de 1800. ans avant Jeſus-Chriſt (*d*), pendant qu'Inachus lui-même

(*a*) Loc. cit. c. 1.
(*b*) Tom. III. p. 62.
(*c*) Loc. cit. p. 60.
(*d*) Tom. II. p. 14.

ne s'établit dans le pays, qui depuis fut appellé Peloponese, que 1880. ans avant le même Jesus-Christ (*a*). On sent combien de telles fixations d'époques me donneroient d'embarras à discuter; j'abandonne donc tout cela à ceux qui voudront se donner la peine de faire une critique suivie de ce sçavant & pénible ouvrage, pour m'en tenir à l'histoire de Jupiter suivant l'opinion la plus commune.

Que nous regardions ici Jupiter comme Egyptien, ou comme Grec, c'est à peu près la même chose, puisque l'un & l'autre, selon presque toute l'Antiquité, étoient fils de Saturne & de Rhée, & petits-fils du Ciel & de la Terre. Titan ayant fait une convention avec Saturne, par laquelle le premier cédoit l'Empire à l'autre, à condition qu'il feroit périr tous les enfans mâles qu'il auroit de Rhée; Saturne les dévoroit à mesure qu'ils naissoient. Rhée indignée d'en avoir déja perdu quelques-uns, songea à sauver Jupiter, dont elle se sentoit grosse; & quand elle fut accouchée, elle trompa son mari, en lui présentant, au lieu de Jupiter, un caillou emmailloté. Elle fit transporter Jupiter dans l'Isle de Créte, & le confia aux Dactyles pour le nourrir & l'élever. Les Nymphes qui en prirent soin (*b*), se nommoient Ida & Adrasté: on les appelloit aussi les Melisses. Quelques-uns disent qu'on le fit allaiter par une chevre, & que les abeilles furent aussi ses nourrices: mais quoique les Auteurs varient assez là-dessus, tout se réduit

(*a*) Tom. III. p. 22.

(*b*) Apollod. l. 1.

presque à dire qu'il fut élevé par les Corybantes de Créte, qui feignans des sacrifices qu'ils avoient coutume de faire au son de plusieurs instrumens, ou, comme quelques-uns le prétendent, dansans & frappans leurs boucliers avec leurs lances, faisoient un assez grand bruit pour qu'on ne pût entendre les cris du petit Jupiter.

Quand il fut devenu grand, Titan en fut averti ; & croyant que Saturne avoit voulu le tromper & violer les conditions de la paix, en élevant des enfans mâles, Titan assembla les siens, déclara la guerre à Saturne, se saisit de lui & d'Opis, & les mit en prison. Jupiter prit la défense de son pere, attaqua les Titans, les vainquit, & mit Saturne en liberté. Celui-ci peu reconnoissant, tendit des pieges à Jupiter, qui par le conseil de Metis, fit prendre à son pere un breuvage qui lui fit vomir premierement la pierre qu'il avoit avalée, & ensuite tous les enfans qu'il avoit dévorés. Pluton & Neptune se joignirent à Jupiter, qui déclara la guerre à Saturne, & s'en étant saisi, il le traita précisément de la même maniere qu'il avoit traité lui-même son pere Uranus, & avec la même faulx. Il le précipita ensuite avec les Titans dans le fond du Tartare ; jetta la faulx dans l'Isle Drepanum, & les parties mutilées dans la Mer, desquelles nâquit Vénus.

Les autres Dieux accompagnerent Jupiter dans la guerre qu'il soutint contre les Titans & contre Saturne. Pluton, Neptune, Hercule, Vulcain, Diane, Apollon, Minerve, Bacchus même lui aiderent à remporter une victoire complette.

Bacchus y fut si maltraité, qu'il y fut mis en pieces. Heureusement Pallas le rencontra dans cet état, & lui trouvant encore le cœur palpitant, elle le porta à Jupiter, qui le guérit.

Apollon, habillé d'une étoffe de couleur de pourpre, chanta cette victoire sur sa guithare. Jupiter plein de reconnoissance envers Vesta, qui lui avoit procuré l'Empire, lui proposa de lui demander tout ce qu'elle voudroit. Vesta fit choix de la virginité & des prémices des sacrifices. Les Géants firent ensuite la guerre à Jupiter, & voulurent le déthrôner; mais aidé encore des Dieux, il les vainquit, les foudroya, & ensevelit les plus redoutables sous le Mont-Ethna. Il est à remarquer que Mercure ne se trouva pas dans la guerre contre les Titans, & qu'il fut un de ceux qui combattirent avec le plus d'ardeur contre les Géants.

Les Anciens représentoient Jupiter de différentes manieres. La plus ordinaire dont on le peignoit, étoit sous la figure d'un homme majestueux, & avec de la barbe, assis sur un thrône, tenant de la main droite la foudre, & de l'autre une victoire, ayant à ses pieds une aigle, les aîles déployées, qui enleve Ganymede, ou seule: ce Dieu ayant la partie supérieure du corps nue, & la partie inférieure couverte. Pausanias (*a*) décrit la statue de Jupiter Olympien en ces termes : » Ce Dieu est représenté assis sur un thrô-» ne; il est d'or & d'yvoire, & il a sur la tête » une couronne qui imite la feuille d'olivier,

(*a*) In Eliac.

» De la main droite il tient une victoire, qui » est aussi d'yvoire & d'or, ornée de bandelet- » tes, & couronnée; de la gauche, Jupiter tient » un sceptre où brillent toutes sortes de métaux. » Un aigle repose sur le bout de ce sceptre. La » chaussure & le manteau sont aussi d'or : sur » le manteau sont représentés toutes sortes d'a- » nimaux, toutes sortes de fleurs, & particu- » lierement des lys. Le thrône est tout éclatant » d'or & de pierres précieuses : l'yvoire & l'é- » bene y font par leur mêlange une agréable » variété. « Jamblique (*a*) dit que les Egyptiens peignoient Jupiter assis sur le lotus. Les Libyens le représentoient, ou sous la forme de belier, ou avec des cornes de cet animal, & le nommoient Ammon, parce que la Libye, où le temple de ce Dieu fut bâti, étoit pleine de sable. La raison qu'ils croyoient avoir de le figurer ainsi, est parce qu'on le trouva, disent quelques-uns, entre des moutons & des beliers, après qu'il eut abandonné le Ciel par crainte des Géants; ou qu'il se métamorphosa lui-même en belier, de peur d'être reconnu. Je ne rapporte pas ici les autres raisons qu'en donnent Herodote au sujet du desir qu'Hercule avoit de voir Jupiter, & Hygin en parlant des dispositions que Bacchus fit pour son voyage des Indes.

On trouve dans les Anciens, & l'on voit sur les monumens que le tems a épargnés, plusieurs autres représentations de Jupiter. L'Antiquité expliquée de D. Bernard de Montfaucon, en

(*a*) De Myster. Ægypt.

fournit de bien des sortes; mais on ne peut nier que la plûpart des symboles, des attributs & des attitudes mêmes de ce Dieu, ne soient venus ou du caprice des ouvriers, ou de la fantaisie de ceux qui faisoient faire ces statues ou ces peintures. Ciceron nous en donne une grande preuve, lorsqu'il dit (*a*): » Nous connoissons » Jupiter, Junon, Minerve, Neptune, Vul- » cain, Apollon & les autres Dieux, aux traits » que leur a donné le caprice des Peintres & des » Sculpteurs; & non seulement aux traits, mais » encore à l'âge, à l'habillement, & à d'autres » marques. « J'ai expliqué dans le premier livre, ce qu'on entendoit par Jupiter Sérapis.

Jupiter a été de tous les Dieux du Paganisme un de ceux dont le culte étoit le plus solemnel & le plus étendu. Les victimes les plus ordinaires qu'on lui immoloit, étoient la chévre, la brebis & le taureau blanc, dont on avoit soin de dorer les cornes.

Les Anciens varient si fort entr'eux sur l'idée que l'on avoit de Jupiter, qu'il seroit très-difficile de s'en former une fixe & nette. On peut en conclure seulement qu'ils ne le regardoient pas comme un Dieu qui avoit existé sous forme humaine, malgré que les Crétois, au témoignage de Lucien, voulussent faire croire qu'il étoit mort chez eux, & qu'ils étoient possesseurs de son tombeau (*b*). Callimaque dit que les

(*a*) De Nat. Deor. l. 1.

(*b*) Cretenses non solum natum apud se, & sepultum jovem testantur, sed etiam sepulchrum ejus ostendunt. *Lucian. in sacrif.*

Crétois

Crétois étoient des menteurs, puisque Jupiter vit toujours, & se trouve par-tout.

Cretes mendaces semper, rex alme, sepulchrum
Erexere tuum : tu vivis semper, & usque es. (*a*)

Les uns avec Horace (*b*) prenoient Jupiter pour l'air : *Jacet sub Jove frigido* ; & Théocrite dans sa quatrieme Eglogue : *Jupiter & quandoque pluit, quandoque serenus.* Virgile parloit de lui sous le nom d'Ether.

Tum Pater omnipotens fœcundis imbribus Æther
Conjugis in gremium lætæ descendit, & omnes
Magnus alit magno commistus corpore fœtus.
L. 2. Georg.

Ciceron (*c*) dit aussi d'après Euripide, que l'Ether doit être regardé comme le plus grand des Dieux. Anaxagoras débitoit que cette partie de l'Univers étoit toute ignée & pleine de feu, & que de là il se répandoit pour animer toute la Nature. Platon (*d*) semble avoir pris Jupiter pour le Soleil. Mais lorsqu'on a voulu le présenter comme Dieu, alors Jupiter est devenu le pere des Dieux & des hommes, le principe &

(*a*) In Hymn.
(*b*) In 1°. Odar.
(*c*) De Nat. Deor. l. 2.
(*d*) Magnus sane dux in cœlo Jupiter volucrem impellens currum, primus incedit omnia coordinans, atque curans. Hunc sequitur Deorum ac Dæmoniorum exercitus in duodecim partes distributus : Vesta sola in atrio Deorum manet. *In Phædro.*

la fin de tout, & celui qui conserve & gouverne toute la Nature, comme il lui plaît (*a*). C'est sans doute ce qui l'a fait nommer, tantôt Jupiter Olympien ou le Céleste, & tantôt Jupiter infernal, comme on le voit souvent, & dans Homere & dans Virgile. Un ancien Poëte a même dit que Jupiter, Pluton, le Soleil & Bacchus n'étoient qu'une même chose.

Toute l'Antiquité s'accorde néanmoins à dire que Jupiter étoit fils de Saturne & de Rhée; & ce qu'il y a d'assez extraordinaire, c'est que la plûpart des Mythologues font Saturne fils du Ciel & de Vesta, qui est la Terre, selon eux, de même que Cybele, Ops, Rhée & Cérès; Rhée seroit par conséquent sa propre mere à elle-même, & sa propre fille; elle seroit aussi mere, femme & sœur de Saturne. Cérès, qui eut Proserpine de Jupiter, seroit devenue sa femme en même-tems que sa mere & sa sœur. Il seroit bien difficile d'accorder tout cela, si l'on ne l'explique allégoriquement; & quelle allégorie trouvera-t-on qui puisse y convenir, à moins qu'on en

(*a*) Jupiter omnipotens est primus, & ultimus idem.
Jupiter est caput, & medium; jovis omnia munus.
Jupiter est fundamen humi, ac stellantis Olympi.
Jupiter & mas est, & nescia fœmina mortis.
Spiritus est cunctis, validi vis Jupiter ignis,
Et pelagi radix, Sol, Luna est Jupiter ipse
Omnipotens rex est, Res omnis Jupiter ortus,
Nam simul occubuit, rursum extulit omnia læto
Corde suo è sacro consultor lumine rebus.

Orpheus in Hymno quodam.

fasse l'application à la Chymie Hermétique, où le pere, la mere, le fils, la fille, l'époux & l'épouse, le frere & la sœur ne sont en effet que la même chose, prise sous différens points de vûe? Mais pourquoi, dira-t-on, inventer un si grand nombre de fables sur Jupiter & les autres? C'étoit pour présenter la même chose de différentes manieres. Les Philosophes Hermétiques ont fait une quantité prodigieuse de Livres dans ce goût-là. Toutes leurs allégories ont pour but les mêmes opérations du grand œuvre, & néanmoins elles different entr'elles suivant les idées & la fantaisie de ceux qui les ont inventées. Chaque homme s'est exprimé selon la maniere dont il étoit affecté. Un Médecin a tiré son allégorie de la Médecine, un Chymiste a formé la sienne sur la Chymie, un Astronome sur l'Astronomie, un Physicien sur la Physique, & ainsi des autres. Et comme la Pierre Philosophale a, suivant l'expression d'Hermès (a), toutes les propriétés des choses supérieures & inférieures, & ne trouve point de forces qui lui résistent, ses Disciples ont inventé des fables qui pussent exprimer & indiquer tout cela.

Tel nous est représenté Jupiter, appellé en conséquence, *Pere des Dieux & des Hommes*, *le Tout-puissant*. Hesiode, presque toutes les fois qu'il le nomme, ajoute le surnom de *Largitor bonorum*, comme étant la source & le distributeur des biens & des richesses. Il ne faut pas non plus s'imaginer avec quelques Mythologues,

(a) Table d'Emeraude.

que la prétendue cruauté de Saturne envers ses enfans lui a fait perdre la qualité de pere des Dieux ; pendant que sa femme Rhée ou Cybele a été appellée la mere des Dieux & la grand-mere, & étoit honorée comme telle dans tout le Paganisme. La véritable raison qui a fait conserver ce titre à Cybele, c'est que la Terre philosophique d'où Saturne & les autres Dieux sont sortis, est proprement la base & la substance de ces Dieux. Il est même bon de remarquer que quoiqu'on ait confondu souvent, & fait une même chose de Rhée & de Cybele, on n'a jamais donné le nom de mere des Dieux à Rhée, comme Rhée, mais seulement comme Cybele, parce qu'il paroît que l'on a fait le nom de Cybele, de Κύβη, *caput*, & de λᾶας, *lapis*, comme si l'on disoit la premiere, la principale ou la plus ancienne, & la mere pierre. Les autres noms qu'on a donné à cette mere des Dieux, sont aussi pris des différens états où se trouve cette pierre ou terre, ou matiere de l'œuvre pendant le commencement des opérations. Ainsi en tant que terre premiere ou matiere de l'œuvre, mise dans le vase en commençant l'œuvre, elle fut nommée Terre, Cybele, mere des Dieux & épouse du Ciel, parce qu'il ne paroît alors dans le vase, que cette terre avec l'air qui y est renfermé. Lorsque cette terre se dissout, elle prend le nom de Rhée, & femme de Saturne, de ῥέω, *fluo*, & de ce que la noirceur appellée Saturne, se manifeste pendant la dissolution. On l'a ensuite nommée Cérès, & on l'a dite fille de Saturne & sœur de Jupiter, parce que cette terre diſſoute en eau, redevient terre dans le tems que la couleur griſe ou Jupiter paroît : & comme cette même terre ou Cérès devient blanche, on a feint que Jupiter & Cérès avoient engendré Proſerpine. Il eſt même très-vraiſemblable qu'on a fait le nom de Cérès du Grec Γῆ & Ἔρα, qui ſignifient l'un & l'autre terre. Voſſius lui-même paroît admettre cette éthymologie (*a*), prétendant que les Anciens changeoient aſſez ſouvent le G en C. Varron & Ciceron ont penſé en conſéquence que Cérès venoit de *gerere*, & Arnobe dit (*b*) d'après eux : *Eandem hanc* (terram) *alii quod ſalutarium ſeminum frugem gerat, Cererem eſſe pronunciant*. Mais Heſychius confirme mon ſentiment, lorſqu'il dit : Ἀχερὼ ἡ Ὦπις, καὶ Ἑλλὴ, καὶ Γῆρυς, ἡ Γῆ, ἡ Δημήτηρ ἡ αὐτή. Tout ceci ſuppoſe que Cérès vient du Grec ; mais de quelque façon qu'on la prenne, tout le monde ſçait que par Cérès on entendoit la terre, & cette idée eſt très-conforme à celle qu'en ont les Philoſophes Hermétiques, puiſque leur eau étant devenue terre, eſt celle qu'ils appellent *terre feuillée*, dans laquelle il faut, diſent-ils, ſemer le grain philoſophique, c'eſt-à-dire leur or. Nous avons parlé de cette terre qu'il faut enſemencer, dans le 1. liv. & nous en ferons encore mention dans le quatrieme, lorſque nous parlerons des myſteres d'Eleuſis.

Un quatrieme nom donné à la Terre, étoit Ops, qu'on appelloit proprement la Déeſſe des richeſſes, & avec raiſon, puiſque cette terre

(*a*) Ethymol. (*b*) L. III.

philoſophique eſt la baſe de la Pierre Philoſophale, qui eſt la véritable ſource des richeſſes.

Les Anciens & les Modernes ne ſoupçonnant même pas les raiſons que l'on avoit eû de varier ainſi les noms de la mere des Dieux, les ont ſouvent employés indifféremment. Mais Orphée & ceux qui étoient au fait du myſtere, ont ſçu en faire la diſtinction : nous avons trois Hymnes ſous le nom de ce Poëte, en l'honneur de la Terre; l'un ſous le nom de la mere des Dieux, l'autre ſous celui de Rhéa, & le troiſieme ſous ſon propre nom de Terre. Homere nous en a auſſi laiſſé trois ſous les mêmes noms qu'Orphée (*a*). Il les diſtingue même très-bien, puiſque dans celle de la Terre, il l'appelle mere des Dieux, & l'épouſe du Ciel, Θεῶν μήτηρ, ἄλλοχ' οὐρανοῦ ἀστερόεντος. Dans celle de la mere des Dieux, il déſigne Rhéa, qui ſe plaît, dit-il, au ſon des crotales & autres inſtrumens, ſans doute à cauſe de ceux que les Corybantes, auxquels elle avoit confié Jupiter, faiſoient retentir pour empêcher Saturne d'entendre les cris de ſon fils. Homere diſtingue particulierement Cérès en la joignant avec la belle Proſerpine, & ne lui donne pas la qualité de mere des Dieux, dont il avoit honoré les deux autres. Enfin il ſuffit de ſuivre les époques de leur naiſſance, pour voir qu'on doit les diſtinguer, & que les inventeurs de ces Fables n'avoient pas intention de les confondre, & de parler de la Terre proprement dite, ſous ces différens noms. La Terre, épouſe du Ciel,

(*a*) Hymn. 12, 13. & 29.

eſt la mere, Rhéa ſa fille, & Cérès ſa petite-fille. Telle eſt auſſi la généalogie de la terre des Philoſophes. Une ſemblable allégorie ne peut s'expliquer hiſtoriquement, ni moralement, ni phyſiquement, dès que preſque tous les Mythologues ſont d'accord à regarder Cybele, Rhée & Cérès, comme des noms différens d'une même choſe, c'eſt-à-dire la Terre.

En diſtinguant ces trois Déeſſes, comme le font les anciens Poëtes, Jupiter ſe trouve en effet fils de Rhée, & frere de Cérès. Le ſon bruiant des inſtrumens d'airain, que ceux à qui l'on avoit confié ſon enfance, faiſoient retentir, pour empêcher Saturne d'entendre ſes cris, eſt une alluſion au nom d'airain & de *laton* ou *leton*, que les Diſciples d'Hermès donnent à leur matiere, lorſqu'elle tient encore de la couleur noire & de la griſe. C'eſt cet airain dont il eſt parlé ſi ſouvent dans les Ouvrages Hermétiques, ce leton qu'il faut blanchir, & puis déchirer les livres, comme inutiles (*a*). Il en eſt fait mention preſque à chaque page du livre qui a pour titre, *la Tourbe*; & j'ai déja rapporté un bon nombre de textes ſur ce ſujet : c'eſt proprement la ſignification des mots *Cymbalum*, *Tympanum*, quant à la matiere de ces inſtrumens. On peut voir ſur cela le Traité de Frederic-Adolphe Lampe, *de Cymbalis veterum*, & particulierement le chapitre 14. du livre premier. Noel le Comte les appelle *tinnientia inſtrumenta* (*b*).

C'eſt au bruit de ces inſtrumens, que les

(*a*) Morien, Entretien du Roi Calid.

(*b*) Mythol. l. 2.

Abeilles s'assemblerent auprès de Jupiter. On suit encore aujourd'hui cet usage pour conduire à la ruche un essein qui veut s'échapper. On bat sur des chaudrons, des poëles, &c. Hercule employa de semblables instrumens pour chasser ces oiseaux qui ravageoient le lac Stymphale, & dont le nombre & la grosseur étoient si prodigieux, que par la vaste étendue de leurs aîles, ils interceptoient la lumiere du Soleil.

Les Nymphes Adrastée & Ida nourrirent Jupiter, & l'on dit que les Abeilles mêmes se joignirent à elles. Ces deux Nymphes étoient filles des Melisses, ou mouches à miel, & le firent allaiter par Amalthée. Nous avons dit que lorsque la couleur grise ou le Jupiter philosophique paroît, les parties volatiles de la matiere dissoute se subliment, & montent en abondance au haut du vase en forme de vapeur, où elles se condensent comme dans la distillation de la Chymie vulgaire, & après avoir circulé, retombent sur cette terre grise qui surnage l'eau mercurielle. La Fable pouvoit-elle nous présenter cette opération par une allégorie plus palpable & mieux caractérisée que par cette feinte éducation de Jupiter. Les deux Nymphes expriment par leurs noms mêmes cette matiere aqueuse, volatile, puisque Ida vient d'ἴδος, *sudor*, & Adrastée, d'ἀ completif, & de δράω, *fugio*. Si on les dit filles des Melisses ou mouches à miel, n'est-ce pas de ce que ces parties volatiles voltigent au-dessus du Jupiter des Philosophes, comme un essein d'abeilles autour d'une ruche? Ces parties volatiles nourrissent donc cette terre grise, en retombant dessus, comme une rosée ou une pluie qui humecte la terre, & la nourrit en l'imbibant. Il y a grande apparence que l'équivoque du mot grec αἴξ, qui veut dire également *chevre* & *tempête*, a donné lieu à la fiction, ou plutôt à l'erreur de ceux qui ont dit que la chevre Amalthée avoit allaité Jupiter: car la volatilisation se faisant avec impétuosité, de même que la chute en pluie de ces parties volatilisées, représente proprement une tempête, & l'on sçait qu'αἴξ vient d'ἀίσσω, *ruo*, *cum impetu feror*. Cette idée même de tempête, joint à ce que cette terre ou Jupiter des Philosophes commence à devenir ignée, a sans doute fait donner à Jupiter la foudre pour attribut, parce que les tempêtes sont ordinairement accompagnées d'éclairs, de foudres & de tonnerres. C'est l'idée qu'Homere semble avoir voulu nous en donner en divers endroits de son Iliade, où il parle du Mont-Ida, qu'il dit être le séjour de Jupiter. Ce Mont est, selon ce Poëte, arrosé de fontaines (*a*), & couvert

(*a*) Ad Idam pervenerunt fontibus irriguam. *Iliad. l. 14. v. 283.*
In radice fontibus irriguæ Idæ.
Stant qui me ferant supra aridum & humidum. *Ibid. v. 307.*
Jupiter vos ad Idam jubet venire quam celerrimè
Illi autèm impetu facto volabant.
Idamque pervenerunt fontibus irriguam, matrem ferarum.
Invenerunt autem latè sonantem Saturnium in gargaro summo sedentem, circumque ipsum odorata nubes circumfusa erat. *L. 15. v. 146. & suiv.*
Nubes cogens Jupiter. *L. 14. v. 93. & alibi.*
Tum vero Saturnius sumpsit Ægidem fimbriatam

de nuages que Jupiter fait élever avec des tonnerres. Il dit même de quelle nature (*a*) étoient ces nuées, c'est-à-dire des nuages d'or, semblables apparemment à ceux qui produisirent les pluies d'or, dont nous avons parlé dans le livre précédent.

Telles sont les nuées que Jupiter excite sur le Mont-Ida, ou le mont de sueur; telles sont la pluie & la rosée qui y tombent; telles sont aussi ces parties volatiles qui circulent, montent & descendent, & à l'imitation des Abeilles, semblent aller chercher dequoi nourrir le petit Jupiter au berceau. Tel aussi est le lait d'Amalthée, celui dont Junon nourrit Mercure, celui dont Platon fait mention dans la Tourbe, & que les Philosophes appellent *lait de Vierge*; celui enfin dont parle d'Espagnet en ces termes (*b*): » L'ablution nous apprend à blanchir le corbeau, » & à faire naître Jupiter de Saturne; ce qui

Splendentem, Idamque nubibus cooperuit;
Fulguribus etiam emissis, admodum grandè intonuit. *L. 17. v. 93. & seq.*
Ipse igitur ex Idâ magnùm tonabat. *L. 8. v. 75.*

(*a*) Hoc in toro cubarunt, insuperque nubem sibi induerunt pulchram auream; lucidique decidebant rores. *Ibid. l. 14. v. 350.*

Si nunc in amore cupis dormire
Idæ in verticibus. Hæc autem, &c. *Ibid. v. 341.*

. . . .

Hanc respondens allocutus est nubes cogens Jupiter,
Juno, nec Deorum hoc metue, nec quemquam hominum
Visurum esse: talem tibi ego nubem circumfundam
Auream, &c. *Ibid.*

(*b*) Can. 63.

» se fait par la volatilisation du corps, ou la » métamorphose du corps en esprit. La réduc» tion ou la chute en pluie du corps volatilisé, » rend à la pierre son ame, & la nourrit d'un » *lait* de rosée & spirituel, jusqu'à ce qu'elle » ait acquis une force parfaite. « Il dit ensuite (*a*): » Après que l'eau a fait sept révolutions, ou » circulé par sept cercles, l'air lui succede, & » fait autant de circulations & de révolutions, » jusqu'à ce qu'il soit fixé dans le bas, & qu'a» près avoir chassé Saturne du Thrône, Jupiter » prenne les rennes de l'Empire. C'est à son ave» nement que l'enfant philosophique se forme » & se nourrit; il paroît enfin au jour avec un » visage blanc & beau comme cului de la » Lune. «

Ces paroles de d'Espagnet sont si appropriées au sujet que je traite, qu'elles semblent avoir été dites par ce Philosophe, pour expliquer cette éducation de Jupiter. Elles doivent suffire à tout homme qui voudra sans préjugé en faire l'application. C'est pourquoi je passerai sous silence une quantité d'autres textes, qui y ont aussi un rapport immédiat; & je renvoye le Lecteur à Homere (*b*), d'où il semble que d'Espagnet a tiré ce qu'il dit.

Jupiter, avant de déthrôner son pere, prit sa défense contre les Titans, & les vainquit; mais

(*a*) Can. 78.

(*b*) Eo visura almæ fines terræ,
Oceanumque Deorum Patrem, & matrem Tethyn
Qui me suis in ædibus magnâ curâ nutrierunt & educarunt. *L. 14. v. 301.*

enfin voyant que Saturne avoit dévoré ses freres, & qu'il lui tendoit des pieges à lui-même, il lui fit avaler un breuvage, qui les lui fit rejetter. Alors Pluton & Neptune se joignirent à Jupiter contre leur pere; & celui-ci l'ayant déthrôné, le mutila, & le précipita dans le Tartare avec les Titans qui avoient pris son parti. D'Espagnet a renfermé tout cela dans le Canon que nous venons de rapporter, puisqu'il y dit : *Donec figatur deorsum, & Saturno expulso, Jupiter insignia & regni moderamen suscipiat.* Il avoit dit auparavant (*a*) en parlant des parties à mutiler sous le nom d'accidens hétérogênes, *superflua sunt externa accidentia, quæ fuscâ Saturni sphærâ rutilantem jovem obnubilant. Emergentem ergo Saturni livorem separa, donec purpureum jovis sidus tibi arrideat.*

C'est donc par la séparation de ces parties qui ont servi à la génération de Jupiter, que ce fils de Saturne monte sur le Thrône; ce sont ces mêmes parties d'Osiris qu'Isis ne ramassa pas. Il faut entendre par les Titans, la même chose que par Typhon & ses compagnons, qu'Horus, fils d'Osiris, vainquit. Il est inutile par conséquent d'en répéter ici l'explication. Il suffit d'en faire le paralléle, pour être convaincu qu'ils ne signifient que la même chose. Osiris, pere d'Horus, fut persécuté par Typhon, son frere, qui vouloit le déthrôner & regner à sa place. Saturne fut attaqué par Titan, son frere, pour la même raison. Typhon avec ses conjurés se saisirent

(*a*) Can. 51.

d'Osiris, & le fermerent dans un coffre. Saturne fut pris par les Titans, & mis en prison. Horus combattit Typhon, & le fit périr avec ses complices. Jupiter prit aussi la défense de Saturne, & après avoir vaincu les Titans, il les précipita dans le Tartare. Typhon, le plus redoutable des Géans, voulut aussi déthrôner Horus; il fut foudroyé, & enseveli sous le Mont-Vesuve ou Ethna. Encelade que les Mythologues mêmes confondent souvent avec Typhon, fut aussi foudroyé & enseveli sous la même montagne. S'il y a donc quelques petites différences dans les deux fictions, c'est que l'une a été imitée de l'autre, mais habillée à la grecque.

Après une telle victoire, Jupiter regna en paix. Tous les Dieux & les Déesses y prirent part: mais si l'on vouloit en faire une application à l'Histoire, je prierois le Mythologue qui voudroit soutenir ce systême, de m'expliquer comment & pourquoi Bacchus, Apollon & Mercure se trouverent à cette guerre, eux qui étoient fils de Jupiter, & qui vraisemblablement, ou ne pouvoient pas encore être nés, ou n'avoient pas du moins l'âge propre à en soutenir les fatigues. Ils s'y trouverent néanmoins, si nous en croyons la Fable, & Hercule même, fils d'Alcmene; puisqu'il y terrassa à coups de fléches, plusieurs fois le redoutable Alcyonée. Apollon créva l'œil gauche au Géant Ephialte, & Hercule l'œil droit. Mercure ayant pris le casque de Pluton, tua Hyppolytus; & Bacchus ayant été mis en morceaux dans le combat, fut heureux d'être rencontré par Pallas,

En ſuivant le ſyſtême de M. l'Abbé Banier, & en admettant avec lui les époques qu'il détermine dans l'hiſtoire prétendue réelle de Jupiter, ce Dieu ne commença à regner qu'après la mort de Saturne (*a*). Il vécut cent vingt ans, & en regna ſoixante-deux (*b*). » Devenu le maî-» tre d'un vaſte Empire, dit notre Mytholo-» gue (*c*), il épouſa ſa ſœur, que les Latins » nomment *Junon*, & les Grecs *Hera*, ou la » Maîtreſſe, & il ne fit en cela que ſuivre l'e-» xemple de ſon grand-pere & de ſon pere. Ju-» piter, qui étoit un Prince fort adonné aux fem-» mes (*d*), comme le nom même de *Zan*, » qu'il portoit, le ſignifie, eut ſelon la coutume » de ce tems-là pluſieurs maîtreſſes, & Junon » ſe brouilla ſouvent avec lui ſur ce ſujet. Voilà » l'origine de ce mauvais ménage, dont les » Poëtes parlent ſi ſouvent. « Elle envoya deux dragons pour dévorer Hercule au berceau. On ſçait les perſécutions qu'elle fit ſouffrir à Io, à Caliſto, à Latone & à ſes autres rivales. Enfin il n'eſt parlé des amours de Jupiter que depuis ſon mariage avec Junon. Si Jupiter avoit cinquante-huit ans, lorſqu'il épouſa ſa ſœur, & qu'il commença à avoir des Maîtreſſes, la premiere dut être Maja, fille d'Atlas, puiſque Mercure qui en vint, fut dans la ſuite l'entremeteur & le meſſager de Jupiter pour toutes ſes intrigues amoureuſes. Il faut cependant que Junon ne fût pas ſi ſenſible qu'on le dit à l'infidélité de Jupiter, puiſqu'elle nourrit de ſon lait même

(*a*) Tom. II. p. 24.
(*b*) Ibid. p. 26.
(*c*) Ibid. p. 24.
(*d*) Ibid. p. 79.

Mercure ; d'autres disent Hercule, à la sollicitation de Pallas, & que de là fut formée la voie lactée (*a*). Ce fut elle, qui pour se venger de Sémelé, se métamorphosa en Vieille, & lui persuada de demander à Jupiter, pour preuve de son amour, qu'il lui rendît visite avec tout l'éclat de sa majesté. Mais s'il est vrai que Junon fût jumelle avec Jupiter, elle avoit au moins soixante & quelques années dans le tems que Jupiter voyoit Sémelé. Junon par conséquent n'eut pas beaucoup de peine à faire cette métamorphose. Mais enfin Hercule étoit arriere petit-fils de Persée (*b*), fils lui-même de Jupiter & de Danaé. Il n'eût donc pas été possible qu'Hercule se fût trouvé au combat où Jupiter demeura victorieux des Géans, puisqu'en soixante-deux ans de regne, il ne pouvoit s'être écoulé quatre ou cinq générations. Je laisse aux réflexions du Lecteur la discussion des autres points, dont l'impossibilité n'est guéres moins palpable.

Quoi qu'il en soit, la Fable nous apprend qu'Apollon chanta cette victoire sur sa guythare, vêtu de couleur de pourpre. Si ce trait n'est pas allégorique, je ne conçois guéres quelle raison on peut avoir eu d'affecter de marquer précisé-

(*a*) Nec mihi celanda est formæ vulgata vetustas
Mollior è niveo lactus fluxisse liquorem
Pectore Reginæ divûm, cœlumque liquore
Infecisse suo : quapropter lacteus orbis
Dicitur, & nomen causâ descendit ap ipsâ.
Marc. Manilius.

(*b*) Tom. III. p. 266.

ment la couleur de cet habillement d'Apollon. On ne peut avoir eu intention d'indiquer le Soleil céleste, puisqu'il n'est pas de couleur de pourpre. L'Auteur de cette fiction faisoit donc allusion à un autre Apollon, & je n'en connois point d'autre vêtu de cette couleur, que l'Apollon, ou le soleil, ou l'or des Philosophes Hermétiques. Il étoit tout naturel de feindre qu'il chantoit cette victoire, parce qu'étant la fin de l'œuvre, & le résultat des travaux Hermétiques, il annonce que toutes les difficultés qui s'opposoient à la perfection de l'œuvre, sont surmontées : aussi fut-il le seul qui chanta cette victoire, quoique tous les autres Dieux y fussent présens. Les principaux furent Hercule ou l'Artiste, Mercure ou le Mercure des Philosophes, Vulcain & Vesta ou le feu, Pallas ou la prudence & la science pour conduire les opérations ; Diane, sœur d'Apollon, ou la couleur blanche, qui doit paroître avant la rouge, & qui a fait dire qu'elle avoit servi de sage-femme à Latone, sa mere, pour mettre Apollon au monde ; enfin le Dieu Mars ou la couleur de rouille de fer, qui se trouve intermédiaire, & sert comme de passage de la couleur blanche à la pourprée.

Vesta n'étant autre chose que le feu, & la réussite de l'œuvre dépendant du régime du feu philosophique, on a feint, avec raison, que cette Déesse procura la Couronne à Jupiter : & si elle choisit la virginité pour récompense, c'est que le feu est sans tache, & la chose la plus pure qui soit dans le monde. Il est aisé de voir que ce qui regarde Vesta, n'étoit qu'un pur hiéroglyphe chez

chez les Egyptiens & les Grecs ; mais les Romains en firent un point de Religion. Ils instituerent des Vierges appellées Vestales, qui devoient garder la virginité, & entretenir un feu perpétuellement. Elles étoient punies de mort, lorsqu'elles se laissoient corrompre, ou que le feu s'éteignoit par leur négligence.

Le stratagême que Jupiter employa pour jouir de Junon, & le mariage qui en fut une suite, seroit un conte à amuser des enfans, s'il étoit pris à la lettre : mais il n'en est pas de même, si l'on regarde dans son vrai point de vûe la chose à laquelle il fait allusion. Le coucou dépose ses œufs dans le nid des autres oiseaux ; ceux-ci couvent ces œufs, & nourrissent les petits coucous qui en sont éclos. Lorsqu'ils sont devenus grands, ils dévorent celles qui les ont couvés & nourris. Il seroit ridicule de supposer une telle ingratitude dans des Dieux & des Déesses : mais on peut feindre dans une allégorie tout ce qu'on veut, quand ce qu'on y insere convient parfaitement à l'objet qu'on a en vûe. Celle-ci est très-conforme à toutes celles des Philosophes dans pareil cas. Raymond Lulle l'a employée en ces termes (*a*) : » Notre argent vif » est cause de sa mort propre, parce qu'il se tue » lui-même ; il tue en même-tems son pere & » sa mere ; il leur arrache l'ame du corps, & boit » toute leur humidité. « Basile Valentin donne pour allégorie un Chevalier qui prend le sang de son pere & de sa mere (*b*). Michel Majer

(*a*) Theor. test. ch. 87. (*b*) 12 Clefs.

représente dans ses emblêmes un crapaux qui succe la mammelle d'une femme, sa mere, & lui donne la mort par son venin.

Jupiter étoit d'ailleurs frere de Junon, & le mariage philosophique ne peut se faire qu'entre le frere & la sœur, témoin Aristée, qui dit (*a*) : » Seigneur Roi, combien que vous soyez Roi, » & votre pays bien fertile, toutefois vous usez » de mauvais régime en ce pays; car vous con- » joignez les mâles avec les mâles; & vous sça- » vez que les mâles n'engendrent point seuls; » car toute génération est faite d'homme & de » femme : & quand les mâles se conjoignent » avec les femelles, alors Nature séjouit en sa » nature. Comment donc, lorsque vous conjoi- » gnez les natures avec les étranges induement, » ni comme il appartient, espérez-vous engen- » drer quelque fruit ? Et le Roi dit : quelle » chose est convenable à conjoindre ? Et je lui » dis : amenez-moi votre fils Gabertin, & sa » sœur Béya. Et le Roi dit : comment sçais-tu » le nom de sa sœur est Béya ? Je crois que » que tu es Magicien. Et je lui dis ; la science » & l'art d'engendrer nous ont enseigné que le » nom de sa sœur est Béya. Et combien qu'elle » soit femme, elle l'amende; car elle est en lui. » Et le Roi dit : pourquoi veux-tu l'avoir ? Et » je lui dis : pour ce qu'il ne se peut faire de » véritable génération sans elle, ni ne se peut » aucun arbre multiplier. Alors il nous envoya » ladite sœur, & elle étoit belle & blanche,

(*a*) Epitre à la suite de la Tourbe.

» tendre & délicate. Et je dis : je conjoindrai
» Gabertin avec Béya. «

Ce feroit ici le lieu d'expliquer comment Jupiter & fes deux freres, Neptune & Pluton, partagerent entr'eux l'Empire du Monde. M. l'Abbé Banier, qui, fuivant fon fyftême, regarde ce partage comme un fait réel, fe trouve obligé d'établir les bornes du Monde aux confins tout au plus de la Syrie vers l'Orient (*a*) ; au Midi, par les côtes de la Libye & de la Mauritanie ; & à l'Occident, par les côtes de l'Efpagne qui font baignées par l'Océan. » Jupiter, dit-il, » garda pour lui les Pays Orientaux, ainfi que » la Theffalie & l'Olympe. Pluton eut les Pro- » vinces d'Occident jufqu'au fond de l'Efpagne, » qui eft un pays fort bas, par rapport à la Gréce ; » & Neptune fut établi Amiral des Vaiffeaux » de Jupiter, & commanda fur toute la Médi- » terranée. « Il ne faut pas fe mettre l'efprit à la torture, pour voir qu'un tel partage eft trop mal concerté pour pouvoir fe foutenir. Lorfque les Poëtes parlent de ces trois Dieux, ils ne les nomment pas Princes, ou Rois, ou Souverains d'une partie du Monde, telle qu'eft la Phrygie, la Gréce, la Mer Méditerranée & l'Efpagne ; mais ils appellent Jupiter le pere des Dieux & des hommes, le Souverain du Ciel & de toute la Terre, c'eft-à-dire, de la fuperficie du Globe feulement : Neptune, de toutes les eaux qui le couvrent, & qui y font répandues ; & Pluton eut les Enfers, ou le fond de la Terre, que l'on a

(*a*) Tom. II, p. 59.

nommé en conséquence *l'Empire ténébreux* (*a*). Homere, qui sçavoit bien que le Monde n'étoit pas renfermé dans des bornes si étroites que celles que lui donne M. l'Abbé Banier, emploie le terme πάντα, pour faire voir qu'il n'excluoit rien ; & quand il parle de Jupiter, il dit qu'il regnoit sur le Ciel, l'air, les nuages & la Terre commune à tous les êtres vivans. Il ne dit point aussi que Pluton commandoit sur des lieux bas & occidentaux, mais sur les noires ténebres, ζόφον ἠερόεντα. Or personne n'ignore que l'Espagne n'est pas un lieu ténébreux. Cette dénomination auroit mieux convenue aux Lapons & aux autres pays qui approchent du Pole ; mais on auroit été embarrassé de trouver une raison qui eût pu faire donner à Pluton le nom de Dieu des richesses. Les mines d'or des Pyrenées sont venues fort à propos au secours du sçavant Mythologue, qui n'a rien négligé de tout ce qui pouvoit appuyer son systême.

Le portrait même que les Poëtes nous font

(*a*) Tres enim ex Saturno sumus fratres, quos peperit Rhea.
Jupiter & ego, tertius autem Pluto inferis imperans :
Trifariam autem omnia divisa sunt, quisque vero sortitus est dignitatem
Mihi sane obvenit canum mare habitare perpetuò,
Motis sortibus ; Plutoni autem obvenerunt tenebræ caliginosæ :
Jovi vero obvenit Cœlum latum in æthere & nubibus.
Terra vero etiamnum communis & excelsus Olympus.
Hom. Iliad. l. 15. v. 187.

du séjour de Pluton, ne peut en aucune maniere convenir à l'Espagne. Lorsqu'Homere raconte (*a*) le combat qui se donna entre les Dieux qui favorisoient les Grecs, & ceux qui prenoient le parti des Troyens, il dit que Pluton, Roi des Enfers, trembla même sous terre, & sauta tout épouventé de son thrône en bas, lorsque Neptune secoua la Terre entiere avec tant de violence, que les montagnes en étoient ébranlées jusques dans leurs fondemens.

Les idées qu'Homere paroît avoir de Neptune, ne s'accordent point non plus avec celles que M. l'Abbé Banier veut nous en donner. Hesiode est en cela de concert avec Homere, & l'un & l'autre donnent à ce Dieu l'épithete de *quassator terræ*, Ποσειδάων ἐνοσίχθων (*b*). Je ne vois pas la raison qui ait pu engager les Poëtes à qualifier ainsi un Amiral : car quelque redoutable qu'il puisse être, il n'aura jamais le pouvoir d'exciter des tremblemens de terre en tout, ou même en partie. Mais tout cela convient très-bien à ces trois Dieux pris hermétiquement, & ce partage est tout naturel de la maniere que je l'ai rapporté sur la fin du chapitre précédent. Jupiter y est en effet le dominant, le plus élevé; il y occupe le ciel philosophique. Neptune vient après, & domine sur la mer ou l'eau mercurielle; la terre qui surnage, où Jupiter suit les moindres impressions des mouvemens de cette eau; ce qui fait nommer à bon droit Neptune, *quassator terræ*. Ces impressions se communi-

(*a*) Iliad. l. 20. v. 56. & suiv.

(*b*) Hesiod. Opera & dies v. 667. Hom. loc. cit. v. 63.

quent même fort aisément à la terre qui est au fond du vase, à laquelle nous avons donné avec les Philosophes le nom de Pluton. Il n'est donc pas surprenant qu'Homere feigne que ce Dieu des Enfers ressentit avec frayeur les secousses de la Terre, que Neptune excita. Si des explications aussi simples que celles-là ne satisfont pas un esprit exempt de prévention, je ne sçai pas trop s'il faut lui en chercher d'autres.

Mais pour achever de le convaincre, faisons quelques réflexions sur la maniere dont les Anciens représentoient Jupiter. Il semble que celui qui avoit fait ce Jupiter Olympien sur son thrône, dont Pausanias fait mention (*a*), a voulu mettre devant les yeux tout ce qui se passe dans l'œuvre. Pourquoi ce thrône est-il tout brillant d'or & de pierreries, & fait particulierement d'ébene & d'yvoire? Pourquoi Jupiter lui-même & la Victoire sont-ils aussi d'yvoire & d'or? Pourquoi son sceptre est-il un composé de tous les métaux réunis? Pourquoi enfin Jupiter est-il représenté la partie supérieure du corps nue, & l'inférieure couverte d'un manteau sur lequel sont peints toutes sortes d'animaux & toutes sortes de fleurs?

Que le Lecteur se donne la peine de rapprocher cette description de tout ce que nous avons dit de l'œuvre jusqu'ici, il n'aura pas de peine à voir dans l'ébene, l'yvoire & l'or, les trois couleurs principales qui surviennent à la matiere pendant les opérations du Magistere; c'est-à-dire, la noire, qui est la clef de l'œuvre, comme elle étoit celle qui dominoit dans le

(*a*) In Eliac.

thrône de Jupiter ; la blanche représentée par l'yvoire ; & la rouge, ou l'or philosophique, désignée par l'or. Les autres couleurs moins permanentes, qui se manifestent séparement & intermédiairement, sont symbolisées par les différens animaux & les couleurs variées des différentes fleurs qu'on avoit peints sur le manteau. Le coup-d'œil & l'ensemble de tous ces objets formoient en même-tems une espece d'arc-en-ciel, qui désignoit l'assemblage des couleurs, que les Philosophes appellent *la queue de paon*. Et comme cette Iris Hermétique paroît dans le tems que le Jupiter des Sages a commencé à se montrer, on avoit eu soin de marquer cette variété de couleurs par les animaux & les fleurs peints sur son manteau, qui ne lui couvroit en conséquence que la partie inférieure. On n'avoit représenté que la partie supérieure de son corps nue, parce que la couleur grise ou Jupiter se manifeste d'abord à la superficie, pendant que le bas ou le dessous est encore noir, ou couvert du manteau coloré comme la queue de paon. La victoire d'yvoire & d'or indique celle que le corps fixe a remportée sur le volatil, qui lui avoit fait la guerre en le dissolvant, le putréfiant pendant la noirceur, & le volatilisant. La couronne d'olivier est la couronne de paix, qui désigne la réunion du fixe & du volatil en un seul corps fixe, de maniere qu'ils sont inséparables ; aussi Jupiter, après sa victoire sur les Géans, n'eut plus aucuns ennemis à combattre, & regna perpétuellement en paix. Mais rien ne prouve mieux pour mon systême, que le sceptre de

Jupiter fait de tous les métaux réunis, & ſurmonté d'une aigle. La volatiliſation qui ſe fait de la partie fixe ou aurifique, pouvoit-elle être marquée plus préciſément que par l'aigle qui enleve Ganymede, pour ſervir d'Echanſon à Jupiter? puiſqu'on doit ſe ſouvenir que cette volatiliſation arrive pendant le tems que regne la couleur griſe. Ces parties volatiliſées & aurifiques, qui retombent en roſée ou pluie dorée ſur la terre, ou crême griſe, qui ſurnage, ne ſont-elles pas bien exprimées par le nectar & l'ambroſie que Ganymede verſoit à Jupiter? puiſque l'eau mercurielle volatile eſt de même nature que l'or philoſophique volatiliſé; qu'ils ſont par conſéquent immortels, comme l'or eſt incorruptible. L'une repréſente donc le nectar ou la boiſſon, & l'autre l'ambroſie ou les viandes immortelles des Dieux. On a choiſi l'aigle entre les autres oiſeaux, tant à cauſe de ſa ſupériorité ſur les autres volatils, qu'à cauſe de ſa force & de ſa voracité, qui détruit, mange, diſſout & transforme en ſa propre ſubſtance tout ce qu'elle dévore. On diſoit auſſi qu'elle étoit la ſeule entre tous les animaux qui pût regarder le Soleil d'un œil fixe, & ſans cligner la paupiere, peut-être parce que le mercure des Philoſophes eſt le ſeul volatil qui puiſſe s'attaquer à l'or, avoir priſe ſur lui, & le diſſoudre radicalement.

Le ſceptre de Jupiter eſt le ſymbole des métaux philoſophiques par les métaux du vulgaire, dont il étoit compoſé. Ils y étoient tous réunis, mais diſtingués, comme les couleurs de la matiere ſe manifeſtent toutes ſucceſſivement, pour produire une ſeule choſe, ou le ſceptre de Jupiter, marque diſtinctive de ſa Royauté & de ſon Empire. Il eſt fâcheux que Pauſanias n'ait point ajouté à ſa deſcription l'arrangement & l'ordre que ces métaux tenoient entr'eux; je ſuis perſuadé qu'on les y remarquoit dans l'ordre même ſucceſſif des couleurs de l'œuvre; c'eſt-à-dire, le plomb, ou Saturne, où la couleur noire dans le bas du ſceptre; enſuite l'étain, ou Jupiter, ou la couleur griſe; puis l'argent, ou la Lune, ou la couleur blanche; après cela le cuivre, ou Vénus, ou la couleur jaune-rougeâtre & ſafranée; le fer, ou Mars, où la couleur de rouille venoit ſans doute après; & enfin l'or, ou le Soleil, ou la couleur de pourpre. Tout le reſte de la deſcription s'accorde trop bien à mon ſyſtême, pour que ma conjecture ne ſoit pas fondée. D'ailleurs le ſceptre de Jupiter Olympien n'étoit pas la ſeule choſe que les Anciens faiſoient d'un électre compoſé de tous les métaux. Les Egyptiens repréſentoient Sérapis de la même maniere, & y ajoutoient auſſi du bois noir, comme on en mettoit au thrône de Jupiter Olympien. Tous les Antiquaires ſçavent que par Sérapis, on entendoit Jupiter, & avec raiſon; puiſque le bœuf Apis prenoit le nom de Sérapis après ſa mort, comme la couleur griſe ou Jupiter paroît après la noire, à laquelle les Diſciples d'Hermès ont donné aſſez communement les noms de *mort*, *ſépulchre*, *deſtruction*, & ont inventé des allégories en conſéquence, comme on le voit dans les Ouvrages de Flammel, de Baſile Valentin, de Thomas Northon, & de tant d'autres.

Enfin, pour conclure ce chapitre, je vais mettre devant les yeux du Lecteur ce qu'Artéphius (*a*) dit des couleurs, afin qu'il puisse voir si l'application que j'en ai faite, est juste. » Pour » ce qui est des couleurs, celui qui ne noircira » point, ne sçauroit blanchir, parce que la noir» ceur est le commencement de la blancheur, » & c'est la marque de la putréfaction & de » l'altération; & lorsqu'elle paroît, c'est un té» moignage que le corps est déja pénétré & mor» tifié. Voici comme la chose se fait. En la » putréfaction qui se fait dans notre eau, il » paroît premierement une noirceur qui ressem» ble à du bouillon gras sur lequel on a jetté » force poivre, & ensuite cette liqueur s'étant » épaissie & devenue comme une terre noire, » elle se blanchit insensiblement en continuant » de la cuire; ce qui provient de ce que l'ame » du corps surnage au-dessus de l'eau comme » une crême, qui étant devenue blanche, les » esprits s'unissent si fortement, qu'ils ne peu» vent plus s'enfuir, ayant perdu leur volatilité. » C'est pourquoi il n'y a en toute l'œuvre, qu'à » blanchir le *laton* ou leton, & laisser là tous » les livres, afin de ne nous point embarrasser » par leurs lectures en des imaginations, & en » des travaux inutiles & ruineux: car cette » blancheur est la pierre parfaite au blanc, & un corps très-noble par la nécessité de sa fin, qui est de convertir les métaux imparfaits en très-pur argent, étant une teinture d'une blan-

(*a*) De l'Art secret.

» cheur très-exubérante, qui les refait & les » perfectionne, & qui a une lueur brillante, » laquelle étant unie aux corps des métaux im- » parfaits, y demeure toujours sans pouvoir en » être séparée.

» Tu dois donc remarquer ici que les esprits » ne sont point rendus fixes que dans la cou- » leur blanche, & par conséquent qu'elle est » plus noble que celles qui l'ont dévancée ; & » on doit toujours la souhaiter, parce qu'elle est » en quelque façon & en partie l'accomplisse- » ment de toute l'œuvre : car notre terre se pour- » rit premierement dans la noirceur, puis elle » se nettoye en s'élevant & en se sublimant, » & après qu'elle est dessechée, la noirceur dis- » paroît, & alors elle blanchit, & la domina- » tion humide & ténébreuse de la femme ou » de l'eau finit. C'est alors que le nouveau corps » ressuscite transparent, blanc & immortel, & » *qu'il est victorieux de tous ses ennemis*. Et de » même que la chaleur agissant sur l'humide, » produit la noirceur ou la premiere couleur » principale qui se manifeste ; la même chaleur » continuant son action & agissant sur le sec, » elle produit aussi la blancheur, qui est la se- » conde couleur principale de l'œuvre. Et enfin » la chaleur agissant encore sur le corps sec, » elle produit la couleur orangée, & ensuite la » rougeur, qui est la troisieme & derniere cou- » leur du Magistere parfait. « Ce texte d'Arté- » phius montre aussi assez clairement pourquoi » on immoloit à Jupiter des chevres, des brebis » & des taureaux blancs. Ces différentes couleurs expliquent en même-tems les diverses métamorphoses de Jupiter, qu'un ancien Poëte a renfermées dans les deux vers suivans :

Fit taurus, cygnus, satyrusque, aurumque ob amorem
Europæ, Lædes, Antiopæ, Danaës.

CHAPITRE V.

Junon.

J'AI dit quelque chose de Junon dans les deux chapitres précédens ; mais une aussi grande Déesse mérite bien qu'on entre dans un plus grand détail sur son histoire, puisque son mariage avec Jupiter, son frere, la rendit une des plus grandes Divinités du Paganisme. Elle étoit fille de Saturne & de Rhéa, & sœur jumelle de Jupiter. Les Grecs la nommoient *Hera* ou *Megalé*, la Maîtresse, la Grande. Homere nous apprend (*a*) qu'elle fut nourrie & élevée par l'Océan & par Tethys, sa femme ; d'autres disent par Eubea, Porsymna & Acrea, filles du fleuve Asterion ; d'autres enfin prétendent que les Heures présiderent à son éducation. Le Poëte que nous venons de citer la dit née à Argos (*b*) :

Junoque Argiva, atque Alalcomenia Minerva.

Les Samiens disputoient cet honneur à ceux

(*a*) Iliad. l. 14. v. 202. (*b*) Ibid. l. 4. v.

d'Argos ; c'eſt pourquoi on la nommoit indifféremment la Samienne & l'Argolique : mais comme elle étoit ſœur jumelle de Jupiter, elle dut venir au monde dans le même endroit que lui.

Ce frere qui l'avoit aimée dès ſa plus tendre jeuneſſe, ſentit augmenter ſon amour avec l'âge, & cherchant les moyens d'en jouir, ſe changea en coucou, nomme nous l'avons dit, ſatisfit ſa paſſion, & l'épouſa enſuite ſolemnellement. Il en eut un fils, nommé Mars, & ſelon Apollodore, Hébé, Illythye & Argé. Heſiode lui donne quatre enfans, Hébé, Vénus, Lucine & Vulcain ; d'autres y joignent Typhon ; & Lucien (*a*) la fait mere de Vulcain ſans avoir connu d'hommes. Ces Mythologues ont même traité allégoriquement ces générations, puiſqu'ils feignent que Junon devint mere d'Hébé, pour avoir mangé des laitues ; de Mars, en touchant une fleur ; & de Typhon, en faiſant ſortir de terre des vapeurs qu'elle recueillit dans ſon ſein.

Jupiter & Junon ne donnerent pas l'exemple d'une union douce, & d'un mariage paiſible : c'étoient preſque toujours des querelles & des guerres entr'eux. Jupiter qui étoit fort adonné aux femmes, ne ſouffroit pas patiemment les reproches jaloux de Junon. Il la maltraita en toutes manieres, jusqu'à la ſuſpendre en l'air par les bras au moyen d'une chaîné d'or, & lui mit à chaque pied un enclume. Les Dieux en furent indignés, & firent leur poſſible pour l'en retirer ;

(*a*) Dialog.

mais ils ne purent y réussir (*a*). Lysimaque d'Alexandrie rapporte (*b*) qu'il y avoit près d'Argos une fontaine nommée Canatho, où Junon se baignoit une fois par an, & y recouvroit sa virginité à chaque fois.

Elle avoit quatorze Nymphes à sa suite; mais Iris étoit celle qu'elle employoit le plus.

Sunt mihi bis septem præstanti corpore Nymphæ.
Æneid. l. 1.

Junon fut aussi regardée comme la Déesse des richesses. Les promesses qu'elle fit à Paris, pour l'engager à prononcer son jugement en sa faveur, lorsqu'elle se présenta devant lui avec Pallas & Vénus, en sont une grande preuve. Ovide les décrit ainsi (*c*):

Tantaque vincendi cura est; ingentibus ardent
Judicium donis sollicitare meum.
Regna jovis conjux, virtutem filia jactat;
Ipse potens dubito, fortis an esse velim.

Entre les oiseaux, le paon étoit particulierement consacré à Junon, à cause sans doute, di-

(*a*) An non meministi, quando pependisti ab alto, à pedibus autem incudes demisi duas, circum manus autem vinculum misi aureum infrangibile? Tu autem in æthere & nubibus pependisti; indignabantur interim Dii per excelsum Olympum solvere autem non poterant circumstantes: quemcumque autem prehenderem, projiciebam correptum de limine donec perveniret in terram vix spirans. *Homer. Iliad. lib. 15. v. 18. & seq.*

(*b*) In reb. Theb. l. 13. & Pausan. in Corinth.

(*c*) Epist. Parid.

ſent quelques Mythologues, que cette Déeſſe le choiſit préférablement pour mettre ſur les plumes de ſa queue les yeux d'Argus, après que Mercure l'eut tué. L'oiſon étoit auſſi un des oiſeaux conſacrés à Junon, & la vache blanche entre les animaux à quatre pieds, ſuivant ces paroles de Virgile :

Ipſa tenens dextrâ pateram pulcherrima Dido
Candentes vaccæ media inter cornua fundit.
Æneid. l. 4.

Sans doute parce que chez les Egyptiens, la vache étoit le ſymbole hiéroglyphique de Junon.

On repréſentoit ordinairement Junon aſſiſe, vêtue, avec un voile quelquefois ſur la tête, un ſceptre à la main ; mais cela eſt aſſez rare ; c'eſt plus ſouvent une eſpece de pique : on la voit auſſi avec une patere. Mais en général les images de Junon ne ſont pas aiſées à diſtinguer de celles de pluſieurs autres Déeſſes. Le paon eſt ſon ſeul attribut diſtinctif avec la patere, comme l'aigle eſt celui de Jupiter : car pour les autres, dépendent ordinairement ou du caprice de l'Artiſte, ou de la fantaiſie de celui qui commandoit la ſtatue ou le monument, ou ſelon le nom ou le titre ſous leſquels on invoquoit cette Déeſſe. Je laiſſe le détail des noms de Junon à ceux qui font des Mythologies en forme.

Les explications que j'ai données des différentes circonſtances de l'hiſtoire de Jupiter, dévoilent une partie de celle de Junon. Quand on ſçait ce que c'étoit que ce Dieu, on devine aiſément ce que pouvoit être sa sœur jumelle. Ceux d'entre les Mythologues qui ont pensé que le nom *Hera* de cette Déesse étoit une simple transposition de lettres, & qu'en les remettant à leur place, on trouvoit *aer*; que par conséquent Junon & l'air étoient une même chose; ceux-là, dis-je, ont touché plus près du but que les autres. L'Auteur qui a pris le nom d'Orphée, favorise cette opinion, quand on prend ses termes à la lettre (*a*). Il paroît que Virgile a été du même sentiment, lorsqu'il a dit que Junon excitoit la grêle & le tonnerre :

His ego nigrantem commista grandine nymbum
Desuper infundam, & tonitru cœlum omne ciebo.
Æneid. l. 4.

Ceux qui, suivant Homere, prirent soin de l'éducation de Junon, indiquent quel air on doit entendre par cette Déesse; c'est-à-dire, Océan & Tethys, ou l'eau. Les trois Nymphes que d'autres y substituent, ne signifient que la même chose, puisqu'on les dit filles du fleuve Asterion; mais elles désigneroient plus particulierement quelle étoit cette eau par le nom de leur pere, si l'on ne sçavoit d'ailleurs qu'Océan & Tethys étoient regardés eux-mêmes comme Dieux.

Junon étant donc sœur jumelle de Jupiter, elle

(*a*) Aeriam ostentans faciem Juno alma sinu quæ
Cyaneo resides, præbens mortalibus auras
Magna jovis conjux faciles, ventosque salubres.
Hymn. in Junonem.

elle n'a pu naître qu'en même-tems que lui. Et comme l'air qui se trouve dans le vase au-dessus de la matiere dissoute, se remplit de vapeurs qui s'en élevent, dans le tems que le Jupiter philosophique se forme, il étoit naturel de personnifier aussi cette humidité vaporeuse & aërienne; c'est donc à cette humidité volatile & toujours en mouvement, suspendue néanmoins au haut du vase, & comme appuyée sur la terre qui surnage l'eau mercurielle, qu'on a jugé à propos de donner le nom de Hera, ou sœur de Jupiter. Plusieurs Mythologues qui ont voulu allégoriser l'histoire de Junon, & l'appliquer à la Physique, n'ont pas pris cette Déesse pour l'air pris en lui-même; mais pour l'humidité qui y est répandue. Océan ou la mer des Philosophes avec Tethys sont donc véritablement ceux qui ont pris soin de l'éducation de Junon, puisqu'ils ont fourni dequoi l'entretenir, par les parties volatiles qui s'en sont sublimées. Le nom de la Nymphe Aeréa, qui vient d'ἄκρος, *summus*, *excelsus*, marque que Junon étoit dans un lieu élevé.

Jupiter & Junon étant nés ensemble, & toujours l'un près de l'autre, il n'est pas surprenant que ce frere ait aimé sa sœur dès la tendre jeunesse. Par leur situation dans le vase, ils étoient comme inséparables; cette inclination se fortifia de maniere qu'ils prirent enfin le parti de s'épouser. Les Philosophes parlent si souvent de cette sorte de mariage entre le frere & la sœur, le Roi & la Reine, le Soleil & la Lune, &c. qu'il est inutile d'expliquer celui-ci par leurs textes. J'en ai déja rapporté, & peut-être en citerai-je encore dans la ſuite ; une répétition ſi réitérée deviendroit ennuyeuſe. Les brouilleries qui s'éleverent dans ce ménage venoient de la jalouſie de Junon. Et comment en effet n'auroit-elle pas été ſuſceptible de cette folle paſſion ? Jupiter ſe trouvoit ſans ceſſe entre ſon épouſe & quelques Nymphes ; c'eſt-à-dire, entre les vapeurs humides de l'air renfermé dans le haut du vaſe, & l'eau mercurielle ſur laquelle il nageoit, & même les parties les plus pures qui s'élevoient du fond du vaſe pour s'unir à lui. Nous expliquerons ce qui regarde ces Maîtreſſes de Jupiter, en parlant de ſes fils. Les allées, les venues de cette épouſe jalouſe ne repréſentent-elles pas bien les différens mouvemens de cette vapeur ?

Jupiter ennuyé de ſes reproches, la ſuſpendit en l'air de la maniere que nous l'avons rapporté. L'or philoſophique volatiliſé formoit la chaîne qui tenoit cette Déeſſe ſuſpendue. Envain les autres Dieux voulurent-ils la mettre en liberté, ils ne purent y réuſſir, parce que cette chaîne de parties d'or volatiliſé, ſe ſuccéde ſans ceſſe juſqu'à ce qu'elle vienne ſe réunir à Jupiter, avec cette humidité. Alors la paix ſe fait entre le fixe & le volatil, entre Jupiter & Junon. Les enclumes qu'elle avoit aux pieds, ſont un vrai ſymbole du fixe par leur poids énorme, qui les rend ſolides, & fixe dans la ſituation où on les met. On ſuppoſe tout naturellement que cette péſanteur tiroit Junon vers la terre, afin de déſigner la vertu aimantine de la partie fixe, qui attire la partie volatile à elle, & avec laquelle elle ſe réunit à la fin.

Lyſimaque d'Alexandrie (*a*) & Pauſanias (*b*), nous apprennent que le recouvrement de la virginité de Junon dans la fontaine Canatho, étoit un ſecret qu'on ne dévoiloit qu'à ceux qui étoient initiés dans les myſteres. Ce ſecret n'étoit autre que cette vierge philoſophique, cette vierge aîlée ou volatile, qui, ſuivant l'expreſſion de pluſieurs Philoſophes, conſerve ſa virginité, malgré ſa groſſeſſe (*c*), quand elle eſt bien lavée.

Junon, quoique vierge, eut donc pluſieurs enfans, entre leſquels quelques-uns n'eurent pas Jupiter pour pere. La naiſſance de Typhon s'explique d'elle-même, puiſqu'il n'étoit guéres poſſible que les vapeurs qui s'élevent de la terre philoſophique, ne fuſſent reçues dans le ſein de celles qui voltigent déja dans le haut du vaſe. Nous parlerons des autres dans leur lieu.

On voit déja pourquoi Junon étoit regardée comme Déeſſe des richeſſes. La chaîne d'or à laquelle elle étoit ſuſpendue, le feu philoſophique ou le ſoufre, qu'elle engendra de Jupiter, ſont l'une & l'autre la ſource de ces richeſſes : & les quatorze Nymphes qui accompagnoient cette Déeſſe, ſont les moyens qu'elle employe pour parvenir à ce but, c'eſt-à-dire, les parties volatiles aqueuſes, ſublimées ſept fois dans chacune des deux opérations. Si Iris eſt la Nymphe

(*a*) L. 13. rerum Theban.

(*b*) In Corynth.

(*c*) Recipe virginem alatam, optimè totam & mundatam ſemine ſpirituali primi maſculi imprægnatam, intemeratæ virginitatis gloriâ remanente gravidam. *D'Eſpagnet, Can. 58.*

favorite, c'est par la même raison qui fit donner la préférence au paon, pour placer sur sa queue les yeux d'Argus, & que ces couleurs de l'arc-en-ciel sont bien plus manifestes & plus distinguées dans l'œuvre, que ne le sont les autres parties volatiles.

On peut enfin voir Jupiter & Junon dans Osiris & Isis. Ils sont à peu près la même chose, & peu s'en faut que les Mythologues ne les ayent confondus, puisque les Egyptiens les disoient également enfans de Saturne. Jupiter sous cette couleur grise, est aussi un feu caché, comme une étincelle sous la cendre; c'est lui, qui comme Osiris, anime tout dans l'œuvre, & donne la vie à cette humeur qui produit tout par son moyen. C'est de-là que naît ce Vulcain, ou cette miniere du feu céleste, qui a fait dire que ce Dieu boîteux forgeoit les armes, & les meubles de Jupiter & des autres Dieux. La nature aqueuse de Junon est indiquée par la patere qu'on lui donne pour attribut, de même que le paon, parce que les couleurs variées de sa queue, prouvent en se manifestant sur la matiere, qu'elle se dispose à la volatilisation, & qu'elle est déja dissoute; ce qui annonce l'arrivée ou la présence de Junon.

Noel le Comte (*a*) avoue que les Chymistes de son tems expliquoient les fables de Jupiter & de Junon dans le goût de celle de Saturne; & voici ses termes: » Junon, disent-ils, est fille » de Saturne & d'Opis, sœur & femme de Ju- » piter, Reine des Dieux, Déesse des richesses.

(*a*) Myth. l. 2.

» Elle préside aux mariages & aux accouche-
» mens. Tout cela n'est autre chose que l'eau
» de mercure appellée Junon. On la dit fille
» de Saturne, parce qu'elle en est formée, &
» qu'elle distille de la terre. Cette terre donne des
» richesses ou l'or chimique, parce qu'elle distille
» en même-tems Junon & Jupiter, ou l'eau de
» mercure, & qu'elle laisse le sel au fond du vase
» de verre & dans le grand vase. Mais comme l'eau
» de mercure distille la premiere dans le vase,
» ils disent que Junon nâquit avant Jupiter. «

Il paroît par ce galimathias de Noel le Comte, que les Chymistes de son tems faisoient une application de la Fable à la Chymie, & pensoient comme nous, que cette science étoit le véritable objet de toutes ces fictions : mais comme ce Mythologue n'étoit pas au fait de la Chymie Hermétique, ou il a mal interprété les idées des Philosophes à cet égard, ou il a puisé ses interprétations dans celles de quelques Chymistes qui n'étoient pas plus au fait que lui.

CHAPITRE VI.

Pluton, & l'Enfer des Poëtes.

De quelque maniere qu'on envisage l'enfer des Poëtes, il n'est pas possible d'en faire l'application aux Pays d'Italie & d'Espagne, selon le sentiment de M. l'Abbé Banier, ni même dans la Thesprotie. A prendre l'opinion la plus reçue des Mythologues, l'idée de l'Enfer est venue d'Egypte; & si l'on en croit Diodore de Sicile (*a*), » Orphée porta de ce pays dans la » Gréce toute la fable de l'Enfer. Les supplices » des méchans dans le Tartare, le séjour des » bons aux Champs-Elysées, & quelques autres » idées semblables, sont, suivant cet Auteur, » visiblement prises des funérailles des Egyp- » tiens. Mercure, conducteur des ames chez » les Grecs, a été imaginé sur un homme, à » qui l'on remettoit *anciennement* en Egypte le » corps d'un Apis mort, pour le porter à un » autre qui le recevoit avec un masque à trois » têtes, comme celle de Cerbere. Orphée ayant » parlé en Gréce de cette pratique, Homere en » a fait usage dans ces vers de l'Odissée :

Avec son caducée, aux bords des fleuves sombres,
Mercure des Héros avoit conduit les ombres. (*b*)

Le terme d'*anciennement* qu'employe Diodore, pourroit faire soupçonner avec raison que ce n'étoit pas un usage de son tems, & qu'il pouvoit bien n'avoir appris & raconté tout ce qu'il en dit, que sur la foi d'une tradition populaire, sur laquelle on ne doit pas toujours faire beaucoup de fond. L'envie de faire tout venir à sa façon de penser, peut aussi avoir beaucoup influé dans les explications qu'il en donne, & les applications qu'il en fait.

Mais enfin c'est des Peres des Fables que

(*a*) L. 1. c. 36. (*b*) Traduct. de M. Terasson.

nous devons prendre l'idée de l'Enfer fabuleux. Les descriptions qu'ils nous en font ne conviennent point à l'Espagne, ni à la Thesprotie, ni par conséquent aux pays prétendus soumis à la domination de Pluton. Il peut bien se faire qu'Orphée ait pris occasion des funérailles des Egyptiens, pour former son allégorie de l'Enfer, & fabriquer sa fable dans le goût des Philosophes qui, comme lui, ont formé les leurs sur les sépulchres & les tombeaux; témoins Nicolas Flamel, Basile Valentin, & tant d'autres; sans cependant qu'il ait eu en vûe de véritables funérailles, mais seulement de feintes & allégoriques, telles que celles du grand œuvre. Comme il avoit pris en Egypte les sentimens de l'immortalité de l'ame, peut-être a-t-il donné carriere à son imagination sur l'état où elle étoit après la mort. Mais rien n'empêche que l'idée qu'Homere & la plûpart des Poëtes nous donnent du séjour de Pluton, ne convienne très-bien à ce qui se passe dans les opérations du grand œuvre. La différence des états s'y trouve parfaitement, comme on aura lieu d'en être convaincu, lorsque nous expliquerons la descente d'Enée aux Enfers.

Il ne faut point séparer l'idée du Royaume de Pluton de celle de l'Enfer, du Tartare & des Champs-Elysées. Les ténebres sombres & noires échurent à Pluton dans le partage que les trois freres firent de l'Univers (*a*). Et quelles étoient ces ténebres? Le même Auteur nous

(*a*) Iliad. l. 15. v. 191.

l'apprend (*a*) en divers endroits de son Iliade & de son Odissée. C'est un lieu ténébreux, un abysme profond, caché sous terre, environné des marais bourbeux du Cocyte & du fleuve Phlegeton (*b*). Les portraits que les Poëtes nous en font, ne présentent à nos yeux que des spectacles tristes, horribles & effrayans. Il faut franchir tout cela pour arriver au Royaume de Pluton, & l'on ne peut y parvenir, si l'on n'est conduit par une Sibylle.

On convient que toutes ces descriptions sont des fictions pures; il faut donc convenir aussi que le Royaume de Pluton est fabuleux. Car quelle matiere l'Espagne ou l'Epire pouvoient-elles fournir aux Poëtes pour une description aussi affreuse? Les Gorgones, les Furies, Eaque, Minos & Rhadamanthe étoient-ils de ces pays-là? Les Danaïdes, Tantale, Ixion & tant d'autres, y ont-ils jamais été? Ces lieux sont-ils même si bas par rapport au reste de la Gréce, qu'on puisse dire avec M. l'Abbé Banier (*c*), que les Poëtes en ont pris occasion de les appeller l'Enfer? Une raison aussi foible que celle-là auroit-elle pu faire dire à Homere, que le Tartare est aussi enfoncé au-dessous de la Terre, que la Terre est éloignée du Ciel (*d*)? Mais laissons ces difficultés & tant d'autres que les Mythologues seroient bien embarrassés de résoudre; & voyons quel rapport Pluton peut avoir avec la Philosophie Hermétique.

(*a*) Ibid. l. 8. v. 13. & suiv.

(*b*) Enéid. l. 6.

(*c*) Mythol. Tom. II. p. 449.

(*d*) Loco cit.

Un ancien Poëte disoit que par Jupiter, on entendoit aussi Pluton, le Soleil & Denys:

Jupiter est idem, Pluto, Sol & Dionysus.

Si Pluton est une même chose avec Jupiter, l'histoire de celui-ci étant une allégorie chymique, l'histoire de celui-là ne peut manquer d'en être une; mais on aura fait allusion à quelque autre partie de l'œuvre, & l'on a feint en conséquence que Pluton étoit fils de Saturne & de Rhéa.

Strabon (*a*) dit que Pluton étoit le Dieu des richesses. Junon, sa sœur, en étoit la Déesse: Jupiter même en étoit regardé comme le distributeur. Tout cela marque le grand rapport qu'ils avoient ensemble. De tous les Dieux, il est le seul qui ait gardé le célibat, parce que sa grande difformité le faisoit fuir de toutes les Déesses. Il enleva néanmoins Proserpine, & la transporta sur son char attelé de chevaux *noirs*, jusqu'au fleuve *Chémare*, & de là dans son Royaume, comme on peut le voir dans l'Ouvrage que Claudien a fait sur cet enlevement. Le taureau étoit sa victime. En général toutes celles qu'on immoloit aux Divinités infernales, étoient noires (*b*),

(*a*) Liv. 3.

(*b*) Tum Regi Stygio nocturnas inchoat aras. *Virg. Æneid. l. 6.*

. . . . huc casta Sibylla
Nigrarum pecudum multo te sanguine ducet. *Ibid.*

& les Prêtres mêmes qui faisoient le sacrifice, s'habilloient de noir dans la cérémonie, comme nous l'apprenons d'Apollonius de Rhodes (*a*). Strabon (*b*) rapporte que sur les rives du fleuve Coralus, où l'on célébroit les fêtes dites Pambéoties, on élevoit un autel commun à Pluton & à Pallas, & cela pour une raison mystérieuse & secrette, qu'on ne vouloit point divulguer parmi le peuple. Ce Dieu portoit souvent des clefs au lieu de sceptre.

Cette marque distinctive que l'on trouve dans les monumens qui représentent Pluton, avec l'idée que l'on nous donne de son ténébreux Empire, ne pouvoient guéres mieux nous désigner la terre philosophique cachée sous la couleur noire, appellée *clef de l'œuvre*, parce qu'elle se manifeste dès le commencement. Cette terre qui se trouve au fond du vase, est celle qui échut en partage à Pluton, qui fut en conséquence appellé Dieu des richesses, parce qu'elle est la miniere de l'or des Philosophes, du feu de la Nature & du feu céleste, selon l'expression de d'Espagnet (*c*). C'est ce qui a fait dire que Pluton faisoit son séjour sur les Monts-Pyrénées. Les Anciens parlent de ces montagnes comme

Supponunt alii cultros, tepidumque cruorem
Suscipiunt pateris : ipse atri velleris agnam
Æneas matri Eumenidum, magnæque sorori
Ense ferit, sterilemque tibi Proserpina vaccam. *Ibid.*

(*a*) Argonaut. l. 3.
(*b*) Liv. 9.
(*c*) Can. 122. & 123.

fertiles en mines d'or & d'argent : on dit même par une espece d'hyperbole, que ces montagnes & leurs collines, étoient presque toutes des montagnes d'or (*a*). Aristote nous apprend que les premiers Phéniciens qui y aborderent, y trouverent une si grande quantité d'or & d'argent, qu'ils firent leurs ancres de la matiere précieuse de ces métaux. En falloit-il davantage pour feindre que des lieux si riches étoient le séjour du Dieu des richesses ? Ajoutez à cela que le nom même des Pyrénées exprimoit parfaitement l'idée du feu précieux de la terre philosophique, puisqu'il semble venir de πῦρ, *ignis*, & de αἰνέω, *laudo*. Cette qualité ignée de Pluton lui fit élever un autel commun avec Pallas, par la même raison que cette Déesse en avoit aussi un commun avec Vulcain & Promethée.

Etabli dans l'Enfer ou la partie inférieure du vase, Pluton étoit comme méprisé des Déesses qui faisoient leur séjour avec Jupiter dans la partie supérieure. Il se trouva donc dans la nécessité d'enlever Proserpine de la maniere que je l'expliquerai dans le livre suivant. La situation du Royaume de ce Dieu fit feindre qu'il se précipita avec elle dans le fond d'un lac ; parce que cette terre après s'être sublimée à la superficie de l'eau mercurielle, se précipite en effet au fond d'où elle étoit élevée, lorsqu'elle est parvenue à la couleur blanche désignée par le nom de Persephone, de Proserpine. Le taureau étoit consacré à Pluton par la même raison que le taureau Apis

(*a*) Possidonius.

l'étoit à Osiris, puisque le nom de celui-ci signifie un feu caché, & que Pluton en est la miniere. On verra ce qu'il faut entendre par Cerbere & les autres monstres de l'Enfer, dans le chapitre de la descente d'Hercule dans ce séjour ténébreux, & dans les explications que nous donnerons de celle d'Enée à la fin du sixieme livre.

CHAPITRE VII.

Neptune.

LES Anciens & les Modernes sont également partagés au sujet de l'idée qu'on doit avoir de Neptune. Le plus grand nombre ne le regarde que comme un Etre Physique ou une Divinité naturelle, qui désigne l'eau sur laquelle il présidoit. Les Philosophes Stoïciens convinrent que ce Dieu étoit une intelligence répandue dans la Mer, comme Cérès étoit celle de la Terre : mais Ciceron avoue (*a*) qu'il ne concevoit, ni ne soupçonnoit même pas ce que ce pouvoit être que cette intelligence. Si nous en croyons Herodote (*b*), les Grecs ne reçurent point ce Dieu des Egyptiens, qui ne le connoissoient pas, & qui ne lui rendirent aucun culte, quand ils l'eurent mis au nombre des leurs. Mais, suivant le même Auteur, les Libyens l'avoient toujours eu

(*a*) De Nat. Deor. l. 3. (*b*) L. 2. c. 51. 92.

en grande vénération. Sur le témoignage de Lactance, d'après Evhemere, Dom Pezron & M. le Clerc l'ont pris pour un Dieu animé, pour un personnage réel. Ce sentiment étoit trop favorable au systême de M. l'Abbé Banier, pour ne pas l'adopter ; & il est convaincu, dit-il (*a*), que Neptune étoit un Prince de la race des Titans. Homere & Hésiode le disent fils de Saturne & de Rhéa, & frere de Jupiter & de Pluton ; Rhéa l'ayant caché pour le soustraire à la voracité de Saturne, dit qu'elle étoit accouchée d'un poulain, que le Dieu dévora de même que les autres enfans de sa femme. Voilà l'origine de la fiction qui porte que ce Dieu de la Mer avoit le premier appris à élever des chevaux ; & qui a fait dire à Virgile (*b*) : *Et vous, Neptune, à qui la Terre frappée de votre trident, offrit un cheval fougueux.*

Comme il seroit très-difficile, pour ne pas dire impossible, d'attribuer à un seul Neptune pris pour un personnage réel, & pour un Prince Titan, toutes les histoires mises sur le compte de ce Dieu, on a eu recours à la ressource ordinaire, & l'on en a supposé plusieurs du même nom. On a fait de celui de Libye un Prince Egyptien, qui eut pour enfans Belus & Agenor (*c*) ; & l'on dit qu'il vivoit vers l'an 1483. avant Jesus-Christ. Mais si ce Prince étoit Egyptien, comment étoit-il ignoré en Egypte ? Et si ce Dieu n'y étoit pas connu, que deviendra le prétendu sacrifice que l'on suppose qu'Amymone,

(*a*) Tom. II. p. 298.
(*b*) Georg. l. 4. v. 13.
(*c*) Vossius de Idolo.

mere de Nauplius, & fille de Danaüs, Egyptien, voulut faire à Neptune, lorsqu'elle fut poursuivie par un satyre qui vouloit lui faire violence (*a*)?

Au reste Neptune, fils de Saturne & de Rhéa, & celui qui donne lieu à ce chapitre, eut pour femme Amphitrite, fille de l'Océan & de Doris, de laquelle & de ses concubines, il eut un grand nombre d'enfans. Libye lui donna Phenix, Pyrene, Io, que quelques-uns disent fille du fleuve Inaque. C'est cette Io dont Jupiter jouit caché dans un nuage. Junon les prit presque sur le fait. Jupiter pour dérober sa Maîtresse à la fureur jalouse de Junon, changea Io en vache blanche. Junon mit Argus à sa suite pour examiner sa conduite ; & après que Mercure eut tué Argus, Junon envoya un Taon qui tourmenta si fort Io, qu'elle se mit à parcourir les mers & les terres, jusqu'à ce qu'étant enfin arrivée sur les bords du Nil, elle y reprit sa premiere forme, & selon les Grecs, y fut adorée par les Egyptiens sous le nom d'Isis (*b*). De là les cornes que l'on mettoit sur la tête d'Isis, & qu'on l'appelloit, tantôt la Lune, & tantôt la Terre. La vache étoit aussi l'hiéroglyphe d'Isis, comme le taureau étoit celui d'Osiris.

Neptune avec Apollon & Vulcain bâtirent les murailles de Troye. Laomedon qui les avoit employés, ayant refusé de payer à Neptune le salaire dont ils étoient convenus, ce Dieu ravagea les champs & la Ville, & envoya un monstre

(*a*) Philost. Fable de Neptune.

(*b*) Ovid. Métamorph. l. 1.

pour dévorer Hesione, fille de ce Roi. Comme je dois expliquer cette fiction dans l'histoire des travaux d'Hercule, je n'en dirai pas davantage ici.

Le sceptre de Neptune étoit un trident. Ce Dieu étoit porté sur une conque marine tirée par quatre chevaux ou par quatre veaux marins. Ses yeux étoient bleus; son habillement étoit de la même couleur, & ses cheveux. On lui immoloit des taureaux, suivant Homere :

Cyaneos crines taurus mactetur habenti.
Odys. l. 5.

Et Virgile :

Taurum Neptuno, taurum tibi pulcher Apollo.
Æneid. l. 5.

L'Oracle lui avoit décerné cette victime, parce qu'on dit que les Perses ayant laissé beaucoup de bœufs à Corcyre, un taureau en revenant du pâturage, alloit vers la Mer, & y jettoit des mugissemens effroyables. Le Vacher s'y transporta, & y apperçut une prodigieuse quantité de thons. Il en fut avertir les Corcyriens, qui se mirent en devoir de les pêcher, mais inutilement. Ils consulterent l'Oracle là-dessus, qui leur ordonna d'immoler un taureau à Neptune. Il le firent, & prirent ces poissons (*a*). D'autres Mythologues prétendent qu'on immoloit cette victime à Neptune, & qu'on le nomma *μυκήτιας*, à cause du bruit de la Mer qui ressemble aux mugisse-

(*a*) Pausan. in Phoc.

mens des taureaux. On l'appelloit encore ταῦρος ou ταύρειος, & les fêtes qu'on célébroit en son honneur, ταυρεῖα.

On attribuoit à Neptune les tremblemens & les autres mouvemens extraordinaires qui arrivoient sur la Terre & dans la Mer ; j'en ai dit les raisons dans le chapitre de Jupiter, outre les témoignages d'Homere & d'Hésiode que j'ai rapporté à ce sujet. Herodote (*a*) lui donne aussi le titre de *terræ quassator*.

On met bien des galanteries sur le compte de Neptune, & pour réussir dans ses amours, il se métamorphosa plus d'une fois, à l'exemple de Jupiter, son frere. Arachné dans le bel ouvrage qu'elle fit en présence de Minerve, y rassembla l'histoire de tous ces changemens. Amphitrite, sa femme, lui donna Triton ; de la Nymphe Phénice, il eut Protée. Sous la forme du fleuve Enipe, il courtisa Iphimedie, femme du Géant Aloëus, & en eut Ephialte & Otus ; sous celle d'un bélier, il séduisit Bisaltis ; sous celle d'un taureau, il eut affaire avec une des filles d'Eole ; sous celle d'oiseau, il eut une aventure avec Méduse ; il prit la forme d'un dauphin dans celle de Melanthe ; & enfin celle de cheval, pour tromper Cérès.

(*a*) Ipsi quidem Thessali memorant Neptunum fecisse convallem per quam meat Poneus, haud absurdè sentientes. Qui enim arbitrantur Neptunum terram quatere, & quæ terræ motu diducta sunt, hujus Dei esse opera, ei cernenti hunc locum videtur Neptunus id fecisse. Namque diductio illa montium (ut mihi videtur) terræ motus est opus. *L. 7, c. 129.*

Triton

Triton devint le Trompette & le Joueur de flûte de Neptune. Il eût une fille, nommée Tritie, Prêtresse de Minerve. Cette Tritie ayant eu affaire avec Mars, elle devint mere de Melanippe. Triton fut cause en partie de la victoire que Jupiter remporta sur les Géans. Ceux-ci surpris d'entendre tout-à-coup le son de la conque marine que Triton faisoit retentir, prirent aussi-tôt la fuite. Les Poëtes ont feint que ce dernier avoit la figure humaine dans toute la partie supérieure du corps, & la forme d'un dauphin depuis la ceinture jusqu'en bas ; que ses deux jambes formoient une queue fourchue, retroussée comme un croissant. Ses épaules étoient de couleur de pourpre. Les Romains mettoient un Triton sur le sommet du temple de Saturne.

J'ai parlé de Neptune plus d'une fois ; & l'on a vû pourquoi il étoit fils de Saturne & de Rhéa. Il est proprement l'eau ou la mer philosophique qui résulte de la dissolution de la matiere. Il est donc raisonnable de le regarder comme le pere des fleuves, le Prince de la Mer, & le Seigneur des ondes. Par sa nature liquide & fluide, & par sa facilité à se mettre en mouvement, il excite les tremblemens, tant de la terre qui est au fond du vase, que de celle qui lui surnage. La vigueur & la légereté avec lesquelles courent les chevaux, ont engagé les Poëtes à feindre que son char étoit tiré par quatre de ces animaux ; & afin de désigner la volatilité de cette eau, ils ont supposé qu'ils courroient même sur les ondes de la Mer, & que ce Dieu étoit toujours accompagné de Tritons & de Néréides, qui ne sont autres que les parties aqueuſes, de ὑγρὸς, *humidus*. Ayant remarqué que cette eau philoſophique avoit une couleur bleue, qui lui a fait donner le nom d'eau céleſte, les Poëtes Philoſophes ont feint que Neptune avoit des cheveux, des yeux & des vêtemens bleus. Sa légéreté, malgré ſon poids, c'eſt-à-dire ſa volatilité, malgré ſa péſanteur, fit dire à Rhée qu'elle étoit accouchée d'un poulain, & donna occaſion à ſa métamorphoſe en cheval, lorſqu'il voulut tromper Cérès ou la terre philoſophique; parce qu'on a fait alluſion à la légereté du cheval dans la courſe, malgré la maſſe peſante de ſon corps. On a feint par la même raiſon ſon changement en oiſeau. On ſçait ce que ſignifie le taureau; une explication ſi répétée deviendroit ennuyeuſe.

Quant à Triton, ſa forme & ſa naiſſance indiquent aſſez qu'il eſt ce qui réſulte de l'eau philoſophique; ſa queue fourchue en croiſſant déſigne la terre blanche, ou lune des Philoſophes, & la couleur de pourpre de ſes épaules marque celle qui ſurvient à la matiere après la blanche. S'il fut la cauſe que Jupiter remporta la victoire ſur les Géans, c'eſt parce que ce Dieu n'eſt tranquille & paiſible poſſeſſeur de ſon thrône, qu'après que la matiere eſt parvenue au blanc, & qu'elle commence à ceſſer d'être volatile.

Dans certain tems des opérations, à meſure que l'œuvre ſe perfectionne, l'eau des Philoſophes devient rouge; c'eſt Neptune qui ſe joint avec la Nymphe Phénice, ainſi dite de φοῖνιξ, *purpura*, *puniceus color*. Prothée naît de ce commerce ; ce Prothée dont les métamorphoſes perpétuelles ſont un véritable ſymbole des changemens que les Philoſophes diſent ſurvenir à la matiere du Magiſtere. C'eſt de là ſans doute que l'Auteur des Hymnes attribuées à Orphée, diſoit que Prothée étoit le principe de tous les mixtes :

Geſtantem claves pelagi te maxime Protheu
Priſce voco, à quo naturæ primordia primum
Edita ſunt, formas in multas vertere noſti
Materiam ſacram prudens, venerabilis, atque
Cuncta ſciens, quæ ſint, fuerint, ventura trahantur.

Homere s'explique dans le même ſens au quatrieme livre de ſon Odyſſée :

Concuſſit cervice jubas leo factus, & inde
Fit draco terribilis, modo ſus, modo pardalis ingens;
Alticoma aut arbor, nunc frigida defluit unda,
Nunc ignis crepitat.

Toutes ces métamorphoſes dont parle Homere, conviennent très-bien à cette matiere, puiſque les Diſciples d'Hermès lui ont donné les mêmes noms que le Poëte donne à Prothée, parce qu'ils ont fait alluſion, tant aux différentes couleurs qu'elle prend, qu'aux divers changemens qu'elle éprouve dans le cours des opérations. Elle eſt appellée *lion*, lorqu'elle eſt parvenue au rouge dans le premier œuvre ; *dragon*, dans la putréfaction du ſecond ; *cochon* ou corps immonde, à cauſe de ſa puanteur dans la diſſolution ; *léopard*, *tigre*, *queue de paon*, lorſqu'elle ſe revêt des couleurs de l'iris; *arbre solaire* ou *lunaire*, quand elle passe au blanc ou au rouge; *eau*, parce qu'elle en est une; & enfin *feu*, quand elle est soufre ou fixée.

Quant aux propriétés qu'Orphée lui attribue d'être le principe de tout, d'avoir les Clefs de la Mer, & de se manifester dans tous les mixtes de la Nature, les Philosophes en disent autant de leur matiere. Ecoutons le Cosmopolite (*a*) : » Cette eau, dit-il, est-elle connue de beaucoup » de personnes, a-t-elle un nom propre? Il » (Saturne) me disoit à haute voix : peu la » connoissent; mais tous la voient, & l'aiment. » Elle a plusieurs noms; mais celui qui lui » convient le mieux, est l'*eau de notre mer*, » eau de vie qui ne mouille point les mains. » Je lui demandai encore : s'en sert-on à d'au- » tres usages? Il me répondit : toutes les créa- » tures s'en servent, mais invisiblement. Pro- » duit-elle quelque chose, lui dis-je? Il me re- » pliqua : toutes choses se font d'elle, vivent » d'elle, & dans elle. C'est le principe de tout; » elle se mêle avec tout. Vous qui demandez » à Dieu le don de la Pierre Philosophale, dit » l'Auteur des Rimes Germaniques (*b*), gar- » dez-vous bien de la chercher dans les herbes, » les animaux, le soufre, le mercure & les mi- » néraux; le vitriol, l'alun, le sel ne valent » rien pour cela; le plomb, l'étain, le cuivre, » le fer n'y sont point bons; l'or même & l'ar- » gent ne peuvent rien pour le Magistere; mais

(*a*) Enigme aux enfans de la vérité.

(*b*) Théatr. Chymiq. T. 6.

» prenez Hylé, ou le cahos, ou la premiere
» matiere, principe de tout, & qui se spécifie
» dans tout. «

Cette matiere n'a point de forme déterminée, dit un autre Auteur anonyme (*a*); mais elle est susceptible de toutes les formes; c'est le Prothée des Anciens, qui comme dit Virgile:

Omnia transformat sese in miracula rerum.
Georg. 4.

Elle est l'esprit universel du Monde, une substance humide, subtile, une vapeur visqueuse, qui cependant ne mouille pas les mains; d'elle vient la rose, la tulipe, l'or & les autres métaux, avec les minéraux, & en général tous les mixtes. Elle produit le vin dans la vigne, l'huile dans l'olivier, le purgatif dans la rhubarbe, l'astringeant dans la grenade, le poison dans l'un & le contrepoison dans l'autre, & enfin, suivant Basile Valentin (*b*), *elle est toute chose dans toute chose.*

Il me reste à parler d'un autre enfant de Saturne, mais qui ne l'étoit pas de Rhéa. C'est de Chiron le Centaure, qu'Apollonius de Rhodes dit être fils de Phillyre:

Ad mare descendit montis de parte supremâ
Chiron Phillyridas.
L. 1. Argonaut.

Et Ovide:

Et Saturnus equo geminum Chirona creavit.
Métam. l. 6.

(*a*) Ibid. (*b*) 12 Clefs.

Suidas le croyoit fils d'Ixion, comme les autres Centaures. Il seroit assez difficile d'excuser Palephate sur l'explication qu'il donne des Centaures; elles sont un peu ajustées au Théatre, pour me servir des termes de M. l'Abbé Banier; & les raisons qu'Isaac Tzetzès employe pour contredire & censurer Palephate, ne valent pas mieux. Les Historiens rapportent qu'il y a eu de vrais Centaures; au moins Pline (*a*) dit-il en avoir vû un à Rome, qu'on apporta d'Egypte sous l'empire de Claude. S. Jerôme fait la description de l'Hippocentaure que Saint Antoine rencontra dans le désert, lorsqu'il alloit voir Saint Paul Hermite. Mais les Poëtes parlent des Centaures comme d'un peuple, & non comme de quelques productions monstrueuses & rares de la Nature. Lucrece avec beaucoup d'anciens Auteurs ont regardé toutes les histoires de ces monstres demi-hommes & demi-chevaux, comme des fictions toutes pures.

Sed neque Centauri fuerunt, neque tempore in ullo
Esse queat duplici naturâ & corpore bino
Ex alienigenis membris compacta potestas.

Galien lui-même nie aussi l'existence de ces

(*a*) Claudius Cæsar scribit Hippocentaurum in Thessaliâ natum, eodem die intercisse; & nos principatu ejus allatum illi ex Ægypto in melle vidimus. *L. 7. c. 3.*

Comperit hominem equo mixtum, cui opinio Poëtarum Hippocentauro vocabulum indidit. *Sanct. Hyeronim. in vita Sancti Antonii.*

monſtres. » Il faut donc, ſuivant M. l'Abbé » Banier (*a*), ranger tout ce que diſent ſur ce » ſujet Philoſtrate & Lucien, l'un dans le Tableau des Centaurelles, l'autre dans la belle » deſcription du Tableau de Xeuxis, parmi les » êtres qui ne ſubſiſterent jamais que dans le » pays des tapiſſeries. « C'étoit auſſi le cas qu'en faiſoit Rabelais. Je paſſerai ici ſur les explications que M. Newton & quelques autres ont données de Chiron. Je dois m'en tenir à ce qu'en rapporte la Fable, & je dis avec elle, que ce fils de Saturne épouſa Chariclo, fille d'Apollon ou de l'Océan. Elle lui donna une fille, nommée Ocyroé.

Chiron avoit comme les autres Centaures la figure humaine dans la partie ſupérieure du corps, & la forme d'un cheval dans toute la partie inférieure. Il nâquit ainſi, de ce que Saturne étant ſurpris par Rhéa, lorſqu'il étoit avec Phillyre, il ſe métamorphoſa en cheval pour s'empêcher d'être reconnu. Chiron devint très-habile dans la Médecine; Diane lui apprit l'art de la chaſſe, & il entendoit parfaitement la Muſique. Toutes ces ſciences lui procurerent l'éducation de Jaſon, d'Eſculape, d'Hercule & d'Achille. Il manioit un jour ſans trop d'attention une fléche d'Alcide, empoiſonnée du venin de l'hydre de Lerne; cette fléche lui tomba ſur le pied, & la douleur qu'il reſſentit de la bleſſure, fut ſi vive qu'il demanda inſtamment à Jupiter la permiſſion d'en mourir. Elle lui fut accor-

(*a*) Tom, III. l, 2, c, 11,

dée, & ce Dieu le mit au nombre des Aſtres.

On peut juger de ce que ſignifie Chiron, tant par ſon pere, ſa naiſſance, ſa figure & ſon apothéoſe, que par les diſciples qu'il a eu. Né d'un Dieu fabuleux & Hermétique, pouvoit-il ne pas appartenir à cet art? Il épouſe même une fille du Soleil, & de ce mariage vient une autre fille dont le nom ſignifie une eau qui coule avec rapidité, pour déſigner la ſolution de la matiere aurifique en eau. Je laiſſe les autres explications, parce que j'aurai occaſion de parler de ce Centaure dans plus d'un endroit de cet Ouvrage.

CHAPITRE VIII.

Vénus.

IL n'eſt point ici queſtion d'un monſtre effrayant, tel que l'eſt un homme demi-cheval. Il s'agit d'une Déeſſe au ſujet de laquelle les beaux eſprits de tous les pays ont donné à leur imagination l'eſſor le plus vif & le plus gracieux. C'eſt cette Déeſſe, mere de l'Amour, née ſuivant Héſiode, de l'écume de la Mer & des parties mutilées de Cœlus (*a*); ce qui la fit nommer par les Grecs Ἀφροδίτη. Homere la dit fille de Jupiter & de Dioné. Le ſentiment le plus commun eſt qu'elle nâquit de l'écume de la Mer. Le Zéphir la tranſporta ſur une conque marine dans l'Iſle

(*a*) Théog.

de Chypre, d'où elle fut appellée *Cypris*, & de là à Cythere. Les fleurs naissoient sous ses pas ; Cupidon son fils, les Jeux, les Ris l'accompagnoient toujours ; elle faisoit enfin la joie & le bonheur des Dieux & des hommes. Une idée aussi riante ne pouvoit que rendre agréables les descriptions que les Poëtes firent à l'envi de cette Déesse. Rien n'égaloit sa beauté. Les Peintres & les Sculpteurs saisirent cette idée, & employerent tout leur art pour la représenter comme ce qu'il y avoit de plus aimable dans le Monde. » Voyez cette Vénus, l'ouvrage du sçavant » Apelles, dit Antipater de Sidon ; voyez com» ment cet excellent Maître a parfaitement ex» primé cette eau écumeuse qui coule de ses » mains & de ses cheveux, sans rien cacher de » leurs graces : aussi dès que Pallas l'eut apper» çue, elle tint à Junon ce discours : Cédons, » cédons, ô Junon ! à cette Déesse naissante » tout le prix de la beauté. « Paris confirma ce jugement en adjugeant la pomme d'or à Vénus, & il en reçut pour récompense Helene, la plus belle des femmes.

Le plus grand nombre des Grecs & des Romains regarda Vénus comme la Déesse de l'amour & de la volupté. Elle eut en conséquence une infinité de temples, & des femmes lascives & débauchées pour les desservir. Son culte étoit rempli de cérémonies conformes à ces idées.

Platon, dans son banquet, admettoit deux Vénus ; l'une fille du Ciel, & l'autre fille de Jupiter. La premiere, dit ce Philosophe, est cette ancienne Vénus, fille du Ciel, dont on ne connoît point la mere, & que nous appellons Vénus la célefte; & cette autre Vénus récente, fille de Jupiter & de Dioné, que nous nommons Vénus la vulgaire. C'eft à ces deux qu'on doit attribuer tout ce que les Auteurs Grecs & Latins difent des diverfes Vénus, dont ils parlent fous des noms différens. Leur culte auffi n'étoit pas le même. Polemus (*a*) dit que celui des Athéniens étoit très-pur. *Athenienfes harum rerum obfervandarum ftudiofi, & in facrificiis Deorum faciendis diligentes ac pii Nephalia facra faciunt Mnemofynæ, Mufis, Auroræ, Soli, Lunæ, Nymphis, Veneri cœlefti.*

Il eft en général bien difficile de rien conclure de raifonnable de ce que difent tant d'Auteurs au fujet de cette Déeffe, puifqu'ils en parlent, tantôt comme d'une femme débauchée, tantôt comme d'une Déeffe. Ils la confiderent quelquefois comme une Planette, & quelquefois ils en parlent comme d'une paffion. Les expreffions des Poëtes font toujours figurées. Mais étant une Déeffe fi bienfaifante, & fi favorable à la corruption du cœur humain dans l'efprit du commun, auroit-elle pu trouver quelqu'un qui lui déclarât la guerre? Mars lui-même, ce Dieu de fang & de carnage, vit évanouïr toute fa férocité à l'afpect de Vénus. Il étoit honteux de révérer Mars comme un Dieu, lui qui fembloit ne fe plaire qu'à la deftruction de l'humanité; mais il étoit naturel d'accorder les honneurs de la Divinité à Vénus qui étoit toute occupée à

(*a*) Ad Timæum.

perpétuer les hommes. Mars fut en conséquence regardé comme le Dieu de la guerre, & Vénus comme la Déesse de la paix.

Les Egyptiens & la plûpart des anciens Grecs ne prenoient pas Vénus pour la Déesse de la volupté & du libertinage, mais pour la petite-fille de Saturne, ayant pour sœur la Vérité cachée dans le fond d'un antre. Il est vrai que quelques-uns en parloient comme d'une femme belle par excellence. Les libertins qui ne saisirent pas la véritable idée des Auteurs de ces fictions, ne la considerent plus que comme propre à exciter le feu impur du libertinage; & ignorans la Vérité, sœur de Vénus, ils prirent occasion de décerner à celle-ci un culte licentieux. Diodore de Sicile qui avoit recueilli, autant qu'il avoit pu, les traditions Egyptiennes, dit en parlant des Dieux d'Egypte, que suivant quelques-uns, Chronos étant devenu pere de Jupiter & de Junon, Jupiter eut pour enfans Osiris, Isis, Typhon, Apollon, Aphrodité ou Vénus.

M. l'Abbé Banier, après avoir rapporté tous les différens sentimens au sujet de cette Déesse, conclut en ces termes (*a*) : » Pour dire ce que » je pense de cette fable, je crois qu'il faut en » chercher l'origine dans la Phénicie. En effet » il n'y eut jamais d'autre Vénus que la Vénus » céleste, c'est-à-dire la Planette de ce nom, » honorée parmi les Orientaux, comme nous » l'avons dit dans le premier Volume; & Astarté, femme d'Adonis, dont le culte fut mêlé

(*a*) Tom. II. p. 161.

» avec celui de cette Planette, ou, ce qui re-
» vient au même, cette Vénus Syrienne, la
» quatrieme dans Ciceron, si célebre dans l'An-
» tiquité. Les Phéniciens en conduisant leurs
» Colonies dans les isles de la Mer Méditerra-
» née, & dans la Gréce, y porterent le culte
» de cette Déesse. « Mais si Vénus & Astarté ne sont qu'une & même Divinité, il faudra donc confondre la planette de Vénus avec la Lune, puisque, suivant ce Mythologue (*a*), la Lune & Astarté ne different point entr'elles. Or qu'est-ce qui confondit jamais l'une avec l'autre? Ce n'est donc point par cette raison qu'il faut faire venir de Phénicie ou d'Egypte l'origine de Vénus Il n'en seroit cependant pas moins vrai que Vénus & Astarté pourroient être une même chose.

Les Disciples d'Hermès mieux instruits sans doute de l'idée que leur Maître attachoit aux Dieux feints de l'Egypte, s'y sont mieux conformés que les Mythologues, & n'ont pas pris Vénus pour la volupté ou l'appetit des animaux pour perpétuer leurs especes. Ils n'ont point eu

(*a*) Ciceron qui parle des différentes Vénus que la Théologie Payenne reconnoissoit, dit (*) que la quatrieme, qu'on appelloit Astarté, étoit née à Tyr dans la Syrie, & mariée à Adonis. Il auroit parlé plus juste, s'il l'avoit confondue avec la premiere, qu'il dit avoir été fille du Ciel & de la lumiere; car Astarté étoit parmi les Syriens la même que la Lune, ainsi que nous le dirons; cette origine lui convenoit parfaitement. *M. l'Abbé Banier, Tom. I. p. 546.*

en vûe la Planette appellée Vénus, ou *Lucifer*, qui paroît le matin avant le lever du Soleil, ou le soir avant le coucher de ce flambeau du monde; puisqu'il n'est pas possible de la faire naître des parties mutilées de Cœlus & de l'écume de la Mer, ni de la dire avec quelque raison fille de Jupiter. Les Chymistes vulgaires ne sçauroient aussi attribuer cette filiation au cuivre, à l'égard de l'étain. De quelque maniere qu'on l'entende, il ne sera donc pas possible d'accorder la naissance de Vénus avec les raisonnemens susdits.

Michel Majer dit que les Anciens entendoient par Vénus une matiere sans laquelle on ne peut faire le grand œuvre, & la plûpart des Philosophes paroissent aussi l'avoir prise quelquefois dans ce sens-là. Flamel cite ces paroles de Democrite : » Ornez les épaules & la poi» trine de la Déesse de Paphos; elle en devien» dra très-belle, & quittera sa couleur verte » pour en prendre une dorée. Lorsque Paris eut » vû cette Déesse dans cet état, il la préféra à » Junon & à Pallas. Qu'est-ce que Vénus, dit » le même Auteur? Vénus comme un homme » a un corps & une ame : il faut la dépouiller » de son corps matériel & grossier, pour en » avoir l'esprit tingent, & la rendre propre à » ce qu'on veut en faire. «

Philalethe regardoit Vénus comme un des principaux ingrédiens qui entrent dans la composition du Magistere (*a*). D'Espagnet cite à cette occasion ces vers du sixieme livre de l'Enéide :

(*a*) Vade mecum.

. . . . . Latet arbore opacâ
Aureus & foliis ; & lento vimine ramus
Junoni infernæ dictus sacer ; hunc tegit omnis
Lucus ; & obscuris claudunt convallibus umbræ.
. . . .
Vix ea fatus erat geminæ cum fortè columbæ
Ipsa sub ora viri cœlo venere volantes
Et viridi sedere solo : tum maximus Heros
Maternas agnoscit aves.

Ce Philosophe, à qui Olaus Borrichius dit (*a*) : que les amateurs de la Chymie Hermétique ont tant d'obligation, prend toujours Vénus dans le sens Philosophique. » Il faut, dit-il (*b*) un travail d'Hercule pour la préparation ou sublimation philosophique du mercure ; car Jason n'auroit jamais entrepris son expédition sans l'aide d'Alcide. L'entrée est gardée par des bêtes à cornes, qui en éloignent ceux qui s'en approchent témérairement. Les enseignes de Diane & les *colombes de Vénus* sont seules capables d'adoucir leur férocité. Il ajoute au Canon 46 : Cette eau est une eau de vie, une eau permanente, très-limpide, appellée eau d'or & d'argent. . . . . Cette substance enfin très-précieuse est la *Vénus Hermaphrodite* des Anciens, ayant l'un & l'autre sexe, c'est-à-dire le soufre & le mercure. Et au Canon 52. » Le jardin des Hespérides est gardé par un affreux dragon ; dès l'entrée se présente une

(*a*) Conspect. Chymic. céleb. (*b*) Can. 42.

» fontaine d'eau très-claire, qui ſort de ſept » ſources, & qui ſe répand par-tout. Faites-y » boire le dragon par le nombre magique trois » fois ſept, juſqu'à ce qu'étant yvre, il dépouille » ſon vêtement ſale & malpropre. Mais pour » cet effet il faut vous rendre propices *Vénus* » porte-lumiere, & Diane la Cornue. «

Lorſque les Philoſophes ont fait alluſion aux couleurs qui ſe manifeſtent dans l'œuvre, auxquelles ils ont donné les noms des Planettes, ils ont employé celui de Vénus pour déſigner la couleur jaune ſafranée. C'eſt dans cette vûe que Canachus de Sicyone fit, au rapport d'Eraſtotenes (*a*), une Vénus d'or & d'yvoire, ayant un pavot dans une main, & une grenade dans l'autre. Vénus philoſophique après la blancheur devient jaunâtre comme l'écorce d'une grenade, & enfin rouge comme l'intérieur de ce fruit, ou comme la fleur du pavot. C'eſt à cela qu'il faut auſſi rapporter ces paroles d'Iſimindrius (*b*): » Notre ſoufre rouge ſe manifeſte, quand la » chaleur du feu paſſe les nues, & ſe joint avec » les rayons du Soleil & de la Lune. *Vénus* » alors a déja vaincu Saturne & Jupiter. « Brimellus (*c*) dit auſſi : » Il viendra diverſes cou- » leurs (à notre Vénus); le premier jour ſafran; » le ſecond, comme rouille; le troiſieme, com- » me pavot du deſert; le quatrieme, comme » ſang fortement brûlé. «

Le terme d'*airain* que les Adeptes ont ſouvent employé pour déſigner leur matiere avant la

(*a*) Liv. 3.
(*b*) Code Vérité.
(*c*) Loc. cit.

blancheur n'a pas peu contribué à faire prendre le change aux souffleurs & même aux Chymistes vulgaires, qui ont regardé en conséquence le cuivre comme la Vénus des Philosophes. Mais ce qui nous manifeste bien clairement l'idée que les Anciens attachoient à leur Vénus, est non seulement ses adulteres avec Mercure & Mars, mais son mariage avec Vulcain.

Ce dernier étant le feu philosophique, comme nous l'avons prouvé, & le prouverons encore, est-il surprenant qu'il ait été marié avec la matiere des Philosophes? S'il surprit cette Déesse avec le Dieu de la guerre, c'est que la couleur de rouille de fer semble être tellement unie avec la couleur citrine & safranée, appellée Vénus, qu'on ne les distingue qu'après que la rouge est dans tout son éclat. Alors Mars & Vénus se trouvent pris dans les filets de Vulcain, & le Soleil qui les y voit, les décele; car la couleur rouge est précisément le soleil philosophique.

Telle est l'explication la plus naturelle de cette histoire feinte de Vénus. Que les Mythologues se tourmentent l'esprit tant qu'ils voudront, en trouveront-ils une plus simple? M. l'Abbé Banier en rapporte plus d'une, & dit (*a*) *qu'il donne celle de Paléphate pour ce qu'elle vaut, parce que cet Auteur a souvent inventé de nouvelles fables pour expliquer les anciennes. J'en dis de même*, ajoute-t-il, *de celle du Pere Hardouin, aussi spirituelle que singuliere.* Ce sçavant Mythologue assez hardi, & assez fécond pour

(*a*) Tom. II. p. 163.

en

en trouver de ſemblables, n'a cependant pas oſé en haſarder une dans cette circonſtance : il s'eſt trouvé ici en défaut, & s'excuſe ſur *ce qu'il n'eſt ni poſſible, ni néceſſaire d'expliquer tout ce que les Poëtes Grecs ont dit, tant dans cette fable, que dans les autres* (a).

Outre les deux Vénus, la céleſte & la populaire, dont nous avons parlé, les Anciens en ont introduit beaucoup d'autres, ſelon les lieux, les tems & les circonſtances où ils imaginoient leurs fictions. Mais ſi l'on examine ſérieuſement tout ce que ces Auteurs diſent de ces différentes Vénus, on conviendra aiſément que les plus anciens au moins n'entendent parler que d'une même choſe. Que Vénus ſoit donc fille de Saturne ou de Jupiter; qu'elle le ſoit du Ciel & de l'écume de la mer, elle eſt toujours Vénus, ou une même choſe qu'on a pris pour ſujet de différentes allégories. Les Philoſophes ont imité en cela les Anciens; car chacun a inventé ſur le grand œuvre & ſes procédés, des allégories, des fables & des fictions, ſuivant qu'il étoit affecté. Il n'en eſt preſque pas deux qui ſe reſſemblent, quoiqu'elles ayent toutes la même choſe pour objet. Nous acheverons l'hiſtoire de Vénus à meſure que les ſujets nous en fourniront l'occaſion.

(a) Loc. cit. p. 162.

CHAPITRE IX.

Pallas.

JUPITER avoit d'abord épouſé Metis (*a*) ; mais après que cette Déeſſe eut fait prendre à Saturne une boiſſon qui lui fit vomir le caillou & ſes enfans qu'il avoit dévoré, Jupiter avala à ſon tour cette fille de l'Océan, après qu'elle fut devenue enceinte. A peine eut-il fait cette belle action, qu'il ſe ſentit femme ſans ceſſer d'être Dieu. Il fallut accoucher, & il ne put le faire qu'avec le ſecours de Vulcain, qui lui ſervit de ſage-femme. Ce Dieu du feu lui aſſena rudement un coup de coignée ſur la tête, & l'on vit auſſi-tôt ſortir par la plaie une jeune & belle fille armée de pied en cap. Voilà donc Pallas née ſans mere du cerveau de Jupiter. Homere (*b*) appelle Pallas Alalcomenie, parce que les Alalcomeniens prétendoient qu'elle étoit née dans leur Ville. Strabon eſt du même ſentiment dans le neuvieme livre de ſa Géographie, & dit enſuite dans le quatorzieme, qu'il tomba une pluie d'or à Rhodes, lorſque Minerve y nâquit du cerveau de Jupiter.

Pluſieurs ont cru que Pallas & Minerve faiſoient deux perſonnes différentes ; mais Callimaque aſſure le contraire, & ajoute que Ju-

(*a*) Apollod. Bibliot. l. 1.
(*b*) Iliad. l. [illegible]

piter, ſon pere, conſent à tout ce qu'elle veut:

Annuit his dictis Pallas, quodque annuit illa
Perficitur. Natæ Jupiter hoc tribuit
Ipſe Minervæ uni, quæ ſunt patris omnia ferre.
Hymne ſur les bains de Pallas.

Herodote la dit (*a*) fille de Neptune & du lac Triton, ſuivant le ſentiment des Libyens, qui ajoutoient que cette fille s'étoit enſuite donnée à Jupiter. On convient néanmoins plus communément que Pallas & Minerve ſont la même, fille de Jupiter : & ce qui prouve ſon ancienneté, c'eſt que chez les Egyptiens elle étoit femme de Vulcain, le plus ancien & le premier de tous leurs Dieux. Les Auteurs de la Mythologie grecque avoient conſervé cette idée qu'ils avoient puiſée en Egypte; & c'eſt de là ſans doute qu'ils conſacroient un autel commun à Vulcain & à Pallas. Le nom même *Ogga* que portoit la Minerve d'Egypte, au rapport d'Euphorion dans Etienne de Byſance, & d'Heſychius, qui l'appelle auſſi *Onka*, ſemble en indiquer la raiſon, ſi nous en croyons Gerard Voſſius, qui en expliquant l'hiſtoire de Typhon, dit (*b*) que Og, duquel on a pu faire Ogga, ſignifie *uſſit, uſtulavit*.

Quoi qu'il en ſoit, il y a eu une Minerve honorée à Saïs en Egypte, long-tems avant Cecrops, qui en porta le culte dans la Gréce. Les Grecs en changerent l'hiſtoire dans la ſuite, & fit dire à ceux d'Aliphere dans l'Arcadie, que

(*a*) L. 4. c. 180. (*b*) De Idol. l. 1. c. 26.

Minerve étoit née chez eux, & qu'elle y avoit été nourrie (*a*).

Pallas, Minerve & Athené, n'étoient parmi les Grecs qu'une même Divinité; mais ils regardoient proprement Minerve comme la Déesse des Arts & des Sciences, & Pallas comme Déesse de la guerre. Elle demeura toujours vierge. Elle rendit Tiresias aveugle, parce qu'il l'avoit vûe nue dans la fontaine d'Hippocrêne, & Vulcain ne put l'engager à satisfaire la passion qu'il avoit pour elle. Pallas tua le monstre Egide, fils de la Terre, qui vomissoit beaucoup de feu, & avoit embrasé les forêts depuis le Mont-Taurus jusqu'en Libye, en ravageant sur son chemin la Phénicie & l'Egypte.

Cette Déesse avoit à Saïs un temple magnifique, dont Herodote fait la description (*b*). Les fêtes qu'on célébroit en l'honneur de Pallas dans la Gréce, s'appelloient *Panathénées*. Les jeux & les exercices publics qui accompagnoient cette fête, étoient la course à pied, avec des flambeaux & des torches allumée, comme dans les fêtes de Vulcain & de Promethée. On y en introduisit d'autres dans la suite.

Tous les Anciens ont pris Pallas pour la Sagesse & la Prudence, comme étant née du cerveau de Jupiter, parce que le cerveau est regardé comme le siége du jugement, sans lequel on ne peut réussir dans aucune affaire épineuse, non plus que dans le grand œuvre, appellé par cette raison *le Magistere des Sages*. Etant donc le

(*a*) Pausanias. (*b*) Liv. 2.

ſecret des ſecrets, que Dieu ne révéle qu'à ceux qu'il veut en favoriſer, ce ſeroit le profaner que de le divulguer. Il faut avoir la ſageſſe de Pallas, pour l'apprendre & le garder. Salomon diſoit en conſéquence (*a*) : » Le ſage étudiera la ſageſſe » des Anciens, & s'exercera dans les Prophéties. » Il conſervera ſcrupuleuſement les diſcours des » hommes de nom, & pénétrera dans la fineſſe » des paraboles. Il découvrira leur ſens caché, » & s'exercera à dévoiler ce que renferment les » proverbes. L'homme prudent & ſage ne di- » vulgue point le ſecret de la Science (*b*).

Les Philoſophes Hermétiques ont toujours eu à cœur ce conſeil, & ont voilé leur ſecret ſous des allégories, des énigmes, des fables, des hiéroglyphes. Ils ont pris Pallas pour guide, & ſe ſont faits un devoir de ſuivre ſes inſtructions. C'eſt pourquoi la Fable feint que cette Déeſſe favoriſa toujours Hercule & Ulyſſe dans toutes leurs entrepriſes, comme nous le verrons dans les livres ſuivans.

On feint que cette Déeſſe aveugla Tireſias, parce qu'il l'avoit vûe nue dans le bain, comme Diane métamorphoſa Actéon en cerf par la même raiſon ; afin d'avertir les Artiſtes d'être plus diſcrets, plus prudens & plus circonſpects que ces deux téméraires, s'ils veulent éviter des malheurs ſemblables.

Junon, dit la Fable, ayant appris la naiſſance de Pallas par l'accouchement extraordinaire de Jupiter, en devint furieuſe, & parmi les exé-

(*a*) Eccléſiaſte, ch. 19. (*b*) Prov. c. 10. & 12.

crations qu'elle proféroit, elle frappa rudement la terre, qui produisit aussitôt Typhon, ce pere de tant de monstres. Apollon invita ensuite cette Déesse à un repas que donnoit Jupiter. Elle s'y rendit ; & ayant mangé des laitues sauvages, de stérile qu'elle étoit, elle devint féconde, & mit au monde Hébé, qui servit quelquefois à boire à Jupiter. Hébé devint par-là sœur de Mars & de Vulcain, & ensuite femme d'Hercule après la mort de ce Héros. Nous avons expliqué l'histoire de Typhon dans le premier livre ; passons aux autres enfans de Junon.

CHAPITRE X.

Mars & Harmonie.

APrès Pallas, Déesse de la guerre, vient naturellement Mars, le Dieu des combats. Homere (*a*) avec les autres Poëtes, le dit fils de Jupiter & de Junon ; Hésiode le regarde aussi comme tel (*b*). Ce n'est que parmi les Poëtes Latins qu'on trouve la fable, qui dit que Junon piquée de ce que Jupiter avoit mis au monde Minerve sans sa participation, avoit conçu Mars

(*a*) Iliad. l. 1.

(*b*) *Addita mox uxor post has est ultima Juno,*
Lucinam, Martemque parit, quibus est prior Hebe :
Juno hominum regi, Regi cuncta Deorum.
Hesiod. Théog.

en touchant dans une prairie une fleur que Flore lui avoit montrée.

On ne voit dans toute l'histoire de Mars, que des combats & des adulteres. Celui qu'il commit avec Vénus, est célebre dans tous les Poëtes. Vénus, la plus belle des Déesses, ayant été mariée à Vulcain, le plus laid des Dieux, contrefait d'ailleurs & ouvrier, s'en dégoûta bientôt, & prodigua ses faveurs à Mars. Vulcain les ayant surpris, les lia d'un lien imperceptible, après que le Soleil les eut trahis.

Les Mythologues placent Mars au nombre des douze grands Dieux de l'Egypte. Les Poëtes nous le peignent toujours plein d'une bile échauffée, & d'une fureur meurtriere : mais les Anciens l'ont pris pour une certaine vertu ignée, & une qualité inaltérable des mixtes, capable par conséquent de résister aux atteintes du feu les plus violentes. Si l'on met donc la Vénus des Philosophes avec ce Mars dans un lit ou vase propre à cet effet, & qu'on les lie d'une chaîne invisible, c'est-à-dire aërienne, & telle que nous l'avons décrite dans le chapitre de Vénus, il en naîtra une très-belle fille, appellée Harmonie, dit Michel Majer *(a)*, parce qu'elle sera composée harmoniquement, c'est-à-dire parfaite en poids & en mesure philosophique. Hésiode *(b)*

(a) Arcana Arcaniss. l. 3.

(b) . . . . . Marti Clypeos atque arma secanti
Alma Venus peperit pallorem, unaque timorem,
Qui dare terga virum armatas jussere phalangas
In bello tristi : quam Cadmus duxit, at inde
Harmoniam peperit Marti Cytherea decorem.
Theog. v. 932.

la dit née de cet adultere : mais Diodore de Sicile (a) la donne pour fille de Jupiter & d'Electre, l'une des filles d'Atlas.

Les Poëtes ont beaucoup chanté la beauté d'Harmonie, & les Anciens la regardoient comme une Divinité tutelaire. Elle épousa Cadmus, fils d'Agenor, Roi de Phénicie. Jupiter qui avoit fait ce mariage, assista aux nôces, & y invita tous les Dieux & les Déesses, qui firent des présens à la nouvelle mariée. Cérès lui donna du bled, Mercure une lyre, Pallas un collier, une robe & une flûte; le collier étoit un chef-d'œuvre de Vulcain. Apollon joua de la lyre pendant les nôces. La fin de ce mariage n'eut pas tout l'éclat du commencement. Après bien des traverses, Cadmus & Harmonie furent changés en dragons. Quelques Auteurs ont avancé que le serpent qui dévora les compagnons de Cadmus, étoit aussi fils de Vénus & de Mars.

L'on voit par-là que la fin de tous ces Dieux, Déesses & Héros, répond très-bien à leur origine; ce que les Auteurs de ces fictions ont imaginé & débité, afin qu'on les regardât comme des fables, & non comme des histoires véritables.

Harmonie est cette matiere qui résulte des premieres opérations de l'œuvre, & qu'il faut ensuite marier avec Cadmus (duquel la Cadmie a pris son nom). Alors tous les Dieux Hermétiques se trouvent à leurs nôces avec leurs présens; & Apollon y joue de sa lyre, comme il le fit pour chanter la victoire que Jupiter avoit remportée sur les Géans. Cadmus & Harmonie sont enfin métamorphosés en un serpent, & même en basilic; car le résultat de l'œuvre incorporé avec son semblable, acquiert la vertu attribuée au basilic, comme le disent les Philosophes. L'auteur du Rosaire s'exprime ainsi : » Lorsque vous m'aurez extrait en partie de ma » nature, & ma femme en partie de la sienne, » & que nous ayant réunis, vous nous ferez » mourir; nous ressusciterons en un seul corps, » pour ne plus mourir, & nous ferons des choses » admirables. « Riplée (*a*) parlant de l'elixir philosophique, qui, comme nous venons de le voir, est composée de Cadmus & d'Harmonie, ou du mari & de la femme, dit : » Il en ré» sulte un tout qui devient par l'art une pierre » céleste, dont la vertu ignée est si forte, que » nous l'appellons notre dragon, notre basilic, » notre elixir de grand prix; parce que de même » que le basilic tue de sa seule vûe, de même » notre elixir tue le mercure crud dans un clin » d'œil, si-tôt qu'il est jetté dessus. Il teint même » tous les corps d'une teinture parfaite du Soleil » & de la Lune. Notre huile, dit le même Au» teur un peu avant, se fait par le mariage du » second & du troisieme menstrue, & nous le » réduisons à la nature du basilic. » De même, » dit Majer (*b*), que le basilic sort d'un œuf, » & qu'en dardant ses rayons visuels enveni» més, il infecte & tue les êtres vivans; de

(*a*) 12. port.

(*b*) Symbola Aureæ mensæ, . 10.

» même auſſi notre teinture ſe produit de l'œuf
» philoſophique, & par ſa vertu coagule par
» le plus légér attouchement tout ce que les
» métaux contiennent de mercure. Elle rend
» ſtupide ce mercure, le tue en le fixant, &
» le dépouille de ſon ſoufre combuſtible. «

Peut-on voir quelque choſe de plus précis? Il n'y manque que les noms de Cadmus & d'Harmonie, qui ſont l'époux & l'épouſe du texte cité. Il eſt bon d'obſerver auſſi que Mars avoit un temple célebre à Lemnos, ſéjour de Vulcain.

Le loup, le chien, le coq & le vautour étoient conſacrés au Dieu de la guerre : le loup & le vautour à cauſe de leur voracité, diſent les Mythologues, & le chien avec le coq pour leur vigilance. Mais ils auroient mieux deviné, s'ils avoient dit que c'eſt pour les raiſons que nous avons rapportées dans le premier livre, en parlant d'Anubis & de Macedo; c'eſt-à-dire, parce que les animaux ont toujours été pris pour ſymboles des ingrédiens du Magiſtere des Philoſophes. Je ſuis un loup raviſſant & affamé, dit Baſile Valentin (*a*). Je ſuis le chien de Coraſcene & la chienne d'Armenie, dit Avicenne (*b*) avec la Tourbe. Je ſuis le coq & vous la poule, dit le Soleil à la Lune (*c*); vous ne pouvez rien faire ſans moi, & moi rien ſans vous. Je ſuis le vautour qui crie ſans ceſſe au haut de la montagne, dit Hermès (*d*).

(*a*) 1. Clef.
(*b*) De re rectâ.
(*c*) Conſilium Conjugii maſſæ Solis & Lunæ.
(*d*) Sept. Chap.

CHAPITRE XI.

Vulcain.

CE Dieu se trouve si souvent sur nos pas, que je ne m'étendrai pas beaucoup à son sujet. J'en ai déja fait mention dans le premier livre, en parlant des Dieux de l'Egypte. Voyons en peu de mots ce qu'en pensoient les Grecs. Vulcain étoit fils de Junon, suivant Hésiode :

Vulcanum peperit Juno conjuncta in amore.
Theog.

Quelques Auteurs ont avancé qu'elle l'avoit conçu sans connoissance d'homme ; mais Homere (*a*) le dit positivement fils de Jupiter & de Junon, & que sa grande difformité le fit chasser du Ciel, d'où il tomba dans l'Isle de Lemnos. Le même Poëte fait parler Junon dans un autre endroit, comme ayant elle-même expulsé Vulcain de l'Olympe (*b*). Aussi Vulcain n'oublia-t-il

(*a*) Me quoque de cœlo pede jecit Jupiter olim
Contra illum auxilium misero, ut mihi ferre pararem.
Ast ego cum cœlo, Phæboque cadente ferebar ;
In Lemnum ut cecidi vix est vis ulla relicta.
Iliad. l. 1.

(*b*) Ipse meus natus Claudus Vulcanus ego ipsa
Hunc peperi, manibus capiens & in æquora jeci.
Filia mox cepit Nerei Thetis alma marini,
Germanasque adiit, quibus hunc portavit alendum.
Hymn. in Apoll.

pas cette injure, & fit, pour s'en venger, une chaise d'or, avec des ressorts secrets qui saisissoient ceux qui s'y asseyoient, sans qu'ils pussent s'en retirer. Il en fit présent à sa mere, qui s'y trouva prise aussi-tôt qu'elle s'y mit. Platon en parle dans sa République, liv. 2.

Quelques Auteurs nous donnent Vulcain pour l'inventeur du feu, & d'autres disent avec aussi peu de raisons, que ce fut Promethée. Chez les Egyptiens c'étoit, suivant Hérodote, le plus ancien des Dieux, & chez les Grecs il étoit le moins respecté. On l'y regardoit comme le pere des Forgerons, & comme Forgeron lui-même. Il fabriquoit les foudres de Jupiter, & les armes des Dieux. Il forma un chien d'airain, dont il fit présent à Jupiter après l'avoir animé. Jupiter le donna à Europe, Europe à Procris, & celle-ci à Céphale, son époux. Jupiter enfin le changea en pierre. Il fit faire à Vulcain la boëte de Pandore, pour être présentée aux hommes, au lieu du feu que Promethée avoit enlevé du Ciel. Ce Dieu boîteux demanda à Jupiter Minerve pour femme, en récompense des armes qu'il lui avoit fabriquées, & des services qu'il lui avoit rendus: mais Minerve fut toujours sourde à ses demandes, & rebelle à ses poursuites.

Le lion lui étoit consacré à cause de sa nature ignée. Brontes, Steropes & Pyracmon furent les compagnons de Vulcain dans le travail de la forge. Hésiode les dit tous trois enfans du Ciel & de la Terre (a); d'autres les font fils de Nep-

(a) Theog.

tune & d'Amphitrite. Virgile en fait mention dans le huitieme livre de l'Enéide.

Ardale & Brothée furent fils de Vulcain. Le premier fit la Salle ou Temple des Muses chez les Trézéniens; & Brothée devenu le jouet des hommes à cause de sa difformité, se jetta dans le feu pour ne pas survivre à sa honte.

Outre Vénus, Vulcain eut pour seconde femme Aglaia, l'une des Graces, dont le nom signifie splendeur, beauté. Elle étoit fille de Jupiter & d'Eurynome, selon Hésiode.

Noel le Comte s'égaye à son ordinaire aux dépens des Chymistes dans le chapitre 6. du liv. 2. de sa Mythologie. Ils prétendent, dit-il, que Vulcain n'est autre que le soufre ou l'argent vif, qui ne s'allient à rien qu'à ce qui est de leur nature. Mais il montre, ou son ignorance, ou sa mauvaise foi, quand il ne connoît d'autres usages du feu que pour cuire les viandes, ou pour le travail de la forge. Il auroit eu bien plus beau jeu, s'il avoit badiné sur l'usage qu'en font les Souffleurs. Il n'auroit pas donné atteinte aux opérations admirables de la Chymie même vulgaire. Sans Vulcain, que deviendroit la Médecine, & les remedes chymiques aujourd'hui si fort à la mode? Que deviendroient ces verreries, ces manufactures de porcelaines, & tant d'autres ouvrages que nous admirons?

Vulcain a été considéré & honoré par-tout comme Dieu du feu. Quelques Anciens Mythologues le prenoient pour le feu de la Nature; mais comme le feu des forges & de nos cuisines est plus sensible & plus manifeste, le peuple prit bientôt le change ; ne connoissant ou n'étant frappé que de celui-là, il s'accoutuma à le prendre pour Vulcain, & il fut confirmé dans son erreur par les histoires allégoriques que les Poëtes débiterent sur le compte de ce Dieu, & par les cérémonies symboliques qu'on employoit dans son culte.

Chez les Egyptiens, Vulcain étoit le plus ancien & le plus grand des Dieux, parce que le feu est le principe actif de toutes les générations. Toutes les cérémonies de leur culte ayant été instituées pour faire allusion à l'art secret des Prêtres : & le principal & seul agent opératif de cet art, étant le feu, il eut le plus superbe des temples à Memphis sous le nom d'*Opas*, & le regardoient comme leur protecteur. Mais les Grecs qui firent plus attention à la beauté de l'ouvrage qu'à l'ouvrier, ne firent pas de Vulcain tout le cas qu'en faisoient les Egyptiens. Frappés de l'abondance des soufres que l'isle de Lemnos fournissoit, & considérant le soufre comme le principe ou la matiere du feu, ils feignirent que Vulcain faisoit son séjour dans cette Isle, & les Romains par la même raison établirent & fixerent les forges de ce Dieu sous le Mont-Etna.

Son éducation faite par les Néréides désignoit assez quelle étoit la nature de ce feu, & l'origine de Vulcain ; mais le peuple accoutumé à prendre les fictions pour des vérités, sans en examiner trop les circonstances, & sans y regarder de si près, prenoit tout à la lettre. Il étoit cependant facile de voir au premier coup-d'œil, que le feu commun ne pouvoit guéres avoir été élevé par l'eau qui le suffoque & l'éteint, quoiqu'à dire vrai l'eau est en quelque maniere l'aliment de feu.

Les Egyptiens avoient donc en vûe le feu philosophique, & ce feu est de différentes especes, suivant les Disciples d'Hermès. Artéphius (a) est celui qui en parle plus au long, & qui le désigne le mieux. » Notre feu, dit cet Auteur, est » minéral, il est égal, il est continuel, il ne » s'évapore point, s'il n'est trop fortement ex» cité; il participe du soufre; il est pris d'autre » chose que de la matiere; il détruit tout, il » dissout, congele & calcine, & il y a de l'ar» tifice à le trouver & à le faire, & il ne coûte » rien, ou du moins fort peu. De plus il est hu» mide, vaporeux, digerant, altérant, péné» trant, subtil, aërien, non violent, incombu» rant, ou qui ne brûle point, environnant, » contenant, unique. Il est aussi la fontaine d'eau » vive, qui environne & contient le lieu où se » baignent le Roi & la Reine. Ce feu humide » suffit en tout l'œuvre, au commencement, au » milieu & à la fin, parce que tout l'art con» siste dans ce feu. Il y a encore un feu naturel, » un feu contre nature, & un feu innaturel & » qui ne brûle point; & enfin pour complé» ment, il y a un feu chaud, sec, humide & » froid. « Le même Auteur distingue les trois premiers en feu de lampe, feu de cendres & feu naturel de l'eau philosophique. Ce dernier est le

(a) De l'art secret.

feu contre nature, qui eſt néceſſaire dans tout le cours de l'œuvre; au lieu, dit-il, que les deux autres ne ſont néceſſaires que dans certains tems. Riplée (*a*) après avoir fait l'énumération de ces quatre mêmes feux, conclut ainſi : *Faites donc un feu dans votre vaſe de verre, qui brûle plus efficacement que le feu élémentaire.*

Raymond Lulle, Flamel, Gui de Montanor, d'Eſpagnet & tous les Philoſophes, s'expriment à peu près de la même maniere, quoique moins clairement. D'Eſpagnet recommande de fuir le feu élémentaire ou de nos cuiſines, comme le tyran de la Nature, & il l'appelle *fratricide*. Les autres diſent que l'Artiſte ne ſe brûle jamais les doigts, & ne ſe ſalit point les mains par le charbon & la fumée. Il faut donc en conclure que ceux qui changent leur argent en charbon, ne doivent en attendre que de la cendre & de la fumée, & ne doivent point eſpérer d'autres tranſmutations. Ces Souffleurs ne connoiſſent donc pas Vulcain ou le feu philoſophique.

Malgré toute la mauvaiſe humeur de Noel le Comte envers les Chymiſtes, il avoue que les Anciens avoient fixé le ſéjour de Vulcain à Lemnos, parce que le terrein de cette Iſle eſt chaud & médicinal. C'eſt de là qu'on nous apporte la terre ſigillée, qui entr'autres propriétés a, dit cet Auteur, celle de tuer les vers, & d'être un contrepoiſon.

Si Vulcain eſt le feu Hermétique néceſſaire dans le cours de l'œuvre, au moins en certain

(*a*) 12 Port.

tems

tems on doit voir pourquoi la Fable suppose qu'il fut chassé du Ciel, & nourri par les Néréides. Il ne sera même pas difficile à deviner pour celui qui aura lû avec attention ce que nous avons dit jusqu'à présent du ciel, de la terre & de la mer des Philosophes On verra quelles sont les armes des Dieux, & les foudres de Jupiter que Vulcain fabriqua. La séparation du pur d'avec l'impur, qui se fait par son moyen, annonce assez clairement la victoire que les Dieux remportent sur les Titans. Ce prétendu forgeron est le seul qui puisse être chargé de faire le sceptre de Jupiter, le trident de Neptune & le bouclier de Mars, avec le collier d'Harmonie, & le chien d'airain de Procris qui doit être changé en pierre, parce qu'il est l'agent principal du second œuvre, & que lui seul est capable de conduire l'airain philosophique à la perfection de la pierre des Sages.

La fixité de la matiere de l'œuvre dans cet état, a donné lieu à la fiction de la chaise d'or que Vulcain présenta à Junon : car une chaise étant faite pour le repos, on pouvoit feindre naturellement que Junon, que nous avons dit être une vapeur volatile, étoit venue s'y reposer, lorsque cette vapeur s'est fixée dans l'or ou la matiere fixe des Philosophes. Vulcain joua ce tour à sa mere pour se venger de ce qu'elle l'avoit chassé du Ciel, d'où il tomba dans l'Isle de Lemnos. La terre ignée des Sages, après avoir occupé la partie supérieure du vase, en se volatilisant avec la vapeur dont nous venons de parler, tombe au fond, où elle forme comme une eſpece d'iſle au milieu de la Mer. C'eſt de là qu'elle agit, & fait ſentir ſa force à tout le reſte de la matiere, tant aqueuſe que terreſtre. C'eſt dans ce même lieu que Brothée, fils de Vulcain, ſe précipita.

Les noms ſeuls des compagnons de ce Dieu, indiquent la qualité ſulphureuſe & ignée de la matiere, puiſqu'ils ſignifient la foudre, le tonnerre & le feu. Mais Vulcain eut un ſecond fils nommé Ardale, qui fit le Temple des Muſes; car le feu philoſophique en agiſſant ſur la matiere, la volatiliſe en vapeurs qui retombent comme une pluie. C'eſt Ardale qui bâtit alors le Temple des Muſes, puiſqu'il vient d'ἄρδω, *irrigo*, & que les Muſes ne ſont elles-mêmes que les parties aqueuſes & volatiles. Enfin, ſi l'on dit que Vulcain eſt boîteux, c'eſt que le feu dont il eſt le ſymbole, ne ſuffit pas ſeul.

CHAPITRE XII.

Apollon.

IL eſt tems que le laid & boîteux Vulcain faſſe place au brillant Apollon & à la belle Diane. Herodote dit (*a*) que les Egyptiens prétendoient que ces deux Divinités étoient enfans d'Oſiris & d'Iſis, & que Latone ne fut que leur nourrice. Celle-ci étoit comptée parmi les huit grands Dieux de l'Egypte. Cérès, dit-on, lui confia ſon fils Apollon, pour en avoir ſoin, & le ſouſtraire aux pourſuites de Typhon, qui cherchoit à le faire périr. Latone le cacha dans une iſle flotante, qu'elle fixa pour cet effet. Mais les Grecs diſoient qu'Apollon & Diane étoient fils de Jupiter & de Latone.

En vain Cíceron & bien des Mythologues comptent-ils quatre Apollons (*b*); le plus ancien, né de Vulcain; le ſecond, fils de Corybante, & natif de Créte; le troiſieme, né de Jupiter & de Latone, qui paſſa du pays des Hyperboréens à Delphes; le quatrieme étoit d'Arcadie, & fut appellé Nomion. Si ces Mythologues avoient examiné ſérieuſement tout ce que les Anciens ont dit d'Apollon, ils auroient vû avec Voſſius (*c*), que ce Dieu n'eſt qu'un per-

(*a*) Liv. 2. c. 56.
(*b*) De Nat. Deor. l. 3.
(*c*) De Orig. & progr. Idol.

sonnage métaphorique, sans cependant dire avec lui, qu'il n'y eut jamais d'autre Apollon que le Soleil qui nous éclaire. Ils auroient reconnu que le véritable Apollon venoit d'Egypte, & que les Grecs n'ont imaginé les leurs que sur celui-là. N'est-il pas évident en effet que ce qu'ils disent de leur Isle de Delos, où nâquit Apollon, est tiré de ce que les Egyptiens, au rapport d'Herodote (*a*) publioient de celle de Chemmis où Latone avoit caché Orus? Les Grecs disoient que l'Isle de Delos étoit flottante avant la naissance d'Apollon & de Diane. Les Egyptiens disoient la même chose de celle de Chemmis. Herodote à qui on faisoit ce conte, le regarde comme une fable, parce qu'avec toute l'attention qu'il put regarder cette Isle, il ne la vit jamais flotter. Les Grecs ajoutoient que Neptune d'un coup de trident avoit fait sortir l'Isle de Delos du fond de la Mer, & l'avoit fixée pour assurer à Latone, persécutée par Junon, un lieu où elle pût faire ses couches. N'est-ce pas une imitation fidelle de ce que les Egyptiens publioient des persécutions de Typhon contre Isis, qui pour dérober son fils à la cruauté de son beau-frere, en confia l'éducation à Latone qui le cacha dans l'Isle de Chemmis?

Il est donc inutile d'admettre plusieurs Apollons, puisqu'il n'y en a point d'autres que celui d'Egypte, qui, de quelque façon qu'on explique son histoire, ne sçauroit être un personnage réel, encore moins le Soleil qui nous éclaire. N'ayant

(*a*) Loc. cit.

donc jamais existé, c'est à peu près la même chose qu'il soit fils de Jupiter ou de Denys, d'Isis ou de Latone. Il est même fort peu important qu'on fasse dans Latone la différence de mere & de nourrice. Mais comme nous avons expliqué Orus ou l'Apollon d'Egypte dans le premier livre, il faut expliquer ici celui des Grecs, & nous suivrons Hésiode, qui dit :

At Phœbum peperit, peperit Latona Dianam
Cœlicolum Regi magno conjuncta tonanti.
Théog.

Il faut cependant avouer que les Anciens ne nous ont rien laissé de certain & de déterminé sur Apollon ou le Soleil, & sur Diane ou la Lune. Les ont-ils pris pour une même chose ? ou entendoient-ils le même par le Soleil & Apollon ? Les ont-ils pris pour les deux grands luminaires, ou pour des Héros de la Terre ? Ils en parlent indifféremment, & nous n'avons rien de décidé là-dessus.

Ciceron parle de cinq Soleils ; l'un né de Jupiter, petit-fils d'Ether ; l'autre, fils d'Hyperion ; le troisieme, petit-fils du Nil & fils de Vulcain, en l'honneur duquel fut bâtie la Ville d'Héliopolis ; le quatrieme, qui nâquit à Rhodes & fut fils d'Achante du tems des Héros ; le cinquieme enfin, qui dans la Colchide fut pere d'Aétes & de Circé. Peut-on s'aveugler jusqu'au point de ne pas voir que ce sont de pures fictions des Poëtes, qui ont donné le même nom à la même chose ; mais qui ont varié suivant les circonſtances des lieux, des perſonnes & des actions qu'ils introduiſoient ſur la ſcène? N'eſt-il pas viſible que le Soleil, fils de Vulcain, eſt le même qu'Orus, quoique leurs noms ſoient différens? Si ces Soleils étoient des Dieux, pourquoi leur attribuer des actions qui ne conviennent qu'aux hommes? Et s'ils ne furent que des hommes, pouvoit-on dire d'eux raiſonnablement ce qu'on ne peut dire que du Soleil? car ſouvent on a parlé du Soleil, de Phébus & d'Apollon, comme d'une même perſonne. Un peu de réflexion là-deſſus auroit aiſément fait du moins entrevoir que les quatre Apollons & les cinq Soleils de Ciceron, ne ſont qu'un même perſonnage métaphorique & fabuleux, nés d'autres perſonnages feints ſous les noms de Vulcain, Oſiris & Iſis, Jupiter & Latone, &c.

Lorſqu'on a parlé du Soleil comme Soleil, les Anciens l'ont appellé l'œil du monde, le cœur du Ciel, le Roi des Planettes, la lampe de la Terre, le flambeau du jour, la ſource de la vie, le pere de la lumiere : mais quand il s'eſt agit d'Apollon, c'étoit un Dieu qui excelloit dans les beaux Arts, tels que la Poëſie, la Muſique, l'éloquence, & ſur-tout la Médecine; on publia même qu'il les avoit inventés.

C'eût été un crime puniſſable parmi les Payens de ne pas regarder le Soleil & la Lune comme des Dieux. Anaxagoras fort au-deſſus du riſque de ſa vie, fut le premier qui tenta de déſabuſer de cette erreur par une autre, en diſant que le Soleil n'étoit qu'une pierre enflammée. Il démontra que les éclipſes arrivoient très-naturellement, & qu'elles n'étoient pas des maladies ſurvenues à ces Dieux, comme le penſoient le commun du Peuple, qui s'imaginoit y remédier par le bruit qu'il faiſoit en battant ſur des vaſes de cuivre, comme nous l'apprend Ovide :

Cum fruſtrà reſonant æra auxiliaria Lunæ.
Métam. l. 4.

Quelques-uns, pour excuſer l'erreur d'Anaxagoras, prétendent qu'il ne parloit ainſi que pour ſe moquer de la ſuperſtition du Peuple, qui devoit bien voir que le Soleil ne pouvoit être une pierre enflammée, & que ce Philoſophe parloit en même-tems par allégorie, pour être entendu des ſeuls Philoſophes Hermétiques. Il vouloit, diſent-ils, déſigner par cette pierre enflammée, la pierre rouge ardente ou le ſoleil philoſophique, dont d'Eſpagnet parle en ces termes (*a*) : » afin que nous n'omettions rien, que les ſtudieux amateurs de la Philoſophie, ſçachent » que de ce premier ſoufre on en engendre un » ſecond, qui peut ſe multiplier à l'infini. Que » le ſage qui a eu le bonheur de trouver la mine » éternelle de ce feu céleſte, la garde & la conſerve avec tout le ſoin poſſible. « Le même Auteur avoit dit dans le Canon 80 : » Le feu » inné de notre pierre, eſt l'Archée de la Nature, le fils & le Vicaire du Soleil ; il meut, » digere & parfait tout, pourvû qu'il ſoit mis » en liberté. « Preſque tous les Diſciples d'Her-

(*a*) Can. 123.

mès donnent à leur pierre ignée le nom de soleil ; & lorsque dans la dissolution du second œuvre, la matiere devient noire, ils l'appellent *soleil ténébreux* ou *éclipse de soleil*. Raymond Lulle en parle très-souvent dans ses Ouvrages (*a*). Je n'en rapporterai qu'un texte pour exemple. » Faites putréfier le corps du soleil pendant » treize jours, au bout desquels la dissolution » deviendra noire comme de l'encre : mais son » intérieur sera rouge comme un rubis, ou » comme une pierre d'escarboucle. Prenez donc » ce soleil ténébreux, & obscurci par les em- » brassemens de sa sœur ou de sa mere, & met- » tez-le dans une cucurbite avec son chapiteau, » les jointures bien luttées, &c. «

On a souvent confondu Apollon avec le Soleil, & Diane avec la Lune ; cependant dans l'ancienne Mythologie, ils étoient distingués ; c'est qu'alors on sçavoit faire la différence du Soleil céleste & du Soleil philosophique. Ceux qui n'étoient pas au fait de l'objet de cette ancienne Mythologie, ont été la cause de toutes les variations qu'on trouve à cet égard dans les Auteurs. Il est cependant bon d'observer que l'Apollon & le Soleil philosophique n'étant

(*a*) Corpus ipsum solis putrefacias per tredecim dies : quibus elapsis, dissolutio erit ejusdem nigredinis, quale est atramentum scriptorium : sed intrinsecus erit rubicundissimum tanquam rubinus, vel tanquam carbunculus lapis. Accipe ergo tenebrosum solem & obscurum, cum complexu sororis, vel matris suæ : pone ipsum in urinale cum alembico suo, juncturis optime clausis, &c. Experimentum 13.

qu'une même chofe, les opinions différentes des Auteurs peuvent fe concilier, lorfqu'on fera la diftinction du Soleil célefte & de l'Apollon de la Mythologie. C'eft ce qui fait qu'Homere les diftingue réellement en plus d'un endroit de fes deux Poëmes.

Mais tel que puiffe être cet Apollon, la Fable nous le repréfente comme pere de plufieurs enfans qu'il eut de différentes femmes. Calliope lui donna Orphée, Hymenée & Jaleme (*a*). Il eut Delphes d'Acachallide, Coronus de Chryforre, Lin de Terpfichore, Efculape de Coronis, & une quantité d'autres, dont l'énumération feroit trop longue.

On dit qu'Apollon vint des Hypperborées à Delphes, que les Poëtes appellerent le nombril de la Terre, parce qu'ils feignirent que Jupiter voulant un jour en trouver le milieu, fit partir en même-tems une aigle vers l'Orient, une autre vers l'Occident, qui volant avec la même viteffe, fe rencontrerent à Delphes : que pour cette raifon, & en mémoire de ce fait, on lui confacra une aigle d'or. Il eft aifé de voir que cette hiftoire eft non feulement fabuleufe, mais qu'elle n'eft d'aucune utilité, fi l'on ne la prend pas allégoriquement. C'eft dans ce fens que les Philofophes Hermétiques fe font exprimés, lorfqu'ils ont dit avec l'Auteur du confeil tiré des Epîtres d'Ariftote : » Il y a deux principales » pierres de l'Art, l'une blanche, l'autre rouge » d'une nature admirable. La blanche com-

(*a*) Afclepiad. in 6°. Tragic.

» mence à paroître sur la surface des eaux au » coucher du Soleil, & se cache jusqu'au milieu » de la nuit, descend ensuite jusqu'au fond. La » rouge fait le contraire : elle commence à mon- » ter vers la surface au lever du soleil jusqu'à » midi, & se précipite ensuite au fond. « Platon dit dans la Tourbe : » Celui-ci vivifie » celui-là, & celui-ci tue celui-là, & ces deux » étant réunis persistent dans leur réunion. Il en » apparoît une rougeur orientale, une rougeur » de sang. Notre homme est vieux, & notre » dragon jeune, qui mange sa queue avec sa » tête, & la tête & la queue sont ame & esprit. » L'ame & l'esprit sont créés de lui : l'un vient » d'Orient, sçavoir l'enfant, & le vieux vient » d'occident. Un oiseau méridional & léger » arrache le cœur d'un grand animal d'Orient, » dit Basile Valentin (*a*). L'ayant arraché, il » le dévore. Il donne aussi des aîles à l'animal » d'Orient, afin qu'ils soient semblables ; car il » faut qu'on ôte à la bête orientale sa peau de » lion, & que de rechef ses aîles disparoissent, » & qu'ils entrent dans la grande mer salée, » & en ressortent une seconde fois, ayant une » pareille beauté. «

Michel Majer a fait le 46e. de ses Emblêmes Chymiques, de ces deux aigles envoyées par Jupiter, & a mis ces vers au bas :

Jupiter Delphis Aquilas misisse gemellas
Fertur ad eoas occiduasque plagas :

(*a*) Avant-propos des 12 Clefs.

Dum medium explorare locum desiderat orbis;
(Fama ut habet) Delphos hæ rediere simul.
Ast illæ lapides bini sunt, unus ab ortu
Alter ab occasu, qui benè conveniunt.

Ces deux aigles doivent donc s'interpréter des pierres blanches & rouges des Philosophes Hermétiques, c'est-à dire de la matiere parvenue à la couleur blanche, que les Disciples d'Hermès appellent or blanc volatil, & de la matiere au rouge, appellée or vif.

Jupiter envoya ces aigles, puisque la couleur grise paroît avant la blanche & la rouge. Et si l'on dit que l'une fut du côté de l'Orient, & que l'autre prit son vol vers l'Occident, c'est que la couleur blanche est en effet l'orient ou la naissance du soleil Hermétique, & la rouge son occident. Cette similitude a été prise aussi de ce que le Soleil en se levant répand une lumiere blanchâtre sur la Terre, & une rougeâtre quand il se couche.

Les deux aigles au bout de leur course, se rencontrerent à Delphes, qui, selon Macrobe, a pris son nom du mot grec *Delphos solus*, parce que le Magistere étant fini, la couleur blanche & la rouge ne font plus qu'une même couleur de pourpre, qui fait le soleil philosophique. Il est bon de remarquer aussi que la Ville de Delphes étoit consacrée au Soleil, & sans doute allégoriquement, pour faire allusion à celui des Disciples d'Hermès.

Les Sages de la Gréce consacrerent un trépied

d'or à Apollon. Le genievre & le laurier étoient ses arbres favoris, & tous ses ajustemens, jusqu'à ses souliers mêmes, étoient d'or. Le gryphon & le corbeau lui appartenoient. On lui immoloit des bœufs & des agneaux. On le regardoit comme l'inventeur de la Musique, de la Médecine & de l'art de tirer des fléches. Il étoit toujours représenté jeune, avec des cheveux longs. Les Anciens lui mettoient les Graces à la main droite, un arc & des fléches à la gauche. Il fut surnommé Pythien, de ce qu'il avoit tué à coups de fléches le serpent Python, qui prit son nom de πύθω, *putrefacio*, parce qu'on feignoit que ce serpent étoit né de la boue & du limon, & qu'ayant été tué par Apollon, la chaleur du Soleil le fit corrompre & tomber en pourriture.

La raison en est qu'Apollon est un Dieu d'or, chaud, igné, & dont le feu a la propriété de faire tomber le corps en putréfaction. Pouvoit-on mieux choisir pour le Dieu de la Médecine que la médecine même, qui guérit toutes les maladies du corps humain? Nous avons vû la même chose d'Orus dans le premier livre, & l'on sçait qu'Apollon & Orus n'étoient qu'une même chose, suivant le témoignage même des Anciens. Les Graces qu'il portoit à la main, étoient un signe hiéroglyphique des biens gracieux, la santé & les richesses qu'il procure. L'arc & les fléches indiquoient la guérison des maladies représentées anciennement sous l'emblême des monstres & des dragons.

Le bœuf qu'on immoloit à Apollon, convenoit aussi à Orus, comme symbole de la matiere dont les Philoſophes composent leur médecine ſolaire. Le trépied d'or marquoit les trois principes, ſoufre, ſel & mercure, qui par les opérations ſe réduiſent en une ſeule choſe, appuyée ſur ces trois principes comme ſur trois pieds.

Apollon par la même raiſon faiſoit ſon ſéjour ſur le Mont-Parnaſſe, composé de trois montagnes, ou d'une montagne à trois têtes, que les Poëtes avoient coutume d'appeller ſeulement le *double Mont*, parce qu'ils ne faiſoient alluſion qu'au Mont-Hélicon & au Mont-Parnaſſe.

§. I.

Le Poëte Orphée, fils d'Apollon, pere de la Poëſie, a fait des choſes incroyables. Il mettoit les rochers en mouvement; il faiſoit venir à lui les animaux les plus féroces, & les apprivoiſoit. il arrêtoit le cours des fleuves, les oiſeaux au milieu de leur vol. Il conduiſoit les Vaiſſeaux, & tout cela au ſon de ſa lyre. Si l'on prend Orphée comme Poëte ſeulement, il a fait toutes ces choſes dans le ſens qu'il conduiſit la navire Argo; c'eſt-à-dire, qu'ayant été l'inventeur & le narrateur de ces fictions, il les a raconté & feint de la maniere qu'il lui a plû. Tous les Poëtes en font de telles dans ce ſens-là.

Mais ſi on regarde Orphée comme fils d'Apollon, ce n'eſt plus le même Orphée. Ce ſont les effets du Soleil même, qui de la même cauſe, ſon feu & ſa chaleur, produit des effets contraires en durciſſant une choſe & ramolliſſant l'autre, comme dit Virgile :

Limus ut hic durescit, & hæc ut cera liquescit.
Eglog. 8.

C'est ce qui arrive dans les opérations du Magistere Hermétique; la matiere seche, se tourne en eau, & d'eau elle devient terre.

Le son de la lyre d'Orphée n'est autre chose que l'harmonie de sa Poësie. Nos Poëtes disent encore aujourd'hui qu'ils empruntent la lyre d'Apollon, & leurs Ouvrages ne sont par conséquent que le son ou l'effet de cette lyre.

Orphée passe aussi pour avoir le premier transporté la Religion des Egyptiens chez les Grecs; & Pausanias dit (*a*) qu'il inventa beaucoup de choses utiles au commerce de la vie. Ce Poëte avoue lui-même qu'il parla le premier des Dieux, de l'expiation des crimes, & de plusieurs remedes pour les maladies (*b*). La Médecine dont il parle, est certainement la Médecine solaire; car tous les livres de Physique qui nous restent sous son nom, tendent à ce but. Il en fait une espece d'énumération au commencement de celui que je viens de citer; tels sont ses Traités de la génération des élémens, de la force de l'amour & de la sympathie entre les choses naturelles, des

(*a*) In Boeticis

(*b*) Dicere fert animus quæ nunquam tempore lapso
Dixi, cum Bacchi, cum Regis Apollinis actus
Sum stimulo, horrenda ut narrarem spicula & ident
Fœdera cum superis mortalibus atque medelas.
In Argonaut.

petites pierres, & plusieurs autres sur différens sujets voilés sous des métaphores & des allégories. On trouve même une espece de sommaire de toutes ses idées à cet égard dans celui des petites pierres, lorsqu'il décrit l'antre de Mercure, comme la source & le centre de tous les biens. Il donne aussi à entendre qu'il étoit instruit de beaucoup de secrets de la Nature (*a*). Quelques Anciens ont pensé en conséquence qu'Orphée étoit non seulement très-versé dans la science des Augures & de la Magie, mais qu'il étoit même un Magicien d'Egypte. Mais n'en a-t-on pas dit autant du Philosophe Démocrite, qui avoit puisé sa science chez les Egyptiens? Ce dernier entendoit, dit-on, le langage des oiseaux, comme Apollonius de Thyane, & nous a laissé dans ses écrits, que le sang de plusieurs oiseaux qu'il nomme, mêlé & travaillé, produisoit un serpent; que celui qui auroit mangé ce serpent, entendroit aussi le langage des autres volatils.

La plûpart des Anciens étoient fort crédules; ils prenoient tout à la lettre, & ne s'avisoient

(*a*) At quemcumque virum ducit prudentia cordis,
(Cœtera ut omittam quæ plurima maxima dicam)
Scire cupit si forte, sciet quæcumque volutant
Pectoribus tacitis mortales quæque volucres
Inter se stridunt Cœli per summa volantes,
Infandum ut crocitant cantum Mortalibus ullis,
Significantque jovis mentem, gens nuncia fati.
Is serpentis humi noscat firmare draconis
Sibila serpentumque sciet superare venena.

pas même de douter des choſes les plus abſurdes. Ciceron lui-même a donné, ce ſemble, dans ce travers ; mais il n'avoit cependant pas de Démocrite une ſi haute idée que bien d'autes, lorſqu'il dit (*a*) de ce Philoſophe, que perſonne n'avoit menti avec plus de hardieſſe : *Nullum virum majori authoritate, majora mendacia protulit.* Hippocrate en penſoit bien autrement : il admira ſa ſageſſe, & diſoit que ſes paroles étoient *dorées.* Platon ſe plaiſoit auſſi beaucoup dans la lecture des ouvrages de Démocrite. Ces grands hommes entendoient ſans doute les allégories de ce Philoſophe, & Ciceron ne les ſoupçonnoit même pas.

Ces prétendus oiſeaux, dont Démocrite entendoit le langage, n'étoient autres que les parties volatiles de l'œuvre philoſophique, que les Diſciples d'Hermès déſignent preſque toujours par les noms d'aigle, de vautour ou d'autres oiſeaux. Et par le ſerpent qui naît du ſang mêlé de ces volatils, il faut entendre le dragon ou ſerpent philoſophique, dont nous avons parlé ſi ſouvent. Si quelqu'un mange de ce ſerpent, il entendra indubitablement le langage des autres oiſeaux ; car celui qui a eu le bonheur de parfaire le Magiſtere des Sages, & d'en faire uſage, n'ignore pas ce qui ſe paſſe pendant la volatiliſation, & par conſéquent les différens combats qui ſe donnent dans le vaſe, lorſque les parties de la matiere y circulent. Il ſuit pas à pas tous leurs mouvemens, & connoît les progrès de

(*a*) In lib. Philoſop.

l'œuvre par les changemens qui surviennent. C'est ce qui a fait dire à Raymond Lulle, que la bonne odeur du Magistere attire au sommet de la maison où l'on fait l'œuvre, tous les oiseaux des environs. Il indiquoit par cette allégorie la sublimation philosophique, parce qu'alors les parties volatiles, désignées par les oiseaux, montent au haut du vase, & semblent s'y rendre de tous les environs. Les Traités Hermétiques sont pleins de semblables allégories.

Orphée nous raconte aussi sa prétendue descente aux Enfers, où il visita le sombre séjour de Pluton, pour y chercher Eurydice son épouse, qu'il aimoit éperdûment.

Eurydice fuyant les poursuites amoureuses d'Aristée, fils d'Apollon, un serpent la mordit au talon. La blessure devint mortelle, & cette aimable épouse perdit la vie aussi-tôt. Orphée au désespoir de sa perte, prit sa lyre, & descendit dans l'empire des morts pour en ramener Eurydice. Pluton se laissa fléchir, & Orphée l'auroit vûe une seconde fois dans le séjour des vivans, si sa curiosité amoureuse n'avoit précipité ses regards, & ne la lui avoit fait envisager avant le terme marqué ;

Cætera narravi, quæ vidi, ut Tænara adivi,
Umbrosas Ditisque domos & tristitia regna
Confisus Cytharâ, uxorisque coactus amore.

Orph. Argonaut.

Virgile fait mention de ce voyage d'Orphée au quatrieme de ses Géorgiques, & Ovide dans le dixieme de ses Métamorphoses. Ciceron dit qu'il avoit lû dans un livre (*a*) d'Aristote (que nous n'avons plus), qu'Orphée n'a non plus existé que sa Muse.

Que le Lecteur se rappelle ce que j'ai dit de la lyre d'Orphée, & qu'il se souvienne que ce Poëte étoit fils d'Apollon, de même qu'Aristée. Comme Poëte, Orphée est l'Artiste qui raconte allégoriquement ce qui se passe dans les opérations du Magistere. Dans cette circonstance de la mort d'Eurydice, il a fallu supposer un Aristée fils d'Apollon, & amoureux de la femme d'Orphée, parce que le fils de tout autre n'y seroit point convenu.

Aristée ou l'excellent, le très-fort, est épris des charmes d'Eurydice; elle fuit, il court après elle jusqu'à ce qu'un serpent la morde au talon, & qu'elle meure de la blessure. Cet Amant est le symbole de l'or philosophique, fils d'Apollon; *son pere est le Soleil, & la Lune sa mere*, dit Hermès (*b*). Eurydice représente l'eau mercurielle volatile. Les Philosophes appellent l'un le mâle, & l'autre la femelle. Synesius nous assure que celui qui connoît *celle qui fuit, & celui qui la poursuit*, connoît les agens de l'œuvre. Eurydice est donc la même chose que la fontaine du Trevisan. » Seigneur, dit ce Philosophe (*c*), » il est vrai que cette fontaine est de terrible » vertu, plus que nulle autre qui soit au monde, » & est tant seulement pour le très-magnanime

(*a*) Gnomologia Homeri, per Duportum, *imprimée à Cambridge*.

(*b*) Tab. Smaragd.

(*c*) Philosoph. des Métaux.

» Roi du pays, qu'elle connoît bien, & lui » elle; car jamais ce Roi ne passe ici qu'elle » ne l'attire à soi. « Et quelques lignes après, il ajoute : » alors je lui demandai s'il étoit ami » d'elle, & elle de lui. Et il me répondit : la » fontaine l'attire à elle, & non pas lui elle. «

Ne sont-ce pas-là les attraits & les charmes d'Eurydice, & les poursuites d'Aristée? La partie volatile volatilise le fixe jusqu'à ce que le dragon philosophique l'arrête dans sa course; alors Eurydice meurt, c'est-à-dire, que la putréfaction survient, ou la couleur noire, qui est le triste séjour de Pluton. L'eau volatile attire donc le fixe en le volatilisant. Le Roi du pays du Trévisan est l'or, le fils du Soleil; ce qui fait voir que le fils de tout autre n'y eût point convenu. Orphée l'appelle aussi sa femme, parce qu'il étoit lui-même fils d'Apollon, & que, comme dit le Cosmopolite (a), *cette eau tient lieu de femme à ce fruit de l'arbre solaire.* Elle est elle-même fille du Soleil, puisqu'elle est tirée de ses rayons, suivant le même Auteur, qui ajoute que de là viennent leur grand amour, leur concorde, & leur envie de se réunir.

Orphée voyage dans le séjour de Pluton, & raconte ce qu'il y a vû. Il en eût ramené Eurydice, s'il ne se fût mal-avisé de regarder trop tôt. C'est ici le vrai portrait des Artistes impatiens, qui s'ennuyent de la longueur de l'œuvre. Ils aiment la pierre éperdûment; ils aspirent sans cesse après l'heureux moment où ils la ver-

(a) Parab.

ront dans le séjour des vivans, c'est-à-dire sortie de la putréfaction, & revêtue de l'habit blanc, indice de la joie & de la résurrection. Mais cet amour outré ne leur permet pas d'attendre le terme prescrit par la Nature. Ils veulent la forcer à précipiter ses opérations, & ils gâtent tout. Morien dit que toute précipitation vient du démon; les autres Philosophes recommandent la patience. Mais envain donne-t-on des conseils à gens qui ne peuvent se résoudre à les suivre: l'amour n'écoute guéres la raison. » Il faut agir » avec modération, dit Basile Valentin (*a*), & » prendre garde à la même chose en notre » élixir, auquel on ne doit faire tort d'aucun » jour dédié & fixé pour sa génération, de peur » que notre fruit étant cueilli trop tôt, les pom» mes des Hespérides ne puissent venir à une » maturité extrêmement parfaite.... C'est pour» quoi le diligent opérateur des effets merveil» leux de l'art & de la Nature, doit prendre » garde à ne pas se laisser emporter par une cu» riosité dommageable, de peur qu'il ne recueille » rien, & que la pomme ne lui tombe des » mains. «

La mort d'Orphée mis en morceaux par des femmes; ses membres épars, ramassés & ensevelis par les Muses, doivent rappeller au Lecteur l'allégorie de la mort d'Osiris, avec toutes ses circonstances, & les explications que j'en ai données.

(*a*) 10. Clefs.

§. II.

Esculape.

LES Grecs ont encore emprunté ce Dieu de l'Egypte & de la Phénicie; car c'est dans ces Pays où il faut chercher le véritable Esculape. Il y étoit honoré comme un Dieu, avant que son culte fût connu dans la Gréce. Marsham a cru voir dans les anciens Auteurs un Esculape Roi de Memphis, fils de Menès, frere de Mercure premier, plus de 1000. ans avant l'Esculape Grec. Eusebe parle aussi d'un Asclepius ou Esculape (*a*), qu'il surnomme *Tosorthrus*, Egyptien & Médecin célebre, à qui d'autres Anciens font honneur de l'invention de l'Architecture, & d'avoir beaucoup contribué à répandre en Egypte l'usage des lettres que Mercure avoit inventées.

Mais quoi qu'il en soit de ces divers Esculapes, je m'en tiens à l'opinion la plus généralement reçue dans la Gréce, qui le disoit fils d'Apollon & de la Nymphe Coronis (*b*), fille de Phlegyas. L'autre tradition qui lui donne Arsinoé pour mere, n'est pas vraisemblable au sentiment

(*a*) Chron. Dyn. 3. des Rois de Memphis.

(*b*) Medicum morborum Æsculapium incipio canere
Filium Apollinis, quem genuit diva Coronis.
Dotio in campo, filia Phlegyæ Regis.
Homer. Hymn. 15.

même de Pausanias, qui dit (*a*) que Trigone fut sa nourrice. Lucien assure avec plusieurs autres, (*b*) qu'Esculape ne nâquit pas de Coronis, mais de l'œuf d'une corneille ; ce qui néanmoins revient au même.

Cette Nymphe enceinte de ce Dieu de la Médecine, fut tuée d'une fléche décochée par Diane. Elle fut ensuite mise sur un bûcher, & Mercure fut chargé de tirer Esculape du sein de cette infortunée. Quelques-uns disent que Phœbus en fit lui-même l'opération (*c*).

Esculape fut ensuite mis entre les mains de Chiron ; il profita des leçons de Médecine que lui donna ce Maître célebre, & acquit de si grandes connoissances dans cette école, qu'il ressuscita Hyppolite dévoré par ses propres chevaux. Pluton outré de ce qu'Esculape, non content de guérir les malades, ressuscitoit même les morts, en porta ses plaintes à Jupiter (*d*), disant que son Empire en étoit considérablement diminué, & qu'il couroit risque de le voir désert. Jupiter irrité foudroya Esculape (*e*). Apollon indigné

(*a*) In Arcad. (*b*) Dial. de falso Vate.

(*c*) Non tulit in cineres labi sua Phœbus eosdem
Semina, sed natum flammis, uteroque parentis
Eripuit, geminique tulit Chironis in antrum.
Ovid. Métam. lib. 2.

(*c*) Diod. l. 4. & autres Mythol.

(*d*) Ovid. Métam. l. 15.

(*e*) Tum pater omnipotens aliquem indignatus ab umbris
Mortalem infernis ad lumina surgere vitæ,

de la mort de ſon fils, en pleura, & pour s'en venger, il tua les Ciclopes qui avoient forgé la foudre dont Jupiter s'étoit ſervi. Jupiter, pour l'en punir, le chaſſa du Ciel. Devenu errant ſur la terre, Apollon s'éprit d'amour pour Hyacinthe, & jouant au palet avec lui, il le tua malheureuſement (*a*). Apollon fut enſuite trouver Laomedon, & ſe loua pour travailler mercenairement aux murs de la Ville de Troye.

Eſculape épouſa Epione, de laquelle il eut Machaon, Podalire; & trois filles, Panacéa, Jaſo & Hygiéa. Orphée dit cependant (*b*) qu'Hygiéa n'étoit pas fille, mais femme d'Eſculape.

Le culte d'Eſculape fut plus célebre à Epidaure que dans aucun autre lieu de la Gréce. Les ſerpens & les dragons étoient conſacrés à ce Dieu, qui fut même adoré ſous la figure de ces reptiles. Sur un médaillon frappé à Pergame, on voit Eſculape avec la fortune. Socrate avant de mourir, lui fit immoler un coq; & on lui ſacrifioit des corbeaux, des chévres, &c. & ſuivant Pauſanias, on nourriſſoit des couleuvres privées dans ſon Temple d'Epidaure, où ſa mere Coronis avoit auſſi une ſtatue.

Ipſe repertorem Medicinæ talis & artis
Fulmine Phœbigenam Stygias detruſit ad undas.
Virgil. Eneid. l. 7.

(*a*) Ovid. Métam. l. 5.

(*b*) Stirps Phœbi præclara, thori cui ſplendida conſors
Eſt Hygiæa, gravis morborum pulſor & hoſtis.
Hymn. in Æſculap.

Les Anciens n'avoient-ils pas raison de regarder comme Dieu de la Médecine, la Médecine universelle? Et n'étoit-ce pas assez l'indiquer, que de dire Esculape fils d'Apollon & de Coronis, puisqu'on sçait que cette médecine a le principe de l'or pour matiere, & ne peut se préparer sans passer par la putréfaction, ou la couleur noire que les Philosophes Hermétiques de tous les tems ont appellée *corbeau, tête de corbeau*, à cause de la noirceur qui l'accompagne? Sortir de la putréfaction ou de la couleur noire, c'étoit donc naître de Coronis, qui signifie une corneille, espèce de corbeau.

Mais un Dieu ne devoit pas naître à la maniere des hommes. Diane tue Coronis, & Mercure ou Phœbus tire son fils des entrailles de cette mere infortunée. Le mercure Philosophique agit sans cesse, & il rendit à Esculape dans cette occasion le même service qu'il avoit rendu à Bacchus. La mere de l'un meurt sous les éclats de la foudre de Jupiter; la mere de l'autre périt sous les coups de Diane; tous deux ne viennent au monde que par les soins de Mercure, & après la mort de leur mere. Morien éclaircit en deux mots toute cette allégorie, lorsqu'il dit (*a*) que la blancheur ou le magistere au blanc, qui est médecine, est cachée dans le ventre de la noirceur: qu'il ne faut pas mépriser les cendres (de Coronis), parce que le diadême du Roi y est caché. La même raison a fait dire que Phlegyas étoit pere de Coronis, parce que φλέγω

(*a*) Entret. du Roi Calid.

ſignifie *je brûle* ; & perſonne n'ignore que toutes choſes brûlées ſe réduiſent en cendre.

Ceux qui ont prétendu qu'Apollon lui-même avoit ſervi de ſage-femme à Coronis, ont fait alluſion à l'elixir parfait en couleur rouge, véritable fils d'Apollon, & l'Apollon même des Philoſophes ; & ſi l'on a feint que Diane avoit tué Coronis, c'eſt que la cendre Hermétique ne peut parvenir à la couleur rouge qu'après avoir été *fixée* en paſſant par la couleur blanche, ou la Diane Philoſophique. » Cette cendre très-» rouge, impalpable en elle-même, dit Arnaud » de Villeneuve (*a*), ſe gonfle comme une pâte » qui fermente, & par la calcination requiſe, » c'eſt-à-dire à l'aide du mercure, qui brûle » mieux que le feu élémentaire, elle ſe ſépare » d'une terre noire très-ſubtile, qui demeure au » fond du vaſe. « Il eſt aiſé d'en faire l'application. Hermès l'avoit dit depuis long-tems (*b*) : » Notre fils regne déja vêtu de rouge.... Notre » Roi vient du feu. « Trigone, nourrice d'Eſculape, n'eſt ainſi nommée qu'à cauſe des trois principes, ſoufre, ſel, & mercure, dont l'elixir eſt compoſé, & dont l'enfant Philoſophique ſe nourrit juſqu'à ſa perfection.

Les réſurrections d'Eſculape ne ſont pas moins allégoriques que ſa naiſſance, & s'il reſſuſcita Hyppolite, il faut l'entendre dans le ſens des Philoſophes, qui perſonnifient tout. Ecoutons Bonellus à ce ſujet (*c*) : » Cette nature de la-» quelle on a ôté l'humidité, devient ſemblable

(*a*) Nov. lum. cap. 7.
(*b*) 7. Chap. Chap. 3.
(*c*) La Tourbe.

» à un mort ; elle a besoin du feu jusqu'à ce
» que son corps & son esprit soient convertis
» en terre, & il se fait alors une poussiere sem-
» blable à celle des tombeaux. Dieu lui rend
» ensuite son esprit & son ame, & la guérit de
» toute infirmité. Il faut donc brûler cette chose
» jusqu'à ce qu'elle meure, qu'elle devienne
» cendre, & propre à recevoir de nouveau son
» ame, son esprit & sa teinture. « On peut voir ce que j'ai dit de telles résurrections, lorsque j'ai expliqué celle d'Eson, liv. 2. Quant à l'éducation d'Esculape, elle fut la même que celle de Jason.

Les filles d'Esculape participoient aux mêmes honneurs que leur pere, & eurent des statues chez les Grecs & les Romains. Mais la fiction de l'histoire de ces Divinités se voit dans la seule signification de leurs noms. Panacéa veut dire médecine qui guérit tous les maux ; Jaso, guérison ; & Hygiéa, santé. L'elixir Philosophique produit la médecine universelle ; l'usage de celle-ci donne la guérison, à laquelle est jointe la santé. Aussi dit-on que leurs deux freres étoient de parfaits Médecins.

Quant à l'œuf de Corneille, d'où l'on feint que sortit Esculape, Raymond Lulle nous l'explique en ces termes (a) : » Après qu'il sera ré-
» froidi, l'Artiste trouvera notre enfant arrondi
» en forme d'œuf, qu'il retirera & purifiera. «
Et dans son arbre Philosophique : » Lorsque
» cette couleur (blanche) apparoît, il com-

(a) De Quinta Essent. dist. 3. p. 2.

» mence à se rassembler en forme ronde, com-
» me la Lune dans son plein. « Le coq étoit consacré à Esculape, par la même raison qu'il l'étoit à Mercure; le corbeau à cause de sa mere Coronis, & le serpent, parce que les Philosophes Hermétiques le prenoient pour symbole de leur matiere, comme on peut le voir dans Flamel & tant d'autres.

Apollon eut beaucoup d'autres enfans; en le confondant avec le Soleil, le nombre en augmente bien davantage. J'ai déja parlé d'Æetès dans le second livre, je ferai mention d'Augias dans le cinquieme, & je passerai les allégories des autres, parce qu'on peut aisément expliquer ces fictions par celles que je rapporte. Phaëton est cependant trop célebre, pour n'en pas dire deux mots. Tous les Auteurs ne conviennent pas qu'il fût fils du Soleil. Plusieurs pensent avec Hésiode (*a*), que Phaëton eut Céphale pour pere, & pour mere l'Aurore. Suivant l'opinion commune, Phaëton étoit fils du Soleil & de Clymene (*b*).

Ayant eu dispute avec Epaphus, fils de Jupiter, celui-ci lui dit qu'il n'étoit pas fils du Soleil. Phaëton piqué fut s'en plaindre à Clymene, sa mere, qui lui conseilla d'aller trouver le So-

(*a*) Theog.

(*b*) ..... Fuit hic animis æqualis & annis
Sole satus Phaëton . . . . . .
. . . .
Erubuit Phaëton, iramque pudore repressit
Et tulit ad Clymenem Epaphi convitia matrem.
Ovid. Métam. l. 1.

leil, & de lui demander pour preuve la conduite de ſon char. Le Soleil ayant juré par le Styx, qu'il lui accorderoit ſa demande, ne penſant pas que ſon fils ſeroit aſſez téméraire pour lui en faire une telle, la lui accorda, après avoir fait tous ſes efforts pour l'en détourner. Phaëton s'en acquitta ſi mal, que le Ciel & la Terre étoient menacés d'un embraſement prochain. La Terre allarmée s'adreſſa à Jupiter, qui renverſa d'un coup de foudre le jeune Phaëton dans le fleuve Eridan, dont, ſelon quelques-uns, il deſſecha les eaux, & les changea en or, ſelon d'autres.

Pluſieurs Auteurs croyent comme Voſſius (*a*), que cette fiction eſt Egyptienne; elle n'en prouve que mieux mon ſyſtême : mais ſi avec eux on confond le Soleil avec Oſiris, ce n'eſt pas ſur le même fondement. Phaëton, comme Orus, eſt la partie fixe aurifique des Philoſophes Egyptiens ou Hermétiques. Lorſqu'elle ſe volatiliſe, cette matiere toute ignée ſemble faire inſulte à Epaphe ou l'air, fils de Jupiter. Quand le Jupiter Philoſophique ſe montre, cette partie fixe & ſolaire, après avoir long-tems voltigé, ſe précipite au fond du vaſe où ſe trouve l'eau mercurielle, dans laquelle elle ſe fixe en la coagulant, & la rend aurifique comme elle. Voilà en peu de mots l'explication de la courſe de Phaëton, ſa chûte dans le fleuve Eridan, & le deſſechement de ſes eaux.

(*a*) De Orig. & prog. Idol.

CHAPITRE XIII.

Diane.

SI je prenois ici Diane pour Isis, il suffiroit de renvoyer le Lecteur au livre premier de cet Ouvrage, où j'ai expliqué ce que la Fable nous a conservé des Dieux de l'Egypte : mais je la considere suivant la Mythologie des Grecs, c'est-à-dire, comme sœur jumelle d'Apollon, & qui nâquit avant lui de Latone & de Jupiter, suivant Homere (*a*). Herodote & Eschyle ne pensent pas là-dessus comme Homere, suivant ce que nous en avons rapporté dans le chapitre précédent. Des Auteurs ont même avancé que les Arcadiens nommés *Proselénes*, comme si l'on disoit antelunaires, existoient en effet avant la Lune, & que Proselene, fils d'un certain Orchomêne, regnoit en Arcadie lorsqu'Hercule faisoit la guerre aux Géans, tems, disent ces Auteurs, où la Lune se montra pour la premiere fois (*b*).

Je ne discuterai point ici l'opinion de ceux qui ne font qu'une même chose de Diane & de la Lune, ou l'Astre qui préside à la nuit. Latone fut-elle sa mere, ou seulement sa nourrice (*c*) ? Selon moi, elle fut l'une & l'autre ; & Diane lui servit en effet de sage-femme, lorsqu'elle

(*a*) Hymn. in Apoll.

(*b*) Apollon. Argonaut. lib. 1.

(*c*) Herodot. l. 1.

mit Apollon au monde. Mais frappée, dit la Fable, des douleurs que Latone souffrit pendant cet enfantement, elle demanda à Jupiter de rester toujours vierge, & l'obtint. Elle fut surnommée Lucine, ou qui préside aux accouchemens, de même que Junon, aussi sœur aînée & jumelle de Jupiter. On a feint qu'elle se plaisoit beaucoup à la chasse, & qu'à son retour elle déposoit son arc & ses fléches chez Apollon (*a*). Piquée de ce qu'Orion se vantoit d'être le plus habile chasseur du monde, elle le perça d'un coup de fléche. Orphée entre les autres a dit (*b*) que Diane étoit Hermaphrodite. Elle est à reconnoître dans les monumens antiques, ou par le croissant qu'elle a ordinairement sur la tête, ou par l'arc & les fléches qu'on lui mettoit en mains, & les chiens qui l'accompagnent. Elle est toujours habillée de blanc, & quelquefois on la voit dans un char traîné par deux biches. La Diane d'Ephese étoit représentée avec les attributs de la Terre ou Cybele, ou plutôt la Nature même.

Latone est véritablement mere de Diane & d'Apollon : car, suivant tous les Philosophes,

(*a*) At postquam oblectata est ferarum speculatrix, sagittis gaudens,
Delectaveritque animum. Laxans flexilem arcum,
Venit in magnam domum fratris sui chari,
Phœbi Apollinis. . . . .
Ibi suspendens reflexum arcum, & sagittas.
Homer. Hymn. in Dian.

(*b*) Hymn. in Dian.

le *laton* ou *leton* eſt le principe duquel ſe forment la Lune & le Soleil Hermétiques. Notre *laton*, dit Morien, ne ſert de rien, s'il n'eſt blanchi. Majer a formé le onzieme de ſes Emblêmes Chymiques, d'une femme accompagnée de deux enfans, l'un repréſentant le Soleil, l'autre la Lune, & un homme qui lave les cheveux noirs & les habits de cette femme; les mots ſuivans ſont au-deſſus :

Dealbate Latonam & rumpite libros.

Synéſius indique expreſſément (*a*) ce que c'eſt que ce *laton*, lorſqu'il dit : » Mon fils, vous » avez déja par la grace de Dieu un élément » de notre pierre, qui eſt la tête noire, la tête » du corbeau, ou l'ombre obſcure, ſur laquelle » terre comme ſur ſa baſe tout le reſte du Ma» giſtere a ſon fondement. Cet élément terreſtre » & ſec ſe nomme laton, leton, taureau, féces » noires, notre métal. « Hermès avoit dit dans le même ſens : » l'azot & le feu blanchiſſent le » laton, & en ôtent la noirceur. « Enfin ils s'accordent tous à donner le nom de *laton* à leur matiere devenue noire : & d'ailleurs Laton & Latone ne peuvent ſignifier qu'une & même choſe, puiſque, ſuivant Homere (*b*), Latone eſt fille de Saturne, & que le laton eſt également fils du Saturne Philoſophique. Apollodore, Callimaque (*c*), Apollonius de Rhodes (*d*), & Ovide, la diſent fille de Coëus le Titan;

(*a*) De l'œuv. des Philoſ.
(*b*) Hymn. 1. in Apoll.
(*c*) Hymn. Del. v. 150.
(*d*) Argonaut. l. 2. v. 712.

ce qui ne change rien dans le fond de mon ſyſtême, comme on le voit dans les chapitres de Saturne & de Jupiter.

Diane ne pouvoit naître qu'à Délos, où Latone s'étoit réfugiée pour ſe ſouſtraire aux atteintes du ſerpent Pithon. L'éthimologie ſeule des noms explique la choſe. Latone ſignifie oubli, obſcurité. Y a-t-il rien de plus obſcur & de plus noir que le noir même, pour me ſervir de l'expreſſion des Philoſophes? Ce noir eſt le laton, ou la Latone de la Fable. Diane eſt la couleur blanche, claire & brillante; & Délos vient de Δῆλος, clair, apparent, manifeſte. On peut donc dire que la couleur blanche naît alors de la noire, puiſqu'elle y étoit cachée, & qu'elle ſemble en ſortir. La Fable a même ſoin de faire obſerver que l'Iſle de Délos étoit errante & ſubmergée avant les couches de Latone, & qu'elle fut alors découverte & rendue fixe par le commandement de Neptune. En effet, avant cet accouchement, la Délos Hermétique eſt ſubmergée, puiſque ſuivant Riplée (*a*), » lorſque la terre ſe trou» blera & s'obſcurcira, les montagnes ſeront » tranſportées & ſubmergées dans le fond de la » mer. « La fixation qui ſe fait de la matiere volatile dans le tems de la blancheur, indique la fixation de l'Iſle de Délos.

Diane perça d'une fléche Orion, fils de Jupiter, de Neptune & de Mercure, qui devenu aveugle fut trouver Vulcain à Lemnos pour être guéri. Vulcain en eut pitié, & l'ayant fait con-

(*a*) 12. portes.

duire

duire au ſoleil levant, Orion recouvra la vûe. Quel ſecours autre que de ſon art Vulcain pouvoit-il donner à Orion? Et quel étoit l'art de Vulcain? N'eſt-ce pas le feu philoſophique? Ce feu donne à la couleur blanche une couleur aurore ou ſafranée, qui annonce le lever du ſoleil des Philoſophes, & qui nous enſeigne en même tems par quel art Orion fut guéri. Il falloit que Diane le perçât d'une fléche, & l'arrêtât dans ſa courſe, puiſque la partie volatile doit être fixée pour parvenir à ce ſoleil levant.

Orphée parloit en diſciple d'Hermès, quand il diſoit que Diane étoit Hermaphrodite. Il ſçavoit que la rougeur appellée mâle, eſt cachée ſous la blancheur de la matiere, nommée femelle (*a*); & que l'une & l'autre réunies dans un même ſujet, comme les deux ſexes dans le même individu, font un compoſé Hermaphrodite, qui commence à paroître lorſque la couleur ſafranée ſe manifeſte.

Malgré ce qu'on a pu dire de la paſſion de Diane pour Endymion, l'opinion la plus commune eſt qu'elle a conſervé ſa virginité. On feint cependant qu'elle conçut de l'air & enfanta la roſée. Mais une Vierge enfante-t-elle dans l'ordre de la nature, en demeurant néanmoins vierge? La fiction ſeroit ridicule, ſi elle n'étoit pas allégorique. Elle ne peut même convenir qu'aux opérations du grand œuvre. Les Philoſophes ont employé la même allégorie pour le même ſujet. » Cette pierre, dit Alphidius, habite dans l'air;

(*a*) Philalet. Enarrat. 3. Medic. Gebri.

» elle est exaltée dans les nuées ; elle vit dans » les fleuves ; elle se repose sur le sommet des » montagnes. Sa mere est *vierge*, & son pere » n'a jamais connu de femmes. Prenez, dit » d'Espagnet, une vierge aîlée bien pure & » bien nette, impregnée de la semence spiri- » tuelle du premier mâle, sa virginité demeurant » néanmoins intacte, malgré sa grossesse (*a*). « Suivant Basile Valentin (*b*), c'est une vierge très-chaste, qui n'a point connu d'homme, & qui cependant conçoit & enfante.

Peut-on méconnoître dans Diane cette vierge aîlée de d'Espagnet ? Et l'Enfant philosophique qu'elle conçoit dans l'air, selon l'expression des Disciples d'Hermès, n'est-ce pas cette vapeur qui s'éleve de la lune des Philosophes, & qui retombe en forme de rosée ? dont le Cosmopolite parle (*c*) en ces termes : *Nous l'appellons eau du jour, & rosée de la nuit.*

Enfin si Diane est sœur jumelle d'Apollon, & naît avant lui, c'est que la lune & le soleil philosophiques naissent successivement du même sujet, & que la blancheur doit absolument paroître avant la rougeur.

(*a*) Can. 58.
(*b*) Azot des Philos.
(*c*) Novum lum. Chem.

CHAPITRE XIV.

De quelques autres enfans de Jupiter.

CE Dieu eſt avec raiſon regardé comme le pere des Dieux & des hommes. Il a tellement peuplé le Ciel & la Terre de la Fable, que le nombre de ſes enfans eſt preſque infini. Je laiſſe aux Mythologues le ſoin de les paſſer tous en revûe; je ne m'arrêterai qu'à quelques-uns des principaux.

§. I.

Mercure.

PRESQUE tous les Anciens ſont d'accord ſur les parens de Mercure. Il nâquit de Jupiter & de Maïa, fille d'Atlas, ſur le Mont-Cyllene; (*a*) Pauſanias dit (*b*) contre le ſentiment d'Homere & de Virgile, que ce fut ſur le Mont-Coricée, près de Tanagris, & qu'il fut enſuite

(*a*) Mercurium lauda, Muſa, Jovis ac Majæ filium in Cyllenem regnantem, & Arcadiæ pecoribus abundantem. *Hom. Hymn. in Merc.*

Vobis Mercurius pater eſt, quem candida Maja
Cyllenes gelido conceptum culmine fudit.

Virgil. Æned.

(*b*) In Bœot.

lavé dans une eau ramassée de trois fontaines. D'autres disent qu'il fut élevé sur une plante de pourpier, parce qu'il est gras & plein d'humidité. C'est pour cela sans doute que Raymond Lulle (a) parle de cette plante comme étant de nature mercurielle, de même que la grande lunaire, la mauve, la chélidoine & la mercuriale. Quelques Auteurs ont même prétendu que les Chinois sçavoient tirer du pourpier sauvage un véritable mercure coulant.

Dès que Mercure fut né, Junon lui donna sa mammelle; le lait en sortant avec trop d'abondance, Mercure en laissa tomber, & ce lait répandu forma la voye lactée. Opis, selon d'autres, eut ordre de nourrir ce petit Dieu, & la même chose lui arriva qu'à Junon.

Mercure passa toujours pour le plus vigilant des Dieux. Il ne dormoit ni jour ni nuit; & si nous en croyons Homere (b), le jour même de sa naissance il joua de la lyre, & le soir du même jour il vola les bœufs d'Apollon.

De telles fictions peuvent-elles renfermer quelques vérités historiques ou morales? & si on les prend à la lettre, tout n'y est-il pas marqué au coin de l'absurde & du ridicule? Si avec M. l'Abbé Banier, & quelques anciens Mythologues, je regarde Mercure comme un homme

(a) Theor. Testam. c 4.

(b) Mane natus, in medio die Citharam pulsabat,
Vespertinus boves, furatus est procul Jaculantis
Apollinis.

Hom. Hymn. 3. v. 17.

réel, comme un Prince Titan, il faudra accuser Homere & les autres de folie, pour avoir feint de telles absurdités inexplicables dans le sens historique & moral : mais si ce pere de la Poësie ne déliroit pas, il avoit sans doute pour objet de ces fictions quelque vérité qu'il a cachée sous le voile de l'allégorie & de la Fable. Il s'agiroit donc de chercher quelle pouvoit être cette vérité. Je la trouve expliquée dans les Livres des Philosophes Hermétiques. J'y vois que la matiere de leur art est appellée Mercure, & que ce qu'ils rapportent de leurs opérations est une histoire de la vie de Mercure. M. l'Abbé Banier avoue même (*a*) que la fréquentation des Disciples d'Hermès servit beaucoup à ce prétendu Prince, qu'il se fit initier dans tous les mysteres des Egyptiens, & qu'enfin il mourut dans leur pays. Voyons donc s'il sera possible d'adapter ce qu'on dit du Mercure de la Fable, au Mercure Hermétique.

Maja, fille d'Atlas, & une des Pleïades, fut mere de Mercure, & le mit au monde sur une montagne, parce que le mercure Philosophique naît toujours sur les hauteurs. Mais il faut observer que Maja étoit aussi un des noms de Cybelle ou la Terre, & que ce nom signifie mere, ou nourrice, ou grand-mere. Il n'est donc pas surprenant qu'elle fût mere de Mercure, ou même sa nourrice, comme le dit Hermès (*b*) : *nutrix ejus est terra*. Aussi Cybelle étoit-elle regardée comme la grand-mere des Dieux, parce que Maja est mere du mercure Philosophique, & que de

(*a*) Myth. T. II. p. 195. (*b*) Tab. Smaragd.

ce mercure naissent tous les Dieux Hermétiques. Mercure après sa naissance fut lavé dans une eau ramassée de trois fontaines ; & le mercure Philosophique doit être purgé & lavé trois fois dans sa propre eau, composée aussi de trois ; ce qui a fait dire à Majer d'après un ancien (*a*) : allez trouver la femme qui lave le linge, & faites comme elle.

Cette lessive, ajoute le même Auteur, ne doit pas se faire avec de l'eau commune, mais avec celle qui se change en glace & en neige sous le signe du Verseau. C'est peut-être ce qui a fait dire à Virgile (*b*), que la montagne de Cyllene étoit glacée, *Gelido culmine*.

L'on voit dans cette allégorie les trois ablutions : la premiere, en coulant la lessive ; la seconde, en lavant le linge dans l'eau, pour emporter la crasse que la lessive a détachée ; & la troisieme dans de l'eau nette & bien claire, pour avoir le linge blanc & sans taches. » Le mercure » des Philosophes naît, dit d'Espagnet (*c*), » avec deux taches originelles : la premiere est » une terre immonde & sale, qu'il a contractée » dans sa génération, & qui s'est mêlée avec » lui dans le tems de sa congélation : l'autre

(*a*) Arme vides, mulier maculis abstergere pannos
Ut soleat calidis, quas superaddit aquis ?
Hanc imitare, tuâ nec sic frustraberis arte ;
Namque nigri fæces corporis unda lavat.

Atalanta fugiens, *Embl.* 3.

(*b*) Loco cit.

(*c*) Can. 50.

» tient beaucoup de l'hydropisie. C'est une eau
» crûe & impure, qui s'est nichée entre cuir &
» chair ; la moindre chaleur la fait évaporer.
» Mais il faut le délivrer de cette lépre terres-
» tre par un bain humide, & une ablution na-
» turelle. «

Junon donne ensuite son lait à Mercure ; car le mercure étant purgé de ses souillures, il se forme au-dessus une eau laiteuse, qui retombe sur le mercure, comme pour le nourrir. Les Mythologues prennent eux-mêmes Junon pour l'humidité de l'air.

On représentoit Mercure comme un beau jeune-homme, avec un visage gai, des yeux vifs, ayant des aîles à la tête & aux pieds, tenant quelquefois une chaîne d'or, dont par un bout attaché aux oreilles des hommes, il les conduisoit par-tout où il vouloit. Il portoit communément un caducée, autour duquel deux serpens, l'un mâle, l'autre femelle, étoient entortillés. Apollon le lui donna en échange de sa lyre. Les Egyptiens donnoient à Mercure une face en partie noire, & en partie dorée.

Le mercure Hermétique a des aîles à la tête & aux pieds, puisqu'il est tout volatil, de même que l'argent-vif vulgaire qui, suivant le Cosmopolite (a), n'est que son frere bâtard. Cette volatilité a engagé les Philosophes à comparer ce mercure, tantôt à un dragon aîlé, tantôt aux oiseaux, mais plus communément à ceux qui vivent de rapine, tels que l'aigle, le vautour, &c.

(a) Dialog. de la Nat. & de l'Alchym.

pour marquer en même-tems sa propriété résolutive ; & s'ils l'ont nommé argent-vif & mercure, c'est par allusion au mercure vulgaire.

Le coq étoit un attribut de Mercure à cause de son courage & de sa vigilance, & que chantant avant le lever du Soleil, il avertit les hommes qu'il est tems de se mettre au travail. Sa figure de jeune-homme marquoit son activité.

La chaîne d'or au moyen de laquelle il conduisoit les hommes où il vouloit, n'étoit pas, comme le prétendent les Mythologues, une allégorie de la force que l'éloquence a sur les esprits ; mais parce que le mercure Hermétique étant le principe de l'or, & l'or le nerf des Arts, du commerce, & l'objet de l'ambition humaine, il les engage dans toutes les démarches qui peuvent conduire à sa possession, quelque épineuses & quelque difficiles qu'elles soient.

Nous avons dit d'après les Anciens, que les Egyptiens ne faisoient rien sans mysteres. Les Antiquaires le sçavent, & n'y font cependant pas assez d'attention, quand ils ont à expliquer les monumens d'Egypte que le tems a épargné. Les Disciples du pere des Arts & des Sciences, comme de ces hiéroglyphes mystérieux, se seroient-ils précisément rapprochés du naturel dans les représentations de Mercure, pour tomber dans le mauvais goût ? S'ils lui peignoient le visage moitié noir, moitié doré, souvent avec des yeux d'argent, c'étoit sans doute pour désigner les trois principales couleurs de l'œuvre Hermétique, le noir, le blanc & le rouge, qui ſurviennent au mercure dans les opérations de cet art, où le mercure eſt tout, ſuivant l'expreſſion des Philoſophes; *eſt in mercurio quidquid quærunt ſapientes : in eo enim, cum eo & per eum perficitur magiſterium.* Ces yeux d'argent ont frappé un ſçavant Académicien. Il a regardé ces yeux comme un vain étalage de richeſſe, guidé par le mauvais goût (*a*). S'il avoit pris ſes explications dans mon ſyſtême, il n'auroit pas été ſi embarraſſé pour trouver la raiſon qui avoit fait mettre ces yeux d'argent à la figure de Mercure. Beaucoup d'autres choſes qu'il traite de purs ornemens, ou qu'il avoue ne pouvoir expliquer, auroient ſouffert très-peu de difficultés, au moins celles qui ne dépendent pas de la pure fantaiſie des Artiſtes, ordinairement très-peu inſtruits des raiſons que l'on avoit de repréſenter les choſes de telle ou telle maniere. M. Mariette ſe trouve dans le même cas dans ſon Traité des Pierres gravées. Un ſeul exemple tiré des Antiquités de M. de Caylus prouvera la choſe.

Ce Sçavant infatigable, auquel le Public a tant d'obligations pour les découvertes curieuſes qu'il a faites ſur la pratique des Arts par les Anciens, nous préſente un monument Egyptien qu'il avoue être un Mercure ſous la figure d'Anubis, avec une tête de chien; vis-à-vis de cet Anubis eſt Orus débout. Ils ſe regardent l'un & l'autre, placés chacun ſur l'extrémité d'une gondole, dont le bout d'Orus ſe termine en tête de taureau, & celui d'Anubis en tête de belier.

(*a*) Recueil d'Antiq. T. I.

Ces deux têtes d'animaux paroiſſent à M. de Caylus de purs ornemens. Mais il n'ignoroit pas que le taureau Apis étoit le ſymbole d'Oſiris, qu'Orus étoit fils d'Oſiris, & que ce pere, ſon fils & le Soleil (*a*) n'étoient qu'une même choſe. Il le dit en plus d'un endroit. Il ſçavoit même que le belier étoit un des ſymboles hiéroglyphiques de Mercure, qui, comme le dit le Coſmopolite (*b*) Philalethe & pluſieurs autres, ſe tire au moyen de l'acier, que l'on trouve dans le ventre du bélier.

Le Mercure des Philoſophes eſt donc repréſenté dans ce monument ſous la figure d'Anubis & du bélier, comme principe de l'œuvre, & de la maniere dont on le tire. Le bélier indique auſſi ſa nature martiale & vigoureuſe. L'or ou le ſoleil Hermétique y eſt ſous la figure d'Orus & du taureau, ſymbole de la matiere fixe dont on le fait. Ils ne ſont donc pas-là pour ſervir de purs ornemens, mais pour completter l'hiéroglyphe de tout le grand œuvre. J'ai aſſez expliqué ce que c'étoit qu'Anubis dans le premier livre.

Deux ſerpens, l'un mâle, l'autre femelle, paroiſſoient entortillés autour du caducée de Mercure, pour repréſenter les deux ſubſtances mercurielles de l'œuvre, l'une fixe, l'autre volatile; la premiere chaude & ſéche; la ſeconde froide & humide, appellées par les Diſciples d'Hermès ſerpens, dragons, frere & ſœur, époux & épouſe, agent & patient, & de mille autres noms qui

(*a*) J'entends le Soleil Hermétique, & non dans le ſens des Mythologues.

(*b*) Parab.

ne ſignifient que la même choſe, mais qui indiquent toujours une ſubſtance volatile, & l'autre fixe. Elles ont en apparence des qualités contraires; mais la verge d'or donnée à Mercure par Apollon, met l'accord entre ces ſerpens, & la paix entre les ennemis, pour me ſervir des termes des Philoſophes. Raymond Lulle nous dépeint très-bien la nature de ces deux ſerpens, lorſqu'il dit (*a*) : Il y a certains élémens qui » durciſſent, congélent & fixent, & d'autres » qui ſont endurcis, congélés & fixés. Il faut » donc obſerver deux choſes dans notre art. On » doit compoſer deux liqueurs contraires, ex» traites de la nature du même métal : l'une, » qui ait la propriété de fixer, durcir & con» géler; l'autre, qui ſoit volatile, molle & non » fixe. Cette ſeconde doit être endurcie, con» gélée & fixée par la premiere; & de ces deux » il en réſulte une pierre congélée & fixe, qui » a auſſi la vertu de congéler ce qui ne l'eſt pas, » de durcir ce qui eſt mol, de mollifier ce qui » eſt dur, & de fixer ce qui eſt volatil. «

Tels ſont ces deux ſerpens entortillés & entrelaſſés l'un dans l'autre; les deux dragons de Flamel, l'un aîlé, l'autre ſans aîles; les deux oiſeaux de Senior, dont l'un a des aîles, l'autre non, & qui ſe mordent la queue réciproquement.

La nature & le tempérament de Mercure ſont encore aſſez clairement indiqués par la qualité de celui qui le nourrit. Mercure, dit-on, fut

(*a*) De Quinta Eſſent. Diſt. 3. de incerat.

élevé par Vulcain ; mais il n'eut guéres de reconnoissance des soins que ce Mentor prit de son éducation : il vola les outils que Vulcain employoit dans ses ouvrages.

Avec un caractere aussi porté à la friponnerie, Mercure pouvoit-il en rester là ? Il prit la ceinture de Vénus, le sceptre de Jupiter, les bœufs d'Admete qui paissoient sous la garde d'Apollon. Celui-ci voulut s'en venger, & Mercure pour l'en empêcher lui vola son arc & ses fléches. A peine fut-il né, qu'il vainquit Cupidon à la lutte. Devenu grand, il fut chargé de beaucoup d'offices. Il balayoit la salle où les Dieux s'assembloient. Il préparoit tout ce qui étoit nécessaire ; portoit les ordres de Jupiter & des Dieux. Il couroit jour & nuit pour conduire les ames des morts aux Enfers, & les en retirer. Il présidoit aux assemblées : en un mot il n'étoit jamais en repos. Il fut l'inventeur de la lyre, ajusta neuf cordes à une écaille de tortue qu'il trouva sur le bord du Nil, & détermina le premier les trois tons de Musique, le grave, le moyen & l'aigu. Il convertit Batte en pierre de touche, tua d'un coup de pierre Argus, gardien d'Io changée en vache. Strabon dit (*a*) qu'il donna des loix aux Egyptiens, enseigna la Philosophie & l'Astronomie aux Prêtres de Thebes. Marcus Manilius, qui est du même sentiment (*b*), assure aussi que

(*a*) Geog. l. 17.

(*b*) *Tu Princeps authorque Sacri Cyllenie tanti,*
Per te jam cœlum interius, jam sidera nota.
Astron. l. 1.

Mercure poſa le premier les fondemens de la Religion chez les Egyptiens, en inſtitua les cérémonies, & leur découvrit les cauſes de beaucoup d'effets naturels.

Que conclure de tout ce que nous venons de rapporter ? Faut-il encore répéter ce que j'ai dit fort au long de Mercure dans le premier livre ? Oui, tout dépend de Mercure ; il eſt le maître de tout ; il eſt même le patron des frippons, c'eſt-à-dire de ces Charlatans & de ces Souffleurs, qui après s'être ruinés à travailler ſur les matieres qu'ils appellent mercure, cherchent à ſe dédommager de leurs pertes ſur la bourſe des ſots ignorans & trop crédules : mais la fripponnerie de Mercure n'eſt pas dans ce goût-là. Il vola les inſtrumens de Vulcain à peu près comme un Eleve vole ſon Maître, lorſque ſous ſa diſcipline il devient auſſi ſçavant que lui, & exerce enſuite ſeul l'art qu'il a appris. Il puiſa dans l'é-l'école de Vulcain, & ſe rendit propre ſon activité & ſes propriétés. S'il prit la ceinture chamarrée de Vénus, & le ſceptre de Jupiter, c'eſt qu'il devient l'un & l'autre dans le cours des opérations du grand œuvre. En travaillant ſans ceſſe dans le vaſe à purifier la matiere de cet art, il balaye la ſalle d'aſſemblée, & la diſpoſe à recevoir les Dieux ; c'eſt-à-dire, les differentes couleurs appellées : la noire, Saturne ; la griſe, Jupiter ; la citrine, Vénus ; la blanche, la Lune ou Diane ; la ſafranée ou couleur de rouille, Mars ; la pourprée, le Soleil ou Apollon, & ainſi des autres, qu'on trouve à chaque page dans les écrits des Adeptes, Les meſſages des Dieux qu'il faisoit jour & nuit, est sa circulation dans le vase pendant tout le cours de l'œuvre. Les tons de la Musique, & l'accord des instrumens dont Mercure fut l'inventeur, indiquent les proportions, les poids & les mesures, tant des matieres qui entrent dans la composition du magistere, que de la maniere de procéder pour les dégrés du feu, qu'il faut administrer clibaniquement, suivant Flamel (*a*), & en proportion géométrique, selon d'Espagnet. Mettez dans notre vase une partie de notre or vif & dix parties d'air, dit le Cosmopolite : l'opération consiste à dissoudre votre air congélé avec une dixieme partie de votre or. Prenez onze grains de notre terre, un grain de notre or, & deux de notre lune, & non de la lune vulgaire; mettez le tout dans notre vase & à notre feu, ajoute le même Auteur. De ces proportions, il résulte un tout harmonique, que j'ai déja expliqué en parlant d'Harmonie, fille de Mars & Vénus.

La charge qu'avoit Mercure de conduire les morts dans le séjour de Pluton, & de les en retirer, ne signifie autre chose que la dissolution & la coagulation, la fixation & la volatilisation de la matiere de l'œuvre.

Mercure changea Batte en pierre de touche, parce que la pierre Philosophale est la vraie pierre de touche, pour connoître & distinguer ceux qui se vantent de sçavoir faire l'œuvre, qui étourdissent par leur babil, & qui ne sçauroient le prouver par expérience. D'ailleurs la pierre de touche sert à éprouver l'or; ce qui revient parfai-

(*a*) Explicat. de ses fig.

tement à l'hiſtoire feinte de Batte. Mercure, dit la Fable, enleva les bœufs qu'Apollon gardoit, il lui vola même ſon arc & ſes fléches, & fut enſuite en habit déguiſé, demander à Batte des nouvelles des bœufs volés. Cet habit déguiſé eſt le mercure Philoſophique, auparavant volatil & coulant, à préſent fixé & déguiſé en poudre de projection; cette poudre eſt or, & ne paroît pas avoir la propriété d'en faire : elle en fait cependant des autres métaux, qui renferment des parties principes d'or. Quand on les a tranſmués, on s'adreſſe à Batte, ou la pierre de touche, pour ſçavoir ce que ſont devenus les métaux imparfaits qu'il connoiſſoit avant leur tranſmutation; Batte répond, ſuivant Ovide :

Montibus, inquit erant : & erant ſub montibus illis.
Riſit Atlantiades, &c.

Métam. l. 2.

Ils étoient premierement ſur ces montagnes; ils ſont à préſent ſur celles-ci : ils étoient plomb, étain, mercure; ils ſont maintenant or, argent. Car les Philoſophes donnent aux métaux le nom de *montagne*, ſuivant ces paroles d'Artéphius : » Au reſte notre eau, que j'ai ci-devant appellée » notre vinaigre, eſt le vinaigre des montagnes, » c'eſt-à-dire, du Soleil & de la Lune. «

Après la diſſolution de la matiere & la putréfaction, cette matiere des Philoſophes prend toutes ſortes de couleurs, qui ne diſparoiſſent que lorſqu'elle commence à ſe coaguler en pierre & ſe fixer. C'eſt Mercure qui tue Argus d'un coup de pierre.

Les Samothraces tenoient leur Religion & ses cérémonies des Egyptiens, qui l'avoient reçue de Mercure Trismégiste. Les uns & les autres avoient des Dieux qu'il leur étoit défendu de nommer, & pour les déguiser, ils leur donnoient les noms d'*Axioreus*, *Axiocersa*, *Axiocersus*. Le premier signifioit Cérès; le second, Proserpine; & le troisieme, Pluton. Ils en avoient encore un quatrieme nommé *Casmilus*, qui n'étoit autre que Mercure, suivant Dionysiodore, cité par Noel le Comte (*a*). Ces noms ou leur application naturelle faisoient peut-être une partie du secret confié aux Prêtres, dont nous avons parlé dans le premier livre.

Quelques Anciens ont appellé Mercure, le Dieu à trois têtes, étant regardé comme Dieu marin, Dieu terrestre & Dieu céleste; peut-être parce qu'il connut Hécate, dont il eut trois filles, si nous en croyons Noel le Comte.

Les Athéniens célébroient le 13. de la Lune de Novembre, une fête nommée *Choes*, en l'honneur de Mercure terrestre. Ils faisoient un mêlange de toutes sortes de graines, & les faisoient cuire ce jour-là dans un même vase : mais il n'étoit permis à personne d'en manger. C'étoit seulement pour indiquer que le Mercure dont il s'agissoit, étoit le principe de la végétation.

Lactance met Mercure avec le Ciel & Saturne, comme les trois qui ont excellé en sagesse. Il avoit sans doute en vûe Mercure Trismégiste,

(*a*) Mythol. l. 5.

& non

& non celui à qui Hercule consacra sa massue après la défaite des Géans. C'est à ce dernier que le quatrieme jour de la Lune de chaque mois étoit dédié, & on lui immoloit des veaux (*a*). On portoit aussi sa statue avec les autres symboles sacrés, dans les cérémonies des fètes célébrées à Eléusis.

Mercure étant un des principaux Dieux signifiés par les Hiéroglyphes des Egyptiens & des Grecs, & tous ceux qui étoient initiés dans ses mysteres, étant obligés au secret, il n'est pas surprenant que ceux qui n'en avoient pas connoissance, se soient trompés sur le nombre & la nature de ce Dieu aîlé. Ciceron en reconnoissoit plusieurs (*b*); l'un, né du Ciel & du Jour; l'autre, fils de Valens & de Phoronis; le troisieme, de Jupiter & de Maja; le quatrieme eut le Nil pour pere. Il peut à la vérité s'en être trouvé plus d'un de ce nom en Egypte, tel qu'Hermès Trismégiste, peut-être même en Gréce; mais il n'y a jamais eu qu'un Mercure à qui l'on puisse attribuer raisonnablement tout ce que les Fables en rapportent, & ce Mercure ne peut être que celui des Philosophes Hermétiques, auquel convient parfaitement tout ce que nous en avons rapporté jusqu'ici. C'étoit

(*a*) *Diis tribus ille focos totidem de cespite ponit,*
Lævum Mercurio, dextrum tibi bellica Virgo,
Ara jovis media est. Mactatur Vacca Minervæ,
Alipedi Vitulus, Taurus tibi summe Deorum.
Ovid. Metam. l. 4.

(*b*) De Nat. Deor.

ſans doute auſſi pour fixer cette idée, qu'on le repréſentoit ayant trois têtes, afin d'indiquer les trois principes dont il eſt composé, ſuivant l'Auteur du Roſaire des Philoſophes. » La ma-» tiere de la pierre des Philoſophes, dit-il, eſt » une eau ; ce qu'il faut entendre d'une eau » priſe de trois choſes ; car il ne doit y en avoir » ni plus ni moins. Le Soleil eſt le mâle, la » Lune eſt la femelle, & Mercure le ſperme ; » ce qui néanmoins ne fait qu'un Mercure. « Les Philoſophes ayant reconnu que cette eau étoit un diſſolvant de tous les métaux, donnerent à Mercure le nom de *Nonacrite*, d'une montagne d'Arcadie appellée Nonacris, des rochers de laquelle diſtille une eau qui corrode tous les vaſes métalliques.

Il paſſoit pour un Dieu céleſte, terreſtre & marin, parce que le mercure occupe en effet le ciel Philoſophique, lorſqu'il ſe ſublime en vapeurs, la mer des Sages, qui eſt l'eau mercurielle elle-même, & enfin la terre Hermétique, qui ſe forme de cette eau & qui occupe le fond du vaſe. Il eſt d'ailleurs composé de trois choſes, ſuivant le dire des Philoſophes ; d'eau, de terre, & d'une quinteſſence céleſte, active, ignée, qui vivifie les deux autres principes, & fait dans le mercure l'office des inſtrumens & des outils de Vulcain.

Les Mythologues voyant qu'on conſacroit les langues des victimes à Mercure, ne ſe ſont pas imaginés qu'on le fît pour d'autres raiſons que l'éloquence de ce Dieu. N'auroient-ils pas mieux réuſſi, ſi faiſant attention qu'on brûloit ces langues dans les cérémonies de ſon culte, & que ces cérémonies devoient être ſecrettes, ils avoient conclu qu'on les lui conſacroit ainſi, non à cauſe de ſon éloquence prétendue, mais pour marquer le ſecret que les Prêtres étoient obligés de garder?

Tel eſt donc ce Mercure ſi célebre dans tous les tems & chez toutes les Nations, qui prit d'abord naiſſance chez les Hiéroglyphes des Egyptiens, & fut enſuite le ſujet des allégories & des fictions des Poëtes. Je ne puis mieux finir ſon chapitre que par ce qu'en dit Orphée, en faiſant la deſcription de l'antre de ce Dieu (*a*). C'étoit la ſource & le magaſin de tous les biens & de toutes les richeſſes; & tout homme ſage & prudent pouvoit y en puiſer à ſa volonté. On y trouvoit même le remede à tous les maux.

Il falloit qu'Orphée parlât auſſi clairement, pour faire ouvrir les yeux aux Mythologues, & leur faire voir ce que c'étoit que le Dieu Mercure, qui cachoit dans ſon antre le principe de la ſanté & des richeſſes. Mais il a ſoin en même tems d'avertir que pour les y trouver, & s'en mettre en poſſeſſion, il faut de la prudence & de la ſageſſe. Eſt-il difficile de deviner de quelle nature pouvoient être ces biens, dont l'uſage pouvoit rendre un homme exempt de toutes

(*a*) At quemcumque virum ducit prudentia cordis
Mercurii ingredier ſpeluncam, plurima ubi ille
Depoſuit bona, ſtat quorum prægrandis acervus:
Ambabus valet hic manibus ſibi ſumere & iſta
Ferre domum: valet hic vitare incommoda cuncta.

incommodités ? En connoît-on d'autres que la pierre des Philosophes, auxquels on ait attribué de telles propriétés ? L'autre est le vase où elle se fait, & Mercure en est la matiere, dont les symboles ont été variés sous les noms & figures de taureaux, de béliers, de chiens, de serpens, de dragons, d'aigles, & d'une infinité d'animaux ; sous les noms de Typhon, Python, Echidna, Cerbere, Chymere, Sphinx, Hydre, Hécate, Gérion, & de presque tous les individus, parce qu'elle en est le principe.

---

§. II.

Bacchus ou Denys.

DENYS fut aussi fils de Jupiter, & assez célebre pour trouver place dans cet Ouvrage. Il eut Sémélé pour mere, & fut le même qu'Osiris chez les Egyptiens, & Bacchus chez les Romains. C'est pourquoi je le nommerai indifféremment, tantôt Denys, tantôt Bacchus, & tantôt Osiris.

Sémélé, fille de Cadmus & d'Harmonie, plut à Jupiter : il la mit au nombre de ses concubines La jalouse Junon en fut irritée ; & pour réussir à faire ressentir à Sémélé les effets de son courroux, elle prit la figure de Beroe, nourrice de sa rivale, & fut rendre visite à celle-ci déja enceinte ; elle lui persuada d'engager Jupiter à lui jurer par le Styx, qu'il lui accorderoit tout ce que Sémélé lui demanderoit. Celle-ci, suivant l'instigation de Junon, demanda que Jupiter lui rendît sa visite dans toute sa majesté, pour lui prouver qu'il étoit en effet le maître des Dieux. Ce Dieu le lui promit, & se rendit en effet chez Sémélé avec ses foudres & son tonnerre, qui réduisirent en cendres le palais & celle qui l'habitoit, suivant ce qu'en disent Euripide (*a*) & Ovide (*b*). Mais Jupiter ne voulant pas laisser périr avec Sémélé l'enfant qu'elle portoit, le retira des entrailles de la mere, & l'enferma dans sa cuisse, jusqu'à ce que le tems marqué pour sa naissance fût accompli. C'est Ovide qui nous apprend ce trait de bonté paternelle, qu'il regarde cependant comme fabuleux (*c*). Orphée dit (*d*) que Denys étoit fils

(*a*) Accedo Thebas Bacchus è Saturnio
Natus jove, & Semele puella filia
Cadmi edidit me olim ferenti fulmina. *In Bacchis.*

(*b*) . . . . Rogat illa jovem sine nomine munus
Cui Deus, elige, ait : nullam patiere repulsam :
Quoque magis credas, Stygii quoque conscia sunto
Numina torrentis : timor, & Deus ille Deorum est.
Læta malo, nimiumque potens, perituraque amantis
Obsequio Semele, qualem Saturnia, dixit,
Te solet amplecti, Veneris cum fœdus initis ;
Da mihi te talem, corpus mortale tumultus
Non tulit aerios, donisque jugalibus arsit.
Metam. lib. 30.

(*c*) Imperfectus adhuc infans genitricis ab alvo
Eripitur, patrioque tener, si credere dignum est,
Insuitur femori, maternaque tempora complet. *Ibid.*

(*d*) Hymn. à Bacchus.

de Jupiter & de Proſerpine, & le répéte dans ſon Hymne ſur le nom de Μίσης, né d'Iſis.

Il prit le nom de Denys de ce qu'il perça la cuiſſe de Jupiter en naiſſant avec les cornes qu'il apporta au monde, où, comme d'autres le prétendent, de ce que Jupiter fut boîteux tout le tems qu'il le porta, ou enfin à cauſe de la pluie qui tomba, quand il nâquit.

D'abord après ſa naiſſance, Mercure le tranſporta dans la Ville de Nyſa, ſur les confins de l'Arabie & de l'Egypte, pour y être nourri & élevé par les Nymphes. D'autres diſent que dès que Sémélé eut mis Bacchus au monde, Cadmus l'enferma avec ſon enfant dans un coffre de bois en forme de battelet, & l'expoſa à la merci des flots de la Mer; qu'étant abordé en Laconie, des pauvres gens ouvrirent le coffre, trouverent Sémélé morte, & l'enfant tout élevé. Un Auteur (*a*) ſoutient que Jupiter ne l'enferma pas dans ſa cuiſſe, & que des Nymphes le tirerent des cendres de ſa mere, & prirent ſoin de ſon éducation. Les Hyades furent ſes nourrices, ſi l'on en croit Apollodore (*b*) & Ovide (*c*). Orphée a dit le premier que Denys étoit né à Thebes, ſans doute par reconnoiſſance pour les Thébins, qui le reçurent parfaitement bien lorſ-

(*a*) Meleagr.

(*b*) De Diis, l. 2.

(*c*) Ora micant Tauri ſeptem radiantia flammis,
Navita quas Hyadas Graius ab imbre vocat.
Pars Bacchum nutriſſe putat, pars credidit ipſe
Tethyos has neptes, Oceanique Senis.

qu'il alloit en Egypte, & ne lui firent pas un moindre accueil à son retour. Aussi les Egyptiens railloient-ils les Grecs de ce que ces derniers prétendoient que Denys étoit né chez eux. Le même Orphée donnoit les deux sexes à Denys; car il s'exprime ainsi dans son Hymne sur Misen:

Femina masque simul, gemina huic natura.

Les effets de la jalousie que Junon avoit contre Sémelé, s'étendirent jusques sur le fils : elle ne vit pas d'un œil tranquille que Jupiter l'eût transporté au Ciel; Euripide nous assure (*a*) qu'elle voulut l'en chasser. Denys craignant le courroux de la Déesse, se retira pour fuir ses persécutions, & s'étant reposé sous un arbre, un serpent amphisbene, c'est-à-dire, ayant une tête à chaque extrémité, le mordit à la jambe. Denys s'étant aussi-tôt réveillé, tua le serpent avec une branche de sarment de vigne, qu'il trouva auprès de lui. Il parcourut pendant sa fuite une grande partie du Monde, & fit des choses surprenantes, si nous croyons ce qu'en rapporte Noel le Comte (*b*) d'après Euripide. Il faisoit sourdre de la terre du lait, du miel, & d'autres liqueurs agréables en s'amusant. Il coupa une plante de ferule, & il en sortit du vin : il dépeça une brebis en morceaux, en dispersa les mem-

(*a*). Eximit illum ex igne postquam fulminis
Cœloque parvum Jupiter infantem tulit :
Cœlo volebat Juno eum depellere.

(*b*) Venation. l. 4°.

bres, qui se réunirent; la brebis ressuscita, & se mit à paître comme auparavant.

Les Auteurs Grecs qui font ce Dieu originaire de la Gréce, sont si peu d'accord entr'eux dans les fictions qu'ils ont inventées à son sujet, qu'on aime mieux s'en rapporter à Herodote (*a*), à Plutarque (*b*) & à Diodore (*c*), qui disent que Bacchus étoit né en Egypte, & qu'il fut élevé à Nysa, Ville de l'Arabie Heureuse; & que c'est le même que le fameux Osiris qui fit la conquête des Indes. Les Egyptiens en effet reconnoissoient un Denys comme les Grecs; mais quoiqu'ils se proposassent le même but dans leur allégorie de Bacchus, ils racontoient l'histoire de ce Dieu bien différemment.

Hammon, Roi d'une partie de la Libye, disent-ils, ayant épousé la fille du Ciel, sœur de Saturne, fut visiter le pays voisin des montagnes Cérauniennes, & y fit rencontre d'une très-belle fille, nommée Amalthée : elle lui plut, ils se virent; il en nâquit un fils beau & vigoureux, qui fut nommé Denys. Amalthée fut déclarée Reine du pays, qui par la forme de ses limites, représentoit la corne d'un bœuf; elle fut appellée la corne des Hespérides, & à cause de sa fertilité en toutes sortes de biens, la corne d'Amalthée, du grec ἅμα & ἄλθω, *je guéris tout ensemble, je guéris tout en même-tems.*

Pour soustraire Bacchus à la jalousie de son épouse, Hammon le fit transporter à Nysa

(*a*) Liv. 2.
(*b*) Traité d'Isis & d'Osiris.
(*c*) Liv. 3.

dans une Isle formée par les eaux du fleuve Triton, & située près des embouchures appellées les portes Nyſées. Ce pays étoit le plus agréable du Monde; des eaux limpides y arroſoient des prairies charmantes; il abondoit en toutes ſortes de fruits, & la vigne y croiſſoit d'elle-même. La température de l'air y étoit ſi ſalutaire, que tous les habitans y jouiſſoient d'une ſanté parfaite juſqu'à une extrême vieilleſſe. Les bords de cette Isle étoient plantés de bois de haute futaye, & l'on reſpiroit dans ſes vallons un air toujours frais, parce que les rayons du Soleil n'y pénétroient qu'à peine. La verdure agréable des arbres & l'émail perpétuel des fleurs y rejouiſſoient la vue, pendant que l'ouïe étoit ſans ceſſe flattée par le ramage des oiſeaux. C'étoit en un mot un pays de Fées, un pays enchanté, où rien ne manqüoit de tout ce qui pouvoit contribuer à la ſatisfaction parfaite de l'humanité.

Denys y fut élevé par les ſoins de Nyſa, fille d'Ariſtée, homme ſage, prudent & inſtruit, qui ſe chargea d'être ſon Mentor. Pallas ſurnommée Tritonienne, de ce qu'elle étoit née près du fleuve Triton, eut ordre de préſerver Denys des embuches que lui tendroit ſa belle-mere.

Rhée devint en effet jalouſe de la gloire & de la réputation que s'acquit Denys ſous de ſi bons Maitres, & employa tout ſon ſçavoir pour faire rejaillir ſur lui au moins une partie des effets de la rage dont elle étoit outrée contre Hammon. Elle le quitta pour ſe retirer chez les Titans, & y faire à l'avenir ſon ſéjour avec Saturne, ſon frere. A peine y fut-elle arrivée qu'à force de ſollicitations & de menaces, elle engagea Saturne à lui déclarer la guerre. Hammon ſe voyant hors d'état de lui réſiſter, ſe retira à Idée, où il épouſa Créte, fille d'un des Curettes, qui y regnoit. L'Iſle prit enſuite le nom de Créte. Saturne s'empara du pays d'Hammon, & aſſembla une nombreuſe armée pour ſe ſaiſir de Nyſa & de Denys; mais ſa tyrannie lui attira la haine de tous ſes nouveaux Sujets.

Denys informé de la fuite de ſon pere, du déſaſtre de ſon pays, & des deſſeins de Saturne contre lui, aſſembla le plus de troupes qu'il lui fut poſſible; un bon nombre d'Amazonnes s'y joignirent, d'autant plus volontiers que Pallas devoit les commander.

Les deux armées en vinrent aux mains; Saturne y fut bleſſé. Le courage & la valeur de Denys firent déclarer la victoire en ſa faveur; les Titans prirent la fuite. Denys les pourſuivit, les fit priſonniers ſur le territoire d'Hammon, & leur rendit enſuite la liberté, leur donnant l'option de prendre parti ſous ſes étendards, ou de ſe retirer : ils choiſirent le premier, & regarderent Denys comme leur Dieu tutelaire.

Saturne vaincu, & pourſuivi par Denys, mit le feu à ſa Ville, & ſe ſauva avec Rhée à la faveur de la nuit; mais ils tomberent entre les mains de ceux qui les pourſuivoient. Il leur propoſa de vivre à l'avenir en bons parens & bons amis. Ils accepterent ſes offres, & leur tint parole; les ſeuls Titans reſſentirent les effets de ſon courroux, parce qu'ils ſe révolterent contre lui.

Victorieux de tous ses ennemis, Denys ne chercha qu'à se rendre recommandable par ses bienfaits ; il parcourut une grande partie du Monde pour les répandre sur tous les humains ; mais en bon Prince, il laissa Mercure Trismégiste à son épouse, pour l'aider de ses conseils : il donna le Gouvernement de l'Egypte à Hercule, & Promethée eut l'Intendance de tous ses Etats. Arrivé sur les montagnes de l'Inde, il y éleva deux colonnes près le fleuve du Gange (*a*) ; ce que fit aussi Hercule dans la partie la plus occidentale de l'Afrique sur les bords de la Mer Atlantide :

Arma eadem ambobus sunt termini utrique columnæ.

Cette expédition dura trois ans, après lesquels il retourna par la Libye & l'Espagne, & fonda la Ville de Nysa dans les Indes.

Les Poëtes Grecs emportés par le feu de leur imagination, ont enchéri sur la fiction Egyptienne, & ont donné un témoignage non équivoque de la vérité de ces vers d'Homere :

. . . . Pictoribus atque Poëtis
Quidlibet audendi semper fuit æqua potestas.
Art Poet.

Bacchus n'est presque si fameux & si recommandable dans leurs écrits, que pour avoir sçu faire le vin ou planté la vigne. N'y eût-il pas eu de la folie chez les Anciens à nous laisser par

(*a*) Sidon. Antip.

écrit tant de choſes ſi peu dignes d'attention, entremêlées de faits ſi ſurprenans, ſi peu vraiſemblables, qu'ils tiennent plutôt du ſonge que du prodige? Si nous les en croyons, Junon le frappa d'affection furieuſe, ce qui le fit courir par tout le Monde : les Cobales, eſpeces de Demons malins, les Satyres, les Bacchantes & les Silenes l'accompagnoient par-tout avec des tambours & autres inſtrumens bruyans. Son char étoit traîné par des lynxs, des tigres, des pantheres ; c'eſt Ovide qui le dit d'après eux (*a*).

Le même Poëte dit que Bacchus conſervoit une jeuneſſe permanente, & qu'il étoit le plus beau des Dieux (*b*). Iſacius dit que les Anciens penſoient que Bacchus étoit jeune & vieil en même-tems ; Euripide l'appelloit Θήλυμορφον, comme ayant un air efféminé. C'eſt pourquoi il eſt ordinairement repréſenté en jeune-homme, ſans barbe, quoiqu'il y ait auſſi le Bacchus barbu ;

(*a*) Ipſe racemiferis frontem circumdatus uvis
Pampineis agitat velatam frondibus haſtam :
Quem circa tigres, ſimulacraque inania lyncum
Pictarumque jacent fera corpora pantherarum.

Metam. l. 3.

Tu bijugum pictis inſignia frenis
Colla premis lyncum : Baccha, Satyrique ſequuntur.

Ibid. l. 4°.

(*b*) . . . . . Tibi enim inconſumpta juventa eſt :
Tu puer æternus, tu formoſiſſimus alto
Conſpexeris cœlo.

Metam. l. 4°.

on le trouve même quelquefois sous la figure d'un Vieillard.

Bacchus se couvroit toujours de la peau d'un léopard. Il portoit un thyrse pour sceptre. Le lapin, le chêne, le lierre, le liseron & le figuier lui étoient consacrés : la pie entre les oiseaux ; le tygre, le lion, la panthere entre les quadrupules, & le serpent ou dragon entre les reptiles. Les femmes qui célébroient ses fêtes se nommoient *Bacchantes*, *Thyades*, *Mimallonides*.

Pendant ses voyages, des Pyrates Tyriens l'ayant rencontré sur les bords de la Mer, voulurent l'enlever de force, malgré les représentations du Pilote, suivant ce qu'en dit Homere dans une Hymne en l'honneur de ce Dieu. Bacchus se métamorphosa en lion, après avoir changé le mât & les rames en serpens. Les Matelots effrayés voulurent se sauver, il les transforma en dauphins, & ils se précipiterent tous dans la Mer.

Les Grecs ajouterent beaucoup d'autres fables à celle du Bacchus Egyptien. Si nous en croyons Orphée (*a*), Bacchus dormit trois ans chez Proserpine, & s'étant éveillé au bout de ce tems, il se mit à danser avec les Nymphes.

A travers toutes ces fictions, on reconnoît

(*a*) Terrestrem canimus Dionysium & numina Bacchi,
Cum Nymphis experrectum, quibus est coma pulchra,
Qui prope Persephonem sacris penetralibus olim
Dormivit Bacchi tempus tres segniter annos.
Ut tribus exactis convivia læta novantur,
Ille suis repetit mox cum nutricibus hymnum.

aisément le Denys d'Egypte, qui, selon Hérodote, est le même qu'Osiris (*a*) : nous l'avons déja fait remarquer en parlant de ce Dieu, & les Mythologues modernes en conviennent (*b*). On voit clairement ce Dieu de l'Egypte tué par Typhon & ses complices, dans Bacchus mis en pieces pendant le combat qu'il soutint contre les Titans. Isis ramasse les membres épars de son époux; Pallas rencontre Bacchus le cœur encore palpitant, & le porte à Jupiter, qui lui redonne la santé. Quant aux fêtes instituées en l'honneur de Bacchus, nous en parlerons dans le livre suivant.

Telle est en abrégé l'histoire de Bacchus, suivant les Egyptiens & les Grecs. Rappellons à présent les principaux traits de ces fictions, pour faire voir le rapport qu'ils ont avec les opérations de la Philosophie Hermétique, suivant les propres termes des Auteurs qui en ont traité, afin de prouver clairement que le grand œuvre est le véritable objet auquel les Anciens ont voulu faire allusion.

La naissance de Denys est précisément semblable à celle d'Esculape, le premier fils de Sémelé, le second de Coronis, qui toutes deux signifient à peu près la même chose : l'un fut élevé par Chiron, l'autre par Mercure, & nourris par les Nymphes, les Hyades; c'est-à-dire, par les parties aqueuses ou l'eau mercurielle des

(*a*) ... Deos autem ipsos non æquè omnes colunt Ægyptio, præter iisdem & Osirim, quem Dionysium esse inquiunt. *In Euterpe.*

(*b*) Mythol. de l'Abbé Banier, T. II. l. 1. ch. 17.

Philoſophes. Je renvoye le Lecteur à l'article d'Eſculape, pour ne pas tomber dans une répétition ennuyeuſe.

Bacchus eut deux meres, Sémelé & Jupiter, & ſuivant Raimond Lulle (*a*), l'enfant Philoſophique a deux peres & deux meres : il a été, dit-il, tiré du feu avec beaucoup de ſoins, & il ne ſçauroit mourir en effet. Jupiter porta ce feu en rendant viſite à Sémelé, ce feu des Philoſophes, dont parle Riplée (*b*), qui allumé dans le vaſe, brûle avec plus de force & d'activité que le feu commun. Ce feu tire l'embrion des Sages du ventre de ſa mere, & le tranſporte dans la cuiſſe de Jupiter juſqu'à ſa maturité : alors cet enfant Philoſophique, formé dans le ventre de ſa mere par la préſence de Jupiter, & élevé par ſes ſoins, ſe montre au jour avec un viſage blanc comme la Lune, & d'une beauté ſerprenante (*c*).

La deſcription de l'Iſle où eſt élevé le Bacchus des Philoſophes, ſemble avoir été priſe de celle où Hammon fit porter Denys. » Après avoir » couru long-tems du pole Arctique au pole An- » tarctique, dit le Coſmopolite (*d*), je fus » tranſporté par la volonté de Dieu ſur le rivage

(*a*) Theor. Teſtam. c. 46.

(*b*) 12. portes.

(*c*) Saturno (nigredine) expulſo Jupiter inſignia & regni moderamen ſuſcipit, cujus adventu infans Philoſophicus formatur, in utero nutritur, ac tandem in lucem prodit, candidâ & ſerenâ facie Lunæ ſplendorem referens. *D'Eſpagnet. Arcan. Hermet. Can.* 78.

(*d*) Parabole.

» d'une vaste mer. Pendant que je m'amusois » à voir voltiger & nager les Melosynes avec » les Nymphes, & que je me laissois aller non- » chalamment à mes idées, je fus surpris d'un » doux sommeil, pendant lequel j'eus cette » vision admirable. Je vis tout-à coup Neptune, » ce vénérable Vieillard à cheveux blancs, qui » sortoit de notre mer, & qui m'ayant salué » de la maniere la plus gracieuse, me conduisit » dans une Isle charmante. Elle est située au » Midi, & l'on y trouve en abondance tout ce » qui est nécessaire aux commodités & aux plai- » sirs de la vie. Les Champs-Elisées de Virgile » lui sont à peine comparables. Les côtes de » cette Isle sont plantées de grands cyprès, de » beaux myrthes & de romarins : les prairies y » sont émaillées de fleurs, les collines couvertes » de vignes, d'oliviers & de cédres ; les bois » remplis d'orangers & de citronniers ; les che- » mins sont bordés de lauriers & de grenadiers, » à l'ombre desquels les voyageurs se reposent : » en un mot tout ce qu'il y a d'agréable dans le » Monde, s'y trouve ramassé. «

Nous avons assez parlé des parens & de la naissance de Denys ; voyons ses actions. Nourri, élevé par les Nymphes & les Hyades, c'est-à-dire par l'eau mercurielle volatile, que les Philosophes ont appellée *lait*, l'enfant croît, végete, s'en nourrit & prend de la force, comme le dit Artéphius (*a*). Approchez le crapaud (la partie fixe) de la mammelle de sa mere,

(*a*) De la pierre des Philosophes.

&

& laiſſez-l'y juſqu'à ce qu'il ſoit devenu grand à force d'en ſuccer le *lait*. Ce ſont les paroles d'un Adepte que Majer a employées pour faire ſon cinquieme Emblême Hermétique. Il eſt inutile de rapporter une infinité de textes où l'eau mercurielle eſt appellée *lait*, *lait virginal*, & nourriture de l'enfant. Nous avons montré plus d'une fois que les Nymphes & les Hyades ne ſont autre choſe que cette eau mercurielle volatile, & l'on voit aiſément par-là pourquoi la Fable conſtitue Mercure Tuteur & Précepteur de Bacchus, après qu'il l'eut tiré des cendres de Sémelé.

Bacchus tua le ſerpent Amphisbene, comme Apollon tua Python ; l'un & l'autre de ces Dieux n'étant qu'une même choſe, comme nous l'avons prouvé par Herodote, & comme le dit un ancien Auteur déja cité :

Jupiter eſt idem Pluto, ſol & Dionyſius.

Il eſt même à croire que l'Amphisbene & le ſerpent Python ne ſont qu'une même choſe : & ſi l'on dit que Bacchus le tua avec une branche de ſarment de vigne, & Apollon à coups de fléches, les fléches de celui-ci ſignifient la partie volatile de la matiere que Raymond Lulle (*a*), preſque dans tous ſes ouvrages, appelle vin blanc & vin rouge, ſuivant le dégré acquis de perfection, & ſuivant la couleur blanche ou rouge qui ſurvient au mercure par la coction. Ce ſerpent Amphisbene eſt auſſi le même que

(*a*) De quinta Eſſ.

les deux du caducée de Mercure, les deux d'Esculape, les deux dragons de Flamel, l'un mâle, l'autre femelle, l'un aîlé, l'autre non, qui ne sont cependant qu'un même dragon Babylonien, ou le dragon des Hespérides, ou celui qui gardoit la toison d'or, ou l'hydre de Lerne, &c. qui tous avoient plusieurs têtes.

Denys faisoit sortir du vin, de l'eau & plusieurs autres liqueurs de la terre. L'explication de ce prodige est très-simple. La matiere du Magistere est composée de terre & d'eau : lorsqu'elle se dissout, desseche, elle se réduit en eau ; cette eau est nommée par les Philosophes, tantôt lait, tantôt vin, tantôt vinaigre, huile, &c suivant le progrès qu'elle fait dans la suite des opérations. Elle acquiert de l'accidité, & devient vinaigre. Prend-elle la couleur blanche ? c'est du lait, un lait virginal, un vin blanc. Est-elle parvenue au rouge ? c'est du vin rouge ; & toutes ces liqueurs sortent de la Terre, ou de la terre Philosophique. Denys les fait sortir, étant lui-même la partie fixe de cette matiere, appellée or, Phébus, Apollon des Sages.

Bacchus barbu & sans barbe, jeune & vieux, mâle & femelle en même-tems, est tel chez les Philosophes Hermétiques, suivant ces termes d'Agmon (a) : » Il est sans barbe, & en même-» tems barbu ; il a des aîles, & vole ; il n'a » point d'aîles, & ne vole pas : si vous l'ap-» pellez eau, vous dites vrai ; si vous dites qu'il » n'est pas eau, vous le dites avec raison ; «

(a) Cod. Veritatis seu Turba.

parce que c'eſt un compoſé hermaphrodite, volatil & fixe, celui-ci repréſente le mâle, l'autre la femelle ; ce qui lui a fait donner le nom de *Rebis*.

Quant à la façon dont les Egyptiens racontent l'hiſtoire de Denys, qu'Hammon épouſa Rhée, ſœur de Saturne, & qu'il eut Denys de la Nymphe Amalthée, il eſt à croire qu'ils ont eu plus égard à la choſe même qu'aux noms, puiſqu'ils y conviennent parfaitement. Les Mythologues conviennent que ces peuples confondoient Denys avec Oſiris, & s'ils les ont feints nés de parens différens par les noms, ils prouvent clairement par cette fiction qu'ils n'avoient pas deſſein de donner ces fictions pour des hiſtoires véritables.

Mais quel pouvoit être l'objet de cette fable ; à quoi faiſoit-elle alluſion? Il eſt aiſé de le voir par les explications données ci-devant. Pour convaincre encore plus parfaitement le Lecteur, récapitulons l'hiſtoire de Denys.

Par la ville Nyſa, on entend le vaſe : elle a des portes étroites & fermées ; c'eſt le col & le lut avec lequel on le ſcelle : la beauté du pays, les fleurs qui y naiſſent ſont les différentes couleurs qui ſurviennent à la matiere ; les fruits exquis qui y croiſſent, la ſaine temperature de l'air qui y fait vivre juſqu'à une extrême vieilleſſe dans l'abondance de tout, indiquent la médecine univerſelle & la poudre de projection ; celle-ci donne les richeſſes, & l'autre la ſanté. Ariſtée aidé des conſeils de Pallas, prépoſé pour avoir ſoin de l'éducation de Denys, eſt le prudent Artiste qui conduit les opérations de l'œuvre avec sagesse. Saturne sollicité par Rhée, sa sœur, fait la guerre à Denys qui demeure victorieux; c'est la noirceur, suite de la dissolution de la matiere, occasionnée par l'eau mercurielle, signifiée par Rhée, de ῥέω, *fluo* : les parties volatiles qui voltigent sans cesse dans le vase, sont les Amazonnes qui lui procurent la victoire; aussi dit-on que les Menades, les Bacchantes qui accompagnoient Bacchus, & les Muses avec les Amazonnes qui suivoient Denys, étoient toujours en chant, en danses & en mouvement; ce qui ne sçauroit mieux convenir aux parties volatiles, qui en lavant sans cesse la matiere, font disparoître la noirceur ou Saturne, & manifestent la blancheur, signe de la victoire. » Remarquez, » dit Synésius (*a*), que cette terre sera ainsi » lavée de sa noirceur par la cuisson, parce » qu'elle se purifie aisément avec les parties vo- » latiles, de son eau; ce qui est la fin du Ma- » gistere. «

Saturne s'enfuit pendant la nuit après avoir mis le feu à sa Ville; c'est le noir qui disparoissant laisse la matiere grise comme de la cendre, résultat des incendies. Les Philosophes lui ont même alors donné entr'autres noms celui de cendre, témoin Morien (*b*), qui dit : » Ne mé- » prisez pas la cendre; car le diadême de notre » Roi y est caché. « Je ne m'arrêterai pas à expliquer l'expédition de Denys dans les Indes, on peut avoir recours à ce que j'en ai dit au

(*a*) Œuvre des Philos. & Artéphius dans sa récapitul.

(*b*) Entretien du Roi Calid.

chapitre d'Osiris, liv. 1. Il suffit de faire remarquer que les Auteurs de cette fiction ont affecté, en parlant des animaux qui suivoient Bacchus, ou qui traînoient son char, de choisir ceux dont la peau est variée, pour être les hiéroglyphes & les symboles des différentes couleurs qui paroissent en même-tems ou successivement sur la matiere : tels sont les tigres, les lynx, les pantheres, les léopards.

Bacchus eut, dit-on, un fils nommé Staphyle. Ce fils est-il autre chose que la même matiere devenue rouge, que les Philosophes ont appellée vin blanc lorsqu'elle est blanche laiteuse (*a*), & vin rouge quand par la cuisson elle acquiert une couleur pourprée ? C'est Staphyle, du grec σταφυλὴ, vigne. Staphyle eut une fille nommée Rhéo, qu'Apollon ne trouva pas cruelle. Le pere s'étant apperçu de la grossesse de sa fille, l'enferma dans un coffre, & le jetta dans la Mer : les flots la porterent à Eubée ; Rhéo s'y retira dans un antre, & y mit au monde un fils qu'elle nomma Anye, du grec Ἀνύειν, achever, accomplir. Anye eut trois fils de la Nymphe Doripe, Œno, Spermo & Elaïs, qui furent changés en pigeons, & métamorphosoient tout ce qu'ils touchoient, quand ils le vouloient en vin, en bled & en huile, suivant les étymologies de leurs noms.

Cette postérité de Bacchus est un pur symbole de l'elixir Philosophique, composé d'Apollon, de Staphyle & de Rhéo ; car, suivant d'Espagnet (*b*), il y entre trois choses : l'eau métallique

(*a*) Raym. Lulli. de Quinta essent. & alibi.
(*b*) Can. 124.

ou mercure des Philosophes, le ferment blanc ou rouge, suivant l'intention de l'Artiste, & le second soufre, le tout en poids & mesure requis. L'eau métallique est Rhéo, de ῥέω, je coule; cette eau s'impregne de l'or des Philosophes, signifié par Apollon, & Staphyle est le second soufre, comme Bacchus est le premier, suivant le même d'Espagnet : » Que les studieux amateurs de la Philosophie sçachent que de ce » premier soufre il s'en engendre un second, » qui peut être multiplié à l'infini. «

Anye est l'elixir même qui résulte de la jonction d'Apollon & de Rhéo : celle-ci accouche dans un antre, c'est-à-dire dans le vase. Le mariage d'Anye avec Doripe, & les enfans qui en vinrent signifient la multiplication, qui ne se fait qu'avec deux matieres, sçavoir, l'élixir & l'eau mercurielle, comme le dit l'Auteur que je viens de citer (*a*). » On multiplie l'élixir de » trois manieres; l'une est de prendre un poids » de cet élixir, que l'on mêle avec neuf parties » de son eau; on met le tout dans le vase bien » lutté, & on le cuit à feu lent, &c. « Les trois enfans d'Anye sont le vin, le bled & l'huile, parce que les Asiatiques croyoient ne manquer de rien, quand ils avoient ces trois choses, suivant ces paroles de l'Ecriture Sainte : *Dedisti lætitiam in corde meo : à fructu frumenti, vini & olei sui multiplicati sunt. In pace in idipsum dormiam & & requiescam. Psal. 4.* Et celle-ci de Jeremie : *Et venient, & exultabunt in monte*

(*a*) Can. 134. & 135.

Sion, & confluent ad bona Domini, super frumento, & vino, & oleo eritque anima eorum quasi hortus irriguus, & ultra non esurient. Cap. 31. *v.* 12. Ce qui caractérise les effets de la poudre de projection, qui donne la santé & les richesses.

Plus d'un Auteur ont pris Denys pour le Soleil, & Cérès pour la Lune, Virgile au premier livre de ses Géorgiques: *Vos, ô clarissima mundi lumina! &c.* & Orphée dans ses Hymnes: *Sol clarus Dionysium, quem cognomine dicunt.* Mais il faut observer que les Poëtes se conforment ordinairement aux notions reçues, & à la façon de penser du vulgaire; car si Denys & Osiris sont le même, comme nous l'avons assez prouvé, & qu'Apollon & Diane soient le Soleil & la Lune, comment pourra-t-on dire qu'Apollon est fils d'Osiris? Le Soleil seroit-il donc fils de lui-même? Les Poëtes fourmillent de semblables absurdités, qui prouvent bien clairement que ceux qui les ont inventées, ne prétendoient pas les donner pour de véritables histoires: aussi ajoutent-ils que Bacchus dormit trois ans chez Proserpine, qu'il nâquit avec des cornes, qu'il fut changé en lion, qu'il mourut & ressuscita, que Médée fit à ses Nourrices la même faveur qu'au pere de Jason, & tant d'autres fables qui ne peuvent s'expliquer que par la Philosophie Hermétique.

§. III.

Persée.

IL est peu d'histoires de ces tems-là, dit M. l'Abbé Banier (*a*), plus obscures & plus remplies de fables, que celle de Persée. Elle est dans plusieurs de ses parties une énigme impénétrable. Après un tel aveu, comment ce sçavant ose-t-il hazarder tant de conjectures pour tenir lieu de bonnes raisons, & décider qu'il n'y a rien de fort extraordinaire dans la naissance de ce Héros, & que son histoire est véritable (*b*)?

Acrise, qui n'avoit qu'une fille nommée Danaé, ayant appris de l'Oracle qu'un jour son petit-fils lui raviroit la Couronne & la vie, fit construire une tour d'airain dans son Palais, & y enferma sous bonne garde Danaé avec sa nourrice. Elle étoit belle, & Jupiter sensible à ses attraits, s'avisa d'un expédient tout nouveau; il se coula dans la tour sous la forme d'une pluie d'or, se fit connoître, & rendit Danaé mere de Persée. (*c*) (*d*)

(*a*) Myth. Tom. III. p. 96.
(*b*) Ibid. pag. 97.

(*c*) Persea quem pluvio Danaë conceperat auro.
Ovid. Metam. l. 6.

(*d*) Inclusam Danaën turris ahenea
Robustæque fores, & vigilum canum
Tristes excubiæ munierant satis

Danaé toujours renfermée accoucha, & nourrit son enfant pendant trois ans, sans qu'Acrise en eût connoissance ; mais l'ayant enfin découvert, il fit conduire sa fille à l'autel de Jupiter, où elle déclara qu'elle avoit conçue du commerce qu'elle avoit eu avec ce Dieu. Acrise peu crédule fit mourir la Nourrice, & fit exposer Danaé avec le petit Persée sur la Mer, enfermés dans un coffre de bois en forme de petite barque, qui après avoir été le jouet des vents & des flots, s'arrêta sur les bords de la petite Isle de Seriphe, l'une des Cyclades : Dictys, frere du Roi du pays, pêchoit alors, & tira ce coffre avec son filet. Danaé le supplia d'ouvrir sa prison ; elle lui apprit qui elle étoit, & Dictys mena chez lui la mere & l'enfant. Polydectes, Roi de l'Isle, & petit-fils de Neptune, voulut faire violence à Danaé ; mais la présence de Persée y mettant un obstacle, il obligea celui-ci d'aller lui chercher la tête de Méduse, sous prétexte qu'il vouloit la donner en dote à Hippodamie, fille d'Œnomaüs. Persée se mit en devoir d'exécuter les ordres de Polydectes ; Pallas lui fit présent d'un miroir, Mercure lui donna un cimeterre, Pluton un casque & un sac, & les Nymphes des souliers aîlés : avec tout cet

Nocturnis ab adulteris.
Si non Acrisium virginis abditæ
Custodem pavidum Jupiter & Venus
Risissent ; fore enim tutum iter & patens
Converso in pretium Deo.

Horat. Carm. l. 3.

attirail, Persée voloit aussi vîte & aussi léger que la pensée (*a*).

Méduse étoit fille de Phorcys, & la plus jeune des Gorgones, qui tuoient & pétrifioient les hommes par leur seul regard; leurs cheveux étoient hérissés de serpens; elles avoient des dents crochues comme des défenses de sanglier, des griffes de fer, & des aîles d'or. Ces monstres faisoient leur séjour sur les confins de l'Iberie, à peu de distance du jardin des Hespérides. Phorcys eut d'autres filles, sœurs aînées des Gorgones; elles n'avoient entr'elles qu'un œil & une dent, dont elles se servoient tour-à-tour: on les appelloit *Grées*. Persée commença son

(*a*) In eo autem & pulchricomæ Danaës filius Equei Perseus
Neque quidem contingens clypeum, neque longè separatus ab illo:
Miraculum magnum dictu! quoniam nusquam nitebatur.
Ita enim illum manibus fecerat inclytus Vulcanus,
Aureum, circum pedes autem habebat alata talaria.
Ex humeris autem circa eum nigro capulo ensis pendebat
Æreus de loro: ipse autem velut cogitatio volabat.
Totum autem tergum ejus tenebat caput Sævi monstri
Gorgonis. Ipsum autem pera complectebatur, mirum visu,
Argentea, fimbriæque dependebant lucidæ
Aureæ. Sæva autem circum tempora Regis
Posita erat Orci galea, noctis caliginem gravem habens:
Ipse autem fugienti & formidanti similis
Perseus Danaïdes currebat.

Hesiod. Scut. Herculis, v. 216.

expédition par elles ; il leur prit cette dent & cet œil, & les garda jusqu'à ce qu'elles lui eussent indiqué les Nymphes aux souliers aîlés. De là il parvint à Méduse : en approchant d'elle il se couvrit du bouclier qu'il avoit reçu de Pallas, avec le miroir ; il prit aussi le casque de Pluton, & ayant vû dans son miroir la situation de Méduse, il lui trancha la tête d'un seul coup, & la présenta à Pallas qui lui avoit guidé le bras. Du sang qui sortit de la plaie, nâquit Pégase sur lequel Persée monta, & volant à travers la vaste étendue des airs, il eut occasion d'éprouver la vertu de la tête de Méduse avant son retour vers Polydecte. Andromede, fille de Céphée & de Cassiopée, avoit été exposée, attachée à un rocher sur le bord de la Mer d'Ethiopie, pour être dévorée par un monstre marin, en punition de ce que sa mere avoit eu la témérité de dire que sa fille pouvoit disputer de beauté avec les Néréides. Persée émû de compassion, & épris d'amour, délivra Andromede, & l'épousa dans la suite. Ce Héros fut ensuite en Mauritanie, où il changea Atlas, qui l'avoit mal reçu *(a)*, en cette montagne qui depuis a porté son nom. Atlas eut une fille, nommée Mera, de laquelle parle Homere dans le premier livre de son

(*a*) At quoniam parvi tibi gratia nostra est,
Accipe munus, ait ; lævâque à parte Medusæ
Ipse retroversus, squalentia protulit ora.
Quantus erat... mons factus Atlas.

Ovid. Metamorph. l. IV.

Odyssée (*a*). La Fable dit qu'Atlas commandoit aux Hespérides, & que Thémis interrogée, lui répondit qu'un des fils de Jupiter lui enleveroit les pommes d'or (*b*).

Persée après son expédition, emmena son épouse à Seriphe, où il fit périr Polydecte, & prit le chemin d'Argos. La renommée ayant appris à Acrise les heureux succès de Persée, il s'enfuit d'abord, & se retira à Larisse, où Persée se rendit & engagea son ayeul de retourner à Argos. Notre Héros ayant voulu faire montre de son adresse avant leur départ, on y proposa un combat d'Athlétes & différens jeux; Persée ayant jetté son palet avec force, le malheur voulut qu'il en atteignît Acrise, qui mourut aussitôt de ce coup, comme l'Oracle l'avoit prédit, sans que la cruauté qu'il avoit exercée contre sa fille & son petit-fils, l'en pût garantir.

Pégase ne fut pas le seul qui nâquit du sang qui sortit de la blessure de Méduse; Chrysaor y prit aussi naissance, & devint pere du célebre Geryon, qu'Hercule fit mourir de la maniere qui sera rapportée dans le cinquieme Livre.

A peine Pégase fut-il né près des sources de

(*a*) . . . . . . Colit atria Diva
Filia prudentis Atlantis, qui alta profundi
Omnia cognovit pelagi.

(*b*) . . . . Memor ille vetustæ
Sortis erat. Themis hanc dederat Parnassia sortem
Tempus, Atla veniet, tua quo spoliabitur auro
Arbor, & hunc prædè titulum jove natus habebit.

Metam. l. IV.

l'Océan (*a*), qu'il quitta la Terre, & s'envola au séjour des Immortels. C'est-là qu'il habite dans le Palais même de Jupiter, dont il porte les éclairs & les tonnerres. Pallas le confia à Bellerophon, fils de Glauque, dont Sisype fut pere, Eole grand-pere, & Jupiter bisayeul. Bellerophon, monté sur Pégase, fut combattre la Chimere, monstre de race divine, selon Homere (*b*), ayant la tête d'un lion, la queue d'un dragon, & le corps d'une chévre. De sa gueule béante il vomissoit des tourbillons de flammes & de feux. Hésiode le dit fils de Typhon & d'Echidna (*c*).

(*a*) Hesiod. Theog.

(*b*) Iliad. l. 6.

(*c*) Atque coercebatur apud Syros sub terra tetra Echidna
Immortalis Nympha, & senii expers diebus omnibus :
Huic Typhaonem aiunt mistum esse concubitu,
Vehementem & violentum ventum, nigris oculis decoræ puellæ
Illa vero gravida facta peperit filios.
Orthum quidem primo canem peperit Geryoni
. . . .
Tum ipsa Chimæram peperit spirantem terribilem ignem
Trucemque, magnamque, pernicemque, validamque.
Illius erant tria capita : unumquidem terribilis leonis
Alterum capellæ, tertium serpentis robusti draconis
Ante leo, pone vero draco, in medio autem capra,
Horrendè efflans ignis vim ardentis.
Hanc quidem Pegasus cepit, & strenuus Bellerophontes.

Cette fable de la Chimere porte avec elle un caractere tellement fabuleux, que M. l'Abbé Banier toujours ingenieux à saisir les moindres circonstances propres à favoriser son systême, n'a rien osé adopter de toutes les explications des Mythologues, & dit (*a*) qu'on ne doit pas s'attendre qu'il entreprenne de réaliser un monstre, dont le nom même est devenu synonyme avec les êtres de raison, qui ne sont eux-mêmes que des spécieuses chimeres. Il condamne en conséquence le sérieux avec lequel Lucrece a voulu prouver par de bonnes raisons, que la Chimere ne subsista jamais. Les explications Physiques de Plutarque, de Nicandre de Colophon, ne méritent pas plus de croyance que les conjectures de ceux qui ramenent cette fable à la morale. Mais ce sçavant Abbé a-t-il plus de raisons solides pour adopter les explications que Strabon, Pline & Servius ont données de cette fable? Il avoue lui-même qu'on ne trouve point dans l'endroit de Ctesias cité par ces Auteurs (*b*) le nom de Chimere, & qu'ils l'ont sans doute mal copié. Que l'on fasse quelques réflexions sur ce que pouvoient être Bellerophon, le cheval Pégase, Minerve qui le dompte, & le mene à ce Héros pour cette expédition. Pensera-t-on avec notre sçavant Académicien, qu'il est très-raisonnable de croire qu'il ait fallu un tel appareil de guerre pour aller combattre des chévres sauvages (*c*) & des serpens, qui causoient beaucoup de ravages dans les vallons & les prairies;

(*a*) Tom. III. l. II. ch. VI.

(*b*) Cod. 72.

(*c*) Myth. loco cit.

& empêchoient qu'on y conduisît les troupeaux? Il paroît même par le texte d'Hésiode que je viens de citer, que M. l'Abbé Banier n'avoit pas lû assez attentivement cet ancien Poëte, lorsqu'il avance que, en parlant du cheval Pégase, il ne dit pas que Bellerophon s'en fût servi.

Aux autres circonstances de cette fiction, Théopompus ajoute (*a*) que Bellerophon tua la Chimere avec une lance, & non avec des fléches; que le bout de cette lance étoit armé de plomb, & que le feu que vomissoit le monstre, ayant fait fondre ce plomb, lorsque le Héros la lui plongea, ce plomb fondu coula dans les intestins de la Chimere, & la fit mourir. Avouons qu'un tel stratagême ne peut être venu dans l'idée d'un Auteur qui auroit ignoré l'objet d'une telle fiction, & qu'il n'auroit osé le placer dans le cours de cette histoire, s'il n'avoit eu en vûe que l'histoire même.

Pégase ayant frappé du pied le double mont du Parnasse, en fit sourdre une source qui fut nommée Hippocrêne, où Apollon, les Muses, les Poëtes & les Gens de Lettres vont boire. Cette eau réveille, échauffe leur imagination; c'est elle sans doute qui rend les Muses si alertes, suivant la description qu'en fait Hésiode (*b*).

(*a*) Philip. l. 7.

(*b*) A musis Heliconiadibus incipiamus canere
Quæ Heliconis habitant montem, montem magnum, divinumque:
Et circa fontem cœruleum pedibus teneris
Saltant, aramque præpotentis Saturnii

Toutes les fictions des Poëtes se puisent dans la fontaine du Parnasse ; celle-ci vient de Pégase, Pégase du sang de Méduse, Méduse d'un monstre marin : elle fut tuée par Persée ; Persée étoit fils de Jupiter, Jupiter fils de Saturne, & Saturne eut pour pere le Ciel, & pour mere la Terre. Il en est de même de Chrysaor, pere de Geryon, dont les bœufs de couleur de pourpre furent enlevés par Hercule. Ainsi toutes les fables aboutissent à Saturne, comme à leur principe, parce que ce premier des Dieux, principe des autres, est aussi le premier principe des opérations & de la matiere des Philosophes Hermétiques.

J'aurois pu mettre dans le chapitre d'Osiris le portrait qu'Hésiode fait des Muses ; il y seroit venu à propos pour servir de preuve à l'explication que j'y ai donnée de ces Déesses, & auroit convaincu qu'elle est parfaitement conforme à l'idée qu'en avoient les Anciens : mais comme les Muses ont été, sous ce nom, plus célebrées dans la Gréce qu'en Egypte, il sembloit plus à propos de les réserver pour l'article du Parnasse, & de ce qui y a du rapport. Un Philosophe Hermétique auroit-il en effet imaginé une fiction plus circonstanciée & plus propre à exprimer al-

Atque ablutæ tenero corpore aquâ Permessi,
Aut Hippocrenes, aut olmii sacri,
Summo in Helicone Choreas ducere solent,
Pulchras, amabiles, vehementerque tripudiare pedibus :
Inde concitatæ, volatæ aëre multo,
Noctu incedunt.

légori-

légoriquement ce qui se passe dans le cours des opérations du grand œuvre ? Le Mont-Hélicon n'est-il pas la matiere Philosophique dont parle Marie dans son épître à Aros, lorsqu'elle dit : *prenez l'herbe qui croît sur les petites montagnes*. Et Flamel dans son sommaire :

Non que je die toutefois,
Que les Philosophes tous trois (a)
Les joignent ensemble pour faire
Leur mercure, & pour le parfaire,
Comme font un tas d'Alchymistes,
Qui en sçavoir ne sont trop mistes,
. . . .
. . . .
Mais jamais ils n'y parviendront,
Ni aucun bien y trouveront,
S'ils ne vont dessus la Montaigne
Des sept, où il n'y a nulle plaigne,
. . . .
Et au-dessus de la plus haute
Montaigne, cognoîtront sans faute
L'herbe, triomphante, royale,
Laquelle on nomme minerale.

Notre Mercure naît entre deux montagnes, dit Arnaud de Villeneuve ; ce sont les deux sommets du Parnasse, ou le double mont. Notre *Rebis* se forme entre deux montagnes, comme l'Hermaphrodite de la Fable, dit Michel Majer,

(a) L'or, l'argent & le mercure vulgaires.

qui en a composé son 38e. Emblême : tant d'autres enfin qu'il seroit trop long de rapporter, & qui insinuent clairement, quoiqu'allégoriquement, que leur poudre aurifique ou solaire se prend & se forme de & sur cette montagne. Il est même à croire que le Mont Hélicon n'a pris son nom que de là, c'est-à-dire de Ἥλιος, soleil, & Κόνις, poudre; aussi étoit-il consacré à Apollon. Ceux qui le font venir de Ἑλικὸς, noir, prouvent également pour mon systême, & plus particulierement pour la circonstance de l'œuvre où il s'agit des Muses ou des parties volatiles, qui se manifestent dans le tems que la matiere se réduit en poudre noire; ce qu'Hésiode n'a pas oublié, comme nous le verrons ci-après.

L'autel de Jupiter qui y est placé, n'est-il pas le fils de Saturne, le Jupiter Philosophique, dont nous avons parlé si souvent? La fontaine bleuâtre autour de laquelle les Muses dansent, est-elle autre chose que l'eau mercurielle, à laquelle Raymond Lulle dit (*a*) qu'il donne le nom d'eau céleste, à cause de sa couleur de ciel? c'est ce même mercure que Philaléthe appelle ciel, & qui doit être sublimé, ajoute cet Auteur (*b*), jusqu'à ce qu'il ait acquis une couleur céleste; ce que les Idiots, dit-il, entendent du mercure vulgaire. La couleur bleuâtre, dit Flamel (*c*), marque que la dissolution n'est pas encore parfaite, ou que la couleur noire fait place à la grise. C'est dans cette fontaine du

(*a*) Lib. secret. & alibi passim.

(*b*) Enarrat. Method.

(*c*) Explic. de ses figur.

Trévisan, que les Muses baignent leurs corps tendres & délicats, & autour de laquelle elles dansent; car les parties volatiles, qui montent alors & descendent sans cesse dans le vase, retombent dans la fontaine pour s'y laver, & en ressortent de nouveau en voltigeant & dansant, pour ainsi dire; ce qu'Hésiode exprime par ces termes : *Choreas ducere solent, & vehementer tripudiare pedibus.* Il ajoute aussi, pour indiquer que c'est dans l'espace vuide du vase, *velatæ sunt aëre multo* : il désigne même la circonstance de l'opération où la matiere est parvenue au noir, *noctu incedunt.* Aussi Ovide feint-il qu'un nommé Pyrenée invita les Muses à entrer chez lui, parce qu'il pleuvoit; qu'ayant été épris de leur beauté, il conçut le dessein de leur faire violence, & les enferma pour cet effet; mais que les Dieux exauçant leurs prieres, leur accorderent des aîles, au moyen desquelles elles s'échapperent de ses mains :

> . . . . . . *Claudit sua tecta Pyreneus*
> *Vimque parat : quem nos sumptis effugimus alis.*
> Metam. l. 5.

Musée & plusieurs Anciens disoient que les Muses étoient sœurs de Saturne, & filles du Ciel; sans doute parce que la matiere de l'œuvre parvenue au noir, est le Saturne des Philosophes : & si Hésiode les dit filles de Jupiter & de Mnemosyne, c'est que les parties volatiles voltigent dans le vase, lorsque le Jupiter des Philosophes ou la couleur grise succede à la noire, exprimée par Mnemosyne, de μνῆμα, sépulchre, tombeau. Philaléthe & Nicolas Flamel, entre les autres, ont employé l'allégorie des tombeaux, pour indiquer cette couleur : » Donc cette noirceur en-» seigne clairement qu'en ce commencement » la matiere commence à se pourrir & dissoudre » en poudre plus menue que les atomes du So-» leil, lesquels se changent en eau permanente ; » & cette dissolution est appellée par les Philo-» sophes mort, destruction, perdition, parce » que les natures changent de forme. De là sont » sorties tant d'Allégories sur les morts, tombes » & sépulchres (a). « Basile Valentin les a employées dans ses 4e. & 8e. Clefs, & dans la premiere opération de son Azot.

Les Anciens pouvoient-ils donc se dispenser de faire présider Apollon au chœur des Muses, le soleil philosophique étant la partie fixe, ignée, principe de fermentation, de génération, & la principale de l'œuvre, à laquelle les parties volatiles tendent enfin & s'y réunissent comme à leur centre?

Il est tems de revenir à Persée, car l'épisode n'est déja que trop longue. Cette allégorie ne souffre pas plus de difficulté que les autres : la tour où Danaé est renfermée est le vase; Danaé est la matiere ; Jupiter en pluie d'or est la rosée aurifique des Philosophes, ou la partie fixe, solaire, qui se volatilise pendant que la matiere passe du noir à la couleur grise, & retombe en forme de pluie sur la matiere qui reste au fond.

(a) Ibid.

Persée naît de cette conjonction : car, comme le dit l'Auteur du Rosaire, » le mariage & la » conception se font dans la pourriture au fond » du vase, & l'enfantement se fait en l'air, » c'est-à dire au sommet. « C'est pourquoi Acrise est dit le grand-pere de Persée d'ἄκρος, sommet, comble. Senior dit en conséquence : » Comme » nous voyons deux rayons du soleil pleuvoir » sur la cendre morte, qui revit de même qu'une » terre aride semble renaître, lorsqu'elle est ar- » rosée C'est-là le frere & la sœur qui se sont » épousés par l'adresse de la préparation, & » après que la sœur a conçue, ils s'envolent, » & vont sur le haut des maisons des monta- » gnes : voila le Roi dont nous avons parlé, » qui a été engendré dans l'air, & conçu dans » la terre. «

Arnaud de Villeneuve nous apprend quelle doit être l'éducation de Persée. » Il y a un tems » déterminé pour qu'elle (Danaé) conçoive, » enfante & nourrisse son enfant. Ainsi lorsque » la terre aura conçue, attendez avec patience » l'enfantement. Quand le fils (Persée) sera né, » nourrissez-le de maniere qu'il soit vigoureux » & assez fort pour combattre les monstres, & » qu'il puisse s'exposer au feu sans en craindre » les atteintes. « C'est dans cet état qu'il se trouve armé du cimeterre de Mercure, du bouclier de Pallas, & du casque de Pluton. Il pourra s'exposer à attaquer Méduse, & fera naitre Chrysaor du sang qui sortira de la plaie ; c'est-à-dire, qu'étant devenu poudre de projection, il vaincra les soufres impurs & arsénicaux qui infectent les métaux imparfaits, & les transmuera en or; car Chrysaor vient de χρυσὸς, or. Les symboles de ces soufres malins, venimeux & mortels, sont les Gorgones; aussi les représente-t-on encore sous des figures monstrueuses, les cheveux entrelacés de serpens, & ayant des aîles dorées, faisant leur séjour auprès du jardin des Hespérides.

---

§. IV.

Leda, Castor, Pollux, Helene & Clytemnestre.

LEDA, femme de Tyndare, Roi de Sparte, fut aimée de Jupiter (*a*). Ce Dieu transformé en cygne, & poursuivi par un aigle, alla se jetter entre les bras de Leda, & au bout de neuf mois elle accoucha de deux œufs, de l'un desquels sortit Pollux & Helene, & de l'autre Castor & Clytemnestre (*b*). Le premier de ces

(*a*) Euripid. Ovid. Epist. d'Hel. à Paris.

(*b*) Quod Jupiter fama est volavit ad matrem meam
Ledam, oloris alitis formâ obsitus
Fugâque fictâ quod volucris nuntia
Jovis sit insecuta, mox compressit hanc. *Euripid.*
Castora, Pollucemque mihi nunc pandite Musæ
Tyndaridas jovis è Cœlesti semine natos.
Taygeti peperit quondam hos sub vertice Leda
Clam conjuncta jovi cœlestia regna tenenti.
Homer. in Hymnis & Odyss.

œufs fut la ſource de tous les maux prétendus qu'éprouverent les Troyens. Mais ſi Helene n'a exiſté qu'en fiction, que deviendra la réalité de ſon rapt? que reſtera-t-il de la guerre de Troye? Si Helene n'eſt qu'une perſonne imaginaire, Caſtor & Pollux n'auront pas une exiſtence plus réelle; ils n'auront aſſiſté qu'en fiction à l'expédition des Argonautes, qui, ſelon les Chronologiſtes, ſe paſſa environ cent ans avant la guerre de Troye: Clytemneſtre n'aura pas été tuée par Oreſte, fils d'Agamemnon. Qu'on ſupprime également la pomme d'or jettée par la diſcorde, il n'y aura plus de diſpute entre les Déeſſes, & le rapt d'Helene n'aura pas lieu. Ainſi une pomme & un œuf ont été la ſource de mille maux; mais, avouons-le de bonne foi, de maux auſſi chimériques que la ſource qui les a produits: car trouveroit-on autant de raiſon que M. l'Abbé Banier (*a*), pour croire qu'on ne doit pas mépriſer la *conjecture* de ceux qui prétendent que Leda avoit introduit ſon Amant dans le lieu le plus élevé de ſon palais, qui pour l'ordinaire étoit de figure ovale, & par cette raiſon étoient appellés chez les Lacedémoniens ὠόν; ce qui, ſelon lui, donna lieu à la fiction de l'œuf. Il faut avoir grand beſoin de ſemblables conjectures, pour en former de telles. Pour en voir le ridicule, il ſuffit de faire attention que la Fable ne dit pas que Leda accoucha dans un œuf, mais d'un œuf. Cette Princeſſe eût-elle donc accouché d'un bâtiment ovale? Mais laiſſons pour un

(*a*) Tom. III. l. 3. c. 9.

moment cet œuf, & disons deux mots de Clytemnestre.

Agamemnon l'épousa, & en eut Oreste; il partit ensuite pour la guerre de Troye, & laissa auprès d'elle Egiste, son cousin, avec un Chanteur pour les observer. Egiste s'étant fait aimer de Clytemnestre, se défit du trop vigilant gardien. Clytemnestre trouva aussi le moyen de se débarrasser de son mari à son retour de la guerre de Troye, & Oreste auroit été aussi la victime de cette intrigue, s'il n'eût pris le parti de la fuite. Il vengea dans la suite la mort de son pere & de son ayeul, en faisant périr de sa propre main Egiste & Clytemnestre dans le Temple d'Apollon. Oreste reçut de l'Aréopage l'absolution de son crime, les suffrages ayant été partagés pour l'absoudre ou le condamner, il éleva un Autel à Minerve, qui par sa voix ôta l'équilibre; il fut se purifier en buvant de l'eau d'Hippocrêne. Mais le souvenir de son crime le poursuivoit par-tout; la fureur le saisit, & ayant consulté l'Oracle pour apprendre le moyen d'en être délivré, il en eut pour réponse, qu'il devoit aller en Tauride, pays des Scythes, en enlever la statue de Diane, ramener sa sœur Iphigenie avec lui, & se baigner dans un fleuve composé des eaux de sept sources.

Pendant tout ce voyage, Oreste avoit conservé sa chevelure en signe de deuil; il la coupa dans la Tauride, & le lieu où il la déposa, fut nommé *Acem*. Quelques-uns disent qu'il le fit auprès d'une pierre sur laquelle il s'étoit assis le long du fleuve Gytée dans la Laconie (*a*), lorſque ſa fureur lui paſſa.

Etant de retour, il donna ſa ſœur Electre en mariage à ſon ami Pylade, & après qu'il eut tué Néoptolême, fils d'Achille, il épouſa lui-même Hermione, dont il eut Tyſamene. Il trouva auſſi le moyen de ſe concilier les bonnes graces d'Erigone, fille d'Egiſte, en eut Penthile, & mourut enfin de la morſure d'un ſerpent.

Dans la ſuite les Lacedémoniens eurent recours à l'Oracle, pour terminer une guerre fort déſavantageuſe qu'ils avoient avec les Tégéens. L'Oracle répondit qu'il falloit chercher les os d'Oreſte dans un lieu où les vents ſouffloient, où l'on frappoit, où l'inſtrument frappant étoit repouſſé, & enfin où ſe trouvoient la ruine & la deſtruction des hommes. Lychas interpréta cette réponſe de la forge d'un Ouvrier, ou ſoufflent les vents, où le marteau frappe & eſt repouſſé par l'enclume, & enfin où ſe travaillent les armes pour la deſtruction de l'humanité. Il y trouva en effet les os d'Oreſte, & les enſévelit, ſuivant l'ordre de l'Oracle, dans le tombeau d'Agamemnon auprès du temple des Parques.

L'Abbé Banier a, ſelon ſa louable coutume, ſupprimé toutes les circonſtances de cette fable, qu'il ne pouvoit plier au plan de ſon ſyſtême. En effet, à prendre les choſes à la lettre, combien d'abſurdités n'y trouve-t-on pas? mais ramenées à l'allégorie, d'où elles tirent leur origine, tous ces crimes prétendus de la famille d'Oreſte, & toutes ces abſurdités s'évanouiſſent.

(*a*) Pauſan. in Lacon.

Nous expliquerons ce qu'il faut entendre par Agamemnon, lorsque nous parlerons de la guerre de Troye. Clytemnestre, son épouse, étoit fille de Jupiter & de Leda, & non de Tyndare & de Leda, mais née dans le Palais de ce dernier, si nous en croyons Homere & Apollonius; ce qui fit donner le nom de Tyndarides à Castor & Pollux, freres de Clytemnestre. Ils nâquirent de deux œufs; ce que M. l'Abbé Banier explique de la forme du haut du Palais de Tyndare, parce que ce lieu étoit appellé ὦον, & qu'ὠόν veut dire œuf; heureuse équivoque dont ce sçavant Mythologue a bien sçu faire usage d'après les conjectures d'autrui (*a*) : mais de semblables ressources n'en imposent qu'à ceux qui ne sçavent pas la distinction essentielle de la signification de deux mots marqués par des accens si différens. D'ailleurs la fiction de la métamorphose de Jupiter en cygne, ne suffisoit-elle pas pour déterminer l'idée que présentoit le terme d'ὠόν? Un cygne se multiplie-t-il autrement que par des œufs proprement dits? Il valoit donc mieux regarder de bonne foi cette fiction pour une fable pure, & dire que ces œufs & Leda n'ont eu qu'une existence imaginaire.

Si M. l'Abbé Banier eût de bonne foi adopté cette conjecture, pourquoi ne s'en est-il pas servi pour expliquer aussi la naissance d'Esculape sorti d'un œuf? Il avoue que le nom de Coronis, mere de ce Dieu de la Médecine, a pu donner lieu à cette fiction, parce que Coronis signifie

(*a*) Loc. cit.

une corneille. Quelle raiſon auroit pu empêcher de penſer que la métamorphoſe de Jupiter en cygne auroit fait dire que Leda accoucha de deux œufs? La conjecture eût été bien plus naturelle que celle par laquelle on a eu recours à des appartemens de forme ovale, où Leda auroit introduit ſon Amant. Mais notre Sçavant ignoroit que les Auteurs de la fiction d'Eſculape & de celle de Leda, avoient le même objet en vûe, c'eſt-à-dire la matiere de l'œuvre Hermétique, que pluſieurs Philoſophes ont appellée œuf; ce qui a fait dire à Flamel (*a*) : *le fourneau eſt la maiſon & l'habitacle du poulet.* Hermès dans ſon livre des ſept Chapitres, appellés par Flamel les ſept Sceaux Egyptiens, dit que de la matiere de l'œuvre, il doit naître un œuf, & de cet œuf un oiſeau. Baſile Valentin a employé l'allégorie du cygne dans ſes 6e. & 8e. Clefs. Raymond Lulle (*b*) nous apprend que l'enfant Philoſophique s'arrondit en forme d'œuf dans le vaſe : & comme dit Riplée, » nous appellons » œuf notre matiere, parce que de même qu'un » œuf eſt composé de trois ſubſtances, ſçavoir, » le jaune, le blanc & la petite peau qui les » enveloppe, ſans y comprendre la coque, de » même notre matiere eſt composée de trois, » ſçavoir, ſoufre, ſel & mercure. De ces trois » doit naître l'oiſeau d'Hermès, ou l'enfant » Philoſophique, en lui adminiſtrant un feu » ſemblable à celui de la poule qui couve. « Moſcus s'exprime (*c*) d'une maniere à ne laiſſer

(*a*) Explic. de ſes figur. ch. 3.

(*b*) De Quinta eſſentia.

(*c*) Tourbe.

aucun doute sur l'explication de la fable de Leda & de Coronis. » Je vous déclare, dit-il, qu'on » ne peut faire aucun instrument, sinon avec » notre poudre blanche, étoilée, luisante, & » avec notre pierre blanche; car c'est de cette » poudre qu'on fait les matéreaux propres à for- » mer l'œuf. Les Philosophes ne nous ont ce- » pendant pas voulu dire, sinon par allégorie » & par fiction, quel étoit cet œuf, ou quel est » l'oiseau qui l'a engendré; mais il est d'abord » œuf de corbeau (Coronis), & ensuite œuf » de cygne (Leda).

Mais pourquoi Leda accouche-t-elle de deux œufs? & pourquoi de chaque œuf sort-il deux enfans, l'un mâle, l'autre femelle? C'est que l'Auteur de cette fable a eu en vûe les deux opérations du grand œuvre, & que dans l'une & dans l'autre, la couleur passe par la couleur blanche & la rouge; la blanche appellée des noms de femmes, Lune, Eve, Diane, &c. & la rouge, Apollon, Soleil, Adam, mâle, &c. Philaléthe nomme même (a) la couleur rouge le jaune de l'œuf, & la couleur blanche le blanc. Rien d'ailleurs n'est si commun dans les Traités de Philosophie Hermétique, que les allégories de frere & sœur jumeaux, par conséquent nés du même œuf, dont parle Servilius dans la Tourbe en ces termes : » Sçachez que notre » matiere est un œuf. La coque est le vase, & » il y a dedans blanc & rouge (mâle & femelle). » Laissez-le couver à sa mere sept semaines,

(a) Vera confect. lap.

» ou neuf jours, ou trois jours ..... il s'y fera » un poulet ayant la crête rouge, la plume blanche, & les pieds noirs. « Telle est donc la matiere de ces œufs, & des enfans qui en sortent.

Clytemnestre est mariée à Agamemnon, & son fils Oreste devient matricide dans le temple même d'Apollon, toutes les portes fermées. Un forfait si odieux eût plutôt mérité d'être enseveli dans les ténebres de l'oubli, que d'être conservé à la postérité, s'il eût été réel; mais heureusement il est purement fabuleux, & une suite nécessaire de l'allégorie qui l'a précédé. On trouve ce crime prétendu dans presque tous les Traités de Philosophie Hermétique; rien n'y est plus commun que les allégories d'un fils qui tue sa mere (*a*). Tantôt c'est la mere qui détruit son fils; un enfant qui tue son pere; un frere qui dévore sa sœur, & la ressuscite (*b*); enfin tant d'autres fictions & métaphores de meurtres, homicides, parricides, &c. tels on les voit dans les différens Traités sur le grand œuvre, tels ils sont dans la Fable. On y trouve des incestes du pere avec la fille, du fils avec la mere, du frere avec la sœur; tels sont ceux de Cynira, d'Edype, de Jocaste, &c.

Pour être encore mieux convaincu du rapport immédiat que cette fable d'Oreste a avec la confection de la pierre des Sages, il suffit d'en remarquer & d'en peser toutes les circonstances.

(*a*) Flamel, Explicat. de ses figur. La Tourbe, &c. Raymond Lulle, Codicille.

(*b*) Lettre d'Aristée.

Pourquoi Oreſte tue-t-il ſa mere dans le temple d'Apollon, &, notez, les portes fermées? Ce temple n'eſt-il pas préciſément le vaſe où ſe forme, où réſide, où eſt honoré & comme adoré le Soleil, l'Apollon Philoſophique? Si la porte de ce temple ou de ce vaſe n'étoit pas fermée, clauſe, ſcellée & bien luttée, les eſprits volatils qui cherchent à s'échapper, n'agiroient plus; Clytemneſtre s'enfuiroit; Oreſte, ou la partie fixe, ne pourroit tuer, c'eſt-à-dire fixer le volatil; la putréfaction, appellée meurtre, mort, deſtruction, ſépulchre, tombeau, indiquée par la mort de Clytemneſtre, ne ſe feroit pas, & l'œuvre reſteroit imparfaite.

Oreſte ne fut abſout de ſon crime qu'à condition qu'il iroit ſe laver & ſe purifier dans l'eau d'une riviere, compoſée de ſept ſources; ce qui indique parfaitement le mercure des Sages; puiſque, comme le dit d'Eſpagnet (*a*), » ſi-tôt » qu'on eſt parvenu à entrer dans le jardin des » Heſpérides, on trouve à la porte une fontaine » qui ſe répand dans tout le jardin, & qui eſt » compoſée de ſept ſources. «

On ſçait que le volatil eſt ſignifié par les femmes: ainſi quand la Fable dit qu'Oreſte ramena ſa ſœur Iphygénie de la Tauride, c'eſt comme ſi l'on diſoit que la partie volatile eſt ramenée du haut du vaſe, où elle circuloit, dans le fond où elle ſe fixe avec la partie fixe repréſentée par Oreſte, dont la fureur, le trouble ne ſignifient que la volatiliſation; car le fixe doit être vola-

(*a*) Arc. Herm. Can. 52.

tilisé avant d'acquérir une fixité permanente, suivant ce précepte des Philosophes : volatilisez le fixe, & fixez le volatil. C'est pourquoi l'Oracle lui ordonna d'aller au temple de Diane, parce que la couleur blanche, appellée Diane par les Philosophes, indique le commencement de la fixité de la matiere du Magistere.

Monsieur l'Abbé Banier & presque tous les autres Mythologues laissent une infinité de petites circonstances des Fables sans explication, soit qu'ils ne puissent les expliquer, ou qu'ils les regardent comme inutiles, & comme ne pouvant avoir aucun rapport avec l'Histoire ou la Morale. Comment en effet expliqueroient-ils cette affectation des Auteurs à marquer qu'Oreste conserva ses cheveux, de même qu'Osiris, pendant un certain tems ? Et pourquoi Hésiode appelle Danaé la Nymphe aux beaux cheveux ? Si ce fait ne signifie rien, quant à l'Histoire & à la Morale, il devient un précepte pour la conduite des opérations du grand œuvre. Les cheveux sont regardés à peu près comme une chose superflue ; la matiere du Magistere paroît avoir quelque chose d'inutile & de superflu : mais, dit Geber (*a*), » notre art ne consiste pas dans » la pluralité des choses ; notre Magistere consiste dans une seule matiere, à laquelle nous » n'ajoutons rien d'étranger, & n'en diminuons » rien ; nous en ôtons seulement le superflu » dans la préparation. « Ce que Philaléthe explique ainsi : » Vous remarquerez que ce terme

(*a*) Somme.

(*b*) Enarrat. Method.

» de *superflu* de Geber est équivoque, parce » qu'il signifie à la vérité une chose superflue, » mais un superflu très-utile à l'œuvre, qu'il faut » cependant ôter en certain tems. Souvenez-» vous bien de cela, car c'est un grand secret. « Plusieurs Philosophes ont même donné le nom de *cheveux* à cette matiere; ce qui a induit en erreur nombre de Chymistes, qui ont pris les cheveux pour la matiere de l'œuvre Hermétique. Ces cheveux d'Oreste doivent donc être conservés pendant son voyage, c'est-à-dire jusqu'à la fixation d'Oreste volatilisé, qui ne les coupera que lorsqu'il sera parvenu à la pierre *acem*; c'est-à-dire à la matiere rendue fixe comme une pierre, qui alors est un remede pour les infirmités du corps humain, comme l'indique l'éthymologie de ce nom *acem*, qui vient d'ἄκος, remede. Pour finir l'article d'Oreste, il suffit de dire qu'il étoit un des descendans de Pelops, à qui les Dieux avoient fait présent d'un bélier à toison d'or; ce que les Mythologues ont expliqué d'un sceptre couvert d'une toison dorée (*a*).

(*a*) M. l'Abbé Banier, Mythol. T. III. liv. 6. ch. 1.

§. V.

§. V.

Europe.

JUPITER devenu amoureux d'Europe, fille d'Agenor, Roi de Phénicie, ordonna à Mercure de l'engager à aller se promener sur le bord de la Mer, où ce Dieu s'étant métamorphosé en taureau blanc, la mit sur son dos, traversa la Mer à la nage, & transporta Europe dans l'Isle de Créte. Du commerce qu'elle eut avec Jupiter nâquirent Minos, Rhadamanthe & Sarpedon. J'ai déja touché en passant l'allégorie de Cadmus, frere d'Europe; la fondation de la Ville de Thebes en Béotie, lorsqu'il cherchoit sa sœur.

Minos épousa Pasiphaé, fille du Soleil, sœur d'Æëtes, & en eut Ariadne & Minotaure, qui fut enfermé dans le labyrinthe de Dedale, & fut tué par Thésée, avec les secours que lui fournit Ariadne.

Les femmes que les Fables donnent pour Maîtresses à Jupiter ont presque toutes des noms, qui dans leur étymologie signifient le deuil, la tristesse, quelque chose de noir, d'obscur, de sombre, comme tombeau, sépulchre, oubli, putréfaction, pourriture, &c. d'où pourroit venir cette affectation, dans le tems même que les Auteurs de ces fictions nous les représentent comme des femmes d'une très-grande beauté; la couleur noire n'y étoit pas sans doute un obstacle, puisque l'Ecriture Sainte fait parler ainsi l'épouse des Cantiques : Je suis noire, mais je suis belle. *Nigra sum, sed formosa.* Le nom d'Europe a une signification à peu près semblable, si on le fait venir d'Εὐρὼς, moisissure, pourriture, putréfaction ; & d'ὀπὸς, suc, humeur, comme si l'on disoit suc gâté, moisi, pourri.

Ce n'est pas sans raison que les Auteurs de ces fictions en choisissoient de telles, puisque le Jupiter des Philosophes agit toujours sur la matiere devenue noire, ou dans l'état de putréfaction, indiquée par ces femmes. Ce qui en résulte est l'enfant Philosophique, dont il est parlé presque dans tous les Livres Hermétiques.

Jupiter se change en taureau blanc, pour enlever Europe pendant qu'elle se promene & se divertit avec des Nymphes sur le bord de la Mer. Mais la couleur du taureau pouvoit-elle être autre que celle-là, puisque la blanche succédant à la noire, semble l'enlever & la ravir ? Ce taureau est, comme dans la fable d'Osiris, le symbole de la matiere fixe volatilisée : il enleve Europe pendant qu'elle jouoit avec ses compagnes ; ces jeux sont les mêmes que les danses des Muses, c'est-à-dire la circulation des parties volatiles & aqueuses : la Mer est le mercure, appellé *Mer* par le plus grand nombre des Philosophes. » Je suis Déesse d'une grande beauté » & d'une grande race, dit Basile Valentin » dans son Symbole nouveau. Je suis né de » notre mer propre. « Le même Auteur représente une mer dans le lointain de presque toutes les figures hiéroglyphes de ses douze Clefs. Flamel appelle ce mercure *l'écume de la mer rouge.*

Le Cosmopolite le nomme *eau de notre mer*. Les Philosophes, dit d'Espagnet (a), ont aussi leur mer, où naissent des poissons, dont les écailles brillent comme l'argent.

Minos épousa Pasiphaé, fille du Soleil, c'est-à-dire toute lumiere ou clarté; car Πὰς signifie tout, & Φαὶς, lumiere; Minos étant l'enfant qui naît de Jupiter & d'Europe, ou de la couleur grise & noire, épouse la fille du Soleil ou la clarté, représentée par la couleur blanche. Minotaure sort de ce mariage, & est renfermé dans le labyrinthe de Dedale, symbole de l'Embarras & des Difficultés que l'Artiste rencontre dans le cours des opérations : aussi est-il fait par Dedale, de Δαιδαλὸς, qui veut dire Artiste. Thesée, le plus jeune des sept Athéniens envoyés pour combattre le Minotaure, vint à bout de s'en défaire par le secours d'Ariadne, qu'il épouse dans la suite. Ces sept Athéniens sont les sept inhibitions de l'œuvre, dont la derniere ou le plus jeune tue le monstre, en fixant la matiere, & en se fixant avec elle il l'épouse. Si Thesée l'abandonne, & Bacchus la prend pour femme, c'est que la couleur rouge succede à la blanche, & Bacchus, comme nous l'avons expliqué dans son article, n'est autre chose que cette matiere parvenue au rouge. Il falloit bien que le fil qu'Ariadne fournit à Thesée, fût fabriqué par Dedale, puisque c'est l'Artiste qui conduit les opérations ; aussi Dedale avoit-il été à l'école de Minerve.

Les deux fils d'Europe, Minos & Rhada-

(a) Can. 54.

manthe, furent conſtitués Juges de ceux que Mercure conduiſoit au Royaume de Pluton; ils condamnoient les uns à des ſupplices, & envoyoient les autres aux Champs-élyſées. La putréfaction de la matiere dans le vaſe des Philoſophes eſt appellée mort, comme nous l'avons vû dans cent endroits de cet Ouvrage. Cette putréfaction ne peut ſe faire qu'à l'aide du mercure des Sages; ce qui a fait dire à quelques Anciens, que les hommes ne mouroient que par Mercure:

Tum virgam capit: hac animas ille avocat Orco
Pallentes, alia ſub triſtitia tartara mittit:
Dat ſomnos, adimitque, & lumina morte reſignat.
Æneid. l. 4.

Dans cette putréfaction qui conſtitue le Royaume de Pluton, Minos & Rhadamanthe ſont établis Juges des morts; c'eſt-à-dire, que ſe faiſant alors une diſſolution parfaite de la matiere, & une ſéparation du pur d'avec l'impur, le jugement de Minos & de Rhadamanthe s'accomplit, toujours par Mercure, qui en eſt l'exécuteur Les impures ſont reléguées au Tartare; ce qui leur a fait donner le nom de *terre damnée*; les parties pures ſont envoyées aux Champs-élyſées, & ſont glorifiées, ſuivant l'expreſſion de Baſile Valentin dans ſon Azot, de Raymond Lulle dans la Théorie de ſon Teſtament ancien, de Morien dans ſon Entretien avec le Roi Calid, & de pluſieurs autres Philoſophes.

§. VI.

Antiope.

LA fable d'Antiope a été fabriquée par différens Auteurs ; elle eſt cependant de la premiere antiquité. Il eſt ſurprenant que M. l'Abbé Banier la regarde comme aſſez récente, & comme n'ayant eu cours qu'après Homere. » Ce Poëte, dit notre Mythologue (*a*), ſi ſçavant dans la Mythologie Payenne, n'auroit » pas manqué d'en parler dans l'endroit de » l'Odyſſée (l 2.) où il fait mention des deux » Princes (Amphion & Zethus) qui fermerent » la Ville de Thebes par ſept bonnes portes, » & éleverent des tours d'eſpace en eſpace ; ſans » quoi, dit il, tout redoutables qu'ils étoient, » ils n'euſſent pu habiter ſûrement cette grande » Ville. « Il y a premierement une faute dans la citation ; ce n'eſt pas dans le ſecond livre, mais dans le onzieme, qu'Homere parle de ces deux Princes dans les termes cités. Secondement, M. l'Abbé Banier, ou n'a pas lû cet endroit d'Homere, ou s'imaginant mal-à-propos qu'on s'en rapporteroit à ſa bonne foi, a avancé avec trop de témérité qu'il n'y étoit fait aucune mention d'Antiope : ſans doute la façon dont ce Prince des Poëtes en parle, n'étoit pas favorable au ſyſtême de ce Mythologue. Homere fait

(*a*) T. III. l. 1. ch. 8. pag. 78. de l'édit. *in*-4°. 1740.

parler Ulysse en ces termes (*a*) : » Après celle-» là, je vis Antiope, fille d'Asope, laquelle se » glorifioit aussi d'avoir dormi dans les bras de » Jupiter, & d'avoir eu de ce Dieu deux en-» fans, Amphion & Zethus, qui les premiers » jetterent les fondemens de la Ville de The-» bes, &c. «

Amphion fut mis sous la discipline de Mercure, & y apprit à jouer si parfaitement de la lyre, que par la douceur de ces accords, il adoucissoit non seulement la férocité des bêtes sauvages, & s'en faisoit suivre; mais qu'il donnoit le mouvement aux pierres mêmes, & les faisoit arranger à son gré (*b*). On en a dit autant d'Apollon, quand il bâtit les murs de la Ville de Troye. Orphée gouverna aussi la navire Argo au son de sa lyre, & faisoit mouvoir les rochers.

Peut-on de bonne foi chercher quelque chose

(*a*) Post hanc Antiopem vidi, Asopi filiam;
Quæ utique & jovis gloriabatur in ulnis dormiisse;
Et peperit duos filios Amphionemque Zethumque,
Qui primi Thebarum fundamenta locarunt, septemque portarum
Turribus circumdederunt, quoniam non absque turribus poterant
Habitare latas Thebas, quamvis fortes essent.
Homer. Odyss. l. 11. v. 259. & seq.

(*b*) Dictus & Amphion Thebanæ conditor urbis
Saxa movere sono testudinis, & prece blanda
Ducere quo vellet. . . . . .
Horat. Art. Poët.

d'hiſtorique & de réel dans des fables auſſi purement fables que celles-là ? Et n'eſt-ce pas abuſer de la crédulité, que de les préſenter autrement que comme des allégories ? Voyons quel peut être l'objet de celles d'Antiope & de ſon fils Amphion. Les uns la diſent fille du fleuve Aſop, & pluſieurs Philoſophes appellent leur matiere de ce même nom Aſop, d'autres Adrop, d'autres Atrop, & diſent qu'il s'en forme un ruiſſeau, une fontaine, une eau, un ſuc, auquel ils donnent le nom de ſuc de la Saturnie végétable (*a*). Ce ſuc s'épaiſſit, ſe coagule, devient ſolide ; n'eſt-ce pas alors Antiope ? d'ἀντὶ & ὀπὸς, c'eſt-à-dire, qui n'eſt plus ſuc, qui eſt coagulé, qui n'eſt plus fluide. Ceux qui donnent Nyctée pour pere à Antiope, ont eu le même objet en vûe, c'eſt-à-dire la coagulation de la matiere au ſortir de la putréfaction, pendant laquelle cette matiere devient noire, & eſt appellée *nuit*, *ténebres* ; car de νὺξ, nuit, a été fait Nyctée : par où l'on voit qu'Antiope a le même caractere que les autres Maîtreſſes de Jupiter. La métamorphoſe de ce Dieu en Satyre, eſt expliquée dans l'article de Bacchus.

Quand on dit qu'Amphion fut mis ſous la tutelle de Mercure, c'eſt parce que le mercure Philoſophique dirige tout dans l'œuvre ; & la férocité des bêtes qu'il ſçavoit adoucir, s'explique de même que celle des tygres, des lions, des pantheres qui accompagnoient Bacchus dans ſes voyages. Les pierres qui venoient ſe ranger

(*a*) Flamel, deſir deſiré.

à leur place au son de sa lyre, sont les parties fixes volatilisées de la pierre, qui en se coagulant se rapprochent les unes des autres, & forment une masse de toutes les parties répandues çà & là.

Tels furent les plus célebres enfans que Jupiter eut de différentes Nymphes ou Maîtresses. Il en eut une infinité d'autres, dont les fables se rapportent à celles que nous avons expliquées. Tels furent les freres Palices que Jupiter eut de Thalie; Arcus, de Calysto; Pelasgus, de Niobé; Sarpedon & Argus, de Laodamie; Hercule, d'Alcmene, femme d'Amphitryon; Deucalion, d'Iodame; Britomarte, de Carné, fille d'Eubulus; Megare, de la Nymphe Schytinide; Æthilie, pere d'Endymion, de Protogenie, & Memphis qui épousa Lydie; de Toredie, Arcesilas; Colax, d'Ora; Cyrué, de Cyrno; Dardanus, d'Electre; Hyarbas, Philée & Pilummus, de Garamantis; Proserpine, de Cérès; Taygetus, de Taygete; Saon, de Savone, & grand nombre d'autres qu'il seroit trop long de rapporter. Un Poëte a renfermé les principales métamorphoses de ce Dieu dans les deux vers suivans:

Fit taurus, Cycnus, Satyrusque, aurumque ob amorem
Europæ, Lædes, Antiopæ, Danaes.

Je pourrois aussi parler des nombreuses familles de Neptune, de l'Océan, des fleuves & des rivieres; & sur l'aspect seul de leur simple généalogie, on verroit bientôt que les racines de cet arbre, ou les premiers anneaux de cette chaîne, ſont le Ciel & la Terre, & que Saturne en eſt le tronc. On en concluroit aiſément que les perſonnes feintes de ces fables, ſont toutes allégoriques, & font alluſion à la matiere, aux couleurs, aux opérations, ou enfin à l'Artiſte même du grand œuvre. Il ſuffiroit de faire attenton qu'en général tout ce qui dans les fables porte le nom de femme, fille ou Nymphe, peut être expliqué de l'eau mercurielle volatile avant ou après ſa fixation; & tout ce qui y a le caractere d'homme doit s'entendre de la partie fixe, qui s'unit, travaille, ſe volatiliſe avec les parties volatiles, & ſe fixe enfin avec elles; que les enlevemens, les rapts, &c. ſont la volatiliſation; les mariages & les conjonctions de mâles & de femelles ſont la réunion des parties fixes avec les volatiles; le réſultat de ces réunions ſont les enfans : la mort des femmes ſignifie communément la fixation; celle des hommes, la diſſolution du fixe. Le mercure des Philoſophes eſt très-ſouvent le Héros de l'allégorie; mais alors l'Auteur de la fable a eu égard à ſes propriétés, à ſa vertu réſolutive, quant à ſes parties volatiles, & enfin à ſon principe coagulant, quand il s'agit de fixer par les opérations. Alors c'eſt un Théſée, un Perſée, un Hercule, un Jaſon, &c.

LIVRE IV.

Fêtes, Cérémonies, Combats & Jeux institués en l'honneur des Dieux.

L'HOMME ne peut guéres compter ſur la fidélité de ſa mémoire : à la longue les faits ſe confondent, leurs circonſtances s'obſcurciſſent, & l'imagination y ſupplée par ſa faculté inventive. La tradition verbale fondée ſur une baſe ſi peu ſolide, eſt conſéquemment ſujette aux mêmes inconvéniens. Les actions paſſées depuis long-tems, & les choſes qui ne ſe voyent point étant à peu près le même pour nous, il a fallu pour en rappeller la mémoire, ou en fixer l'idée, les préſenter à nos yeux ſous la forme de quelque objet ſenſible, parce que les choſes qui frappent notre vûe, s'impriment bien plus profondement dans notre eſprit, que ce que nous n'apprenons que par le diſcours :

. . . . Minus feriunt dencisſa per aures,
Quam quæ ſunt oculis ſubjecta fidelibus.
Horat. Art. Poët.

Sur ce principe, les Anciens, tant Juifs que Payens, inſtituerent des fêtes & des cérémonies pour rappeller dans la mémoire des Peuples les faits dont le ſouvenir méritoit d'être conſervé à la postérité. Quelques-uns en rappellant aux hommes l'auteur de leur être & de tout bien, les engageoient à lui rendre graces de ceux qu'ils en avoient reçus, & à lui en demander de nouveaux.

Sur ces idées, Moyse, par l'ordre de Dieu même, institua différentes fêtes qui devoient être observées en certains tems, & à des jours marqués. De cette espece sont chaque septieme jour successifs, où les Juifs étoient obligés de cesser tout travail manuel & servile, en mémoire du septieme jour de la création, auquel l'Ecriture dit que Dieu se reposa. La Pâque rappelloit la mort des premiers nés de l'Egypte, exterminés en une seule nuit par l'Ange du Seigneur; & la délivrance de leurs ancêtres Israëlites, de la servitude où ils étoient réduits. La Pentecôte les faisoit ressouvenir que Dieu avoit lui-même donné à Moyse sur le Mont-Sinaï la Loi qu'ils observoient; & la fête des Tabernacles leur remettoit devant les yeux les quarante années qu'ils avoient passées dans le désert.

La Sculpture & la Peinture devinrent d'un grand secours pour cet objet. On fit des statues & des tableaux, pour servir de mémoire artificielle. On représenta les actions & les personnes qui y avoient eu part, & on les expoioit chez les Grecs & les Romains, comme des monumens de faits mémorables. Les Egyptiens, & Hermès Trismégiste entr'autres, frappés des biens terrestres qu'ils avoient reçus du Souverain Etre, instituerent des cérémonies & un culte pour lui en rendre graces, & pour en rappeller sans cesse le ſouvenir au Peuple ignorant. Comme ces biens étoient de différentes eſpeces, les cérémonies furent différentes, ſuivant l'objet qu'ils avoient en vûe. Dans ce genre ſe trouve le bœuf Apis, le choix que l'on faiſoit d'un bœuf noir marqué d'une tache blanche, ſa conſécration, ſon logement & ſa nourriture dans le temple de Vulcain, le culte qu'on lui rendoit, ſa mort par la ſuffocation dans l'eau, ſon inhumation, & le nouveau choix que l'on faiſoit de ſon ſucceſſeur. On y vit auſſi les fêtes d'Oſiris, de Cérès, d'Adonis & autres ſemblables, dont nous avons déja dit quelque choſe, & dont nous parlerons encore, telles que les Bacchanales, les Saturnales, &c. Il n'eſt point douteux que les inſtituteurs de ces fêtes ſe propoſoient un bon objet, & que la ſeule ignorance des Peuples les entraîna enſuite dans l'abus qu'ils en firent. Les Prêtres, obligés par ſerment & ſous peine de mort, aux ſecrets voilés ſous ce culte & ces cérémonies, n'eurent pas aſſez d'attention d'inſtruire le Peuple ſuivant l'idée qu'il devoit en avoir.

Ils avoient deux manieres de ſe tranſmettre ces ſecrets; l'une par des hiéroglyphes qui parloient aux yeux du corps, & l'autre par l'explication des allégories des Dieux, des Déeſſes & des Héros, dont ces hiéroglyphes repréſentoient l'hiſtoire feinte. On en expliquoit la lettre au Peuple, & le ſens à ceux que l'on vouloit initier. Ces hiéroglyphes étoient pris des animaux & des autres choſes corporelles peintes ou ſculptées. La célébration des myſteres, le vrai ſens des allégories, & l'explication naturelle des hiéroglyphes, sembloient n'être faits que pour les Prêtres, & ceux qui devoient être instruits du fond des choses. Le Peuple se contentoit de l'extérieur. On lui disoit que tout cela n'étoit institué que pour rendre à Dieu les graces qu'on lui devoit, & que ces différens objets ne leur étoient présentés que pour leur rappeller les différentes faveurs du Ciel. Par le moyen de cette explication, ils étoient en possession tranquille de leur secret. Nous avons dit quel étoit ce secret, & pourquoi il étoit défendu de le révéler. Les Prêtres en firent donc toujours un mystere; & comme ils vouloient prouver au Peuple que les instructions qu'ils lui donnoient à cet égard, étoient les vraies explications de ces mysteres; ils avoient un extérieur capable de prouver qu'ils regardoient en effet ces animaux comme des symboles de Dieu, & de quelque chose de sacré. Insensiblement le Peuple fut plus loin : ce qui n'étoit d'abord que symbole devint pour lui la chose signifiée. Il adora la figure pour la réalité. Et ne voyons-nous pas encore aujourd'hui dans nos Provinces la plûpart des Paysans être aussi jaloux de la dévotion du Patron de leur paroisse, que de celles qu'ils doivent avoir envers Dieu ? Combien d'entr'eux, malgré les instructions journalieres de leurs Pasteurs, ont plus de vénération & de respect pour la figure de bois ou de pierre de saint Rhoc & de son chien, que pour Dieu même. Ont-ils une maladie? le cierge sera plutôt porté pour être brûlé devant la figure d'un Saint, que devant le Très-saint Sacrement. L'idée de la plûpart a-t-elle un autre objet que la figure même du Saint? J'en appelle au jugement des personnes sensées qui ont occasion de fréquenter cette espece de simulachre vivant de l'humanité.

Telle est la véritable source des erreurs, des abus & des superstitions introduits chez les Egyptiens; une erreur entraîne dans un autre erreur, un premier abus en amene un second: c'est ainsi que les Dieux se multiplierent chez eux à l'infini. Quand on eut commencé à adorer un bœuf, auroit-on trouvé du ridicule à rendre le même culte à un autre animal? Le commerce des Egyptiens avec les autres Nations, & les colonies qu'ils formerent, y porterent les mêmes erreurs. Elles se communiquerent ainsi d'un pays à un autre, & enfin presque par toute la terre.

Il ne faut donc pas recourir à la malédiction de Cham, pour trouver la source de l'aveuglement de ses descendans; puisque ceux de Sem & de Japhet y tomberent aussi, quoique plus tard. Sans doute s'ils avoient eu la même occasion dans le même tems, ils y auroient donné comme les autres, & selon les apparences, encore plutôt; car les Arts & les Sciences ayant commencé à fleurir en Egypte avant même qu'on en eût connoissance dans les autres pays, ses habitans étoient par conséquent beaucoup plus instruits, & doivent être sensés avoir eu l'esprit plus fin & plus éclairé.

L'Egypte fut donc le berceau de l'idolâtrie. Herodote (*a*) dit que les Egyptiens, furent les

(*a*) In Euterpe.

premiers qui connurent les noms des douze grands Dieux, & c'eſt d'eux que les Grecs les ont appris. Lucien (*a*) dit formellement que les Egyptiens ſont les premiers qui ont honoré les Dieux, & leur ont rendu un culte ſolemnel. Le même Auteur (*b*) aſſure qu'Orphée, fils d'Œagre & de Calliope, introduiſit le premier le culte de Bacchus dans la Gréce; & à Thebes de Béotie, les fêtes appellées de ſon nom Orphéennes. Beaucoup d'autres en parlent de la même maniere; & tous les Sçavans conviennent que le culte des Dieux a commencé en Egypte; qu'il s'eſt répandu de là en Phénicie, enſuite dans la partie orientale de l'Aſie, puis dans l'occidentale, & enfin dans les autres pays.

On doit cependant dire des Egyptiens à cet égard, ce qu'un ſçavant Anglois a dit de Zoroaſtre (*c*) : c'eſt-à-dire, qu'ils adoroient un ſeul Dieu, Créateur du Ciel & de la Terre; qu'ils avoient une eſpece de culte ſubordonné, & quelques cérémonies purement civiles & allégoriques, à l'égard de leurs Dieux prétendus. Il y a au moins beaucoup d'apparence que ce fut l'intention des Inſtituteurs de ces cérémonies, & des premiers Prêtres qui les obſerverent; & que le Peuple dans la ſuite s'habitua à adorer comme Dieux, ce qui ne leur avoit d'abord été préſenté que comme des êtres créés & ſubordonnés au Créateur de toutes choſes.

(*a*) De Deâ Syriâ.
(*b*) Dial. de Aſtrol.
(*c*) Thomas Hyde, Religion des anciens Perſes.

CHAPITRE PREMIER.

LES fêtes qu'Orphée introduisit en Gréce en l'honneur de Bacchus, sont connues en général sous le nom de Dionysiaques, à cause de son nom de Dionysus ou Denys.

La principale de ces fêtes se célébroit tous les trois ans, & se nommoit en conséquence Triétérie. Les Egyptiens en célébroient aussi une en l'honneur d'Osiris, de trois en trois ans, & pour la même raison, c'est-à-dire le retour des Indes de l'un & de l'autre. Cette fête étoit célébrée par des femmes & des filles, comme les autres mystéres de Bacchus. Les Vierges portoient des thyrses, & couroient en forcenées par bandes, comme saisies d'enthousiasme, avec des femmes échevelées, & qui faisoient en dansant, des contorsions affreuses. On les nommoit Bacchantes, & Ovide (a) les dépeint à peu près de la façon dont nous venons de parler.

Orphée avoit institué cette fête sur le modele que lui présentoit celle d'Osiris. Mais pourquoi les Instituteurs de celle-ci constituerent-ils des femmes & des filles pour la célébrer? C'est que les Muses avoient accompagné Osiris dans son voyage. Nous avons expliqué ce voyage dans le premier livre, & l'on a vû dans le troisieme ce qu'il faut entendre par les Muses & leurs danses. Voilà la véritable raison des danses des Prêtresses

(a) Metam. l. 4.

de

de Bacchus. Si dans la ſuite, il s'y mêla tant d'indécences & d'infamies, que Lycurgue, Diagondas & pluſieurs autres, firent des loix pour en abolir les aſſemblées nocturnes, il ne faut pas en rejetter la faute ſur les Inſtituteurs, mais ſur le penchant que l'homme ſemble avoir naturellement pour la licence & le libertinage.

On diſoit auſſi que Bacchus avoit dormi trois ans chez Proſerpine, & les Egyptiens nourriſſoient Apis dans le temple de Vulcain pendant le même tems; après quoi on le faiſoit noyer.

Ces fêtes en l'honneur de Bacchus, s'appelloient communément Orgies. Avant que l'uſage y eût multiplié les cérémonies, on ſe contentoit d'y porter en proceſſion une cruche de vin, une branche de ſarment, une corbeille environnée de ſerpens, appellée corbeille myſtérieuſe, & ceux qui portoient le *Phallus* venoient enſuite. La proceſſion étoit fermée par les Bacchantes, dont les cheveux étoient entrelacés de ſerpens. On diſoit que les cruches vuides, miſes dans le temple de Bacchus pendant la durée de ces fêtes, ſe trouvoient à la fin remplies de bon vin. Je m'en tiendrai à cette ſimplicité, ſans vouloir entrer dans le détail des autres cérémonies qui y furent ajoutées dans la ſuite. On peut les voir dans la Mythologie expliquée de l'Abbé Banier, *Tom. II. pag. 272. & ſuiv.*

Pour entendre quelle fut l'intention de l'Inſtituteur de ces fêtes, il faut ſe rappeller qu'Oſiris & Bacchus n'étoient qu'une même perſonne, & tout le monde en convient. Les Orgies tirent donc leur origine de l'Egypte, & doivent leur institution, non à Isis, qui n'est qu'un personnage symbolique de même qu'Osiris; mais à Hermès Trismégiste, ou quelqu'autre Philosophe Egyptien, qui en attribua l'institution à la prétendue Isis, pour donner plus de poids & d'autorité à sa fiction. Je ne conçois même pas comment l'Abbé Banier (*a*) & les autres Mythologues ont pu les attribuer à Isis, puisqu'ils disent que les Egyptiens prenoient la Lune pour Isis; que le Monument d'Arrius Balbinus, rapporté par les Antiquaires, portoit cette inscription: *Déesse Isis qui est une & toutes choses.* Plutarque dit (*b*) qu'à Saïs dans le temple de Minerve, qu'il croit être la même qu'Isis, on y lisoit: *Je suis tout ce qui a été, ce qui est, & ce qui sera; nul d'entre les mortels n'a encore levé mon voile.* Ce qui convient parfaitement à ce qu'en dit Apulée (*c*), qui fait parler ainsi cette Déesse: *Je suis la Nature, mere de toutes choses, maîtresse des Elémens, le commencement des siecles, la Souveraine des Dieux, la Reine des Manes.... Ma divinité uniforme en elle-même, est honorée sous différens noms, & par différentes cérémonies: les Phrygiens me nomment Pessinuntienne, mere des Dieux; les Athéniens, Minerve Cécropienne; ceux de Chypre, Vénus; ceux de Créte, Diane Dyctinne; les Siciliens, Proserpine; les Eléusiens, l'ancienne Cérès; d'autres Junon, Bellone, Hécate, Rhamnusie; enfin les Egyptiens & leurs voisins, Isis, qui est mon véritable nom.* Les Mythologues assurent d'ailleurs qu'Isis & Osiris

(*a*) Mytholog. Expliq. T. II, p. 272.

(*b*) De Iside.

(*c*) Metam.

renfermoient ſous différens noms preſque tous les Dieux du Paganiſme ; puiſque, ſelon eux, la Terre ; Cérès, Vénus, Diane, Junon, la Lune, Cybelle, Minerve, & toute la Nature en un mot ne ſont qu'une même choſe avec Iſis, d'où elle a été appellée *Myrionyme*, c'eſt-à-dire, qui a mille noms. Oſiris, Bacchus ou Denys, Apollon, le Soleil, Serapis, Pluton, Jupiter, Ammon, Pan, Apis, Adonis, ne ſont auſſi que le même. Comment peut-on convenir de tout cela, & oſer en fabriquer une hiſtoire, la donner comme réelle, & vouloir la faire croire telle ? Comment peut-on dire (*a*) qu'Oſiris & Iſis ont été réellement Roi & Reine d'Egypte, & qu'Oſiris étoit le même que Menès ou Meſraïm ? Car ſi Iſis n'eſt autre que la Nature, ce n'eſt plus une perſonne réelle, c'eſt la Nature perſonnifiée ; ce n'eſt plus une Reine d'Egypte. Et ſi Iſis n'a pas exiſté ſous la figure humaine, il eſt évident qu'Oſiris, ſon frere & ſon époux, n'a exiſté que comme elle. Typhon, frere d'Oſiris, ne ſera donc plus le Sebon de Manethon. Mais Oſiris, Iſis & Typhon ne ſeront par conſéquent que des perſonnages empruntés, pour expliquer par une fiction les opérations de la Nature ou d'un Art qui employe les mêmes principes, & qui imite ſes opérations pour parvenir au même but. Nous avons expliqué ce qu'on doit en penſer, dans le premier livre. Revenons donc à nos Orgies.

Des femmes en étoient les principales actrices, parce qu'elles avoient accompagné Oſiris

(*a*) L'Abbé Banier, Myth. T. I. p. 468. & ſuiv.

dans ſes voyages ; elles danſoient, ſautoient, faiſoient des contorſions, pour marquer l'agitation de la partie aqueuſe volatile dans le vaſe, indiquée par les femmes ; parce que le ſexe féminin a été dans tous les tems regardé comme ayant un tempérament humide, léger, volage & inconſtant. L'homme au contraire eſt ſuppoſé d'un tempérament plus ſec, plus chaud, plus fixe ; ce qui a donné occaſion aux Philoſophes de déſigner par l'homme la matiere fixe du grand œuvre, & par la femme la matiere volatile.

Des femmes portoient auſſi le *Phallus*, c'eſt-à-dire la repréſentation de la partie du corps d'Oſiris qu'Iſis ne put réunir aux autres membres, après la diſperſion que Typhon en fit. Ce *Phallus* étoit le ſymbole des parties héterogênes, terreſtres, ſulphureuſes & combuſtibles, qui ne peuvent ſe réunir parfaitement avec les parties pures, homogênes & incombuſtibles, qui doivent ſe coaguler en un tout au moyen de l'eau mercurielle, ſignifiée par Iſis. La cruche pleine de vin indiquoit le vin Philoſophique, ou le mercure parvenu à la couleur rouge, principal agent de l'œuvre. La branche de ſarment ſignifioit la matiere dont ce mercure eſt tiré. La corbeille myſtérieuſe étoit le vaſe dans lequel ſe font les opérations du grand œuvre ; on l'appelloit myſtérieuſe, parce que les Philoſophes ont toujours fait & feront toujours un myſtere de la matiere du grand œuvre, & de la maniere d'y procéder à ſes opérations. La corbeille étoit couverte, pour marquer que le vaſe doit être ſcellé hermétiquement ; & ce qu'elle contenoit étoit ſeulement indiqué par les ſerpens dont elle étoit environnée : on a vû que les ſerpens ont toujours été pris pour l'hiéroglyphe de la matiere parvenue à la putréfaction.

J'accorderai même à l'Abbé Banier l'explication qu'il donne de ces ſerpens : c'eſt-à-dire, que ces reptiles ſemblant rajeunir tous les ans, par le changement de leur peau, indiquoient le rajeuniſſement de Bacchus ; non dans le ſens qu'il l'entend, mais dans le ſens Hermétique. C'eſt-à-dire, que le Bacchus Philoſophique étant parvenu dans l'œuvre à la putréfaction, qui ſemble être un état de vieilleſſe & de mort, rajeunit & reſſuſcite, pour ainſi dire, lorſqu'il ſort de cet état. Ce qui a fait dire allégoriquement à un Philoſophe Hermétique : » Il faut dépouiller » le vieil homme, & revêtir l'homme nouveau. « Et d'Eſpagnet (a) dit en parlant de la préparation de la matiere : » La partie impure & ter- » reſtre ſe purge par le bain humide de la na- » ture ; & la partie aqueuſe hétérogêne eſt miſe » en fuite par le feu doux & benin de la géné- » ration. Ainſi au moyen de trois ablutions & » purgations, le dragon ſe dépouille de ſes an- » ciennes écailles ; il quitte ſa vieille peau, & » rajeunit en ſe renouvellant. «

Une corbeille ſemblable à celle dont nous venons de parler, échut en partage à Eurypile après la priſe de Troyes. Il y trouva un petit Bacchus d'or ; ce qui prouve évidemment que le myſtere de cette corbelle, étoit le ſymbole du

(a) Can. 50.

secret mystérieux de faire de l'or, dont l'histoire de la prise de Troyes n'est qu'une pure allégorie.

Avec combien de mauvaise humeur, & avec quel tort accuse-t-on donc les Instituteurs de ces fêtes d'avoir voulu répandre la licence & le libertinage. Autrefois, & il n'y a pas même longtems, on faisoit des processions nocturnes de dévotions; on fait encore des assemblées dans des Villes & des Bourgs le jour de la fête du Patron de ces Villes & de ces Villages. Il s'y passoit & s'y passe encore mille indécences; l'yvrognerie y regne, la licence y est comme d'usage : doit-on donc pour cela en blamer les Instituteurs? Les assemblées de dévotion, les processions sont de bonnes choses par elles-mêmes. Il s'y glisse des abus? & où ne s'en glisse-t-il pas? Le cœur corrompu de l'homme en est une source intarissable.

Les Vierges qui portoient ces corbeilles d'or, alloient avec des enfans du temple de Bacchus à celui de Pallas; preuve évidente que l'objet de la célébration de ces fêtes étoit tout autre que celui du libertinage, puisque Pallas étoit la Déesse de la sagesse & de la prudence. On indiquoit en même-tems par cette station, qu'il falloit être prudent, sçavant & sage, pour parvenir à la perfection de l'œuvre Philosophique. C'est Pallas qui doit servir de guide à Bacchus dans ses voyages; c'est-à-dire, que l'Artiste doit toujours agir prudemment dans la conduite des opérations. Le voyage commença par l'Ethiopie, & finit à la Mer Rouge. La couleur noire n'est-elle pas le commencement & la clef de l'œuvre ? & la couleur rouge du mercure appellé mer, & celle-là même de la pierre qui est la fin de l'œuvre.

La fête des Triétéries & les abus qui s'y glisserent, donnerent occasion d'en instituer plusieurs autres dans le même goût, mais de différens noms, & en différens endroits. Les Dionysiaques, qui prirent leur nom de Dionysus ou Denys, se célébroient dans toute la Gréce. Elles se divisoient en grandes, en petites, en anciennes & en nouvelles, & chacune avoit quelques cérémonies qui lui étoient particulieres. Dans les Oschophories, les enfans divisés en bandes portoient une branche de sarment à la main, & alloient, comme dans les Triétéries, du temple de Bacchus à celui de Pallas, en récitant des especes de Prieres; elles se célébroient tous les ans. Les Athéniens en célébroient une appellée Lenée au commencement du Printems. Ils transvasoient alors le vin, recevoient les tributs des étrangers, & l'on se donnoit des défis à qui boiroit le mieux, en chantant à l'honneur de Bacchus, comme auteur de la joie & de la liberté. On célébroit encore dans la même Ville les Phallophories, qui prirent leur nom du Phallus qu'on y portoit au bout d'un Thyrse. Les Canéphories ou la fête aux corbeilles, venoient à la fin d'Avril. Les jeunes Athéniennes qui approchoient de la puberté, y portoient des corbeilles d'or, suivant Démaratus (*a*), & pleines des prémices des fruits qu'elles alloient offrir à Bacchus. Les Ambrosiennes étoient fixées au mois

(*a*) In Dionysiacis.

Janvier, tems où l'on faiſoit tranſporter le vin de la campagne à la Ville. Les Romains la reçurent chez eux, & lui donnerent le nom de *Brumalia* ou *Bromialia*, de *Brumus* ou *Bromius*, ſurnom de Bacchus. Les Aſcolies étoient célébrées auſſi à Athênes. On y enfloit des oultres avec l'air que l'on y ſouffloit, & après les avoir étendues par terre, on y danſoit, tantôt ſur un pied, tantôt ſur l'autre. On donnoit un prix à celui qui y danſoit avec le plus d'adreſſe. Cet uſage paſſa enſuite chez les Romains. Virgile en fait mention dans le ſecond livre des Géorgiques. On y immoloit un bouc à Bacchus, parce que cet animal gâte les vignes ; & l'on fouloit ainſi aux pieds ſa peau, dont les oultres ſont faites. Les Egyptiens immoloient un cochon dans les fêtes appellées *Dorpia*, inſtituées en l'honneur de Denys, ſuivant ce qu'Hérodote (*a*) en rapporte en ces termes : » Les Egyptiens » tuent un cochon, chacun devant ſa porte, & » le rendent enſuite au Porcher qui le leur avoit » apporté. « *Dionyſio die ſolemnitatis Dorpiæ, ſuem anteſores ſinguli jugulantes reddunt ſubulco illi qui attulerat ipſum ſuem.*

Ils avoient auſſi d'autres fêtes en l'honneur de Bacchus, où l'on n'immoloit point de cochon, mais où l'on obſervoit à peu près les mêmes cérémonies que dans celles que célébroient les Grecs, ainſi que le dit le même Auteur, qui continue ainſi : *Aliam ſolemnitatem ſine ſuibus in honorem Dionyſii agunt*

(*a*) In Euterpe.

Ægyptii, eodem prope ritu, quo Græci, at pro Phallis res alias illi excogitarunt; imagines scilicet cubiti magnitudinis, quas circumferunt mulieres per agros cum virile membrum reliquo corpore non multo minus nutet. Præcedit autem tibia, atque illæ Dionysum sequuntur cantantes.

La plûpart des Orgies se célébroient la nuit; c'est pourquoi on y portoit des torches allumées. Ceux qui les portoient se nommoient *Daduches*, & leur fonction étoit des plus honorables. Celle de porter la corbeille mystérieuse, ne l'étoit pas moins. Les Anciens, dont l'Abbé Banier imite le silence sur ce qu'elle renfermoit, se sont retranchés sur le respect religieux, qui les empêchoit de l'expliquer. Pourquoi ce mystere, si ces fêtes dont ces corbeilles d'or étoient le principal ornement, n'avoient pas été instituées pour indiquer quelque secret qu'on ne vouloit pas divulguer? Et quel pouvoit être ce secret, sinon celui qui avoit été confié aux Prêtres d'Egypte, d'où ces fêtes avoient tiré leur origine? Ces fêtes avoient premierement été instituées en Egypte en l'honneur d'Osiris, le même que Denys, qui se trouve le principal dans la généalogie dorée, & cette institution tendoit uniquement à conserver à la postérité la mémoire du secret de la médecine dorée, que Dieu leur avoit accordé. Le vin que l'on y portoit pour symbole du vin Philosophique, fit que le peuple regarda Denys comme l'inventeur de la maniere de faire le vin commun. Cette interprétation fausse fut reçue par-tout, & de là vinrent tant de fêtes instituées en l'honneur de Bacchus, où l'on remarque cependant quelques usages pris des Triétéries imitées de celle des Egyptiens. Nous avons même encore dans le Monde Chrétien un exemple de ces abus. Les réjouissances de la Saint Martin, de l'Epiphanie, du Carnaval. Quelques Auteurs les ont regardées comme des restes du Paganisme : mais est-il bien vrai qu'elles ont été instituées dans la même vûe que les Saturnales ou les Dionysiaques ? Il faut en dire autant des fêtes des Egyptiens instituées postérieurement à celles dont nous venons de parler. Ils ignoroient pour la plûpart l'intention qu'avoient eu les premiers Instituteurs ; ils prirent le signe pour la chose signifiée, & cette erreur les entraîna jusqu'à mettre dans la classe des Dieux les choses mêmes les plus inutiles ; ce qui a fait dire d'eux par un ancien Poëte :

> *O Sanctas gentes, quibus hæc nascuntur in hortis numina.* Juvenal.

On pourroit en dire à peu près autant des Grecs & des Romains ; car les uns & les autres ajouterent encore d'autres Dieux à ceux qu'ils avoient reçu d'Egypte, suivant ces termes de Lucain :

> *Nos in templa tuam Romana accepimus Isim ;*
> *Semideosque Canes & sistra jubentia luctus,*
> *Et quem tu plangens hominem testaris Osirim.*
> De Ægypto.

Les Romains y ajouterent jusqu'aux maladies

mêmes, comme le leur reproche Lactance (*a*): *Romani pro Diis habuerunt sua mala, scilicet rubiginem, pallorem & febrem.* La fête de la Rouille se célébroit, suivant Ovide (*b*) le 6. des Calendes de Mai. Ils invoquoient la rouille afin qu'elle ne se mît pas aux instrumens ruraux, & qu'elle ne gâtât pas les moissons. Ils adoroient la fiévre, afin de n'en pas être tourmentés Ainsi les uns étoient adorés pour le bien qu'ils faisoient, les autres pour le mal qu'ils pouvoient faire. Romulus, qu'ils appelloient Quirinus, la Fiévre, la Rouille & la Pâleur furent des Dieux propres aux Romains, & de leur invention: mais ils emprunterent des Egyptiens & des Grecs, Jupiter, Saturne, Apollon, Mercure & les autres grands Dieux.

L'occasion qui fit établir le culte d'Esculape à Rome, mérite d'être rapportée. Les Romains affligés de la peste, consulterent les livres des Sybilles, pour être délivrés de ce fleau. Ils y apprirent qu'il falloit aller en Epidaure chercher Esculape, & l'apporter à Rome, ainsi que le racontent Tite-Live (*c*), Orosius (*d*), Valere-Maxime (*e*). Des Députés furent donc envoyés à Epidaure: quand ils y furent arrivés, on les conduisit dans le temple d'Esculape, distant de cinq milles d'Epidaure. Alors un serpent parut dans les rues de la Ville, allant & venant fort doucement pendant trois jours consécutifs, au bout desquels il se rendit au vaisseau des Ro-

(*a*) Instit. l. 1.
(*b*) In Fastis.
(*c*) Liv. 10. & 11.
(*d*) Liv. 3.
(*e*) Liv. 1.

mains, & s'y logea de lui-même dans la chambre d'un des Ambassadeurs. Les Prêtres du temple assurerent les Romains qu'Esculape se montroit aux Epidauréens sous cette forme, quoique très-rarement; que quand il se manifestoit, c'étoit toujours un heureux présage pour eux, & qu'il en seroit de même à leur égard. Les Romains très-satisfaits reprirent la route de Rome, & lorsque le vaisseau aborda à Ancius, le serpent qui jusques-là étoit resté dans le vaisseau fort tranquille, descendit à terre, & fut se réfugier dans un temple d'Esculape qui n'en étoit pas éloigné. Il y resta trois jours, & retourna ensuite au vaisseau, qui ayant mis à la voile, aborda dans l'Isle du Tybre; le serpent descendit & se cacha sous des roseaux. Dès ce moment la peste cessa. Les Romains penserent qu'Esculape avoit choisi ce lieu pour sa demeure, & y bâtirent un temple en son honneur. Ovide (*a*) raconte aussi la même chose. Saint Augustin (*b*) badine sur cette arrivée d'Esculape à Rome. » Esculape, » dit-il, fut d'Epidaure à Rome pour exercer en » sçavant Médecin son art dans une Ville aussi » noble & aussi fameuse que celle-là. La Mere » des Dieux, née je ne sçai de qui, s'arrêta alors » sur le Mont-Prénefte, regardant comme in» digne d'elle d'être logée dans un quartier » ignoble, pendant que son fils l'étoit sur la » colline du Capitole. Mais si elle est en effet » la mere des Dieux, pourquoi quelques-uns » de ses enfans l'ont ils dévancée à Rome? Je

(*a*) Metam. l. 15. (*b*) De Civ. Dei, l. 3. c. 12.

» ſerois fort ſurpris qu'elle fût mere de Cyno-
» céphale, qui n'eſt venu d'Egypte que long-
» tems après elle. La Déeſſe la Fiévre ſeroit-elle
» auſſi ſa fille? J'en demande à Eſculape, ſon
» petit-fils. «

Nous avons expliqué aſſez au long ce qu'on doit entendre par Eſculape, & pourquoi le ſerpent lui étoit conſacré. La ſeptieme des figures hiéroglyphiques d'Abraham Juif rapportées par Flamel, repréſente un déſert dans lequel ſont pluſieurs ſerpens qui y rampent, & trois ſources d'eau qui y coulent, parce que le ſerpent eſt le ſymbole de la matiere dont on compoſe Eſculape ou la Médecine dorée : c'eſt pourquoi on a feint que Panacée, Jaſo & Hygiéa furent ſes filles; car on n'appelleroit pas la guériſon & la ſanté les filles d'un Médecin, mais avec plus de raiſon les filles de la Médecine; puiſque le Médecin ne donne pas la ſanté, mais il ordonne les remédes qui la procurent.

Tous ces Dieux qui ont été imaginés chez les Grecs & les Romains, n'étoient pas de la premiere origine de ceux des Egyptiens : il n'eſt donc pas ſurprenant que leur généalogie & leur culte n'ayent pas un rapport exact avec les plus anciens. Les abus qui ſe gliſſerent dans les fêtes de ceux-ci, ne font par conſéquent point partie de mon objet. Qu'on crie donc tant qu'on voudra contre ces infamies, que le Sénat de Rome fut enfin obligé de punir; qu'on les repréſente avec les couleurs les plus capables d'en donner de l'horreur, c'eſt le fait d'un Mythologue honnête homme. Je l'approuve, & je crois cependant qu'il vaudroit mieux les enſévelir dans un oubli éternel, que de les rapporter dans le deſſein même d'en éloigner le Lecteur.

Il y a toute apparence que la célébration des fêtes des Orgies n'eut d'abord, & même pendant long-tems, rien d'indécent & de condamnable, puiſqu'elles ont ſubſiſté des ſiecles entiers avant la ſuppreſſion que l'on en fit à Rome ſous le Conſulat de Spurius-Poſthumus-Albinus, & Quintus-Marcus-Philippus, ſuivant Valere Maxime (*a*); d'où l'on doit conclure que le Peuple ignoroit le vrai but que s'étoient propoſés leurs Inſtituteurs.

Orphée, qui le premier les tranſporta des Egyptiens chez les Grecs, fut tué, diſent quelques-uns d'un coup de foudre, parce qu'il avoit, pour ainſi dire, divulgué par-là le ſecret que les Initiés d'Egypte lui avoient confié. Si le fait étoit vrai, il ſeroit plus à croire que Dieu l'auroit puni pour avoir introduit l'Idolâtrie.

(*a*) Lib. 6. c. 3.

CHAPITRE II.

Cérès.

LES fêtes célébrées chez les Athéniens en l'honneur de Cérès & de Proserpine, ont eu une même origine; car malgré tout ce qu'en ont pu dire jusqu'ici divers Mythologues, la Cérès des Grecs ne differe en rien de l'Isis des Egyptiens; le culte de l'une n'est que celui de l'autre. Il ne faut cependant pas regarder avec M. l'Abbé Banier (*a*) la transmigration de Cérès ou Isis, comme certaine. Elle n'en est pas moins fabuleuse, & il n'y a eu que son culte de transporté dans la Gréce & ailleurs; ce qui a fait dire à Hérodote que les filles de Danaüs y porterent les *Thesmophories*, une des principales fêtes de Cérès. Ce n'est donc pas à tort que l'Auteur de la Chronique des marbres d'Arondel regarde comme une fable l'enlevement de Proserpine, & la recherche qu'en fit Cérès, le tout n'étant qu'une pure allégorie.

On dit que Triptoleme fut l'Instituteur des Thesmophories, en reconnoissance de ce que Cérès lui avoit appris la maniere de semer & de recueillir le bled & les fruits. La premiere célébration s'en fit à Eléusis, & ils furent nommés *Mysteres Eléusiens*. Car Cérès, dit la Fable, cherchant sa fille Proserpine, enlevée par Plu-

(*a*) Myth. Tom. II. pag. 458.

ton, arriva dans la Ville d'Eléusis, & fut rendre visite au Prince du lieu, qui portoit le même nom. L'épouse de ce Prince, nommée Yone, venoit de mettre au monde un fils, à qui elle avoit donné le nom de Triptoleme. Elle cherchoit une Nourrice; Cérès s'offrit & fut agréée. Elle s'acquitta très-bien de la commission. Pendant le jour elle le nourrissoit d'un lait divin, & pendant la nuit elle le tenoit caché sous le feu. Le pere s'apperçut du progrès que faisoit Triptoleme pendant la nuit; il examina d'où cela pouvoit venir, & ayant apperçu le manege de Cérès, il en fut tellement frappé qu'il ne put s'empêcher de faire un cri. Ce cri fit connoître à Cérès que sa manœuvre n'étoit plus secrette. Elle en fut irritée : dans sa colere elle fit mourir Eléusis, & donna à Triptoleme un char attellé de deux dragons, pour aller apprendre à toute la terre l'art de semer les grains *(a)*. M. l'Abbé Banier passe légerement sur les circonstances de cette histoire de Cérès *(b)*. Il se contente de dire qu'elle instruisit Triptoleme de tout ce qui regarde l'agriculture, & que lui ayant prêté son char, elle lui ordonna d'aller par toute la terre enseigner à ses habitans un art si nécessaire. Sans doute que ne pouvant les expliquer conformément à son systême d'histoire, il a pris le parti de supprimer dans cette fable, comme presque dans toutes les autres, ce qui contredit son systême, ou ce qu'il ne peut y ajuster. Bon expédient pour se tirer d'embarras : mais je laisse à juger

(a) Callimaque, Hymne à Cérès.
(b) Tom. II. pag. 454.

juger aux gens de bonne foi, quelle solidité l'on peut espérer d'un édifice élevé sur un fondement si ruineux.

Cette fable ne paroît en effet susceptible d'aucune explication historique ou morale; car que signifieroit ce lait & ce feu dont Cérès nourrissoit le fils d'Yone? A quoi rapporter ce char traîné par deux dragons? On doit voir au contraire, au premier coup-d'œil, que cette fable a tout l'air d'une allégorie Chymique.

En effet, Triptoleme est l'enfant Philosophique, mis au monde par Yone, c'est-àdire par l'eau mercurielle, d'ὕω, pleuvoir, d'où l'on a aussi formé le nom *Hyades*. Cérès devient sa Nourrice, parce que, comme le dit Hermès (*a*), la terre est la nourrice de l'enfant Philosophique.

Michel Majer en a fait le second de ses Emblêmes, où un globe terrestre forme le corps d'une femme depuis les épaules jusqu'aux genoux: deux mammelles sortent de ce globe, & la main droite de la femme soutient un enfant qui tette à la mammelle du même côté; avec cette inscription au-dessus: *Nutrix ejus est terra*, & celle-ci au-dessous:

Quid mirum, teneræ sapientum viscera prolis
Si ferimus terram lacte nutrisse suo?
Parvula si tantas Heroas bestia pavit,
Quantus, cui nutrix terreus Orbis erit?

Le lait dont Cérès nourrissoit Triptoleme,

(*a*) Table d'Emeraude.

est celui que Junon donna à Mercure : je l'ai expliqué en plus d'un endroit ; c'est pourquoi j'y renvoye le Lecteur, pour ne pas tomber dans des répétitions ennuyeuses. Je dirai seulement de Cérès, avec Basile Valentin (*a*) : *Je suis Déesse d'une grande beauté ; le lait & le sang coulent de mes mammelles.* Il n'y a rien d'extraordinaire à nourrir un enfant avec du lait ; mais le cacher sous la cendre, & le mettre dans le feu pendant la nuit, pour lui donner de la force & de la vigueur, c'est un expédient qui ne peut être en usage que chez un Peuple Salamandrique : aussi Triptoleme est-il le symbole de la Salamandre des Philosophes, & le vrai Phœnix qui renaît de ses cendres. C'est ce Triptoleme qu'il faut accoutumer au feu, pour qu'il puisse, étant devenu grand, résister à ses plus vives atteintes.

Trois seules choses dans la nature résistent au feu ; l'or, le verre & le magistere parfait des Philosophes : le dernier avec le second doivent se former dans le feu ; l'un dans le feu élémentaire, l'autre dans le feu Philosophique. Ils ne viennent à leur perfection que par l'espece de nourriture qu'ils en tirent. Il est peu d'Auteurs qui n'en parlent sur ce ton-là. Arnaud de Villeneuve dit (*b*) : » Lorsque l'enfant sera né, » nourrissez-le jusqu'à ce qu'il puisse souffrir la » violence du feu. « Raymond Lulle (*c*) : Fai» tes ensorte que votre corps s'impregne du feu ; » multipliez sa combustion, & il vous donnera

(*a*) Symbole nouveau.
(*b*) Rosar. l. 2. c. 25.
(*c*) Théor. Testam. c. 29.

» une forte teinture. « D'Espagnet dit au Canon 78 : » Lorsque Saturne cede la conduite de » son Royaume à Jupiter, notre enfant se trouve » tout formé, & se manifeste avec un visage » blanc, sérein & resplendissant comme la » Lune. Le même Auteur ajoute (*a*) : » Le feu » de la nature, qui acheve la fonction des élé- » mens, devient manifeste, de caché qu'il étoit, » lorsqu'il est excité par le feu extérieur. Alors » le safran teint le lys, & la couleur se répand » sur les joues de notre enfant blanc, devenu » par-là robuste & vigoureux. « Le feu est donc la vraie nourriture de la pierre des Sages. Non pas, comme quelques-uns pourroient se l'imaginer, que le feu augmente la pierre en largeur, hauteur & profondeur, & qu'il devienne une substance qui s'identifie avec elle, comme il arrive à la nourriture que prennent les enfans : mais le feu nourrit & augmente sa vertu; il lui donne ou plutôt manifeste sa couleur rouge, cachée dans le centre de la blanche, de la même maniere que le nitre devient rouge au feu, de blanc qu'il étoit. Il n'y a donc pas à douter que Triptoleme soit la Salamandre des Philosophes, lorsqu'il est cuit & mûrit sous le feu. Il devient alors le feu même, la terre, la chaux & la semence des Sages, qu'il faut semer dans sa terre propre & naturelle.

Avicenne (*b*) le fait entendre par ces termes : » Il ne faut point cueillir les semences qu'au » tems de la moisson. Les Philosophes ont ap-

(*a*) Can. 79.

(*b*) De Lapide, c. 5.

» pellé notre pierre, Salamandre; parce que » notre pierre, de même que la Salamandre se » nourrit de feu, vit & se perfectionne dans le » feu seul. «

Loin de passer aucunes circonstances de cette fable pour pouvoir l'ajuster à mon systême, je veux en faire remarquer jusqu'aux plus petites parties, & l'on verra par-là qu'il est le seul véritable. C'étoit pendant la nuit, que Cérès cachoit Triptoleme sous le feu. Seroit-ce, comme on le croiroit naturellement, pour le faire en secret avec plus de sûreté? Point du tout; c'est parce qu'elle ne lui donnoit point de lait pendant ce tems-là, & qu'il falloit y suppléer par une autre nourriture; c'est parce que le sommeil, image de la mort, s'emparoit de lui pendant cet intervalle. Bonellus (a) va nous l'apprendre. » La » volonté de Dieu est telle, dit cet Auteur, que » tout ce qui vit, doit mourir. C'est pourquoi » le mixte, auquel on a ôté son humidité, de» vient semblable à un mort, lorsqu'on l'aban» donne pendant la nuit. Alors cette nature a » besoin du feu...... Dieu, par ce moyen, lui » rend son esprit & son ame, la délivre de son » infirmité; & cette même nature se fortifie & » se perfectionne. Il faut donc la brûler sans » crainte. « En effet, que risque-t-on, puisque c'est une Salamandre qui se répare, se renouvelle & ressuscite dans le feu? La couleur noire est le symbole de la nuit, le signe du deuil & de la mort, & l'on ne parvient à la lumiere

(a) In Turba.

qu'avec l'aide du feu. Le Triptoleme Philoſophique ne peut auſſi parvenir au blanc ſans le ſecours du feu. Lorſqu'il eſt devenu grand, Cérès fait mourir ſon pere, & donne à ſon nourriſſon un char attellé de deux dragons, pour qu'il aille par toute la terre apprendre l'art de l'agriculture à ſes habitans.

L'agriculture eſt un ſymbole parfait des opérations du grand œuvre. C'eſt pourquoi les Philoſophes en ont tiré une partie de leurs allégories, à l'imitation des Anciens, qui nous ont laiſſé les leurs ſous l'apparence d'hiſtoire. Une des plus grandes preuves que ces hiſtoires prétendues ſont de pures allégories, c'eſt que les Auteurs des Fables ont dit la même choſe d'Oſiris, de Denys, de Cérès & de Triptoleme. Oſiris parcourut toute la terre, pour apprendre à ſes habitans l'art de la cultiver. Denys fit le même voyage pour le même objet; Cérès en a fait autant; Triptoleme va dans le même deſſein, & les uns & les autres par toute la terre. Et pourquoi tant de monde pour apprendre en différens tems un art qui n'a jamais péri parmi les hommes, & qu'il eſt d'un ſi grand intérêt pour eux de ne pas laiſſer abolir? L'on dira ſans doute que Denys & Oſiris n'étoient qu'un même homme ſous deux noms différens: nouvelle preuve de la vérité de mon ſyſtême. Suivant mon idée, Triptoleme & Cérès n'en ſont diſtingués qu'eu égard aux différens états de la matiere dans les opérations: mais ces quatre perſonnes ſont-elles la même quant aux ſyſtêmes hiſtoriques & & de morale? J'en appelle à leurs Auteurs. Quoi qu'il en soit, Denys fit son voyage sur un char attellé de bêtes féroces, & Triptoleme sur un char attellé de deux dragons. L'un & l'autre apprirent aux hommes à semer & à cueillir les grains. Denys leur apprit même à planter la vigne, & à faire le vin. Nous avons déja expliqué, en je ne sçai combien d'endroits, quels sont ces dragons & ces bêtes féroces; nous les avons même suivis dans leurs voyages, & nous avons en même-tems déduit ce qu'il falloit entendre par cet art de semer; mais nous en dirons cependant encore deux mots d'après quelques Philosophes Hermétiques, parce qu'on ne sçauroit trop inculquer une chose aussi essentielle.

Le Laboureur a une terre qu'il cultive pour y semer son grain; le Philosophe à la sienne. *Semez votre or dans une terre blanche feuillée*, disent les Philosophes. Basile Valentin en a fait l'Emblême de sa huitieme Clef, & Michel Majer le sixieme des siens. Le grain ne sçauroit germer, s'il ne pourrit en terre auparavant. Nous avons parlé très-souvent de la putréfaction des matieres Philosophiques, comme de la clef de l'œuvre. Lorsque le grain a germé, il lui faut de la chaleur pour croître; car la chaleur est la vie des êtres, & rien ne peut venir au monde sans chaleur naturelle. Il faut deux choses pour l'accroissement des plantes, la chaleur & l'humidité; il faut aussi le lait & le feu au Triptoléme Philosophique, suivant ce qu'en dit Raymond Lulle (a). » Sçachez, dit-il, que rien ne

(a) Theor. Testam. c. 46.

» naît ſans mâle & femelle, & qu'aucun grain » ne germe & ne croît ſans l'humidité & la » chaleur. C'eſt à quoi vous devez vous confor- » mer dans notre œuvre. « Lorſque la tige ſort de terre, elle paroît d'abord d'un rouge violet, puis d'un vert bleuâtre : quand le grain s'y forme, il eſt blanc comme du lait ; & lorſqu'il vient à ſa maturité, on voit toute la campagne dorée. Il en eſt préciſément la même choſe du grain des Philoſophes.

Se taiſent ceux, dit le Tréviſan (*a*), qui veulent extraire leur mercure d'autre choſe que de notre ſerviteur rouge. Et d'Eſpagnet (*b*) : » on » doit trouver trois ſortes de belles fleurs dans le » jardin des Sages : des violettes pourprées, » des lys blancs & jaunes, & enfin l'amaranthe » pourprée & immortelle. Les violettes, comme » printannieres, ſe préſenteront à vous preſque » dès l'entrée ; & comme elles ſeront arroſées » ſans ceſſe & abondamment par une eau d'or, » elles prendront enfin une couleur très-bril- » lante de ſaphir. Gardez-vous bien d'en avan- » cer la maturité. Enſuite avec un peu de ſoin, » le lys leur ſuccédera, puis le ſouci, & enfin » l'amaranthe. « Jodocus Greverus a compoſé un Traité particulier, où il fait une comparaiſon perpétuelle de la maniere de cultiver le grain Philoſophique. Le Lecteur curieux pourra y avoir recours. Je n'ajouterai donc plus au ſujet de l'éducation de Triptoleme, que ce que dit Flamel (*c*) : » Son pere eſt le Soleil, & ſa mere eſt

(*a*) Philoſoph. des Métaux.

(*b*) Can. 53.

(*c*) Deſir deſiré.

» la Lune ; c'est-à-dire, une substance chaude
» & une substance aqueuse. La Terre est sa Nour-
» rice. Il est nourri de son propre lait, c'est-à-
» dire du sperme dont il a été fait dès le com-
» mencement. L'enfantement arrive, quand le
» ferment de l'ame s'ajuste avec le corps ou terre
» blanchie. Il ne peut venir à sa perfection,
» s'il n'est nourri du lait, & s'il ne prend vi-
» gueur par le feu. C'est de lui qu'il est dit dans
» la Tourbe : *Honorez votre Roi qui vient du*
» *feu.* « Musée croyoit Triptoleme fils de l'Océan & de la Terre ; ce qui revient parfaitement à la génération de l'enfant Philosophique qui se forme de la terre & de l'eau mercurielle des Philosophes, appellée Mer, Océan par plusieurs d'entr'eux.

Triptoleme étant une personne feinte, ne sçauroit avoir été l'Instituteur des Thesmophories. J'aime bien mieux m'en tenir au témoignage d'Hérodote (a), qui dit que les filles de Danaüs les apporterent d'Egypte dans la Gréce, & les apprirent aux femmes Pélasges : *Danai filiæ ritum hunc* (Thesmophoria) *ex Ægypto attûlerunt, eoque Pelasgicas mulieres imbuerunt.* Les Auteurs qui ont avancé que Triptoleme en étoit l'Instituteur, l'ont dit sans doute dans le sens de ceux qui ont regardé Isis comme l'Institutrice des fêtes que les Egyptiens célébroient en l'honneur d'Isis même & d'Osiris ; c'est-à-dire, que Triptoleme étoit en partie l'objet qu'avoient eu en vûe les Instituteurs des Thesmo-

(a) In Euterpe.

phories en Gréce, comme Isis l'avoit été en Egypte.

Les Thesmophories étoient appellées Mysteres, à cause du secret qu'on exigeoit de ceux qui y étoient initiés. Herodote (*a*) nous apprend la retenue & le respect qui y étoit requis, par ces termes : *De Cereris quoque initiatione, quam Græci Thesmophoria vocant, à ferendis legibus, absit ut eloquar, nisi quatenus sanctum est de illa dicere.* Isis passoit aussi pour avoir donné des loix aux Egyptiens. On a dû voir dans le premier livre, que Danaüs mena d'Egypte une Colonie en Gréce, & qu'il étoit au fait de l'Art Hermétique. Les Mysteres Eléusiens étoient des plus sacrés chez les Payens. On raconte diverses raisons qui engageoient à les tenir secrets. Les Mysteres, dit Varron, se tiennent fermés par le silence & l'enceinte des murs où ils se passent. Par le silence, de maniere qu'il ne soit permis à qui que ce soit de les divulguer ; & ils doivent se passer dans l'enceinte des murailles, afin qu'ils ne soient vûs & connus que de certaines personnes. Thomas de Valois, dans son Commentaire sur la Cité de Dieu de S. Augustin (*b*), dit : » Trois raisons engageoient les Demons & » leurs Prêtres à faire un secret de leurs céré» monies. La premiere, parce qu'il eût été fa» cile de les convaincre de fourberie, si ces » cérémonies avoient été publiques, & que tout » le monde eût pu en raisonner. La seconde est » que ces Mysteres renfermoient l'origine de

(*a*) Loco citato. (*b*) Lib. 4. c. 31.

» leurs Dieux, & ce qu'ils avoient été en effet. » Quel avoit été, par exemple, Jupiter? quand » & comment on avoit commencé à l'adorer? » & ainsi des autres. Si l'on avoit divulgué tout » cela parmi le Peuple, il eût méprisé ces » Dieux prétendus, & la crainte qu'on leur en » inspiroit se fut évanouie; ce qui eût mis le » désordre dans l'Etat. Numa Pompilius regar» doit cette crainte si nécessaire, dit Tite» Live (a), qu'il recommandoit beaucoup de » la faire naître & de l'entretenir parmi le Peu» ple. La troisieme raison est qu'il se passoit » dans le secret, des choses dont le Peuple au» roit eu horreur, si elles étoient venues à sa » connoissance. On y sacrifioit des enfans & » des femmes enceintes, pour appaiser les De» mons, ou pour consulter, comme il arriva » à Jules César, suivant le rapport de Socrate (b). » Ce Prince fut dans la Ville de Carra voir un » Idolâtre qui sacrifioit en secret dans un Tem» ple, pour sçavoir l'issue de la guerre qu'il » vouloit entreprendre Il y trouva une femme » nue suspendue par les cheveux, les bras éten» dus, le ventre & la poitrine ouverts. On lui » fit examiner le foye, & il y vit la victoire » qu'il devoit remporter. «

Voilà, dit Valois, la vraie raison qui faisoit tenir ces Mysteres secrets; c'est elle qui avoit fait imaginer la statue d'Harpocrate, Dieu du silence, que l'on mettoit à l'entrée de presque tous les Temples où Isis & Serapis étoient ado-

(a) De Urbis Orig. lib. I. (b) Hist. Tripart.

rés. Saint Augustin en apporte une raison (*a*), d'après Varron. C'étoit, dit-il, afin qu'on se gardât bien de dire que ces Dieux avoient été des hommes. Ce saint Docteur avoit même dit au chapitre 3. que c'étoit un crime capital chez les Egyptiens, de dire qu'Isis étoit fille d'Inaque, & par conséquent une femme mortelle. Ces raisons de Valois paroissent assez probables, au moins pour les tems où les abus s'étoient glissés dans la célébration de ces Mysteres, & où l'Idolâtrie étoit montée à son comble. Mais peuvent-elles avoir lieu pour le tems de l'institution de ces cérémonies? Est-il à croire que dans les tems mêmes postérieurs, & dans le siecle d'Herodote, ces cérémonies fussent accompagnées de ces homicides exécrables? Si cela eût été, cet Auteur se seroit-il exprimé dans les termes que nous avons rapportés ci-devant? D'ailleurs il s'agit du fond des Mysteres Eléusiens, & non des abus accidentels que l'aveuglement & l'ignorance des intentions de l'Instituteur y ont introduits. Si l'on fait attention à toutes les circonstances de ces Mysteres, on sera bientôt convaincu que la seconde raison de Thomas Valois est l'unique qui ait engagé à ne les découvrir qu'aux Initiés, & à en faire un mystere à tout le reste du Peuple. Les deux autres raisons sont nées avec les abus mêmes. L'allégorie de Saturne qui avoit dévoré ses enfans, a fait que les superstitieux, prenant la fable à la lettre, s'imaginerent que des hommes immolés en son

(*a*) De Civ. Dei, lib. 18. c. 5.

honneur lui seroient plus agréables qu'aucune autre victime. Mars, le Dieu de la guerre, sembloit dans leur esprit ne devoir se plaire que dans le sang humain. Mais pouvoit-on avoir la même idée de la Déesse de l'agriculture, du Dieu du vin, & de la Mere de l'Amour & de la Volupté? L'intention de l'Instituteur pouvoit-elle être d'engager les Initiés dans la licence & le libertinage, puisqu'on exigeoit beaucoup de retenue, & même une chasteté assez sévere, des Mystes & des femmes qui présidoient aux solemnités de la Déesse Cérès. Les purifications & les ablutions qu'on y pratiquoit, doivent faire croire qu'on n'y étoit pas si dissolu que quelques Auteurs l'ont prétendu. N'a-t-on pas vû des Auteurs accuser les Chrétiens de la primitive Eglise d'adorer une tête d'âne, & même de plusieurs infamies exécrables, parce qu'ils faisoient leurs assemblées en secret, & qu'elles étoient un mystere pour les Payens? Les mots barbares de *Conx & om pax*, que M. le Clerc a interprêtés par *veiller & ne point faire de mal*, & que le Prêtre prononçoit à haute voix en congédiant l'assemblée, sont une espece de garant qu'il ne s'y passoit rien que de très-honnête & de très-décent.

Les Mysteres Eléusiens étoient de deux sortes, les grands & les petits; & pour être initié dans les uns & dans les autres, il falloit être capable de garder un grand secret. Les petits servoient de noviciat préliminaire avant d'être admis aux

(a) Bibliot. univ. Tom. VI.

grands. Les premiers se célébroient à Agra, près d'Athènes; les grands à Eléusis. Le tems de l'épreuve duroit cinq ans; il falloit garder la chasteté pendant tout ce tems-là. Après bien des épreuves, on devenoit *Mystes*, ou en état d'être *Epopte*, c'est-à-dire témoin des cérémonies les plus secrettes; & quoiqu'on fût Initié ou reçu Epopte, on n'étoit pas au fait de tout; car les Prêtres se réservoient la connoissance de beaucoup de choses.

La fête de l'initiation duroit neuf jours. Chaque jour avoit ses cérémonies particulieres : celles du premier, du second & du troisieme n'étoient que préparatoires; on peut les voir avec celles que l'on observoit pour la réception des Mystes & des Epoptes, dans le Tome II. pag. 467. & suiv. de la Mythologie de M. l'Abbé Banier. Le quatrieme, on faisoit traîner par des bœufs un chariot, dont les roues étoient sans rayons apparens, & faites à peu près comme un tambour. Des femmes marchoient à la suite de ce chariot, criant *bon jour*, *Mere Dio*, & portant des cassettes ou corbeilles dans lesquelles il y avoit des gâteaux, de la laine blanche, des grenades & des pavots. Il n'étoit permis qu'aux Initiés de regarder ce chariot, les autres étoient obligés de se retirer, même des fenêtres, pendant qu'il passoit. Le cinquieme, on marchoit toute la nuit, pour imiter, dit M. l'Abbé Banier, la recherche que Cérès fit de Proserpine, sa fille, après que Pluton l'eut enlevée. Le sixieme, on conduisoit d'Eléusis à Athènes la statue d'un grand jeune-homme, couronné de myrte, & portant un flambeau à la main. On accompagnoit cette statue, appellée *Iacchos*, avec de grands cris de joie, & des danses. Le septieme, le huitieme & le neuvieme étoient employés, ou à initier ceux qui ne l'avoient pas été, ou en actions de graces, ou en supplications que l'on faisoit à Cérès. Je suis surpris que M. le Clerc ait été chercher dans la Langue Phénicienne la signification d'*Iacchos*, puisqu'elle se présentoit tout naturellement dans la Grecque, où Ἰάχω veut dire *faire de grands cris*. Ce n'étoit cependant pas ce qu'on vouloit dire par ce terme-là, comme si l'on eût voulu s'exciter les uns & les autres à crier ; c'étoit plutôt comme si l'on eût dit : voilà Bacchus ; car Ἴακχος signifie Bacchus, ou Hymne à Bacchus. Quelqu'un s'imaginera sans doute que Bacchus étant regardé comme le Dieu du vin, l'une des plus belles productions de la terre, on avoit voulu le faire participant, ou du moins le mettre pour quelque chose dans les fêtes que l'on célébroit en l'honneur de Cérès, Déesse de l'agriculture. La raison paroît naturelle ; & il y étoit en effet, mais dans un autre sens, comme nous le verrons ci-après.

Tels étoient ces grands Mysteres de la Gréce, auxquels la Fable dit qu'Hercule & Esculape même voulurent être initiés. Le secret y étoit extrêmement recommandé, non comme l'ont prétendu M. le Clerc, Thomas Valois, Meursius & quelques Anciens, pour cacher les infamies & les crimes qui s'y commettoient ; mais parce qu'il renfermoit le dénouement de l'allégorie historique de Cérès, de sa fille, &c. & non pas parce qu'on y découvroit que Cérès & sa fille n'avoient été que deux femmes mortelles, quoiqu'en pensent M. l'Abbé Banier & plusieurs Mythologues, fondés sur ce que Ciceron (a) insinue que c'étoit leur humanité, le lieu de leurs sépulchres, & plusieurs autres choses de cette nature, que l'on ne vouloit point découvrir au Peuple.

Les fêtes en l'honneur de Cérès ayant été imitées de celles qui avoient été instituées en Egypte en l'honneur d'Isis, il faut par conséquent y chercher l'intention des Instituteurs. On convient d'ailleurs que Cérès & Isis sont la même personne, suivant le témoignage d'Herodote (b), qui dit aussi (c) que dans une fête d'Isis, on portoit sa statue sur un chariot à quatre roues. Le secret dont on faisoit mystere dans les fêtes de Cérès, devoit être le même que celui qui étoit recommandé, sous peine de la vie, aux Prêtres Egyptiens. Nous avons dit dans le premier livre en quoi consistoit ce secret; il est inutile de le répéter. Les Philosophes Hermétiques en font eux-mêmes un si grand mystere, qu'il est presque impossible de le découvrir, si Dieu, ou un ami de cœur ne le révéle, suivant ce qu'ils en disent eux-mêmes. Harpocrate en appuyant ses doigts sur sa bouche, annonçoit dès l'entrée du Temple le secret que l'on y gardoit. Les Initiés avoient seuls la permission d'entrer dans le sanctuaire de ces Temples. Un Crieur préposé pour cela, avoit soin d'annoncer aux Prophanes qu'ils

(a) Tuscul. Quæst. l. 1. c. 13.

(b) In Euterpe.

(c) In Melphone.

eussent à s'en éloigner. C'est de là sans doute que Virgile a dit dans une occasion à peu près semblable : *Procul ô procul este Prophani.* On avertissoit aussi publiquement que ceux qui se sentiroient coupables de quelques crimes, se gardassent bien d'assister même aux solemnités. Néron, quoiqu'Empereur, n'osa s'y présenter ; Antoine au contraire voulut s'y faire initier, pour prouver sa probité.

Comme il étoit défendu d'y recevoir aucun étranger, & que bien des gens de nom & de probité des autres pays demandoient à être initiés, on institua les petites Thesmophories, pour les satisfaire, & l'on prétend qu'Antoine ne fut reçu que dans celles-là. Les grandes étoient proprement celles de Cérès ou du secret ; les petites étoient celles de Proserpine : on ne découvroit point le vrai mystere à ceux qui n'étoient reçus que dans les petites ; l'on dit même qu'Hercule fut du nombre de ces derniers, comme si Hercule eût jamais été à Athènes. La raison qui empêchoit d'initier les étrangers dans les grandes, étoit, disoit-on, qu'on ne vouloit pas que ces secrets de la nature fussent connus dans les autres pays. Aussi les ignoroit-on presque par-tout ; non que ces solemnités & leurs cérémonies ne fussent connues, au moins en partie, & même pratiquées en plusieurs autres endroits : mais les étrangers, si l'on en excepte les Egyptiens, n'en avoient que l'écorce. Les Chrétiens mêmes en avoient connoissance, comme nous le voyons par ces paroles de S. Gregoire de Nazianze (a)

(a) Serm. de l'Epiph.

„ O

» On ne nous enleve point de Vierge ; Cérès » ne court pas vagabonde pour la chercher ; » elle ne nous amene point des Céléus, des » Triptolemes & des dragons ; elle souffre en » partie, & agit en partie : j'ai honte de mettre » au jour ces sacrifices nocturnes, & de faire » un mystere d'une infamie. Eléusis sçait très-» bien tout cela, de même que ceux qui assistent » à ces cérémonies, sur lesquelles on garde un » grand secret ; & en effet elles méritent bien » qu'on les ensevelisse dans le silence. «

N'étant pas au fait par eux-mêmes, & n'en étant instruits que par les bruits vulgaires, pouvoient-ils en juger autrement ? Après tout, soit que chaque Nation ait pris les Egyptiens pour modeles, soit de son propre mouvement, chacune a eu ses mystères, qu'il étoit défendu de divulguer parmi le Peuple. Valere Maxime (*a*) nous apprend que Tarquin, Roi des Romains, fit coudre Marcus Duumvir dans un sac de cuir, & le fit jetter dans la Mer, comme coupable de parricide, pour avoir donné à Petronius Sabinus le livre des secrets civils à transcrire, qu'on avoit confié à sa garde. Valere ajoute même qu'il avoit mérité cette punition, parce qu'on devoit faire subir la même peine à ceux qui se rendoient coupables envers les Dieux & envers leur pere. Ces livres avoient été composés par une vieille femme inconnue, ou Sibylle, & présentés à Tarquin le Superbe, selon que le rapporte Aulu-Gelle (*b*). Une certaine Vieille inconnue, dit cet Auteur,

(*a*) Lib. cap. 1. (*b*) Lib. 1.

fut trouver Tarquin le Superbe, & lui porta neuf livres, qu'elle disoit contenir les Oracles sacrés, & les lui offroit à acheter. Le Roi trouva le prix exorbitant, & se moqua d'elle. Alors elle fit faire du feu en présence du Roi, & brûla trois de ses volumes, en demandant au Roi s'il vouloit donner la même somme des six qui restoient. Il lui répondit, qu'elle radotoit sans doute. Elle en jetta trois autres au feu, & lui demanda de nouveau si les trois derniers lui feroient plaisir pour le même prix des neuf. Le Roi voyant la fermeté opiniâtre de cette Vieille, donna de ces trois derniers la somme qu'elle lui avoit demandé pour les neuf. La Vieille s'en fut, & ne reparut plus. On appella ces livres les Oracles de la Sibylle; on les ferma dans le lieu le plus sacré du Temple, & quinze personnes étoient députées pour les consulter toutes les fois qu'il s'agissoit d'interroger les Dieux immortels sur quelque événement de conséquence.

L'esprit de l'homme est fait de maniere que plus les choses sont cachées pour lui, plus elles piquent sa curiosité. Un Philosophe, nommé Numénius, ayant trouvé le moyen de découvrir ce que c'étoit que les Mysteres Eléusiniens, en publia le premier une partie par écrit. Macrobe (a) rapporte » que ce Philosophe en fut très-» aigrement repris en songe par Cérès & Pro-» serpine, qui se présenterent à lui habillées en » femmes de mauvaise vie, se tenant débout à » la porte d'un mauvais lieu. Numénius surpris

(a) Songe de Scipion.

„ de voir ces Déesses dans cet équipage, il leur
„ en témoigna son étonnement. Elles lui répon-
„ dirent en colere, qu'il leur avoit ôté leur
„ habit d'honnêtes femmes, & les avoit pros-
„ tituées à tous allans & venans.

Numénius ne fut pas le seul curieux; une infinité d'autres personnes, beaucoup de Philosophes, & bien d'honnêtes gens ont desiré sçavoir le fond de ces Mysteres; mais peu, si l'on en excepte les Prêtres & les Initiés, ont vû leur curiosité satisfaite. Et nous qui vivons dans un tems fort éloigné de celui-là, nous ne pouvons en juger que suivant le proverbe *Ex ungue æstimatur leo*; c'est-à-dire, que la connoissance qui nous a été transmise d'une partie de ces Mysteres, nous fait découvrir le tout. Par les signes, nous devinons la chose signifiée, & la cause, par ses effets.

Eumolpe, fils de Déiopes & de Triptoleme, fut, dit-on, le premier qui porta ces Mysteres à Athènes. On a vû dans le premier livre, que les Eumolpides venoient des Prêtres Egyptiens, & qu'ils étoient par conséquent initiés dans le secret qui leur avoit été confié. Ils furent donc les Auteurs de ces Mysteres de Cérès. Un argument bien convaincant sur cela est que tous les Prêtres appellés Hiérophantes, étoient Eumolpides, descendus de cet Eumolpe. Acésidore dit que le terrein d'Eléusis fut d'abord habité par des étrangers, ensuite par les Thraces, qui fournirent des troupes à Eumolpe, alors Hiérophante, pour faire la guerre à Erechtée. Androtius (*a*) nous apprend qu'Eumolpe eut un fils du même nom ; de celui-ci nâquit Antiphême ; d'Antiphême Musée, & Musée eut pour fils Eumolpe, qui institua les cérémonies que l'on devoit employer dans les Mysteres sacrés, & qu'il fut lui-même Hiérophante. Sophocles nous dit la raison qui donnoit aux Eumolpides la préférence sur tous les autres, pour présider au culte de Cérès & aux cérémonies des Mysteres Eléusiens. C'est, dit-il (*b*), que la langue des Eumolpides étoit une clef d'or :

Ὧν καὶ χρυσέα
Κλεῖς ἐπὶ γλώσσα βέβακε
Προσπόλων Εὐμολπιδᾶν.

CHAPITRE III.

Enlevement de Proserpine.

LES habitans d'Eléusis montroient encore l'endroit où Proserpine avoit été enlevée par Pluton, & celui où leurs femmes avoient commencé à chanter des Hymnes en l'honneur de Cérès. C'étoit près d'une pierre appellée *agelaste*, sur laquelle, disoient-ils, Cérès s'étoit assise, absorbée dans le chagrin que lui causoit la perte de sa fille. Auprès de cette pierre étoit un lieu nommé *Callichore*. Pour que ce prétendu

(*a*) Lib. 2. de Sacrif.
(*b*) In Œdipode, in Colono.

rapt de Proſerpine ne fût pas regardé comme une fable, les Eléuſiens aſſuroient qu'il s'étoit fait chez eux. Les Siciliens en diſoient autant de leur pays pour la même raiſon, ſuivant ce qu'en dit Ovide dans le quatrieme livre des Faſtes, & pluſieurs autres Poëtes. Ciceron (*a*) fait une fort belle deſcription du lieu de la Sicile, où Proſerpine fut enlevée en cueillant des fleurs. Mais les Eléuſiens & les Siciliens regardoient comme une hiſtoire véritable ce qui n'étoit qu'une allégorie fabuleuſe, puiſque l'Iſis d'Egypte, la même que Cérès, ne fut jamais à Eléuſis ni en Sicile; qu'elle n'eut point de fille du nom de Proſerpine; & qu'enfin, quoi qu'on en diſe, ſon enlevement n'eſt qu'une allégorie, non de la culture des terres ordinaires, mais de la culture du champ Philoſophique. Si cette hiſtoire n'étoit qu'une allégorie de la maniere de ſemer & de cueillir les grains, pourquoi faire un myſtere de ce que le dernier des Payſans ſçavoit parfaitement? D'ailleurs eſt-il croyable que dans le tems fixé pour le regne prétendu de Cérès en Sicile, & de ſon arrivée dans l'Attique, on ne ſçût pas cultiver la terre pour en recueillir les fruits? L'Ecriture Sainte nous prouve le contraire. En un mot, ſans entrer dans une diſſertation trop longue ſur ce ſujet, voyons ſeulement ce que c'étoit Pluton, le raviſſeur de Proſerpine; Proſerpine, elle-même, & Cérès ſa mere. Cette derniere faiſoit ſon ſéjour ordinaire en un lieu délicieux de la Sicile, nommé *Enna*, ou

(*a*) In Verrem.

fontaine agréable, suivant Ciceron (*loco citato*) & selon Brochart (*a*), où il y avoit de belles prairies arrosées de fontaines d'eau vive : suivant Diodore de Sicile, les violettes & autres fleurs y croissoient en grand nombre. Comparons l'idée que les Auteurs nous donnent du séjour de Cérès avec celle que les Philosophes nous donnent du lieu où habite la leur. Nous en avons déja rapporté une partie en traitant de Nysa, où Bacchus fut élevé : mais il est à propos d'en remettre la description sous les yeux du Lecteur. Homere (*b*) parle de la Sicile en ces termes :

> Sans le travail du soc, sans le soin des semailles,
> La terre fait sortir de ses riches entrailles
> Tous ses dons, arrosés aussi-tôt par les Cieux.

On pourroit comparer ce pays-là avec celui de Nysa, où des prairies émaillées des plus belles fleurs réjouissent la vûe & l'odorat ; où les fruits croissent en abondance, parce que le terrein est arrosé par des fontaines agréables d'eau vive.

Voici la description que fait le Cosmopolite de l'Isle des Philosophes. » Cette Isle est située » vers le Midi ; elle est charmante, & fournit » à l'homme tout ce qui peut lui être nécessaire » pour l'utile & l'agréable. Les Champs-élisées » de Virgile peuvent à peine lui être comparés. » Tous les rivages de cette Isle sont couverts de » myrtes, de Cyprès & de romarins. Les prai- » ries verdoyantes, & remplies de fleurs odo-

(*a*) Chan. liv. 1. chap. 28.

(*b*) Odyss. L. 9. v. 109.

(*c*) Parabola.

» rantes & de toutes couleurs, présentent un » coup-d'œil des plus gracieux, & font respirer » un air des plus suaves. Les collines sont dé- » corées de vignes, d'oliviers & de cèdres. Les » forêts sont composées d'orangers & de citron- » niers. Les chemins publics, bordés de lau- » riers & de grenadiers, offrent aux voyageurs » la douceur de leur ombre contre les ardeurs » du Soleil. On y trouve enfin tout ce qu'on » peut souhaiter. A l'entrée du jardin des Phi- » losophes se présente une fontaine d'eau vive, » très-claire, qui se répand par-tout, & l'arrose » tout entier, dit d'Espagnet (*a*). Tout auprès » se trouve des violettes, qui arrosées abondam- » ment par les eaux dorées d'un fleuve, pren- » nent la couleur du plus beau saphir. On y voit » ensuite des lys & des amaranthes. «

Voilà *Enna*, où sont des fontaines agréables d'eau vive, où l'on voit des prairies dans lesquelles naissent des violettes & des fleurs de toutes especes. C'est dans ces lieux admirables, que Proserpine, en se promenant avec ses compagnes, cueillit une fleur de narcysse, lorsque Pluton l'enleva pour en faire son épouse, & partager avec elle l'Empire des Enfers. Quelle idée nous présente-t-on de Pluton? Tous les noms qu'on lui a donné inspirent l'horreur, la tristesse; ils signifient tous quelque chose de noir, de sombre; on nous le représente, en un mot, comme le Roi de l'Empire ténébreux de la mort, & néanmoins comme le Dieu des richesses. Son

(*a*) Can. 52. & 53.

nom *Ades*, ſignifioit *perte*, *mort*. Les Phéniciens l'appelloient *Muth*, qui veut dire *mort*. Les Latins le nommoient *Sumanus*; les Sabins *Soranus*, terme qui a du rapport avec *cercueil*; d'autres, *Orcus*, *Argus*, *Februus*. On lui mettoit des clefs à la main, au lieu du ſceptre; on lui offroit des ſacrifices de brebis noires. Les Grecs enfin le nommoient *Pluton* ou *Plouton*, de πλοῦτος, Dieu des richeſſes.

Comment les Philoſophes s'expriment-ils au ſujet de leur Pluton, après cette belle deſcription du pays Philoſophique? Il faut, diſent-ils, enlever une Vierge belle, pure, aux joues vermeilles (*a*), & la marier. Joignez la belle Beja avec Gabertin : après leur union, ils deſcendront dans l'empire de la mort. On n'y verra qu'horreur & ténebres; la robe ténébreuſe ſe manifeſtera : notre homme avec ſa femme ſeront enſevelis dans les ombres de la nuit. Cette noirceur eſt la marque de la diſſolution; & cette diſſolution (*b*) eſt appellée par les Philoſophes, *mort*, *perte*, *deſtruction* & *perdition*. Auſſi a-t-on voulu faire venir *Ades*, un des noms de Pluton, du mot Phénicien *Ed* ou *Aiid*, qui ſignifie *perte*, *deſtruction*. De là, continue Flamel, ſont ſorties tant d'allégories ſur les morts, tombes & ſépulchres. Quelques-uns l'ont nommée *putréfaction*, *corruption*, *ombres*, *gouffre*, *enfer*.

Que veut-on de plus précis? Toutes les circonſtances de ce rapt indiquent celles de la diſſo-

(*a*) D'Eſpagnet, Can. 58. Synéſius, Artephius, la Tourbe, &c.

(*b*) Flamel, Explicat. des figur. hiérogl.

lution des Philoſophes. Proſerpine cueille des fleurs avec les filles de ſa ſuite. Pluton la voit, l'enleve, & part dans le moment ſur ſon char attellé de chevaux *noirs*. Il rencontre un *lac* près duquel étoit la Nymphe *Cyanée*, qui veut arrêter ſon char; mais Pluton d'un coup de ſceptre s'ouvre un chemin, qui le conduit aux *Enfers*. La Nymphe déſolée fond en pleurs, & eſt changée en eau. Cérès eſt la terre des Philoſophes, ou leur matiere : Proſerpine, ſa fille, eſt la même matiere encore volatile, mais parvenue au blanc; ce que nous apprend ſon nom Phéréphata, du grec φέρω, *je porte*, & de φάω, *je luis*, ou Φαὸς, *lumiere*, comme ſi l'on diſoit je porte la lumiere; parce que la couleur blanche indique la lumiere, & qu'elle ſuccede à la couleur noire, ſymbole de la nuit. Ce noir eſt même appellé de ce nom par les Philoſophes, comme on peut le voir dans leurs Ouvrages, particulierement dans celui du Philaléthe, qui a pour titre, *Enarratio Methodica trium Gebri, Medicinarum*, pag. 48. Edit. de Londres 1648. où il appelle la matiere Philoſophique devenue noire, *la noirceur de la nuit*, *la nuit même*, *les ténebres*; & la matiere ſortie de la noirceur, *le jour*, *la lumiere*. Ce Phéréphata Philoſophique mis dans le vaſe avec ſa mere, pour faire l'élixir, ſe volatiliſe, & produit différentes couleurs. Ces parties qui ſe volatiliſent avec elles, ſont les filles de ſa ſuite : la Fable dit qu'elle cueilloit des narciſſes, parce que le narciſſe eſt une fleur blanche, & que cette blancheur diſparoiſſant, le narciſſe eſt cueilli. Pluton l'enleve dans ce moment, & prend le chemin de l'Enfer. Avant que la couleur noire paroiffe dans cette feconde opération, plufieurs autres couleurs fe fuccédent; la célefte ou bleuâtre fe manifefte; elles deviennent enfuite plus foncées, & femblent un chemin qui conduit au noir: c'eft pourquoi la Fable dit que Pluton arriva près d'un lac, & y rencontra la Nymphe Cyanée, du grec Κύανος, *bleuâtre*. L'eau mercurielle renfermée dans le vafe n'eft-elle pas un vrai lac? Le raviffeur de Proferpine n'a point d'égard aux prieres de la Nymphe Cyanée, & d'un coup de fceptre il s'ouvre un chemin aux Enfers; n'eft-ce pas la matiere devenue bleuâtre, qui continue de prendre une couleur plus foncée jufqu'au noir qui lui fuccede? Alors la Nymphe fond en pleurs, & fe trouve changée en eau, c'eft-à-dire que la diffolution de la matiere en eau eft parfaite, & la Nymphe Cyanée difparoît avec la couleur bleue.

Voilà donc Proferpine arrivée dans l'Empire ténébreux de Pluton. Elle y regne avec lui, & ne reviendra voir fa mere qu'au bout de fix mois. En attendant que fon retour nous donne lieu de l'expliquer, fuivons la mere dans fes recherche.

Cérès informée du rapt de fa fille, la cherche par mer & par terre. Elle arrive enfin auprès du lac de la Nymphe Cyanée; mais la Nymphe fondue en pleurs & changée en eau, ne pouvoit plus lui en donner des nouvelles. Elle apperçut le voile de fa fille qui flottoit fur l'eau, & jugea par-là que le raviffeur y avoit paffé. Aréthufe, Nymphe d'une fontaine de même nom, dont les eaux s'écoulent dans les lieux voisins du Styx, confirma Cérès dans son idée, & voulut consoler cette mere affligée, en lui apprenant que sa fille étoit devenue l'épouse du Dieu des Enfers.

A cette nouvelle, Cérès monte sur son char, traverse l'air, va trouver Jupiter, & lui demande sa fille, qui étoit aussi la sienne. Jupiter consent qu'elle lui soit rendue, pourvû qu'elle n'ait pas même goûté des fruits qui naissent dans les Enfers. Mais Ascalaphe, qui seul lui avoit vû cueillir une grenade, dont elle avoit mangé trois grains, n'eut pas la discrétion de le taire. Jupiter ordonna donc que Proserpine demeureroit six mois avec son mari, & six mois avec sa mere.

Cérès satisfaite du jugement de Jupiter, partit pour Eléusis. Arrivée près de cette Ville, elle s'assit sur une pierre, pour se reposer de ses fatigues, & fut ensuite trouver Eléusis, pere de Triptoleme, qu'elle nourrit, & lui enseigna l'art de semer & de cueillir les grains. Il n'est plus question de Proserpine, & la Fable ne dit pas que Cérès l'ait revûe depuis son voyage d'Eléusis.

Nous avons vû Cérès enfermée dans le vase avec sa fille Phéréphata; la mere la cherche par mer & par terre, parce qu'il y a de l'eau & de la terre dans le vase. Cette eau forme le lac Cyanée, sur lequel Cérès voit flotter le voile de sa fille, c'est-à-dire une petite blancheur qui commence à paroître à mesure que la couleur noire s'éclaircit. » J'ai fait peindre un champ

» azuré & bleu, dit Flamel (*a*), pour montrer » que je ne fais que commencer à ſortir de la » noirceur très-noire : car l'azuré & bleu eſt » une des premieres couleurs que nous laiſſe » voir l'obſcure femme, c'eſt-à-dire, l'humidité » cédant un peu à la chaleur & ſéchereſſe.... » la femme a un cercle blanc en forme de rou» leau à l'entour de ſon corps, pour te mon» trer que notre *rebis* commencera à ſe blanchir » de cette façon, blanchiſſant premierement » aux extrémités, tout à l'entour de ce cercle » blanc. « Voilà le lac Cyanée, avec le voile de Proſerpine qui flotte ſur ſes eaux. Cérès juge que le raviſſeur s'eſt échappé par ce lac, & la Nymphe Aréthuſe lui apprend que ſa fille eſt épouſe du Dieu des Enfers. Suivant ce que nous venons d'apprendre de Flamel, Cérès ne pouvoit s'y tromper. D'ailleurs la couleur de l'eau un peu rougeâtre orangée, tout auprès de la liſiere de ce cercle, indiquée par la Nymphe Aréthuſe, la confirme dans ſon idée. Car, ſuivant Guido de Monte (*b*), » le ſigne que la couleur » noire commence à diſparoître, que le jour va » ſuccéder à la nuit, & que la premiere blan» cheur ſe manifeſte, eſt quand l'on voit un » certain petit cercle capillaire, c'eſt-à-dire paſ» ſant ſur la tête, qui paroîtra à l'entour de la » matiere aux côtés du vaiſſeau, en couleur » dans ſes bords tirant ſur l'orangé. « Le nom de la Nymphe annonce aſſez cette couleur, puiſqu'il vient du grec Ἄρης, *fer*, θύω, *je ſuis*

(*a*) Loco citato.

(*b*) Scala Philoſoph.

agité. La volatilisation ne se fait que par l'agitation des parties, & la dissolution du fer dans l'eau donne une couleur orangée. On dit aussi que les eaux de la fontaine du même nom coulent auprès de celles du Styx, parce qu'on suppose que le Styx est un des fleuves de l'Enfer, signifié par la couleur noire.

Cérès, après ces nouvelles, monte sur son char, traverse les airs, & va trouver Jupiter; c'est cette volatilisation de la matiere qui commence alors à monter dans l'espace du vase occupé par l'air. Elle demande sa fille à Jupiter, ou cette couleur grise qui succede à la noire. A la grise succede la blanche, que nous avons dit être Proserpine ou Phéréphata; ce qui a fait dire qu'elle étoit fille de Cérès & de Jupiter. Ce Dieu consent à son retour, à condition qu'elle aura gardé une exacte abstinence depuis qu'elle étoit dans les Enfers; mais Ascalaphe dit qu'elle a mangé trois grains de grenade. Jupiter avoit raison, & Ascalaphe étoit le seul qui pouvoit accuser Proserpine; car dès que la couleur rouge, indiquée par les trois grains de grenade, commence à se manifester sur le blanc, elle ne peut plus se retrograder; le rouge se fortifiera de plus en plus. Pourquoi Ascalaphe est-il l'accusateur? C'est que le commencement du rouge est orangé, & qu'Ascalaphe est fils de Mars, suivant ce qu'en dit Homere, & le Mars des Philosophes est le commencement de la couleur rouge:

His imperabant Ascalaphus & Jalmenus filii Martis
Quos peperit Astyoche in domo Actoris Azidæ,
Iliad. l. 2. vers 112.

Ces deux vers prouvent parfaitement ce que nous venons de dire ; car Astyoché étoit fille de Phalente, de Φαλὸς, *clair*, *blanc*, rocher qui paroît dans la mer. Aussi Astyoché mit au monde Ascalaphe dans la maison d'Actor Azide, c'est-à-dire sur le rivage précieux, d'Ἀκτὴ, *rivage*, & Ἄξιος, *précieux*, *estimable* ; Il signifie aussi *de vil prix* : ce qui convient en tout au magistere des Philosophes, précieux infiniment par ses propriétés, & de vil prix quant à la matiere dont il est composé. Ascalaphe indique par lui-même l'état de la matiere, puisqu'il signifie dur au toucher, d'Ἀσκάλος ἀφῆ.

Cérès contente part pour Eléusis, & se repose de ses fatigues sur une pierre appellée *agelaste*. N'est-ce pas la terre Philosophique, qui après s'être élevée au haut du vase, en se volatilisant, retombe au fond où elle se fixe & se ramasse en un tout, signifié par *agelaste*, d'Ἀγελαζω, *assembler*. Cérès va ensuite trouver Eléusis, dont elle nourrit le fils Triptoleme. Nous avons expliqué cette visite de Cérès & le reste de son histoire. Quant à la pierre que l'on montroit près de Callichore, en témoignage de la venue de Cérès dans l'Attique, on sçaura une fois pour toutes, que de telles pierres sont toujours des signes hiéroglyphiques de la fixité de la matiere. Telle est celle que Saturne dévora & rendit, qui fut déposée sur le Mont-Hélicon ; celle dont Mercure tua Argus ; celle que Cadmus jetta au milieu des hommes armés nés des dents du dragon qu'il avoit semées ; celle ou Pyrithoüs se reposa dans sa descente aux Enfers ; celle que Sisyphe roule sans cesse, &c.

Revenons à nos Thesmophories. Louis Vives (*a*) ajoute les images des Dieux aux choses qui étoient portées dans les solemnités par des vierges & des femmes. Le grand Hiérophante portoit la représentation du *Créateur* ; le Porte-flambeau avoit celle du *Soleil* ; le Ministre de l'Autel, celle de la *Lune* ; & celui qui étoit chargé d'annoncer la solemnité au Peuple, portoit celle de *Mercure*.

Examinons le tout par parties. Le quatrieme jour de la fête, des bœufs traînoient par les rues un chariot, dont les roues étoient faites comme des tambours. Pourquoi par des bœufs ? & pourquoi cette forme de roues ? C'est que le bœuf ou le taureau étoit l'hiéroglyphe de la matiere de l'Art chez les Egyptiens, & que cette matiere réduite en mercure, conduit tout l'œuvre. Les roues étoient faites en tambour, parce qu'elles représentoient la forme du matras Philosophique, que Flamel compare à un écritoire. » Ce vaisseau de terre, dit-il (*b*), fait en » forme de fourneau, est appellé par les Philosophes le triple vaisseau ; car dans son milieu il y a un étage, sur lequel il y a une » écuelle pleine de cendres tiedes, dans lesquelles est posé l'œuf Philosophique, qui est » un matras de verre, que tu vois peint en » forme d'écritoire, & qui est plein des confections de l'Art. « Ces roues représentoient même le fourneau qui doit être fait en forme de Tour. Or un tambour débout sur son plat, res-

(*a*) In lib. 7. c. 20. August. de Civ. Dei.
(*b* Explicat. de ses fig. hiérogl.

ſemble à une Tour. On ne dit point ce qu'il y avoit ſur ce chariot couvert ; mais ce que des femmes portoient à ſa ſuite, l'indique aſſez. C'étoient des gâteaux, de la laine blanche, des grenades & des pavots. Le chariot étoit couvert, non pas tant pour cacher ce qu'il y avoit dedans, que pour marquer que le vaſe devoit être ſcellé hermétiquement, & ſignifier l'obſcurité ou la couleur noire qui arrive à la matiere : c'eſt pourquoi le jour n'y entroit par aucune ouverture. A ſa ſuite étoient ces femmes, & non dedans, parce qu'elles portoient des gâteaux de farine, & de la laine blanche, pour indiquer que la couleur noire avoit précédé la blanche, qu'elles montroient dans leurs corbeilles d'or. Les grenades venoient enſuite, pour ſignifier la grenade Philoſophique qu'avoit mangé Proſerpine. Enfin paroiſſoit le pavot, derniere couleur qui ſurvient à la matiere, comme le dit Pythagoras (*a*) : » Il ſe leve de trois parts kuhul noir, » puis lait blanc, ſel fleuri, marbre blanc, » étain, lune ; & des quatre parts ſe levent » airain, rouille de fer, ſafran, grenade, ſang » & pavot. Et la Tourbe : Sçachez que notre » œuvre a pluſieurs noms, ſuivant ſes différens » états, leſquels nous voulons décrire : magnéſie, kuhul, ſoufre, gomme, lait, marbre, » ſafran, rouille, ſang, pavot, & or ſublimé, » vivifié & multiplié, teinture vive, élixir & » médecine, &c. Brimellus, *ibid.* Prenez la » matiere que chacun connoît, & lui ôtez ſa

(*a*) La Tourbe.

» noirceur,

» noirceur, & puis lui fortifiez ſon feu à tems, » & il viendra diverſes couleurs ; le premier » jour ſafran ; le ſecond, comme rouille ; le » troiſieme, comme pavot du deſert ; le qua- » trième, comme ſang fortement brûlé ; alors » vous avez tout le ſecret. « On défendoit à tout profane de regarder ce chariot & ſa ſuite, parce que tout l'œuvre y étoit indiqué hiérogly- phiquement, & que l'on craignoit que quelque profane ne le devinât.

Le cinquieme jour on marchoit toute la nuit dans les rues ; c'eſt qu'après avoir pour ainſi dire enſeigné, par la proceſſion de la veille, la théorie de l'œuvre, on venoit le lendemain à inſtruire de la pratique. Cette proceſſion nocturne indi- quoit plus clairement que le chariot couvert, ce qui ſe paſſe pendant que la couleur noire occupe la matiere ; & c'eſt le tems, comme nous l'avons dit, où Cérès cherchoit Proſerpine.

Le ſixieme, on conduiſoit d'Eléuſis à Athênes la ſtatue d'un grand jeune-homme couronné de myrte, & portant à la main droite un flambeau. On l'appelloit *Iacchos*. On l'accompagnoit avec de grands cris de joie, & des danſes. Ce jeune- homme étoit l'enfant Philoſophique, le fils de Sémelé, Bacchus même, qui, ſuivant Hero- dote (*a*), gouverne les Enfers conjointement avec Cérès, parce que l'un eſt la partie fixe ignée de la matiere, & l'autre la partie humide & vo- latile : *Inferorum principatum tenere Cererem & Bacchum Ægyptii aïunt*. La veille, tout ſe fai-

(*a*) In Euterpe, ch. 123.

ſoit dans l'obſcurité de la nuit : le lendemain Bacchus ſembloit naître ; on l'avoit regardé preſque comme perdu dans les cendres de ſa mere ; tout le monde étoit dans la triſteſſe ; mais dès qu'il paroît avec les marques de la victoire qu'il vient de remporter ſur les horreurs du tombeau, & qu'il porte la couronne de myrte, il répand la joie dans tous les cœurs : chacun s'empreſſe de la faire voir en criant *Iacchos*, *Iacchos*, voilà Bacchus, voilà Bacchus. Le flambeau qu'il porte à la main, ſignifie bien qu'il a chaſſé les ténebres. Les danſes que l'on fait à ſa ſuite, ſont la circulation des parties volatiles avant leur fixation.

Nicolas Flamel a ſuivi l'idée de ces proceſſions pour former ſes figures hiéroglyphiques du Charnier des Saints Innocens de Paris, où pour indiquer la ſuite des opérations & la ſucceſſion des couleurs, il a fait peindre des hommes & femmes en proceſſion, habillés de différentes couleurs, avec cette inſcription :

Moult plait à Dieu proceſſion
S'elle eſt faite en dévotion.

Enfin les repréſentations du Créateur, que portoit le grand Hiérophante, indiquoit que Dieu étoit l'Auteur de tout, qu'il avoit mis lui-même dans la matiere du grand œuvre ou médecine dorée, les propriétés qu'elle a ; qu'il en eſt l'auteur, & que puiſqu'il a daigné donner la connoiſſance de cette matiere & de la maniere de la travailler, c'eſt à lui ſeul qu'il faut en rendre graces, & non au Soleil, à la Lune & à Mercure, qui ne ſont que des noms donnés aux différens ingrédiens qui compoſent cette médecine. Nous avons fait voir qu'Oſiris ou le Soleil étoit chez les Egyptiens l'hiéroglyphe de la partie fixe; Iſis ou la Lune, celui de la partie volatile, & que Mercure n'avoit été ſuppoſé par eux le conſeil d'Iſis, que parce que le mercure Philoſophique fait tout, & que ſans lui on ne peut rien faire. Le Soleil eſt ſon pere, & la Lune ſa mere, & le mercure contient l'un & l'autre, diſent les Philoſophes.

Les Poëtes ont ajouté à la fable de Proſerpine, qu'elle avoit eu un fils qui avoit la forme d'un Taureau; & que Jupiter, pour avoir commerce avec elle, s'étoit métamorphoſé en Dragon : ils diſent auſſi que le Taureau étoit pere de ce Dragon; de maniere qu'ils étoient pere l'un de l'autre; ce qui paroît d'abord un paradoxe des plus outrés. Comment en effet le fils peut-il être pere de ſon propre pere? J'en appelle aux Mythologues pour m'expliquer un fait ſi inouï, & en même-tems inaccordable à leur ſyſtême d'hiſtoire ou de morale. C'eſt cependant une choſe qui ſe paſſe dans le grand œuvre; & rien n'eſt ſi commun dans les traités des vrais Philoſophes, que ces paradoxes apparens. Rien au monde de ſi inintelligible que cela; preuve que ceux qui en ont été les inventeurs, ont voulu cacher quelque choſe ſecrette ſous une allégorie auſſi difficile à expliquer.

Que Cérès ait eu Phéréphata de Jupiter, ſon pere ou ſon grand-pere, il n'y a rien contre la nature; que Jupiter eût eu un fils de Proſerpine, ſa petite-fille, rien encore d'extraordinaire : ce ſont deux inceſtes attribués à Jupiter; on lui en a ſuppoſé bien d'autres. Mais que pour jouir de Proſerpine, il prenne la forme d'un Dragon, & que de ce commerce il en naiſſe un Taureau, pere de ce même Dragon, je ne vois pas d'autres moyens d'accorder tout cela, que de dire avec Hermès (*a*) : » Vous qui voulez parfaire l'Art, » joignez le fils de l'Eau, qui eſt Jupiter, à » Buba, & vous aurez le ſecret caché. L'Auteur du Roſaire : » On ne peut rien faire de mieux » dans le monde, que de me marier avec mon » fils. Joignez-moi donc avec ma mere, atta- » chez-moi à ſon ſein, gardez-vous de mêler » avec nous quelque choſe d'étranger, & con- » tinuez l'œuvre; car rien ne s'unit mieux que » les choſes de même nature. Ma mere m'a en- » gendré, & je l'engendre à mon tour. Elle » commence par prendre l'empire ſur moi; » mais je dominerai ſur elle, car je deviens le » perſécuteur de ma propre mere, avant que » j'en aye reçu des aîles. Malgré cela, la nature » parle toujours en elle; elle me nourrit, elle » a tous les ſoins du monde de moi : elle me » porte dans ſon ſein juſqu'à ce que j'aye atteint » un âge parfait. Flamel : Remettez l'enfant » dans le ventre de ſa mere qui l'a engendré, » alors il deviendra ſon propre pere. Raymond » Lulle (*b*) : Il faut inhumer la mere dans le » ventre du fils qu'elle a engendré, afin qu'il » l'engendre à ſon tour. »

(*a*) Sept. Chap. ch. 4. (*b*) Codicille, ch. 14.

On a déja vû ce qu'on doit entendre par les Dragons & les Taureaux. Toute l'explication de cette parenté consiste par conséquent à sçavoir qu'il y a une unique matiere du Magistere, composée néanmoins du volatil & du fixe. Le Dragon aîlé & la femme indiquent le volatil, & le Dragon sans aîle avec le Taureau sont les symboles du fixe. Le mercure Philosophique ou dissolvant des Philosophes se compose de cette matiere, que les Philosophes disent être le principe de l'or. L'or des Sages naît de cette matiere; elle est par conséquent sa mere : dans les opérations de l'œuvre, il faut mêler le fils avec la mere; alors le fils, qui étoit fixe & désigné par le Dragon sans aîle, fixe aussi sa mere, & de cette union naît un troisieme fixe, ou le Taureau. Voilà le Dragon pere du Taureau. Qu'on refasse le mêlange de ce nouveau né avec la femme, ou la partie volatile dont il a été tiré, alors il en résultera le Dragon sans aîle, qui deviendra fils de celui qu'il a engendré; parce que la matiere crue est appellée Dragon avant sa préparation, & dans le tems de chaque disposition ou opération de l'œuvre. Ce qui a fait dire à Arisléus (*a*) : » La pierre est une mere qui conçoit » son enfant, & le tue & le met dans son ven» tre.... après il tue sa mere & la met dans son » ventre, & la nourrit..... C'est l'un des plus » grands miracles dont on ait ouï parler; car la » mere engendre le fils, & le fils engendre sa » mere & la tue. « C'est-à-dire, que l'or se dis-

(*a*) La Tourbe.

ſout dans le diſſolvant volatil des Philoſophes, dont il eſt tiré; c'eſt alors la mere qui tue ſon enfant. Cet or en ſe fixant fixe ſa mere avec lui; voilà l'enfant qui engendre ſa mere, & la tue en même-tems, parce que de volatile qu'elle étoit, il l'engendre en fixité; & fixer le volatil, c'eſt le tuer. Voilà tout le myſtere de ce paradoxe découvert.

Mais pourquoi portoit-on les repréſentations du Soleil, de la Lune & de Mercure? nous l'avons dit ci-devant; il faut cependant l'expliquer un peu plus au long. Ceux qui ont voulu parler les premiers allégoriquement de la médecine dorée, & de la matiere dont elle ſe fait, ont dit que cette matiere étoit commune, & connue de tout le monde; & comme il n'y a rien dans l'Univers de ſi connu que le Soleil & la Lune, auxquels les Egyptiens donnoient les noms d'Oſiris & d'Iſis, ils ont pris ces deux Planettes pour ſignes hiéroglyphiques de la matiere du grand œuvre, parce que la couleur blanche de la Lune & le jaune-rouge du Soleil convenoient d'ailleurs aux couleurs qui ſurviennent ſucceſſivement à cette matiere dans les opérations. On ne doit pas s'imaginer qu'ils les ayent pris pour hiéroglyphes de l'or & de l'argent vulgaires, ſi ce n'eſt rélativement, & comme on dit *ſecundario*. Il falloit employer des choſes connues pour être ſignes de choſes inconnues, ſans quoi on auroit ignoré l'un & l'autre. Ils ajoutoient enſuite Mercure comme le miniſtre, parce qu'il eſt le *fac totum* de l'œuvre, & le milieu au moyen duquel on unit les teintures du Soleil & de la

Lune, comme le disent les Philosophes. D'ailleurs le Mercure est comme le fils de la matiere indiquée par le Soleil & la Lune; ce qui a fait dire à Hermès (a): *Le Soleil est son pere, & la Lune sa mere.* L'image du Soleil marquoit donc la force active du sujet Philosophique, & la Lune la force passive, c'est-à-dire l'agent & le patient, le mâle & la femelle tirés de la même racine; deux en nombre, différens seulement par leur forme & leurs qualités, mais d'une même nature & d'une même essence; comme l'homme & la femme, dont l'un dans la génération est agent; l'autre patient; l'un chaud & sec, l'autre froid & humide. Le Mercure étoit comme le sperme des deux réunis. C'est dans ce sens que tous les Philosophes en ont parlé, comme on peut en juger par les textes suivans. » Le Soleil, » dit l'Auteur du Rosaire, est le mâle, la Lune » est la femelle, & Mercure le sperme; car pour » qu'il se fasse une génération, il faut joindre » le mâle avec la femelle, & de plus qu'ils » donnent leur semence. « Raymond Lulle (b): » Cuisez également votre œuvre avec résidence » & constance; & faites votre composé des cho- » ses qui doivent y entrer, sçavoir: du Soleil, » de la Lune & du Mercure. Le Rosaire: Je » vous déclare que notre Dragon, le Mercure, » ne peut mourir qu'avec son frere & sa sœur, » & avec un seul, mais avec les deux: le frere » est le Soleil, & sa sœur est la Lune. «

Ces façons de parler des Philosophes, nous

(a) Table d'Emeraude. (b) Theor. Test. c. 47.

annoncent assez ce que nous devons penser de ces représentations du Soleil, de la Lune & de Mercure. Ce dernier texte de l'Auteur du Rosaire explique même ceux qui sont au fait de l'œuvre, comment il faut entendre la filiation & la paternité réciproques du Dragon & du Taureau.

CHAPITRE IV.

Adonis, & son Culte.

ADONIS fut le fruit de l'inceste de Cinyras avec sa fille Myrrha. Cette fille fut trouver son pere pendant la nuit, & y fut conduite par sa Nourrice. Cinyras ayant joui de Myrrha, voulut voir cette beauté que la Nourrice lui avoit tant vantée : il reconnut sa fille; la fureur le saisit, il voulut la tuer; mais Myrrha profita de l'obscurité de la nuit pour se sauver, & se retira en Arabie, où elle mit au monde Adonis. Les Nymphes du voisinage le reçurent à sa naissance, le nourrirent dans un antre, & prirent soin de son éducation. Vénus en devint si éperduement amoureuse, que Mars devenu jaloux, engagea Diane à susciter un sanglier furieux pour le venger. Adonis à la chasse voulut poursuivre cet animal, qui se sentant blessé, tourna sa fureur contre l'auteur de son mal, & lui donna dans l'aîne un coup de défense si violent, qu'il jetta par terre Adonis mourant. Vénus l'ayant apperçu baigné dans son sang, accourut à son secours,

Passant auprès d'un rosier, elle fut piquée par une de ses épines, & le sang qui sortit de sa blessure teignit en rouge les roses, qui étoient blanches auparavant. Vénus continua son chemin, & fit tout son possible pour rendre la vie à son Amant; mais ne pouvant y réussir, elle le changea en une fleur, que quelques-uns appellent *anemone*, dont Ovide désigne simplement la couleur rouge, en la comparant à la grenade :

. . . . Nec plena longior hora
Facta mora est, cum flos de sanguine concolor ortus;
Qualem quæ lento celant sub cortice granum
Punica ferre solent.

Metam. l. 10.

A peine Adonis eut-il paru dans le Royaume de Proserpine, que cette Déesse fut éprise pour lui des mêmes feux que Vénus conservoit encore. Celle-ci désolée de la perte qu'elle en avoit faite, demanda à Jupiter son retour sur la terre; Proserpine ne vouloit pas le rendre. Jupiter laissa la chose à décider à la Muse Calliope, qui pour accorder ces deux Déesses, jugea qu'elles en jouiroient alternativement l'une & l'autre pendant six mois.

Encore un inceste que la Fable nous met devant les yeux; Ovide (*a*) s'est exercé à le décrire avec tout ce que la Poësie a de plus agréable, & avec tout ce dont un tel sujet étoit susceptible : mais ceux qui ont voulu adapter ce fait à l'his-

(*a*) Loco citato.

toire, & qui ont pris pour fondement le récit de ce Poëte, n'ont pas fait sans doute attention qu'il le regardoit lui-même comme une fiction pure, puisqu'il commence ainsi :

Dira canam, procul hinc natæ, procul este parentes :
Aut mea si vestras mulcebunt carmina mentes
Desit in hac mihi parte fides, nec credite factum.

Aussi M. l'Abbé Banier avoue-t-il (*a*) que c'est une fable bien mystérieuse, & une énigme qu'on seroit très-embarrassé d'expliquer dans tous ses points : d'où il conclut qu'il est aisé de juger qu'elle est mêlée d'Histoire & de Physique. Il est peu de fables dont certaines circonstances ne mettent cet Auteur dans le même embarras ; & c'est envain qu'il fait ses efforts pour prouver qu'Adonis n'est pas le même qu'Osiris. Je dis plus : il est le même qu'Apollon & que Bacchus. Orphée nous apprend qu'il se plaît dans la diversité des noms, qu'il est mâle & femelle, ce qu'on dit aussi de Bacchus, & qu'enfin Adonis est celui qui donne la vie à tous les mixtes :

Qui cunctis alimenta refert, prudentia cujus
Plurima, qui vario lætaris nomine Adoni :
Germinum & idem auctor pariter puer atque puella.
Hymno in Adonim.

Ce dernier trait doit être encore pour M. l'Abbé Banier, M. le Clerc, M. Selden & tant d'autres,

(*a*) Myth. Expliquée, Tom. I. pag. 549.

un myſtere bien difficile à dévoiler. Comment l'ajuſter à l'hiſtoire ? Voyons ſi la Philoſophie Hermétique ſera plus heureuſe à mettre cette fable dans ſon véritable jour. Quant à l'inceſte du pere & de la fille, pris en lui-même, nous l'avons déja expliqué dans plus d'un chapitre, & nous avons rapporté quantité de textes des Philoſophes, où l'on a vû de ſemblables inceſtes. Paſſons maintenant en revûe toutes les circonſtances de cette fable.

Qu'eſt-ce que Myrra ? Qu'eſt-ce que Cinyras ? Myrra vient de μύρω, *je coule, je diſtille* ; & Cinyra, de Κινύρομαι, *pleurer, ſe lamenter* ; d'où l'on a fait κινύρα, *inſtrument triſte & mélancolique*. Myrra doit donc être regardé comme ſignifiant eau, ou gomme, ou quelque ſubſtance liquide. C'eſt ce qui a déterminé l'Auteur de cette fable, à faire alluſion à la myrrhe, qui ſe dit μύῤῥα en grec, de μύρον, *parfum*, venu lui-même de μύρω, *je diſtille*. Or les Philoſophes appellent gomme, eau, une partie de leur compoſé, & celle préciſément qui doit engendrer l'Adonis ou l'or Philoſophique. Notre matiere, dit le Philoſophe (*a*), eſt un œuf, une *gomme*, un arbre, une eau. Prenez la *gomme* blanche & la *gomme* rouge, dit Marie à Aros dans ſon Dialogue, & joignez-les par un véritable mariage. Iſindrius dit : Mêlez l'eau avec l'eau, la gomme avec la gomme. Je crois qu'il eſt inutile de citer un plus grand nombre de textes qui ſe trouvent à chaque page dans les Livres des Philoſophes. Myrra ne ſignifie

(*a*) La Tourbe.

donc autre chose que la gomme ou eau des Sages, qu'ils appellent femelle & Reine d'une grande beauté (*a*). Sa Nourrice ou l'eau mercurielle Philosophique la conduit à Cinyras pendant la nuit, & l'inceste se commet. Voilà la nuit des Philosophes, pendant laquelle ils disent que se fait la conjonction de leur mâle & de leur femelle. La tristesse & la mélancolie, indiquée par Cinyras, est aussi un des noms que les Adeptes donnent à leur matiere parvenue au noir. Remarquez, dit Philaléthe (*b*), que les noms d'eau sulphureuse, eau venimeuse, eau aromatique, tête de corbeau, poix, *mélancolie*, nuit, *instrument de tristesse*, enfer, veste ténébreuse, &c. ne sont que des noms différens pour signifier la même chose. Y a-t-il rien de plus propre en effet que l'obscurité, la nuit, le noir, pour engendrer la mélancolie, & faire naître la tristesse? Pourquoi Myrra est-elle dite fille de Cinyras, ou de l'instrument de tristesse & de mélancolie? C'est qu'elle l'étoit en effet; elle y avoit été conçue, comme Proserpine. Elle étoit belle, blanche, brillante & jeune, parce que la pierre au blanc a toutes ces qualités. S'agit-il d'en faire l'élixir? il faut que sa Nourrice la conduise à son pere Cinyras, parce que l'eau mercurielle est l'agent de la putréfaction, pendant laquelle Myrra a commerce avec son pere dans l'obscurité de la nuit; & pour concevoir Adonis ou l'élixir, il faut nécessairement que la pierre au blanc, née

(*a*) Nouveau Symbole de Basile Valentin.

(*b*) Enarratio method. Trium Gebri medicin.

de la putréfaction, y repasse une seconde fois.

On suppose que Cinyras ayant reconnu Myrra, se mit en colere, & voulut la tuer; mais qu'elle profita de l'obscurité de la nuit pour se sauver dans l'Arabie pétrée, afin de faire voir que la pierre passe du noir au blanc, & se fixe alors en pierre. La nuit étant un des noms que les Philosophes ont donné au noir de leur matiere, il étoit naturel de dire que Myrra s'étoit échappée à la faveur de la nuit. Elle y fut changée en arbre, & mit ensuite au monde Adonis, parce que la pierre au blanc est l'arbre Philosophique, appellé par le Cosmopolite, *arbre lunaire*. Le fruit de cet arbre est Adonis, ou l'or Philosophique, que les Nayades & les Nymphes reçoivent à sa naissance; il naît en effet au milieu de l'eau mercurielle, qui le nourrit, & a soin de lui jusqu'à sa perfection.

A mesure qu'Adonis grandit, il devient beau de plus en plus. N'est-ce pas la couleur de l'or Philosophique, qui se fortifie & devient plus brillante? Vénus en devient éperduement amoureuse, & l'accompagne dans les divertissemens qu'il prend à la chasse. Rien de plus simple que cela; il ne pouvoit même pas se faire que Vénus ne l'aimât éperduement, & qu'elle ne l'accompagnât pas, jusqu'au moment malheureux où Adonis fut tué, & mourut. En voici la raison. La pierre passe de la couleur blanche à la safranée, appellée Vénus par les Philosophes. Pendant que cette couleur dure, il se fait encore une circulation de la matiere dans le vase; c'est la chasse où Vénus suit Adonis. La couleur de rouille qui ſuccede à la ſafranée, eſt nommée *Mars*. Voilà le ſanglier que Mars jaloux envoye contre Adonis. Celui-ci meurt de la bleſſure, parce qu'il ne reſte plus rien de volatil en lui. Vénus conſerve même après la mort de ſon Amant l'amour qu'elle avoit pour lui, parce que la couleur rouge que l'Adonis Philoſophique prend dans ſa fixation, conſerve toujours une partie de cette couleur ſafranée qu'il avoit pendant qu'il chaſſoit avec Vénus. Les roſes que le ſang de cette Déeſſe teignit en rouge, pendant qu'elle couroit au ſecours de ſon Amant, ne ſignifient autre choſe que la couleur rouge qui ſuccede à la blanche par l'entremiſe de la ſafranée, nommée Vénus, comme nous venons de le voir. Abraham Juif, rapporté par Flamel, a pris le roſier pour hiéroglyphique de cette variation de couleurs (*a*). Le même Flamel nous fait encore voir ce qu'il faut entendre par la deſcente d'Adonis aux Enfers, & de l'amour dont Proſerpine ſe ſent épriſe envers lui. Nous avons démontré aſſez clairement que les Philoſophes donnent le nom de *mort*, de *ſépulchre*, d'*enſer* à la couleur noire; voici encore néanmoins un texte de l'Auteur cité ci-devant, qui ſervira de preuve à l'explication que nous allons donner de la mort d'Adonis, & de ſon retour vers Vénus. » Je t'ai donc fait ici peindre un » corps, une ame & un eſprit tous blancs, » comme s'ils reſſuſcitoient, pour te montrer » que le Soleil, la Lune & Mercure ſont reſſuſ-

(*a*) Figures hiéroglyph. d'Abraham, dans Flamel.

» cités en cette opération, c'eſt-à-dire ſont » faits élémens de l'air, & blanchis : car nous » avons déja appellé *mort* la noirceur ; conti» nuant la métaphore, nous pouvons donc » appeller la blancheur une vie, qui ne revient » qu'avec & par la réſurrection. « Adonis après avoir été atteint de la défenſe meurtriere du ſanglier de Mars, meurt de ſa bleſſure ; c'eſt l'imbibition que l'on donne à la matiere, pour la faire paſſer de la couleur orangée à la rouge de pavot, en y mêlant un peu d'humidité qui y occaſionne une couleur noire paſſagere. » En » cette opération du rubifiement, dit Flamel, » (*a*) encore que tu imbibes, tu n'auras guéres » de noir, mais bien du violet & bleu, & de » la couleur de queue de paon : car notre pierre » eſt ſi triomphante en ſiccité, qu'incontinent » que ton mercure la touche, la Nature ſéjouiſ» ſant de ſa nature, ſe joint à elle, & la boit » avidement, & partant le noir qui vient de » l'humidité, ne ſe peut montrer qu'un peu » ſous ces couleurs violettes & bleues. «

Voilà donc Adonis deſcendu dans l'Empire ténébreux de Proſerpine ; elle en devient amoureuſe, parce que le noir s'unit avec lui. Vénus le redemande à Jupiter, qui prend Calliope pour arbitre du différend entre les deux Déeſſes. Cette Muſe décide qu'elles en jouiront alternativement pendant ſix mois. La couleur griſe, appellée Jupiter, ſuccede toujours à la noire immédiatement ; c'eſt pourquoi Cérès pour r'avoir Proſer-

(*a*) Ibid. ch. 8.

pine, Vénus pour r'avoir Adonis, &c. s'adressent à ce Dieu. Mais pourquoi choisit-il la Muse Calliope pour arbitre? C'est qu'Adonis ne peut être rendu à Vénus, c'est-à-dire, ne peut reprendre la couleur rouge orangée, qu'au moyen de l'imbibition de l'eau mercurielle, appellée dans cet état *vin rouge*, par Raymond Lulle, Riplée & plusieurs autres; & que Calliope n'est autre que cette eau mercurielle, puisque ce nom lui vient de Καλὸς, *beau*, & de ἔπος, *suc*, *humeur*; comme si l'on disoit que le suc rouge ou beau suc a accordé le différend de ces deux Déesses; ce qui l'a fait appeller par Flamel, *lait virginal solaire* (*a*). Cette alternative de jouissance des deux Déesses, indique les différentes réitérations de l'œuvre pour la multiplication, parce qu'à chaque opération la matiere doit repasser par le noir, le gris, le blanc, l'orangé, la couleur de rouille & le rouge foncé, ou la couleur de pavot. M. l'Abbé Banier (*b*) dit en note, qu'une tradition porte qu'Apollon avoit suscité le sanglier qui tua Adonis, pour se venger de Vénus, qui avoit aveuglé Erimanthe, fils de ce Dieu, parce qu'il s'étoit moqué des galanteries de la Déesse. Mais que ce soit Apollon ou Mars, l'un & l'autre est indifférent, puisque le Mars Philosophique ou la couleur de rouille est proprement l'Apollon des Philosophes commencé.

Ces expressions prises dans la nature même des choses, prouvent qu'Adonis ne differe que de nom d'avec Osiris, Bacchus, &c.

(*a*) Ibid. (*b*) Tom. I. p. 549.

Il n'eſt donc pas ſurprenant que ſon culte établi en Phénicie & ailleurs, ait beaucoup de reſſemblance avec celui d'Oſiris chez les Egyptiens. L'un ſervira à expliquer l'autre, comme nous allons le voir.

Oſiris & Adonis étoient repréſentés ſous la figure d'un Bœuf. On célébroit en Phénicie la fête d'Adonis en même-tems & de la même maniere qu'on célébroit celle d'Oſiris en Egypte. On pleuroit l'un & l'autre comme mort, & l'on ſe réjouiſſoit comme s'ils étoient reſſuſcités. Adonis étoit chez les Phéniciens le ſymbole du Soleil, comme Oſiris l'étoit en Egypte; & l'on portoit dans leurs ſolemnités les mêmes repréſentations.

Les Adoniades ou ſolemnités d'Adonis ſe célébrerent d'abord en Phénicie, à l'imitation de celles d'Oſiris. Elles duroient huit jours. Tout le monde commençoit par prendre le deuil, & donnoit des marques publiques de douleur & d'affliction : on n'entendoit de tous côtés que pleurs & que gémiſſemens. Au dernier jour de la fête la ſolemnité changeoit de face, la triſteſſe feinte faiſoit place à la joie, & on la faiſoit éclater avec des tranſports extraordinaires. Lucien rapporte (*a*) que les Egyptiens expoſoient ſur la Mer un panier d'oſier que le vent pouſſoit ſur les côtes de Phénicie, d'où les femmes de Biblos, après l'avoir attendu avec impatience, l'emportoient dans la Ville avec pompe; la fête alors ſe terminoit par la joie.

(*a*) In Dea Syria.

La Syrie communiqua le culte d'Adonis à ſes voiſins. On ne peut rien voir de plus ſuperbe que l'appareil de cette cérémonie à Alexandrie. Arſinoé, ſœur & femme de Ptolemée Philadelphe, y portoit elle-même la ſtatue d'Adonis. Les femmes les plus conſidérables de la Ville l'accompagnoient, tenant à la main des corbeilles pleines de gâteaux, des boëtes de parfums, des fleurs & toutes ſortes de fruits; d'autres fermoient la pompe en portant des tapis ſur leſquels étoient deux lits en broderie d'or & d'argent, l'un pour Vénus, l'autre pour Adonis: on alloit ainſi juſqu'à la Mer, ou à quelques fontaines, où l'on jettoit les fleurs, les fruits & les plantes qu'on avoit portés.

Un fleuve près de Biblos, au rapport du même Lucien, portoit le nom d'Adonis, & ſes eaux devenoient rouges, dit-on, pendant qu'on célébroit les fêtes en ſon honneur. On dit auſſi que ſon ſang rougit l'eau de ce fleuve, quand on y lava la plaie de cet Amant de Vénus.

La premiere partie de cette ſolemnité ſe nommoit Ἀφανισμὸς, pendant laquelle duroit le deuil, & la ſeconde Εὕρεσις, où la triſteſſe ſe changeoit en joie.

On voit clairement que ces pleurs & ce deuil des Phéniciens & des Grecs, à l'occaſion de la mort d'Adonis, ont un rapport manifeſte avec les cris & les gémiſſemens que tout le monde faiſoit entendre dans les ſolemnités des fêtes de Cérès, où l'on ſuppoſoit que cette mere déſolée avoit cherché ſa fille Proſerpine. Les Egyptiens affectoient auſſi une ſemblable triſteſſe à la mort d'Apis. Le deuil duroit dans les solemnités de Cérès jusqu'à ce qu'on portoit en triomphe la statue d'Iacchos, & dans celle d'Apis jusqu'à ce qu'on lui avoit trouvé un successeur. Dans les unes & les autres on portoit à peu près les mêmes représentations, des corbeilles de gâteaux, de fleurs, de fruits, &c. On se réjouissoit également, quand Iacchos, Apis reparoissoient, ou qu'on croyoit Adonis ressuscité. On supposoit que Proserpine demeuroit six mois avec Pluton, & six mois avec Cérès. On disoit aussi qu'Adonis séjournoit six mois auprès de Proserpine, & six mois auprès de Vénus.

Doutera-t-on que l'institution de ces diverses solemnités ait eu le même objet, & qu'elle ne différoit guéres que par les noms & quelques cérémonies? Mais si Cérès, Proserpine & Osiris ne furent jamais que des personnes feintes, & leur histoire une allégorie, pourquoi n'en diroit-on pas autant d'Adonis? En effet quel fondement de réalité y a-t-il dans une histoire plus que dans l'autre? Eh quoi! des hommes aussi sensés que les Egyptiens auroient feint une tristesse réelle pour la mort d'un bœuf qu'ils suffoquoient eux-mêmes, & se seroient répandus en des transports de joie pour un bœuf trouvé, capable de succéder à l'autre, à cause qu'il étoit noir & qu'il avoit une marque blanche faite en croissant? Tout autre bœuf n'auroit pas été bon; il le falloit avec ces marques, parce que sans doute elles signifioient quelque chose. J'ai prouvé, je pense, assez clairement que l'histoire de Cérès n'étoit aussi qu'une allégorie; je suis persuadé que tout homme sensé pensera de même de celle d'Adonis, & que les solemnités instituées en son honneur, ne l'ont aussi été que pour en conserver la mémoire à la postérité. La premiere partie étoit appellée Αʹφανισμός; & pourquoi cela? Les pleurs & les gémissemens se faisoient à cause de la perte d'Adonis, & de son séjour dans le Royaume ténébreux de Proserpine, comme on les faisoit dans les solemnités de Cérès à l'occasion du rapt de sa fille, & de son séjour dans l'Empire noir & obscur de Pluton. Αʹφανισμὸς vient d'α privatif, & φαίνω, *je luis*, *j'éclaire*, d'où l'on a fait ἀφανὴς, *obscur*, *caché*; & enfin Αʹφανισμὸς, comme si l'on disoit *la fête*, *la cérémonie*, du tems de l'obscurité.

Si ces solemnités ont le même objet, il est manifeste que cette noirceur, cette obscurité ne peut être que celle du Royaume de Pluton & de Proserpine. On a vû par les explications précédentes, que ce Royaume de Pluton & Pluton lui-même n'étoient qu'une allégorie de la noirceur qui survient à la matiere philosophique; nous avons même prouvé que la mort d'Adonis ne signifioit que cela. Il est donc constant que les cérémonies instituées en mémoire de cette mort prétendue, n'étoient aussi qu'une allégorie du tems que dure cette noirceur de la matiere des Philosophes.

La seconde partie de cette fête étoit appellée Εὕρεσις, d'Εὑρίσκω, *je retrouve*, & tout le monde étoit alors dans des transports de joie. La même chose arrivoit dans les cérémonies de Cérès. La présence d'Iacchos faisoit crier avec des démonstrations de joie, *voilà Bacchus*, *voilà Bacchus*, comme si on l'eût retrouvé après l'avoir perdu. Je renvoye le Lecteur aux explications que j'ai données à cette occasion, puisqu'il est inutile de les répéter pour un sujet absolument semblable. Il est bon cependant de faire observer que ce n'étoit pas sans raison qu'on dirigeoit la procession à la Mer, ou à une fontaine, pour chercher Adonis; parce que les Instituteurs de ces cérémonies sçavoient très-bien qu'on ne pouvoit le trouver que là, c'est-à-dire dans la mer des Philosophes ou leur eau mercurielle, appellée aussi fontaine par Trévisan & plusieurs d'entr'eux. On a dit aussi que le fleuve du nom d'Adonis devenoit rouge pendant la solemnité des fêtes instituées en son nom, parce que, suivant ce qu'en disent les Adeptes, leur eau mercurielle est rouge dans le tems que leur Adonis reparoît.

Adonis est donc le soleil philosophique, qui s'éclipse par la noirceur, & qui reparoît à mesure que l'éclipse s'évanouït. Il est mâle & femelle, parce qu'il est le rebis des Philosophes, & toujours jeune comme Bacchus, par les raisons que nous en avons apportées en parlant de ce fils de Jupiter. Il est enfin le même que Denys, Apollon & Osiris, qui ne sont que différens noms du soleil philosophique, & non de l'Astre qui nous éclaire. Car y a-t-il apparence qu'on pût regarder cet Astre comme mâle & femelle, même allégoriquement? J'accorderai, si l'on veut, que les Grecs l'ont adoré comme une Divinité, puisqu'ils firent mourir Anaxagoras par le poiſon, pour avoir dit que le Soleil n'étoit pas un Dieu, mais une pierre ardente & enflammée. Mais doit-on penſer pour cela qu'Orphée ou ceux qui leur avoient apporté la Théogonie d'Egypte avec ſes cérémonies, ayent prétendu leur perſuader la divinité du Soleil ? Je ſçai bien, & perſonne n'ignore les abus qui ont infecté les premieres cérémonies portées chez les Grecs. On ne doute point auſſi des erreurs populaires qui ſe multiplierent dans la ſuite ; mais il s'agit ici de la premiere inſtitution, & non de ce qui s'en eſt ſuivi. Socrate fit bien voir qu'il avoit ſur les Dieux d'autres idées que le Peuple. Platon & les autres Sages penſoient-ils comme le vulgaire ?

CHAPITRE V.

Les Grecs avoient une infinité d'autres fêtes, telles que la ſolemnité des lampes, appellées pour cela *Lampadophories*, inſtituées en l'honneur de Vulcain, de Minerve & de Promethée. Nous avons vû dans les chapitres de ces Dieux, qu'ils étoient des Dieux purement chymiques ; on doit juger de leurs fêtes dans le même goût. Les Autels qui étoient communs à eux trois, indiquent aſſez qu'on devoit penſer d'eux comme étant la même choſe, ou comme ayant du moins une grande analogie. Car enfin qu'entend-on par Vulcain, un des principaux des douze grands Dieux de l'Egypte ? N'eſt-ce pas le feu ou l'ouvrier qui se sert du feu ? Qu'étoit Promethée ? N'est-il pas représenté comme l'inventeur de plusieurs arts qui se font par le feu ? suivant ce qu'en dit Eschyle en ces termes, qu'il prête à Promethée : » Que dirai-je ? Combien » de commodités ignorées n'ai-je pas apprises » aux hommes ? Qu'est-ce qui a trouvé avant » moi le fer, l'argent, l'or, le cuivre & la ma- » niere de les travailler ? Personne ne s'en flat- » tera, s'il ne veut mentir. Promethée est l'in- » venteur des Arts. « C'est lui qui vola une étincelle du feu céleste, pour le communiquer aux hommes. C'est lui qui montra à Hercule le chemin qu'il falloit prendre pour parvenir au jardin des Hespérides. Orphée parle de lui, comme s'il eût été l'époux de Rhée. Eschyle le dit (a) l'inventeur de la Médecine, qui guérit toutes les maladies.

A quel autre mêlange de drogues, à quelle autre composition a-t-on jamais attribué la propriété de guérir tous les maux, qu'à la Médecine dorée ou Pierre philosophale ?

Il y avoit sans doute une raison mystérieuse pour ériger un Autel commun à ces trois Divinités, & c'étoit apparemment la même qui faisoit observer les mêmes cérémonies des lampes dans

(a) *Illudque primum si quis ægritudinem*
Sensisset, ullum non erat remedium,
Nulla unctio, nullum fuit potabile
His pharmacum. Arebant priusquam ipsis ego
Commistiones Pharmacorum protuli,
Omnes quibus levantur ægritudines.

leurs solemnités. Pourquoi ces lampes allumées, sinon pour représenter le feu dont Vulcain & Promethée étoient les symboles ? Ce feu pouvoit-il donc être notre feu des forges & des cuisines, connu certainement avant Vulcain & Promethée, quoiqu'on les dise en être les inventeurs ?

Telle est sans doute l'origine de ce feu que les Grecs & les Romains entretenoient perpétuellement en l'honneur de Vesta : car Vesta a été prise, tantôt pour la terre, tantôt pour le feu, & même pour la Déesse du feu. Diodore de Sicile & Orphée la disent fille de Saturne, de même qu'Ovide dans le 6e. livre des Fastes :

Semine Saturni tertia Vesta fuit.

Il croyoit qu'il y avoit eu deux Vesta, l'une mere de Saturne, l'autre sa fille ; la premiere étoit prise pour la terre, l'autre pour le feu :

Vesta eadem est, & terra : subest vigil ignis utrique.
Significant sedem terra focusque suam.
Nec tu aliud Vestam, quam vivam intellige flammam.

On ne représentoit Vesta sous aucune figure, parce que le feu n'en a proprement aucune de déterminée. C'est lui qui donne la forme à tous les êtres ; c'est lui qui les anime ; c'est lui qui les vivifie, & ne peut être représenté que symboliquement. On se contentoit donc d'entretenir perpétuellement un feu allumé dans le Temple de Vesta, & l'on confioit ce soin à des jeunes

Vierges que l'on nommoit Vestales. Celles par la négligence desquelles ce feu s'éteignoit, étoient punies de mort. Valere Maxime (*a*) dit que le grand Pontife Licinus en condamna une à être brûlée vive, pour l'avoir une fois laissé éteindre pendant la nuit. Tite-Live (*b*) regarde comme une chose surprenante, & une espece de prodige, de ce qu'on avoit été assez négligent pour laisser éteindre ce feu une fois.

On voit par-là quel respect on avoit pour le feu. Ce culte religieux étoit certainement venu d'Egypte, où Vesta & Vulcain étoient en grande vénération, comme on peut en juger par le fameux Temple de ce Dieu, où l'on nourrissoit Apis. C'étoit même d'entre les Prêtres établis pour le service de ce Temple, que l'on tiroit les Rois. Les autres Nations regardoient Vulcain comme le dernier des Dieux, parce qu'il étoit boîteux, dit la Fable, & qu'il avoit été chassé du Ciel, pendant qu'en Egypte on le regardoit comme un des principaux : c'est que ceux-ci entendoient par Vulcain le feu de la nature, qui anime tout, qu'ils représentoient symboliquement par le feu commun de nos cuisines ; & que les Grecs & les autres Nations prirent le symbole pour la chose même. Les feux ou lampes allumés & entretenus en Egypte, donnerent lieu aux solemnités des Lampodophories, & aux feux que les Vestales entretenoient chez les Romains. Les intentions des Instituteurs mal interprétées, sont la source de bien des abus.

(*a*) Lib. 1. c. 1.

(*b*) De Bello punico, lib. 8.

Il eſt auſſi aiſé d'interpréter & d'expliquer les autres fêtes inſtituées en l'honneur des Dieux, au moins celles qui ſont les plus anciennes, & de la premiere inſtitution : car pour celles qui n'en ſont que des branches, & qui leur ſont très-poſtérieures, de même que les fables, qui ſont de pures fictions des Poëtes qui vouloient s'amuſer, elles n'entrent point dans le plan que je me ſuis propoſé. Je m'en tiens à l'origine des choſes, & non aux mauvaiſes interprétations que des gens peu au fait en ont donné. On ne doit pas juger de la pureté de la ſource d'un ruiſſeau par la boue & la fange dont ſes eaux ſont remplies à une diſtance conſidérable. La ſource peut être très-pure, & les ruiſſeaux qui en viennent très-mal-propres & mal ſains, à cauſe des ordures & des mauvaiſes qualités des terres, dont leurs eaux s'impregnent pendant leur cours. Telle eſt la différence des Fables primitives, d'avec celles qu'on a inventées dans la ſuite, & des fêtes de la premiere inſtitution d'avec les ſolemnités où les abus ſans nombre ſe ſont gliſſés.

CHAPITRE VI.

Des Jeux & des Combats.

LA Religion avoit consacré ces sortes de spectacles; & lorsque les Romains les eurent adoptés, le Sénat donna un Arrêt, qui portoit qu'ils seroient tous dédiés à quelque Divinité. C'étoit même la coutume d'offrir des sacrifices avant de les commencer. Les Grecs en avoient quatre principaux, célébrés dans des tems marqués; sçavoir, les Olympiques, les Pythiques, les Néméens, & ceux de l'Isthme. Le premier étoit dédié à Jupiter, le second à Apollon, le troisieme à Archemore, fils de Lycurgue, & le quatrieme à Neptune. Les plus fameux étoient ceux d'Olympie, qui se célébroient tous les quatre ans. Ils fonderent même leur Chronologie sur l'intervalle de tems qui s'écouloit d'une Olympiade à l'autre. La récompense que l'on donnoit aux vainqueurs n'étoit qu'une couronne de laurier, d'olivier, de peuplier, ou de quelque plante; quelquefois on élevoit des statues en leur honneur, & l'on chantoit leur triomphe par toute la Gréce.

Le motif de la Religion n'étoit pas le seul qui eût donné lieu à l'institution de ces jeux; une double politique y eut part. Les jeunes-gens s'y formoient à la guerre, & se rendoient plus propres aux expéditions militaires; ils devenoient plus alertes, plus dispos, plus robustes, & acqueroient une santé vigoureuse. On conservoit enfin par ces exercices, comme par les solemnités des fêtes, la mémoire allégorique d'un secret connu aux sages Philosophes, mais ignoré du commun. On animoit même les peuples à ces exercices par l'exemple des Dieux prétendus qu'on leur disoit y avoir été vainqueurs.

Ces jeux étoient de trois sortes : les Equestres ou Curules, qui consistoient en des courses à cheval ou en charriots, étoient dédiés au Soleil & à Neptune ; les Agonaux & les Gymniques, composés de combats d'hommes, de femmes, de bêtes, étoient consacrés à Mars & à Diane; les Scéniques enfin, les Poëtiques, & ceux de la Musique, qui consistoient en des tragédies, comédies, satyres & danses, étoient dédiés à Vénus, à Apollon, à Minerve & à Bacchus.

Les quinze Instituteurs de ces jeux qu'Hygin nomme dans sa Fable 273. sont presque tous des Héros de la Fable; tels sont Persée, Théfée, Hercule, les Argonautes, &c. Mais comme nous avons prouvé assez clairement que tous ces prétendus Instituteurs n'étoient que des personnages feints, pour en former des fables allégoriques de la Philosophie Hermétique, il est à présumer que les vrais Instituteurs nous sont inconnus. Danaüs, fils de Bélus, venu d'Egypte dans la Gréce, est peut-être le seul réel connu; puisque, comme nous le prouverons dans le sixieme livre, Priam, Achille, Enée n'ont pas plus existé en personnes réelles que Persée & les Argonautes.

Mais enfin, quel rapport, dira-t-on, ces jeux

ont-ils avec votre prétendue Pierre philoſophale? J'avoue que la diſpoſition que l'on prenoit dans ces jeux, pour ſe rendre propre aux exercices militaires, eſt bien différente de celle qui eſt requiſe pour la Médecine. L'un cherche à détruire les hommes, l'autre à les conſerver. Mais enfin ignore-t-on que Minerve, Déeſſe de la ſageſſe & des ſciences, l'étoit en même-tems de la guerre & des combats? L'art militaire eſt-il donc un chemin qui conduiſe aux ſciences, ou les ſciences conduiſent-elles à l'art militaire? Quelle incompatibilité entre le repos & la tranquillité du cabinet, avec le tumulte des armes & le fracas perpétuel des combats! Apollon, le Préſident de l'Aſſemblée des Muſes, l'Inventeur de la Poëſie & de la Médecine, n'eſt-il pas cependant repréſenté comme le vainqueur de Typhon? Ne le voit-on pas l'arc & la fléche à la main? Non non, ce n'étoit pas ſans raiſon qu'on a dit qu'il fut le principal vainqueur à ces jeux-là; que Zethus, fils de l'Aquilon, & Calaïs ſon frere, le furent au Diaule ou à la courſe redoublée; Caſtor à celle du Stade; Pollux au combat du Ceſte; Télamon & Perſée au jeu du palet; Pélée à la lutte; Méléagre au combat du javelot; Cygnus, fils de Mars, ſur Diodotus dans un combat à outrance; Bellerophon à la courſe du cheval; enfin Hercule dans toutes les ſortes de jeux & de combats.

Il eſt conſtant que ſi les Inſtituteurs de ces jeux avoient été des Rois ou des Princes, leurs noms auroient été conſervés à la poſtérité. Qu'on examine ſans préjugé ce qui donna lieu à l'inſtitution de ces jeux, ſuivant ce qu'en rapporte Hygin & pluſieurs autres. Perſée en inſtitue à l'occaſion de la mort de Polydecte, qui avoit pris ſoin de ſon éducation; Hercule en fait célébrer à Olympie en l'honneur de Pelops, duquel Cérès avoit mangé l'épaule, lorſque Tantale, pere de cet infortuné, le ſervit aux Dieux dans le repas qu'il leur donna; d'autres enfin pour des ſujets auſſi fabuleux.

C'eſt au jeu du palet qu'Apollon tua le jeune Hyacinthe, & Perſée ſon grand-pere Acriſe. Hercule vainquit Antée à la lutte. Apollon & Eſculape furent, ſuivant Galien, les inventeurs du combat du javelot, qui conſiſtoit à lancer une pierre, ou un javelot, ou quelqu'autre choſe avec le plus d'adreſſe, & le plus loin qu'il étoit poſſible. Tantôt ce ſont des Dieux qui inſtituent ces jeux, & tantôt ce ſont des hommes. Des Dieux y combattent, des Dieux y ſont vainqueurs, des hommes tout de même. Mais quels Dieux, quels hommes? Des êtres de raiſon; par conſéquent ni Dieux ni hommes, comme on a pu en juger par ce que nous avons dit juſqu'ici.

Il eſt donc vraiſemblable que ces jeux furent inſtitués par des Particuliers, qui conſulterent moins leur gloire que le bien de leur patrie. N'eſt-il pas ſurprenant que l'on ne trouve dans toute l'Antiquité Payenne, aucune époque ou Ere ſuivie de chronologie avant les Olympiades? Et comment ſur un auſſi foible & auſſi douteux fondement, les Mythologues & les Hiſtoriens modernes oſent-ils entreprendre de fixer le tems précis & la durée des regnes des Rois qui ont précédé les Olympiades? Ne peut-on pas douter avec raison, non seulement des actions qu'on leur attribue, mais de leur existence même?

Quelques Auteurs ont divisé ces tems en trois; le premier comprend le regne des Dieux; le second, le regne des Héros, & le troisieme, le regne des Princes connus, leurs successeurs. Le premier nous est absolument inconnu, le second l'est un peu moins, & le troisieme nous fournit des époques certaines. Varron avoit fait cette division en tems inconnus, en tems fabuleux & en tems historiques. M. l'Abbé Banier a raison de ne trouver cette division bonne qu'à l'égard des Grecs; puisque, comme il le dit fort bien, les Egyptiens & une bonne partie des Asiatiques avoient de puissantes Monarchies, & un systême de religion établi dès les siecles les plus reculés. Les Dieux n'étoient point Grecs d'origine, & la Gréce ne les avoit connus que par les Colonies Egyptiennes & Phéniciennes, qui vinrent s'y établir. Mercure Trismégiste, ou quelques Egyptiens sous son nom, avoient composé l'histoire de leur Religion long-tems avant ces Colonies; l'on sçait quel cas l'Antiquité faisoit de ces livres. On doit même regarder comme certain, que les Chefs de ces Colonies emmenerent avec eux quelques Prêtres d'Egypte au fait de la Langue appellée sacrée, dans laquelle ces livres étoient écrits: & je suis persuadé que ces Prêtres, ou quelques-uns de leurs successeurs instruits par eux, sont les vrais Instituteurs des solemnités, des fêtes, des cérémonies & des jeux dont nous parlons. Qu'on se rappelle ce que nous avons dit des Eumolpides, & l'on en sera convaincu.

Je penserois volontiers que le tems qui a précédé immédiatement les Olympiades, n'est pas mal nommé le tems des Héros, non que les Dieux, les Déesses, les Héros & les Héroïnes de la Fable ayent en effet vécu & existé pendant ce tems-là; mais parce que ce fut le tems où d'autres Héros plus réels vécurent, & dans l'imagination desquels prirent naissance les Dieux & les Héros. Tels furent Hermès, & beaucoup d'autres Philosophes Egyptiens, Prêtres & Rois: parmi les Grecs, Orphée, Linus, Melampus, Musée, Amphion, Eumolpe, &c. qui furent les Auteurs de la Théogonie des Egyptiens, des Grecs, &c. & qui purent bien par eux-mêmes, ou leurs successeurs, être les instituteurs des fêtes & des jeux.

Il seroit très-difficile de déterminer le tems précis où commencerent les Olympiades. Mercator le met à l'an du monde 3154. d'autres en 3189. Ceux qui veulent concilier les Epoques avec la Chronologie de l'Ecriture sainte, déterminent la premiere Olympiade à la 23e. année de la Judicature de Debbora. Diodore de Sicile, qui avoit recueilli les Traditions anciennes, dit que ce fut Hercule de Créte qui les institua, sans nous apprendre le tems. Quelques-uns pensent que ce fut Pélops; qu'Atrée, son fils, les renouvella 1418. ans avant la venue de Jesus-Christ. Hercule, disent-ils, au retour de la conquête de la Toison d'or, assembla les Argonautes sur les bords du fleuve Alphée près de la Ville de de Piſe dans l'Elide, non loin du Mont-Olympe, pour y célébrer ces mêmes jeux, en action de grace de l'heureux ſuccès de leur voyage, & l'on promit de s'y raſſembler de quatre ans en quatre ans pour le même ſujet. On penſe auſſi qu'ils furent diſcontinués, & qu'Iphitus (*a*), Roi d'Elide, les rétablit 442. ans après, c'eſt-à dire 775. ans, ou, comme d'autres le veulent, 777. ans avant l'Ere Chrétienne; ce qui revient à peu près au tems du regne de Sabachus l'Ethiopien, Roi d'Egypte.

Chaque Olympiade comprenoit quatre années complettes, & ſe célébroit dans le cinquantieme mois, appellé *Parthenius* ou *Apollonios*, ſuivant le Commentateur de Pindare. Elle commençoit le jour de la pleine lune, & l'on s'y diſpoſoit par des ſacrifices & des cérémonies. Les jeux duroient cinq jours : chaque jour étoit deſtiné à un jeu, ou à un combat qui lui étoit propre. Hercule, ſuivant quelques Auteurs (*b*), commença ces jeux en l'honneur de Jupiter, après qu'il eut puni Augias, Roi d'Elide, fils du Soleil & d'Iphiboé, de ce qu'il n'avoit pas donné à Hercule la récompenſe qu'il lui avoit promiſe, pour avoir nettoyé l'étable des bœufs de ce Roi. Ce Héros conſacra pour les frais de ces jeux tout le butin qu'il avoit fait dans l'Elide; il détermina lui-même la longueur de la courſe, & donna à la ſtade Olympique 600 pieds meſurés ſans doute avec ſon pied propre; car la Stade ordinaire avoit ce même nombre de pieds, & la ſtade

(*a*) Pauſanias, lib. 5. (*b*) Iſacius & Pindare.

Olympique avoit beaucoup plus de longueur que la ſtade ordinaire. Plutarque (*a*) remarque à ce ſujet, que Pythagore avoit jugé par-là de la grandeur du corps d'Hercule ſur la proportion du pied avec le reſte du corps humain.

Il eſt inutile de diſſerter ici ſur les différens ſentimens des Auteurs au ſujet du tems & des Inſtituteurs des jeux Olympiques; il ſuffit de dire qu'ils ont preſque tous un fondement fabuleux. Eſt-il probable que l'Hercule Idéen, Dactyle (qui devoit être un des Curetes ou Corybantes, que l'on dit avoir nourri & élevé Jupiter au milieu d'un charivari de tambours & autres inſtrumens, pour empêcher que Saturne n'entendît ſes cris) ſoit l'Inſtituteur de ces jeux? puiſque les Curetes ou Corybantes auroient été contemporains de Saturne; & ſuivant le calcul des Egyptiens, il faudroit reculer l'inſtitution de ces jeux à près de vingt mille ans au-delà du tems qu'on l'a déterminée. Il en ſera à peu près de même ſi on l'attribue à Hercule, fils de Jupiter & d'Alcmene: car Jupiter étoit fils de Saturne. Tout le monde convient que ce calcul des Egyptiens eſt fabuleux. Mais pourquoi l'eſt-il? C'eſt que la baſe ſur laquelle il eſt fondé, n'eſt pas moins fabuleuſe. Saturne, Jupiter, Hercule ſont des perſonnes feintes, par conſéquent leur regne l'eſt auſſi. Pelops, Atrée, ſon fils, n'ont pas plus de réalité, comme nous l'avons vû précédemment. Les Mythologues auroient donc dû s'en tenir à l'inſtitution d'Iphitus

(*a*) Aulu Gelle in initio Noct. Att.

On en a même une bonne raiſon, puiſque tous ceux que les Auteurs nomment comme Vainqueurs dans les jeux qui ont précédé celui où Corœbus remporta le prix, ſont tous des Dieux ou des Héros fabuleux.

Mais quel étoit cet Iphitus? Etoit-il Roi, ou Prince? Aucun Auteur ne lui donne ces qualités. Iphitus fut, dit on, conſulter l'Oracle de Delphes ſur les moyens de faire ceſſer les guerres inteſtines & la peſte, qui déſoloient la Gréce. La Pythie répondit que le renouvellement des jeux Olympiques ſeroit le ſalut de ſa patrie. Iphitus ordonna auſſi-tôt un ſacrifice à Hercule pour appaiſer ce Dieu, & célébra enſuite les jeux Olympiques. Cet Iphitus étoit ſans doute un ſimple Particulier, recommandable par ſa ſcience, & peut-être en même-tems par les armes. On a tant débité d'allégories & de fables ſur l'inſtitution de ces jeux, qu'il eſt à croire que les Poëtes ont donné dans les idées des Philoſophes, & qu'ils ne nous ont tranſmis que leurs allégories. On dit (*a*) qu'Hercule les inſtitua en l'honneur de Pelops; ce qui eſt plus vraiſemblable, que de dire que Pelops les inſtitua. Pelops n'exiſta jamais qu'en allégorie de la premiere couleur qui ſurvient à la matiere du grand œuvre, c'eſt-à-dire la noire, indiquée par le nom même; puiſque Pelops vient de πελὸς, *noir*, & de ὀπὸς, *ſuc*, *humeur*, comme ſi l'on diſoit, *ſuc noir*. Il n'eſt donc pas ſurprenant que quelque Philoſophe Artiſte du grand œuvre ait inſti-

(*a*) Hygin, loc. cit.

tué ces jeux en mémoire de Pelops, c'est-à-dire en mémoire du grand œuvre, dont la couleur noire, ou l'eau mercurielle parvenue à la noirceur, est le commencement & la clef, suivant le dire de tous les Philosophes. On verra dans le livre suivant, qu'Hercule est presque toujours pris pour l'Artiste, quelquefois pour le mercure des Sages, qui fait tout dans l'œuvre.

Apollon vainquit Mercure à la course dans un de ces jeux. Le fait est bien difficile à croire. La Fable nous représente Mercure comme le plus léger des Dieux, ayant des aîles à la tête & aux pieds, & si agile qu'il ne peut rester en repos. Apollon est, à la vérité, peint comme un jeune-homme, mais ayant une chaussure d'or, par conséquent extrêmement pesante, & bien capable de l'empêcher de courir avec la même vîtesse que le feroit Mercure. Il faut donc qu'il y ait quelque chose de sous-entendu là-dessous. Je demanderois aux Mythologues comment ils expliqueroient cela? Dira-t-on que le Mercure vaincu n'étoit pas le même que le Mercure aîlé, & qu'Apollon différoit aussi du Dieu de ce nom? Ce seroit une fort mauvaise raison, puisque ceux qui rapportent le fait ne les distinguent pas, & qu'ils disent au contraire que le Dieu Apollon vainquit le Dieu Mercure. Il est inutile d'avoir recours à un tel subterfuge, ou à d'autres aussi peu satisfaisans. Tout homme qui aura lû avec attention ce que j'ai dit dans les chapitres d'Apollon & de Mercure, sçaura bientôt comment ce phénomene a pu arriver. Mercure est très-agile, Apollon très-pesant; c'est ce contraste qui étonne, & c'eſt préciſément par cette peſanteur que Mercure fut vaincu. Chacun a ſes armes propres, & ſa maniere de combattre. Les circonſtances décident même ſouvent des armes que l'on employe. Mercure tua Argus avec une pierre, & Apollon tua le ſerpent Python à coups de fléches. Nous avons expliqué ces deux faits; voyons comment il a pu ſe faire qu'Apollon avec une chauſſure d'or ait vaincu Mercure, qui avoit une chauſſure & un caſque aîlé.

Les Auteurs diſent qu'Apollon fut Vainqueur à la courſe la premiere fois que ſe firent les jeux Olympiques : c'eſt-à-dire, que cette prétendue premiere fois ne fut jamais célébrée que dans les idées du premier qui a avancé le fait, & qu'il parloit allégoriquement des jeux Olympiques, qui ſe paſſent dans les opérations de l'œuvre, où Apollon, le plus peſant des Dieux, eſt celui qui demeure vainqueur de Mercure même; parce que l'Apollon des Philoſophes, ou leur or, vient à bout d'arrêter le Mercure philoſophique, qui eſt tout volatil, & de lui donner une fixité permanente. Voilà le phénomene éclairci. Voilà en quoi conſiſte la victoire d'Apollon ſur Mercure. Quand on dit donc que le premier vainquit le ſecond à la courſe, la propoſition eſt équivoque; on penſeroit d'abord qu'Apollon courut plus vîte que Mercure, & qu'ayant atteint le but plutôt, il demeura vainqueur. Point du tout : Apollon court, il eſt vrai, à la ſuite de Mercure & avec lui, parce que le mercure philoſophique volatiliſe d'abord l'or des Philoſophes; mais enfin la fixité du dernier prend le deſſus & fixe la volatilité de l'autre, de maniere que tout devenant fixe, le champ de bataille demeure à Apollon, qui par conséquent est vainqueur. Pouvoit-on s'expliquer autrement ?

Hercule institue ces jeux en mémoire de Pelops; c'est-à-dire, qu'un Philosophe Hermétique, sous le nom d'Hercule les institua pour faire une allégorie mémoriale du grand œuvre, dont presque tous les Philosophes qui en traitent, commencent seulement à en parler lorsque la matiere dont se fait la médecine dorée, est parvenue à la couleur noire, & qu'elle ressemble à la poix noire fondue, ou à un suc noirci, signifié par Pelops.

Après la couleur noire, les combats, les courses des jeux Olympiques commencent dans le vase des Philosophes. Alors Hercule provoque tout le monde au combat : aucun humain n'ose se mesurer avec lui. Jupiter déguisé se présente dans la lice ; Hercule ose entreprendre de lui résister : la lutte s'engage, le combat dure longtems; mais Jupiter voyant que la victoire étoit douteuse, prend le parti de se faire connoître. Mars vient ensuite & se manifeste aussi; Apollon se présente enfin avec Mercure, & Apollon devient vainqueur. Ainsi se passerent les premiers prétendus jeux Olympiques.

Nous l'avons dit plus d'une fois; la volatilisation de la matiere de la médecine dorée se fait lorsque cette matiere est dans une parfaite dissolution, & cette dissolution ne se fait que lorsque la matiere est parvenue au noir : alors les parties volent çà & là dans le vase, en y circulant; voilà les courſes & les combats qui durent juſqu'à ce que la matiere ſoit parvenue à un dégré de fixité capable de réſiſter aux plus vives atteintes du feu. On ſçait auſſi que la couleur griſe-blanche, appellée Jupiter par les Philoſophes, eſt la premiere qui ſe préſente après la noire. Cette couleur noire eſt l'habit déguiſé de Jupiter. Lorſque cette noirceur diſparoît, c'eſt Jupiter qui ſe manifeſte à Hercule, c'eſt-à-dire à l'Artiſte. Avant la couleur rouge-foncée, appellée Soleil ou Apollon, on voit la couleur de rouille de fer, nommée Mars. C'eſt alors ce Dieu de la guerre qui devient vainqueur; mais enfin Apollon l'eſt auſſi de Mercure, parce que le Magiſtere finit par la fixation au rouge.

On a donc eu raiſon de regarder ces prétendus combats des Dieux aux jeux Olympiques, comme une fable, ou plutôt comme une allégorie, mais dont l'explication eſt abſolument impoſſible dans tout autre ſyſtême que celui ſur lequel j'appuye les miennes : ce qui le prouve bien clairement, eſt que, ſuivant les Auteurs, Hercule fut vainqueur dans toutes les eſpeces de combats; c'eſt comme ſi l'on diſoit, l'Artiſte ou le Philoſophe Hermétique eſt le vainqueur dès qu'il a fini la médecine dorée.

Quelques Auteurs diſent que ces jeux furent inſtitués par Hercule en l'honneur de Jupiter, & qu'il conſacra aux frais & aux dépenſes néceſſaires en pareil cas, tout le butin qu'il avoit fait ſur les terres d'Augias. Nous expliquerons dans le livre ſuivant, ce qu'il faut entendre par Augias, ſes bœufs & ſon écurie nettoyée par Hercule. Il étoit tout naturel de les instituer alors en l'honneur de Jupiter; puisque, comme nous le prouverons, tout cela n'étoit que la couleur noire, à laquelle succede le Jupiter philosophique; aussi lui consacre-t-il toutes les dépouilles du fils du Soleil, ce qu'il faut expliquer de l'opération de l'élixir des Philosophes.

Ceux qui disent que ces jeux furent institués en l'honneur du Soleil ou d'Apollon, & de Neptune, disent aussi la vérité; puisque l'or philosophique & la Mer, ou l'eau mercurielle des Philosophes, sont tout le composé du grand œuvre. Les diverses origines & les différens Instituteurs de ces jeux rapportés par les Auteurs, aboutissent donc à un point qui se trouve être le même que celui des fables primitives, & des principales fêtes des Dieux.

CHAPITRE VII.

Des Jeux Pythiques.

ON prétend que les jeux Pythiques ne sont pas d'une institution aussi ancienne que les jeux Olympiques; quelques Auteurs avancent néanmoins qu'Apollon lui-même les institua après la victoire qu'il remporta sur le serpent Python. Or Apollon étoit au moins contemporain d'Hercule, qui fut l'Instituteur des jeux Olympiques, puisqu'Apollon y remporta le prix de la course sur Mercure, la premiere fois que ces jeux furent célébrés. Je croirois cependant que les jeux Pythiques sont un peu moins anciens que les jeux Olympiques, puisque ceux-ci furent institués en mémoire de Pelops, qui est le commencement de l'œuvre Philosophico-Chymique, & que les Pythiques n'ont été institués qu'en l'honneur d'Apollon, qui en est la fin & le but. Quoi qu'il en soit, ces jeux ont été institués en l'honneur d'Apollon, en mémoire de ce qu'il avoit tué le serpent Python, né de la boue laissée après le déluge de Deücalion, le long du fleuve Cephise, au pied du Mont-Parnasse. Pausanias (*a*) attribue leur institution à Diomede, qui fit bâtir un Temple à son retour de Troye, en l'honneur d'Apollon, dans le même endroit où l'on célébroit ces jeux. Quelques Auteurs ont cependant prétendu qu'on les célébroit à Delphes long-tems auparavant, & que c'étoit dans cette Ville même qu'Apollon avoit tué Python à coups de fléches.

Les uns (*b*) ont regardé ce Python comme un voleur & un brigand, qui ravageoit les environs de Delphes, où il faisoit son séjour; & qu'un Prince, ou un Prêtre de ce Dieu, qui portoit le nom d'Apollon, en délivra le pays: d'autres, sur un raisonnement aussi peu solide, disent que Python étoit un vrai dragon ou serpent, qui fut tué à coups de fléches par un nommé Apollon. Mais quoi! Ovide dit que Python nâquit de la boue sous une forme de serpent incon-

(*a*) In Corinth.
(*b*) M. l'Abbé Banier, Tom. II. pag. 231.

nue, & capable d'imprimer la terreur :

> *Cætera diversis, tellus animalia formis*
> *Sponte sua peperit. . . . .*
> *. . . . . Sed te maxime Python*
> *Tum gemuit, populisque novis incognite serpens*
> *Terror eras : tantum spatii de monte tenebas.*
>
> Metam. lib. 1. fab. 8.

Un voleur, un brigand naît-il donc de la boue? Comment, pour expliquer cette naissance, M. l'Abbé Banier, si fécond en expédiens, n'a-t-il pas dit qu'il falloit l'entendre de la lie du peuple ? L'explication eût paru toute simple. Mais un voleur, né même de la lie du peuple, a-t-il donc une forme inconnue & capable d'imprimer la terreur? Un brigand n'a-t-il pas la figure humaine, comme un honnête homme? Rien, dit-on, ne ressemble mieux à un honnête homme qu'un fripon.

Que Python ait été un vrai serpent; est-ce donc un fait si extraordinaire que de tuer un homme ou un serpent à coups de fléches? Doit-on penser qu'en mémoire d'une action de si peu de conséquence, il soit venu dans l'idée d'instituer des jeux si célebres? Et en l'honneur de qui? Non du Prince ou Prêtre auteur du fait, mais du Dieu Apollon, qui n'y auroit eu d'autre part que son nom. Ne cherchons pas à donner des explications des Fables aussi forcées & aussi peu vraisemblables. Les Payens regardoient Apollon comme un Dieu qui avoit habité le Ciel & la Terre, comme le Dieu de la Médecine & de la

Poësie, comme un Dieu armé de fléches. Ils n'auroient osé en penser autrement. Quoiqu'il fût assez difficile de comprendre, & qu'il ne leur parût même pas trop raisonnable de décerner tant d'honneurs à un Dieu, pour avoir tué un serpent, ignorant même quel pouvoit être, & le serpent, & celui qui l'avoit tué, quelques-uns d'entr'eux, pour rendre la chose plus vraisemblable, s'aviserent de dire que ce serpent étoit ou un brigand ou un dragon réels. Mais une telle réponse peut-elle être de quelque poids auprès d'un homme sensé, qui sçait parfaitement ce qu'il doit penser de la Divinité d'Apollon? Et peut-on s'imaginer que le motif de l'institution de ces jeux Pythiques, ait été la mort d'un brigand? Ne se moqueroit-on pas aujourd'hui d'un homme, d'un Prince même, qui voudroit en instituer de tels à l'occasion de la mort d'un Cartouche, ou d'un Rafiat? Je laisse aux réflexions du Lecteur les autres raisonnemens qu'on peut faire; revenons à nos jeux Pythiques.

Typhon, dit Python par une simple transposition de lettres, fut un serpent qui nâquit de la terre, près du fleuve Cephise, au pied du Mont-Parnasse, au seul coup de poing qu'y frappa Junon. Nous avons vû que Typhon fut pere d'une nombreuse lignée de serpens & de dragons, tels que furent celui de la Toison d'or, celui que tua Cadmus, & celui du jardin des Hespérides. Le même Typhon étoit, dit-on, frere d'Osiris, & fut tué par Horus, ou l'Apollon d'Egypte. Il y a donc grande apparence que le Python de la Gréce, tué à coups de fléches par Apollon, est le même que Typhon d'Egypte tué par Horus. Je prie le Lecteur de se rappeller ce que nous avons dit à ce sujet; c'est pourquoi je ne le répéterai pas. On observera seulement que ce prétendu serpent ne prit le nom de Python qu'après qu'il fut tué, & qu'il tomba en pourriture; parce que les Philosophes donnent communément le nom de serpent & de dragon à leur matiere, lorsqu'elle est en putréfaction. J'ai cité une infinité de textes des Philosophes à ce sujet; on peut aussi se souvenir de ce que j'ai dit du Mont-Parnasse, & alors on verra pourquoi Python fut tué le long du fleuve qui coule au bas de cette montagne. Ovide nous donne lui-même à entendre ce que nous devons penser de la mort de Python, par la description qu'il en fait. Ce Dieu qui porte l'arc, & qui ne s'étoit jusques-là servi de cette arme que contre les daims alertes, & les chévreuils légers à la course, ôta la vie à ce monstre, en faisant sortir son venin par une blessure noire :

Hunc Deus Arcitenens, & nunquam talibus armis
Ante, nisi in Damis, capreisque fugacibus usus,
Mille gravem tellus exhausta pene pharetra
Perdidit effuso per vulnera nigra veneno.

Lib. cit.

Quelle pouvoit donc être cette blessure *noire*, par laquelle le venin de Python se répandit? Cette épithete seroit-elle mise là sans raison? Une blessure n'est pas noire; le sang qui en coule la rougit communément. On ne peut pas dire que cette épithete convenoit pour faire le vers, puisque le terme de *rubra*, qui exprimoit la couleur naturelle d'une blessure, se présentoit d'abord à l'esprit, & auroit été aussi propre à la cadence & à la mesure du vers. Ovide avoit donc une raison qui l'engageoit à préféret l'épithete *nigra* ; & la voici. Nous avons dit cent & cent fois que la matiere du Magistere en putréfaction est noire, qu'alors les Philosophes disent que leur dragon est mort, comme nous l'avons vû dans le chapitre de la Toison d'or, & dans celui du jardin des Hespérides; c'est donc en mémoire de cette mort qu'Apollon institua les jeux Pythiques, comme Hercule avoit institué les jeux Olympiques en mémoire de Pelops, qui signifie la même chose : par où il est aisé de voir combien les Fables s'accordent entr'elles, & qu'elles ont toutes eu le même objet, comme elles ont eu la même origine.

Les Isles Cyclades, appellées ainsi de ce qu'elles étoient disposées en forme de cercle au tour de l'Isle de Délos, où l'on disoit qu'Apollon étoit né, célébroient les jeux Pythiques au commencement du Printems; & l'ancien usage étoit de chanter seulement la plus belle hymne de toutes celles qu'on y apportoit, en l'honneur d'Apollon. On y introduisoit ensuite divers instrumens de musique. La récompense qu'on donnoit à celui qui avoit remporté le prix, étoit une couronne de laurier, parce que cet arbre étoit consacré à Apollon. Quelques Auteurs disent (*a*) qu'on leur

(*a*) Ister, de Coronis.

donnoit certaines pommes qu'on ne nomme point, mais qui étoient aussi consacrées à ce Dieu de la Musique.

Ces jeux devinrent enfin à peu près semblables aux Olympiques : on ne les célébroit d'abord que tous les neuf ans, c'est-à-dire, après les huit ans révolus ; mais dans la suite ils le furent tous les cinq ans, ou après les quatre ans expirés, & servirent d'Epoque aux habitans de Delphes & des environs. On disoit que les neuf ans avoient été déterminés sur le nombre de neuf Nymphes qui porterent des présens à Apollon, après qu'il eut délivré le pays du serpent Python; ce qui revient aux neuf aigles représentées tirant des fléches à un but environné d'un cercle, caractere chimique de l'or, que Senior (*a*) a mis pour emblême du grand œuvre.

La premiere fois qu'on célébra ces jeux, Castor remporta le prix du stade, Pollux celui du pugilat, Calaïs celui de la course, Pelée celui du palet, Télamon celui de la lutte, Hercule celui du pancrace, & ils furent tous couronnés de laurier. Pausanias dit (*b*) qu'à la premiere représentation, Chrysothemis de l'Isle de Créte remporta la victoire, & ensuite Thamyris, fils de Phylammon. On voit clairement que tous les noms de ces prétendus Athlétes sont empruntés, comme nous l'avons déja prouvé : car le Chrysothemis de Pausanias n'est point différent d'Hercule, symbole de l'Artiste, puisque Chrysothemis signifie *qui gouverne l'or*, ou *qui en prend soin*;

(*a*) Azot des Philosophes. (*b* In Corinth.

de θημιστεύω, *commander*, *gouverner*, venant de Θέμις & de χρυσὸς, *or*. Il n'est donc pas surprenant que Chrysothemis ait remporté la victoire la premiere fois qu'on célébra les jeux Pythiques, puisque cette premiere célébration n'est autre chose que les opérations même de la médecine dorée, en mémoire de laquelle ces jeux furent institués : aussi distingue-t-on le premier vainqueur du second, c'est-à-dire de celui qu'on dit avoir remporté la victoire à la seconde célébration, & qui se nommoit Thamyris, fils de Phylamnon ; comme si l'on disoit que la multitude assemblée de divers Pays ou Nations, avoit remporté le prix proposé dans la célébration réelle de ces jeux. Thamyris est le même que θάμυρις, qui signifie *assemblée solemnelle* ; & Phylammon vient de φυλὴ, *race*, *tribu*, *nation*, & d'ἀμάω, *assembler*, *ramasser* : parce que dans les opérations du grand œuvre, l'Artiste seul court après la victoire du pancrace ou lutte, que remporta Hercule dans tous les jeux, & que l'Artiste remporte en effet ; au lieu que la couronne de laurier est le prix proposé à la multitude, pour récompense à celui qui sera vainqueur dans les jeux, qui n'en sont qu'une allégorie. Car pourquoi dit-on qu'Hercule ou l'Artiste fut le vainqueur au pancrace, & même à tous les combats? C'est que la Médecine dorée donne à celui qui la possede les richesses & la santé, en quoi consiste tout l'utile & l'agréable de la vie ; qu'elle est la force de toutes les forces, suivant l'expression d'Hermès, & que pancrace vient de πᾶν, *tout*, & de κράτος, *force*.

M. l'Abbé Banier (*a*) trouve singulier, vû le respect que l'on avoit généralement pour tous ces jeux que la Religion avoit consacrés, & qui étoient spécialement dédiés à quelque Divinité, que ni Orphée, qu'une haute sagesse & une profonde connoissance des Mysteres rendoient recommandable, ni Musée, ne voulurent jamais s'abbaisser à disputer le prix des jeux Pythiques; & moi je trouve singulier l'étonnement de M. l'Abbé Banier à cet égard, puisque l'éloge qu'il fait lui-même d'Orphée est l'excuse de son refus. Si Orphée & Musée avoient une profonde connoissance de ces Mysteres, ils voyoient bien que cette Divinité à laquelle ces jeux étoient dédiés, n'étoit qu'une Divinité imaginaire, & leur haute sagesse devoit les empêcher de contribuer à confirmer l'erreur du Peuple à cet égard. Ils voyoient bien d'ailleurs que ces jeux n'étoient qu'une allégorie du grand œuvre, dont Orphée & Musée s'étoient mis au fait dans leur voyage d'Egypte, où ils puiserent la connoissance de ces Mysteres, qu'ils communiquerent ensuite par des allégories à toute la Gréce. Sçachant donc parfaitement la nature de ces Dieux fabuleux, qui devoient leur origine & leur existence à l'imagination de ces Poëtes, il n'est pas surprenant qu'ils eussent pour eux autant de mépris que le Peuple avoit de respect. On dit, ajoute M. l'Abbé Banier, qu'Hésiode ne fut pas reçu à disputer le prix, parce qu'en chantant il ne sçavoit pas s'accompagner de la lyre : qu'Homere étoit allé à

(*a*) Mythol. Tom. III. pag. 600.

Delphes ; mais qu'étant devenu aveugle, il avoit fait peu d'usage du talent qu'il avoit de chanter & de jouer de la lyre en même-tems. L'Auteur qui a avancé ces deux faits, avoit des raisons pour parler de la sorte. Il dit qu'Hésiode ne fut pas reçu à disputer le prix, & en apporte la raison ; c'est qu'il sçavoit chanter ; c'est-à-dire, il sçavoit bien chanter la généalogie de ces Dieux & leurs actions prétendues, qu'il avoit apprises, sans sçavoir, comme Orphée & Homere, ce que les allégories signifioient, & sans pouvoir accompagner de la lyre, c'est-à-dire gourverner les opérations de l'Art Hermétique, & faire l'œuvre : car il faut expliquer cela dans le même sens qu'on dit qu'Orphée gouvernoit la navire Argo au son de sa lyre. Homere sçavoit l'un & l'autre ; mais étant devenu aveugle, il ne put le faire.

On ne sçauroit douter qu'Orphée ne fût parfaitement au fait de tout le grand œuvre. Diodore de Sicile (*a*) le compte comme le premier d'entre les Grecs qui furent en Egypte pour s'instruire. Il y joint Musée, Mélampode, Dédale, Homere, Lycurgue de Sparte, Démocrite, Solon, Platon, Pythagore. » On montre encore » des monumens, dit cet Auteur, des statues, » des lieux & des Villes qui ont pris leurs noms » de ce que contenoit leur doctrine. Il est certain » qu'ils apprirent en Egypte toutes les sciences » qui les rendirent si recommandables dans leur » pays : car Orphée en apporta beaucoup d'hym-

(*a*) Lib. 2. c. 6.

„ nes des Dieux, les Orgies & la fiction des
„ Enfers; les solemnités d'Osiris, qui sont les
„ mêmes que celles de Denys; celles d'Isis,
„ qui sont semblables à celles de Cérès, & les
„ unes & les autres ne different que de noms «

Lucien (a) nous confirme dans cette idée, lorsqu'il dit qu'Orphée porta le premier dans la Gréce les fêtes de Bacchus, & qu'il institua à Thébes de Béotie les solemnités appellées Orphiques. Orphée nous assure lui-même qu'il sçavoit faire l'œuvre ou le remede qui guérit toutes les maladies. J'en ai rapporté les preuves dans le chapitre où j'ai traité de lui, le Lecteur pourra y avoir recours.

Quant à Musée, il suffit de sçavoir qu'il avoit accompagné les Argonautes dans leur expédition de la Toison d'or; c'est-à-dire, qu'il les accompagna de la même maniere qu'Orphée, parce qu'il avoit écrit sur cette prétendue expédition dans le goût de ce Poëte; comme on dit encore d'un Historien, qu'il a suivi un tel jusques-là, pour dire qu'il en a raconté les actions jusqu'à quelque période déterminée de sa vie. Hésiode n'est pas compté parmi ceux qui furent en Egypte, & ses Ouvrages seuls nous prouvent qu'il sçavoit bien la généalogie des Dieux, qu'il pouvoit avoir apprise par les traditions verbales ou écrites de son tems. Il pouvoit donc écrire parfaitement des unes & des autres, sans être au fait du grand œuvre, dont elles ne sont que des allégories.

(a) Dialog. de Astrolog.

Les Hymnes que l'on chantoit en l'honneur d'Apollon, étoient faites en mémoire de celle qu'Apollon lui-même chanta, lorsque Jupiter eut vaincu les Titans, & déthrôné son pere Saturne. Apollon étoit alors habillé magnifiquement, comme le dit Tibulle :

Sed nitidus pulcherque veni, nunc indue vestem
Purpuream, longas nunc bene necte comas :
Qualem te memorant Saturno rege fugato,
Victoris laudes tunc cecinisse jovis.

Lib. 2. Elegiar.

On a vû dans le troisieme livre ce que l'on doit penser de ce prétendu Dieu, & l'on doit être convaincu qu'Orphée & les autres Poëtes n'ont point entendu parler du Soleil qui nous éclaire, ni de quelqu'homme qui ait réellement existé ; mais d'un Apollon hiéroglyphique ou Soleil philosophique, dont nous avons si souvent expliqué la généalogie & les actions. Disons encore deux mots de la mort du serpent Python.

La putréfaction de ce serpent est ce qui a donné lieu à son nom & à celui de la Pythie. Raymond Lulle (*a*) s'exprime ainsi à ce sujet : » Et par cette raison on doit dire allégoriquement que le grand dragon est né des quatre » élémens confondus ; il ne faut donc pas entendre à la lettre, qu'il est terre, eau, air, » ou feu, mais qu'il est une seule nature qui a

(*a*) Theor. Testam. c. 10.

» les propriétés des quatre élémens. » Il ne peut mourir que par la dissolution, & lorsque son venin sort par sa blessure noire : Car, dit Morien (a), » s'il ne tombe point en putréfaction » & ne noircit point, il ne se dissoudra pas; » s'il n'est point dissout, il ne sera pas pénétré » par son eau; & s'il n'est pas pénétré par son » eau, il ne se fera pas de conjonction ni d'u» nion. « Ce dragon fut tué au pied du Mont-Parnasse, parce que l'Apollon philosophique réside au haut avec les Muses; c'est-à-dire, que la matiere en putréfaction étant au fond du vase, les parties volatiles qui montent en haut, signifiées par les Muses, avec lesquelles l'Apollon des Philosophes se volatilise, retombent sur la matiere qui est au fond, pour la pénétrer & la dissoudre. Ces parties volatilisées sont appellées *fléches*, parce que les fléches semblent voler, lorsqu'on les a lancées avec un arc, & qu'elles ne sont guéres d'usage que pour arrêter les oiseaux dans leur vol, & les animaux dans leur course.

(a) Entretien du Roi Calid.

CHAPITRE VIII.

Dès Jeux Néméens.

L'ORIGINE de ces jeux n'est pas moins fabuleuse que celle des jeux dont nous avons parlé. On dit que les Argonautes allant à la conquête de la Toison d'or, furent obligés de relâcher à Lemnos, où Jason, avant que de se remettre en mer, laissa Hypsiphile grosse d'un fils, dont elle accoucha quelque tems après. A peine cette Princesse fut-elle délivrée, qu'étant devenue odieuse aux Dames du pays, sur quelques bruits qu'on répandit contr'elle, elle prit le parti de s'enfuir sur le bord de la Mer, pour éviter leur fureur. Elle fut enlevée par des Pyrates, & vendue à Lycurgue, qui la fit nourrice de son fils Archémore. Les Grecs qui alloient à l'expédition de Thébes, passant dans le pays de ce Prince, trouverent cette illustre nourrice seule avec Archémore dans un bois, où la soif les avoit conduits pour y trouver du rafraîchissement. Ils la prierent de leur indiquer quelque source d'eau ; elle le fit, & les y conduisit elle-même, laissant son enfant sur l'herbe, qui pendant son absence y fut mordu par un serpent, & mourut presque aussi-tôt. Les Grecs affligés de cette funeste aventure, tuerent le serpent, firent à cet enfant de superbes funérailles, & instituerent des jeux en son honneur, qui furent appellés Néméens, du nom du Royaume de Lycurgue, ou plutôt de la fontaine auprès de laquelle cette aventure étoit arrivée. Une autre tradition les attribuoit à Hercule, qui les établit après avoir délivré la forêt de Némée & les environs, du lion qui ravageoit le pays, & dont Hercule porta la dépouille le reste de ses jours.

Les mêmes exercices des autres jeux étoient en usage dans ceux-ci, mais la récompense étoit différente; une couronne d'ache verte, parce que cette plante étoit une de celles qu'on appelloit funebres, & que ces jeux avoient été institués en mémoire de la mort d'Archémore. Leur célébration servoit d'époque aux Argiens & aux habitans de la partie de l'Arcadie voisine de la forêt de Némée.

On sçait que l'expédition des Argonautes est une pure allégorie, par conséquent la connoissance que Jason fit d'Hypsiphile à Lemnos, sa grossesse, sa fuite, & toute son histoire. On voit bien que Jason est l'Artiste, Hypsiphile la matiere, ainsi nommée de Ὕψος, *hauteur*, & de φιλέω, *aimer*, soit parce que ladite matiere se cueille sur les hauteurs, comme le disent les Philosophes, soit parce que la conception de l'enfant philosophique se fait dans le haut du vase. Nous avons cité plusieurs textes des Philosophes à ce sujet. *Voyez Liv. II. Chap. I.* Son accouchement est celui de l'enfantement philosophique; la fuite de cette Princesse est la volatilisation de la matiere, de même que son enlevement par les Pyrates; son arrivée dans le Royaume de Lycurgue est la perfection du Magistere ; Lycurgue lui donne son enfant à nourrir, c'est le commencement de la seconde opération ou de l'élixir ; elle montre une fontaine aux Grecs, c'est la fontaine ou l'eau mercurielle des Philosophes ; Archémore est mordu pendant ce tems-là par un serpent & meurt, c'est la putréfaction qui attaque l'enfant du Soleil philosophique ; la mort s'enfuit, c'est la dissolution & la noirceur. Voilà par conséquent le même objet pour l'institution des jeux Néméens, que pour les Olympiques & les Pythiques. Quant à la mort du lion de la forêt de Némée, nous l'expliquerons dans le livre suivant, où nous parlerons des travaux d'Hercule.

CHAPITRE IX.

Des Jeux Isthmiques.

LES jeux Isthmiques n'ont pas une institution plus certaine que les autres ; on ignore également, & leur Instituteur, & l'occasion qui y donna lieu. Si nous avons égard à ce qu'en rapportent les Auteurs, nous n'y trouvons que des fables. Plutarque (*a*) dit que Thesée les institua en l'honneur de Neptune, à l'imitation de ceux qu'Hercule avoit institué en l'honneur de Jupiter Olympien, c'est-à-dire à l'imitation des jeux Olympiques. D'autres les attribuent à

(*a*) In Vita Thesei.

Sisyphe, fils d'Eole & frere d'Athamas, au sujet de la mort de Mélicerte, dont l'on raconte l'histoire de la maniere suivante.

Athamas, Roi des Orchoméniens, peuples de Béotie ou de Thébes (*a*), répudia sa femme Néphélé, dont il avoit eu deux enfans, Phryxus & Hellé, pour épouser Ino, fille de Cadmus, dont il eut aussi deux fils, Léarque & Mélicerte. Athamas s'étoit déterminé à répudier Néphélé, parce que Bacchus l'avoit rendue insensée. Ino fit tant par ses discours auprès d'Athamas, qu'il persécuta les deux fils de Néphélé au point de les contraindre à se sauver tous deux sur un bélier qui avoit une toison d'or. Junon vengea la persécution qu'Ino avoit suscitée; cette Déesse agita de furie Athamas, qui s'imagina voir Ino changée en lionne, & ses deux fils en lionceaux. Il saisit Léarque, & le tua en le frappant contre un rocher. Ino prit la fuite avec son fils Mélicerte, qu'elle tenoit entre ses bras. Elle se réfugia sur le rocher *Moluria*, d'où elle se précipita dans la mer avec son fils. Un dauphin porta le corps de Mélicerte dans l'Isthme de Corinthe, ou Sisyphile, frere d'Athamas, lui fit de superbes funérailles, & institua les jeux Isthmiques en son honneur. Le Poëte Archias dit que ces jeux ne furent pas institués en l'honneur de Neptune, mais de Palémon. C'est que la fable ajoute que Neptune ayant pitié d'Ino & de Mélicerte, changea la mere en Néréide, qu'il nomma Léucothée (*b*), & le fils, Palémon.

(*a*) Ovid. Metam. liv. 4. (*b*) Ovid. ibid.

Ces jeux se faisoient presque avec les mêmes cérémonies que les autres, & avec les mêmes exercices. Le Poëte dont nous venons de parler, exprime ces quatre jeux dans une Epigramme grecque, qui a été traduite ainsi en latin :

Quatuor in Græcis certamina, quatuor illa
Sacra : duo superis, sunt duo sacra viris.
Sunt jovis hæc, Phœbique, Palæmonis, Archemorique.
Præmia sunt oleæ, Pinea, Mala, Apium.

On célébroit ces jeux tous les cinq ans, & l'on y couronnoit les vainqueurs avec des branches de Pin. Les Corinthiens les prirent pour époque, de même que les habitans de l'Isthme.

Toute cette histoire est frappée au coin de l'Art Hermétique, comme celles qui ont donné lieu aux autres jeux. On y voit l'origine de la Toison d'or, & cela seul suffiroit pour le prouver : mais avec les incrédules, il ne faut pas être avare de preuves. Suivons donc cette histoire en abrégé. Néphélé vient de Νεφέλη, *nuée* ; elle est femme d'Athamas, fils d'Eole, Dieu du vent, parce que c'est dans l'air renfermé dans le vase, que s'élevent en vapeurs les parties volatiles de la matiere philosophique. Ces parties se réunissent en grand nombre en forme de nuée ; voilà le mariage d'Athamas avec Néphélé, car Athamas vient d'α complétif & de Θαμὰ, fait d'ἅμα, *ensemble*. De ce mariage nâquirent Phryxus & Hellé. Hellé en s'enfuyant avec son frere sur le bélier à toison d'or, tomba dans la Mer, & s'y noya ; Phryxus fut porté en Colchide.

La fermentation des parties volatiles qui s'assemblent en nuée, fait un mouvement & une agitation dans la matiere qui se trouve au fond du vase, où est la partie fixe aurifique de la matiere, c'est-à-dire la toison d'or, qui se volatilise aussi, avec la partie mercurielle aqueuse; voilà la naissance & la fuite de Phryxus & d'Hellé, puisque Phryxus vient de φρὶξ, *agitation*, *bruit des flots*. Hellé se noye dans sa fuite, parce que ces parties volatiles se précipitent dans l'eau mercurielle qui est au fond du vase, appellée Mer par les Philosophes; ce qui est même exprimé par Hellé, qui vient d'Ἕλος, *marais*, *eau dormante*. La folie de Néphélé, excitée par Bacchus, n'est autre chose que la fermentation de la matiere mercurielle excitée par l'or philosophique, désigné par Bacchus, comme nous l'avons vû dans son chapitre. Athamas répudie Néphélé, & épouse Ino, dont il a deux fils, Léarque & Mélicerte. Ino est le mercure purifié par la sublimation philosophique; car Ino vient d'Ἰνέω, *purger*. De ce second mariage, c'est-à-dire des parties purgées, purifiées & réunies, nâquit Léarque, c'est-à-dire l'assemblage des principes de la pierre des Philosophes, puisque Léarque vient de λᾶας, *pierre*, attiquement λεὼς, & de Ἀρχὴ, *principe*; ce qui indique en même-tems la raison pourquoi l'Auteur de la Fable a feint qu'Athamas l'avoit tué en le froissant contre une pierre, parce qu'à mesure que les parties volatilisées se fixent, elles perdent leur mouvement & leur volatilité, qui sont l'indice de la vie, & le repos le symbole de la mort. Ino voyant cela, se précipita du rocher Moluria dans la Mer avec son fils Melicerte, qu'elle tenoit entre ses bras; c'est comme si l'on disoit que la partie terrestre purifiée & blanche, qui contient le fruit philosophique, se précipite au fond du vase, & se trouve submergée par l'eau mercurielle. C'est ce qu'a très-bien exprimé Riplée, déja cité en pareille occasion, quand il a dit : lorsque la terre se troublera, les montagnes se précipiteront au fond de la Mer; *dum turbabitur terra transferentur montes in cor Maris* : ce qui exprime le trouble & l'agitation d'Ino, & sa submersion dans la Mer. La terre philosophique nageoit auparavant comme une isle flottante; ce qui est signifié par le rocher Moluria, de Μολίω, *aller çà & là*, & de ῥὰξ, *rocher*. Neptune mit Ino au nombre des Néréides, lui donna le nom de Léucothée, comme si l'on disoit blanche Déesse, de Λευκὸς, *blanc*, & Θεὸς, *Dieu*; parce que quand la terre se précipite, elle est blanche, & comme elle ressemble à de la bouillie, suivant le Philaléthe (*a*) & plusieurs Philosophes, Neptune donna le nom de Palèmon à Mélicerte, de Πάλη, d'où l'on a fait Παλημάτιον, *potage* & *Palèmon*. La fable de la naissance de Diane & d'Apollon revient à celle-ci; car on dit que l'Isle de Délos étoit flottante, & que Neptune la fixa en faveur de Latone : on en a vû l'explication dans le troisieme livre. Un dauphin transporta Mélicerte dans l'Isthme de Corinthe, où Sisyphe lui fit de superbes funérailles,

(*a*) Enarrat. Methodica.

& institua les jeux Isthmiques en sa mémoire. Les funérailles sont l'opération de l'élixir, ou la perfection de l'œuvre : car Sisyphe étoit fils d'Eole, comme Athamas, & l'un fait assez connoître l'autre sans autre explication. Si l'on veut attribuer l'institution de ces jeux à Thésée, le rapport avec la Médecine dorée n'en sera pas moins évident, comme on peut le voir par ce que nous avons dit de Thésée.

LIVRE V.

DES TRAVAUX D'HERCULE.

CHAPITRE PREMIER.

La réputation d'Hercule a été si universellement répandue, & ses travaux immenses ont fait tant de bruit dans le Monde, qu'il n'est presque pas un coin de la terre où il n'ait été connu, dès l'antiquité la plus reculée. Il fut toujours regardé comme le plus grand des Héros, le vainqueur des monstres & des tyrans. Il y auroit donc de l'absurdité & de la mauvaise humeur à vouloir combattre la réalité de son existence, au moins dans l'imagination des Philosophes, & des Poëtes qui ont suivi leurs idées. On veut qu'Hercule ait existé en personne; on prétend même qu'il y en a eu plusieurs; j'en tomberai encore d'accord. Je dis plus: chaque pays a eu le sien, & même plus d'un. Mais enfin qu'Hercule ait été Egyptien, Phénicien, Idéen, Gaulois, Germain, ou de toute autre nation, il s'agit ici de celui à qui l'on a attribué tous ces travaux dont je dois parler dans ce livre. Sont-ce les travaux de plusieurs Héros du même nom, que l'on a attribué à celui de Thébes? Je n'en crois rien ; & je conviendrai, malgré cela, qu'Hercule n'eſt qu'un ſurnom ou un attribut de tous ceux qui ont fait les actions dont il s'agit. Ainſi, que l'Hercule Tyrien s'appellât *Thaſius* ; le Phénicien, *Deſanaüs* ou *Agenor* ; le Grec, *Alcée* ou *Alcide* ; l'Egyptien, contemporain d'Oſiris & Général de ſes Troupes, *Oſochor* ou *Chon* ; l'Indien, *Dorſane* ; le Gaulois, *Ogmion*, *&c.* peu m'importe. Quelque nom qu'ayent eu tous les Hercules du Monde, ils n'en étoient pas moins des Hercules ; & tous, quoiqu'on en diſe, étoient fils d'Alcmene, comme on le verra bientôt. Ce qui me ſurprend, & qui doit ſurprendre tout le monde, c'eſt que les Hiſtoriens & les Poëtes ayent bien voulu compter parmi les exploits d'un ſi grand Héros, & conſerver avec de grands éloges, à la poſtérité, une quantité de faits qu'un Palfrenier ou tout autre homme de cette eſpece a coutume de faire, ou peut exécuter. Quoi ! chaſſer des oiſeaux d'une Iſle en faiſant un charivari de chaudrons, nétoyer une étable à bœufs, enlever des cavalles, étouffer un homme en lui faiſant perdre terre, tuer un aigle à coups de fléches, &c. ſont-ce donc là des faits ſi inouïs, des actions ſi extraordinaires? Où changent-elles de nature, pour avoir été faites par un Héros? Alexandre, Céſar, Pompée & tant d'autres, étoient des Héros ; mais les Hiſtoriens auroient cru avilir leurs hiſtoires, s'ils avoient pris pour motifs de leurs éloges des faits qu'ils auroient eu communs avec la plus vile populace. On ſe ſeroit moqué & du Héros, & du Panégyriſte. Les autres faits d'Hercule ſont pour la plûpart ſi peu vraiſemblables, qu'un homme de bon ſens rougiroit de les regarder comme réels ; des gens d'eſprit & très-ſenſés nous en ont cependant conſervé la mémoire. Tout cela doit donc nous faire penſer qu'ils avoient d'Hercule une idée bien différente de celle qu'on en a communément. Ils regardoient Hercule comme un Héros, mais comme un Héros fabuleux, iſſu des Dieux de la Fable, & ne faiſoient pas difficulté de lui attribuer des actions qui ne peuvent convenir qu'à des Dieux de la Fable. Auſſi le même Hercule eſt-il ſuppoſé en même-tems dans l'Egypte, la Phénicie, l'Afrique, les Indes & la Gréce. Orphée, le plus ancien des Poëtes, Hermès Triſmégiſte, Homere & tant d'autres racontent les actions d'Hercule, & pas un ne ſe flatte d'avoir été ſon contemporain, d'avoir vû des veſtiges de ſes actions ; les uns & les autres ſe contentent de les raconter : & Orphée, Homere, ces Poëtes qui ont été les peres de la fiction & des fables, ſont-ils plus croyables ſur les actions d'Hercule que ſur celles de leurs Dieux ? Ne doit-on pas penſer des unes comme des autres ? Je veux dire qu'elles ſont toutes de pures allégories, puiſqu'Orphée eſt le premier qui a pris chez les Egyptiens toutes celles des Dieux & des Héros, qu'il a tranſportées dans la Gréce.

Il dit lui-même au commencement de ſon hiſtoire des Argonautes, qu'il a fait un Traité des travaux d'Hercule, un autre du combat de Jupiter avec les Géans, un troiſieme de l'enlevement de Proſerpine, du deuil qu'en porta ſa mere, & des courſes de celle-ci ; un autre du deuil que faiſoient les Egyptiens à l'occaſion de la mort d'Oſiris, & pluſieurs autres pleins d'allégories, qu'il débita dans la Gréce, comme des faits des Dieux & des Héros. Si Orphée eſt le premier qui ait fait mention de tout cela, comme tous les Auteurs en conviennent, il y a grande apparence que ceux qui ſont venus après lui, ou n'ont ſuivi que ſes idées, ou, comme Homere, ont puiſé dans la même ſource. Sur quel autre principe peuvent donc raiſonner les Mythologues de nos jours, & ceux qui les ont précédés? Sur quel fondement établiront-ils leur ſyſtême d'hiſtoire? Sera-ce ſur le rapport de quelques Anciens qui, n'entendant pas les allégories de ces premiers Poëtes, s'efforçoient par toutes ſortes de moyens de donner un air de vraiſemblance à des faits qui n'en avoient point, & ne pouvoient en avoir, que pris allégoriquement? Quelles époques prendront-ils pour déterminer les points chronologiques de l'hiſtoire des perſonnes prétendues, qui vivoient avant le ſiécle d'Orphée? Il s'en trouve qui l'ont entrepris parmi les Grecs; on en voit encore aujourd'hui: mais, avouons-le de bonne foi, Bochart, M. le Clerc, Meurſius, M. l'Abbé Banier & tant d'autres, nous ont-ils donné là-deſſus quelque choſe qu'on puiſſe aſſurer être vrai? J'en appelle au Lecteur déſintéreſſé, qui ne s'eſt pas laiſſé aveugler par des raiſonnemens ſpécieux, & qui n'a pas porté dans la lecture qu'il a faite de ces Auteurs, un eſprit prévenu, ſoit en faveur de l'Auteur, ſoit en faveur de ſon ſyſtême. Non, nous n'avons pas un ſeul Auteur que l'on puiſſe croire ſur le rapport qu'il qu'il fait de ce qui s'est passé avant Orphée ; j'en excepte l'Ecriture sainte : mais il n'est pas question ici de la généalogie des Juifs ; il s'agit de la généalogie & des actions des Dieux & des Héros prétendus du Paganisme. Les Egyptiens l'ont emporté à cet égard, comme à l'égard de bien d'autres choses, sur les Grecs & les autres Nations. Ils ont servi d'exemple aux autres d'une vaine gloire fondée sur leur antiquité. L'on a vû des Auteurs très-postérieurs à Orphée, Homere, & bien des siécles après eux, en croire les Egyptiens sur leur parole, & dire comme eux, avec un grand sang-froid, que les Dieux & les Héros ont régné en Egypte dix-huit à vingt mille ans. Il suffit, pour les convaincre de faux, de suivre la généalogie de leurs Dieux, dont Horus, suivant Hérodote (a) fut le dernier : *Priores tamen his viris fuisse Deos in Ægypto principes, una cum hominibus habitantes, & eorum semper unum extitisse dominatorem ; & postremum illic regnasse Horum Osiris filium, quem Græci Apollinem nominant. Tunc, postquam Typhonem extinxit regnasse in Ægypto postremum. Osiris autem, Græcâ Linguâ, est Dionysus.* Si Horus est donc le dernier des Dieux qui ait régné en Egypte, comme les Egyptiens avoient raison de le dire, puisqu'Horus ou Apollon est la perfection de l'œuvre Hermétique ou l'élixir parfait au rouge, sa généalogie ne compte pas beaucoup de générations. Horus étoit fils d'Osiris, celui-ci l'étoit de Saturne, & Saturne eut Cœlus ou le

(a) In Euterpe 144.

Ciel pour pere. De qui Cœlus fut-il fils? Ainsi toute la chaîne des Dieux, suivant les Egyptiens, consiste dans Cœlus, comme la racine de l'arbre, d'où sont sortis successivement Saturne, Osiris & Horus. Voilà donc les Dieux qui ont régné tant de milliers d'années. Ils ne pouvoient en effet en compter davantage, eu égard à l'objet qu'ils se proposoient dans ces Dieux allégoriques, puisqu'ils ne sont que quatre dans l'Art Hermétique, comme on a pu le remarquer constamment ici. Cœlus est la matiere, Saturne la couleur noire, Isis la couleur blanche, & Horus la couleur rouge; c'est-à-dire, la matiere mise dans le vase est Cœlus, qui regne jusqu'à ce que Saturne ou la couleur noire paroisse : Saturne regne alors jusqu'à la couleur blanche, qui est Isis; enfin la couleur rouge survient à la matiere, & succede à la blanche : voilà le regne d'Horus, qui est dit justement le dernier, puisque la rouge est permanente & ne varie plus. C'est donc mal-à-propos qu'on s'amuse à disputer, à contredire ou à vouloir justifier le calcul des Egyptiens sur la durée des regnes de ces Dieux prétendus, puisque ces Dieux & leurs regnes ne sont que de pures allégories. Mais revenons à Hercule.

Hercule étoit un des douze Dieux de l'Egypte, suivant Hérodote (*a*). Si le fils d'Alcmene est

(*a*) *Atqui vetustus quidam Deus est apud Ægyptios Hercules, & (ut ipsi aiunt) decem & septem annorum millia sunt ad Amasin regem, ex quo Herculem, ex octo diis, qui duodecim facti fuerunt, unum esse arbitrantur.* C'est de là, suivant le même Auteur, qu

originaire d'Egypte, je pense qu'on ne risque pas beaucoup d'assurer que l'Alcée Grec & l'Hercule Egyptien pourroient bien être une même chose ; car les différens noms qu'on donne à un même sujet, ne changent point sa nature. Mais tel qu'il soit, il est fils d'Alcmene, suivant tous les Auteurs ; & Orphée nous apprend (*a*) qu'il ne fallut pas moins de trois nuits & trois jours, pour former un si grand homme. Homere est du même sentiment (*b*).

Ces deux Auteurs me paroissent préférables à ceux qui le disent fils d'Amphitryon. Alcmene étoit déja enceinte du fait d'Amphitryon : mais elle voulut, dit-on, devenir grosse d'elle-même, & Jupiter s'étant prêté à ses desirs, réunit trois nuits dans une, & passa tout ce tems avec elle.

On voit bien par-là que les Poëtes ont voulu

les Grecs ont tiré le leur : *Cujus nomen non Ægyptii à Græcis, sed Græci potius ab Ægyptiis acceperunt, & ii quidem Græci qui hoc nomen filio Amphitryonis imposuere.... quod hujus Herculis uterque Parens, Amphitryon & Alcmena fuerunt ab Ægypto oriundi.* Loc. cit. c. 43.

(*a*) *Hic prius Herculeum robur mihi cernitur : olim*
Hunc Alcmena jovi peperit conjuncta superno,
Cum latuit Phœbus longas tres ordine noctes
Continuas, caruitque die sol, lumine soles.
In Argonaut.

(*b*) *Alcidum canimus natum jovis : quem valde fortissimum*
Genuit terrestrium, Thebis in pulchrichoris,
Alcumena, mixta cum nigrinube Saturnio.
In Hymno Herculis.

voulu mettre de l'extraordinaire dans cette conception d'Hercule, afin de donner à entendre que ce Héros participoit plus de la Divinité que de l'humanité. Ils ont toujours mêlé du merveilleux dans l'histoire des grands hommes, afin de faire concevoir d'eux un certain respect. Ils ont supposé Pallas née du cerveau de Jupiter, pour marquer la force de la sagesse & la perspicacité du génie.

Les Egyptiens, premiers inventeurs des fictions, ne s'inquiétoient pas beaucoup de les rendre conformes au cours ordinaire de la nature, ni aux régles établies pour les mœurs. De là sont venus tous ces prétendus adulteres & ces autres crimes monstrueux, dont leurs fables & celles qui ont été imitées des leurs, sont remplies. Ils les attribuent non seulement aux hommes, mais aux Dieux, & les publient avec éloge, comme s'ils avoient voulu indiquer par-là que ceux dont il étoit question, n'étoient ou n'avoient été en effet ni Dieux, ni hommes réels, mais seulement symboliques, & qui ne devoient leur être de dénomination spécifiée, qu'à l'imagination des hommes. Hermès Trismégiste, dans son Dialogue avec Asclepius, nous l'insinue assez, puisqu'il n'y parle toujours que d'un seul Dieu souverainement bon, souverainement sage & parfait, duquel tout procede, qui a créé & qui gouverne toutes choses. Après avoir parlé des différens Dieux, il dit qu'ils sont fabriqués par les hommes : *Sic Deorum fictor est homo.* Il ajoute : Nos Ayeux incrédules étant tombés dans l'erreur à l'égard des Dieux, & ne portant pas leur attention ſur la religion & le culte du vrai Dieu, ont trouvé l'art de ſe faire des Dieux. *Quoniam ergo Proavi noſtri multum errantes circa Deorum rationem, increduli, & non animadvertentes ad cultum Religionemque divinam, invenerunt artem quâ Deos efficerent.* Tout homme qui lira avec attention cet ouvrage d'Hermès, y verra clairement que les Egyptiens ne reconnoiſſoient qu'un ſeul vrai Dieu éternel, ſans commencement ni fin, & que le nom de Dieu qu'ils donnoient à d'autres êtres, ne doit point être pris dans le même ſens, mais ſeulement comme Miniſtres dépendans & obéiſſans aux ordres du ſouverain Créateur de ces Miniſtres mêmes & de toutes choſes. Mais ce n'eſt pas ici le lieu de diſſerter ſur la Religion des Egyptiens; ceux qui ſeront curieux de voir leur juſtification ſur l'accuſation portée contr'eux, d'avoir rendu les honneurs divins, même pendant le tems de leur gloire, aux choſes les plus viles, & d'avoir autoriſé par leur exemple le culte des Dieux matériels, peuvent avoir recours au Traité qui a été fait par Paul-Erneſt Jablouski, Docteur en Théologie dans l'Univerſité de Francfort-le-Vieil. Ce Livre a pour titre : *Pantheon Ægyptiorum, ſive de Diis eorum commentarius*, imprimé *in-8°.* à Francfort en 1751.

Les Poëtes ont donc feint qu'Hercule n'avoit pas été fait auſſi ſimplement que les autres hommes. Il falloit, pour donner une idée de la force de ce Héros, le ſuppoſer fils du plus grand des Dieux, & formé avec un travail & une attention conforme à ce qu'il devoit devenir. Il falloit même feindre le cours ordinaire de la Nature, changé à cause de lui. Ils avoient sans doute puisé ces idées chez les Egyptiens, qui, pourvû qu'ils se fissent entendre, & qu'ils exprimassent ce qu'ils pensoient de maniere à le faire comprendre, s'embarrassoient fort peu si les moyens qu'ils employoient pour cela, étoient conformes ou non au cours ordinaire des choses. Les Grecs furent quelquefois plus scrupuleux sur l'article: ils indiquoient souvent les choses par les noms qu'ils leur donnoient, comme nous l'avons vû jusqu'ici par l'étymologie même de ces noms. Celui d'Alcée ou d'Alcide étoit de ce nombre, puisqu'il vient d'Ἀλκὴ, *force, puissance*. Il falloit bien le supposer extrêmement fort & robuste, pour braver tous les dangers, vaincre tant de monstres, & venir à bout de tous les travaux qu'on lui attribue; ce n'étoit pas assez de le désigner comme en particulier, on devoit supposer qu'il avoit apporté, en venant au monde, une force de corps & un courage plus qu'ordinaire. Il falloit le dire fils de parens capables de produire un si grand homme; aussi le dit-on fils d'un Dieu, & si on ne lui donne pas une Déesse pour mere, mais une femme, le nom d'Alcmene indique assez que ce n'est pas une femme commune. Il signifie la force du génie, la solidité du jugement, la grandeur d'ame, tout ce qu'il faut enfin pour former un parfait Philosophe; car Ἀλκὴ, signifie *force*, & Μένος, *ame, impétuosité, ardeur de l'esprit, force, courage*. Tel aussi doit être l'Artiste de la Médecine dorée, & tel le supposerent ceux qui lui donnerent le nom allégorique d'Alcée ou d'Hercule. Nous verrons par l'explication de ce Héros, que les Anciens n'entendoient pas autre chose, pour l'ordinaire; je dis pour l'ordinaire, car ils ont quelquefois mis sur le compte d'Hercule ou de l'Artiste les effets ou opérations du Mercure philosophique. Les Philosophes Hermétiques s'expriment souvent dans ce sens-là, & disent : mettez ceci, mettez cela, imbibez, semez, cohobez, broyez, &c. comme si l'Artiste le faisoit en effet, quoique la Nature elle-même le fasse en opérant dans le vase par le moyen du mercure, comme nous l'assure Synésius (a) en ces termes : » Remarquez » que dissoudre, calciner, teindre, blanchir, » imbiber, rafraîchir, baigner, laver, coaguler, » fixer, broyer, dessécher, mettre, ôter, sont » une même chose, & que tous ces mots veu- » lent dire seulement cuire la Nature jusqu'à ce » qu'elle soit parfaite. « Et qu'est-ce qui fait tout cela? C'est le Mercure philosophique, ou l'eau mercurielle, suivant ce conseil du même Auteur : » Je vous dis, mon fils, de ne faire » aucun compte des autres choses, parce qu'elles » sont vaines; mais seulement de cette eau, » qui brûle, blanchit, dissout & congele. C'est » elle qui putréfie, & qui fait germer. « Ainsi l'Artiste & le Mercure travaillans de concert à la perfection de la Médecine dorée, ceux qui en traitent mettent indifféremment sur le compte de l'un & de l'autre tout ce qu'ils disent par similitude, par allégorie ou fabuleusement,

(a) De l'Art secret des Philosophes.

des opérations par lesquelles la matiere de cette médecine se travaille, se purifie & se perfectionne.

L'histoire d'Hercule a été fabriquée dans ce goût-là. C'est pour cette raison qu'on lui donne pour frere un certain Iphicle, qui n'avoit pas son pareil pour la légereté à la course, puisqu'Hésiode nous apprend qu'il marchoit sur les eaux comme sur la terre, & sur des épics de bled sans les faire plier. Iphicle fut aussi un des principaux Héros qui accompagnerent Jason à la conquête de la Toison d'or. Tous ces traits de la vie d'Iphicle conviennent très-bien au Mercure philosophique, ou à la partie volatile de la matiere du grand œuvre.

Hercule nâquit à Thébes de Béotie. Cette Ville fut bâtie par Cadmus; & la raison pour laquelle nous avons vû dans le second livre, qu'il l'avoit bâtie, est la même qui a fait déterminer la naissance d'Hercule dans cette Ville.

Pour donner quelque vraisemblance à l'histoire d'Hercule, les Poëtes ont feint que Junon avoit conçu pour lui une haine mortelle, dès avant qu'il fût né, & que pour assouvir cette passion, elle avoit usé d'un stratagême qu'Homere raconte de la maniere suivante (*a*). » Un » jour Até, fille de Jupiter, trompa elle-même » ce Dieu, lui qu'on dit être plus puissant que » les Dieux & les hommes. Junon, quoi- » qu'elle ne soit qu'une femme, en fit autant le » jour qu'Alcmene devoit mettre au monde la

(*a*) Iliad. l. 19. v. 95.

» force Herculéaue dans la Ville de Thébes.
» Jupiter avoit dit à tous les Dieux, en se glo-
» rifiant : Ecoutez-moi tous, Dieux & Déesses ;
» je veux vous faire part d'un projet que j'ai en
» tête. Aujourd'hui la Déesse qui préside aux
» accouchemens, Ilithie, mettra au monde un
» homme qui régnera sur tous ses voisins, & cet
» homme sera de mon sang. Junon, qui médi-
» toit de lui jouer un tour, lui dit : Vous nous
» en imposez, vous ne tiendréz pas ce que vous
» promettez ; jurez-nous donc que l'enfant qui
» naîtra aujourd'hui, issu de votre sang, régnera
» sur tous ses voisins. Jupiter qui ne soupçon-
» noit point la supercherie de Junon, jura un
» grand serment, & il lui en mésarriva. Junon
» descendit promptement de l'Olympe, se trans-
» porta à Argos, où elle sçavoit que la femme
» de Sthénelus, fils de Persée, étoit grosse d'un
» garçon, & qu'elle étoit dans son septieme
» mois. Elle la fit donc accoucher avant terme,
» & elle retarda l'accouchement d'Alcmene, en
» arrêtant Ilithie. Junon vint ensuite dire à Ju-
» piter : il vient de naître un homme de con-
» dition, sçavoir, Eurysthée, fils de Sthénelus,
» & petit-fils de Persée qui étoit de votre sang ;
» il mérite par conséquent de régner à Argos.
» Jupiter fut très-affligé de cette nouvelle ; la
» colere lui fit jurer par le plus grand serment,
» en prenant Até par sa belle chevelure, que
» puisqu'elle faisoit du mal à tout le monde,
» elle ne retourneroit jamais dans le Ciel étoilé.
» Aussi-tôt il la saisit, la fit pirouëtter d'un tour
» de main, la précipita du Ciel, d'où elle fut

» se mêler dans les affaires des humains. «

Voilà la prétendue source du pouvoir qu'Eurysthée eut de commander à Hercule tous les travaux que ce Héros fit dans la suite. Junon le persécuta dès sa naissance; car à peine fut-il né qu'elle envoya deux gros serpens pour le dévorer. Iphicle en eut peur, & sa légereté lui fut d'un grand secours pour éviter le danger : mais Hercule les saisit, & les mit en pieces. Eumolpe (a) dit que Junon avoit, à la vérité, pour Hercule une grande haine; mais que Pallas la guérit si bien de cette passion, qu'elle la détermina même à nourrir Hercule de son propre lait; ce qui le rendit immortel : qu'Hercule suçant avec trop de force & d'avidité la mammelle de Junon, le lait qu'il en tira de trop se répandit & forma la Voye lactée. D'autres rapportent ce fait de Mercure, comme nous l'avons vû dans son chapitre.

Alcide en devenant grand, montroit les grandes dispositions qu'il avoit pour tout; sa force & son courage se manifestoient dans toutes sortes d'occasions. Ce fut pour faire fructifier ces admirables semences, qu'on prit de son éducation tous les soins possibles. Il apprit de Teutare, Pasteur Scythe, l'art de tirer de l'arc; d'autres disent de Rhadamanthe, de Thestiade, d'Euryte. Lin, fils d'Apollon, l'instruisit dans les Lettres; Eumolpe lui apprit la Musique; Harpalycus, la lutte & les autres arts qui y ont du rapport; Amphitryon, l'art de monter à cheval;

(a) Lib. de Mysteriis.

Castor, la maniere de combattre en armes ; & Chiron enfin, le plus sage & le plus sçavant des hommes dans l'Astronomie & la Médecine, l'en instruisit, comme il avoit fait Esculape & quelques autres.

Hercule eut donc huit Maîtres pour les arts & les sciences. Etoit-ce trop pour un homme, pour la formation duquel Jupiter avoit concouru de toutes ses forces pendant le tems de trois nuits & trois jours ? Il n'est pas surprenant qu'il soit devenu un grand homme ; il étoit fils d'un Dieu ; il avoit toutes les dispositions imaginables, & des Maîtres parfaits, chacun dans son espece.

Quel merveilleux ! Est-il donc étonnant que des Payens, qui regardoient comme véritable l'existence de Jupiter, & son commerce avec les hommes, ayent eu la même idée de réalité de l'existence & des faits d'Hercule qui passoit pour un des fils de ce Dieu ? Mais que de nos jours mêmes on veuille admettre & expliquer comme réel ce que la Fable nous rapporte de ses prétendus travaux ; qu'on veuille nous persuader la vérité de l'histoire suivie (*a*) que l'on fabrique sur sa naissance, son éducation, & tout le reste de sa vie, c'est mesurer la crédulité de ses Lecteurs sur la sienne propre. Car s'il est vrai qu'il y ait eu plusieurs Hercules, mal-à-propos veut-on attribuer au seul Hercule Grec les actions de tous les autres ; en vain se met-on l'esprit à la torture pour en fabriquer une seule histoire. Il y a eu un Hercule Egyptien, ou feint ou réel ;

(*a*) Mythol. de M. l'Abbé Banier, T. III. l. 3. ch. 6.

Hermès en fait mention dans ses Ouvrages. Cet Hercule fut établi Gouverneur de l'Egypte par Osiris, dans le tems même qu'il donna Mercure pour Conseil à Isis, & qu'il fit Promethée Sous-Gouverneur, pendant le voyage que ce Roi fit dans les Indes. Pendant ce tems-là, Hercule eut affaire avec Anthée, & il se passa bien d'autres choses attribuées à Alcide. En admettant la réalité des deux, on ne peut aussi se dispenser d'avouer qu'il s'est passé bien des siécles entre le tems où vivoit l'Hercule Egyptien, & celui où vécut Alcide, puisque l'Hercule d'Egypte est de l'antiquité la plus reculée, & que celui de la Gréce lui est fort postérieur. Comment ose-t-on donc en faire une histoire unique ? Je laisse aux Mythologues ces dissertations qui ne viennent pas directement à mon dessein. Hercule, ou Alcide, si l'on veut, n'est qu'un personnage introduit allégoriquement, tant dans les fictions Egyptiennes que les Fables Grecques, pour signifier l'Artiste ou le Philosophe Hermétique qui conduit les opérations du grand œuvre : les preuves que j'en donnerai ci-après en convaincront le plus incrédule.

Si nous faisons attention à la racine d'où Hercule sortit, nous trouvons que Jupiter, son pere, est un des principaux de la Généalogie dorée, dont nous avons traité dans le troisieme livre. Le fils tient du pere, & il doit lui ressembler en quelque chose. Tel est le pere, tel est le fils; mais à divers égards. L'un est le principal agent interne, l'autre l'agent externe ou l'Artiste, ou plutôt ses propres opérations. Tous les Philosophes demandent dans l'Artiste un jugement solide, un esprit vif & pénétrant, un grand courage & une patience constante. Ce sont les qualités qu'on attribue à Alcide. La sagesse, la vigueur & la science sont de l'essence de Pallas; elles sont requises dans le Philosophe, & voilà pourquoi l'on a dit que cette Déesse avoit fait la paix d'Hercule avec Junon; nous en avons parlé dans le chapitre de Jason, nous en parlerons encore dans le livre suivant au sujet d'Ulysse: car ces trois Héros sont proprement le symbole de l'Artiste. Aurélius Augurelle (*a*) en a pensé de même.

Je ne doute pas que bien des gens ne puissent pas se mettre en tête qu'il y ait un vrai rapport entre l'histoire de ces Héros & la Chymie. Ils se

(*a*) . . . . . . *Dites ubi pectine eburno*
Aurea perpetuo depectunt vellera Nymphæ,
Quæ prima Heroum pubes ratè sancta petivit,
Nec timuit tantos per fluctus quærere summis
Tum Ducibus ditem sub Jasone & Hercule Colchon,
Alter inauratam noto de vertice pellem,
Principium velut ostendit quod sumere possis:
Alter onus quantum subeas, quantumque laborem
Impendas crassam circa molem, & rude pondus
Edocuit. Neque enim quem debes sumere magnum
Invenisse adeo est, habilem sed reddere massam
Hoc opus, hìc labor est, hìc exercentur inanes
Artificum curæ: variis hìc denique nugis
Sese ipsos, aliosque simul frustrantur inertes.
Chrysop. l. 2.

ſont rendus célebres par des faits d'armes & par des actions de grands hommes ; ils étoient des Princes, & la Fable ne fait aucune mention de la Chymie à leur égard. Cet art eſt même mépriſé, & ne s'exerce guéres que par des gens du commun ; ceux qui en font profeſſion, ne ſont preſque recommandables que par quelques découvertes utiles à la ſociété. La plûpart des Chymiſtes ſont des menteurs & des fourbes ; je parle des Souffleurs ou chercheurs de pierre Philoſophale, qui après avoir fait évaporer leurs biens en fumée, cherchent à s'en dédommager ſur la crédulité d'autrui, & demandent de l'or pour faire de l'or. Je conviens de tout cela : mais il eſt ici queſtion d'une Chymie plus noble, & que les Rois n'ont pas dédaigné d'exercer. Ce n'eſt pas celle qui apprend à diſtiller de l'eau roſe, de l'eſprit d'abſynthe, à extraire les ſels des plantes calcinées, en un mot à détruire les mixtes que la Nature a formés ; mais celle qui ſe propoſe de ſuivre la Nature pas à pas, d'imiter ſes opérations, & de faire un remede qui puiſſe guérir toutes les infirmités de cette même Nature dans les trois régnes qui la compoſent, & d'en conduire tous les individus au dernier dégré de perfection dont ils ſont capables. Il eſt même des perfections requiſes dans l'Artiſte, que n'ont pas la plûpart de ceux qui s'adonnent à cette ſcience : car, ſuivant Geber (*a*), il n'eſt pas poſſible d'y réuſſir, ſi l'on n'a pas un corps ſain & entier dans toutes ſes parties, un corps robuſte

(*a*) Summa perfect. cap. 4.

& vigoureux, un esprit cultivé, un génie pénétrant, & une connoissance des principes de la Nature. *Dicimus igitur, quòd si quis non habuerit sua completa organa, non poterit ad hujus operis complementum pervenire per se, velut si cæcus fuerit, vel extremis truncatus. Si verò fuerit corpus debile & ægrotum, sicut febrientium, vel leprosorum corpora, vel in extremis vitæ laborantium, & jam ætatis decrepitæ senum. Quomodo viam naturæ ingredietur qui principia naturæ ignorat : mente sit acutâ, ingenio constans, scientiâ pollens, judicio solido, & patiens sit artifex ne longioris tædio temporis desperatus, opus derelinquat ante consummationem.* Geber n'est pas le seul qui parle dans ce goût-là ; Arnaud de Villeneuve (*a*) s'exprime ainsi : » Trois » choses sont requises dans l'Artiste ; sçavoir, » un génie subtil & sçavant, un corps à qui il » ne manque rien pour pouvoir opérer, des ri- » chesses & des livres. « Raymond Lulle en dit autant (*b*) : » Je vous dis, mon fils, que trois » choses sont requises dans l'Artiste ; un juge- » ment sain & un esprit subtil, quoique natu- » rel, droit & sans travers, dégagé de tout » embarras ; l'opération de la main, des riches- » ses pour fournir aux dépenses, & des livres » pour étudier. «

Ce n'est donc pas mal-à-propos que Jason & Hercule sont supposés avoir eu une si belle éducation, & que l'on feint un certain Chiron, le plus sage & le plus sçavant de son tems, comme

(*a*) Rosar. l. 2. c. 5. (*b*) Theor. Test. c. 31.

Précepteur de l'un & de l'autre. Quant aux difficultés qui se rencontrent, & qui empêchent la plus grande partie de parvenir à la connoissance même de cette science, je renvoye le Lecteur aux Traités qu'en ont fait Théobaldus de Hogelande, Pic de la Mirandole & Richard Anglois. Le Traité du premier a pour titre, *de difficultatibus Chemiæ*; celui du second, *de Auro*, & celui du troisieme, *Correctio fatuorum*. On les trouve dans la *Bibliothecha Chemica curiosa Mangeti*. Il est bon qu'un Hercule Chymique soit informé de toutes ces choses-là avant que d'entreprendre les travaux de l'Hercule de la Fable, que nous allons expliquer. C'est à lui que nous revenons.

Nous avons vû dans le troisieme livre & dans celui-ci, qu'Hercule appartient à la Généalogie dorée des Dieux, & dans le premier, qu'il étoit contemporain d'Osiris, qui l'établit Gouverneur de l'Egypte pendant son expédition des Indes; qu'il arrêta pendant son gouvernement l'innondation du Nil, & qu'il eut Busiris, Anthée, Promethée & Mercure, pour Collégues. On rapporte qu'il mit à mort les deux premiers à cause de leur tyrannie. On suppose par conséquent qu'Hercule vivoit à peu près du tems de Saturne, de Jupiter, d'Osiris, & des autres Dieux. Il est même visible que les Grecs n'entendoient pas par l'Hercule Grec un Hercule différent de celui d'Egypte, puisqu'ils le disoient disciple du Centaure Chiron, & que Chiron étoit fils de Saturne & de Phillyre. Si cet Hercule est le même que celui qui accompagna Jason dans son expédition

dition de la Toiſon d'Or, il a dû vivre bien long-tems, puiſque, ſelon le calcul des Egyptiens, il ſe ſeroit écoulé pluſieurs milliers d'années entre le regne d'Oſiris & la naiſſance même de Jaſon. On doit donc juger de la réalité de la choſe par ſon abſurdité palpable; nous devons d'ailleurs juger d'Hercule par ſes Collégues Mercure, Promethée, & par les compagnons de Jaſon, dont nous avons déja parlé. Les Maîtres qu'eut Hercule doivent auſſi nous faire connoître quel fut le Diſciple. Il apprit, dit-on, l'art de tirer les fléches, la Poëſie, la Muſique, la lutte, la maniere de conduire les charriots & de monter à cheval, l'Aſtronomie & l'art de combattre en armes. Ses Maîtres furent Rhadamante, Lin, Eumolpe, Harpalicus, Autolycus, Amphitryon, Caſtor & Chiron; & toutes ces inſtructions le mirent en état de venir à bout de tous les travaux qu'on lui attribue. Ils furent tous une ſuite de la haine de Junon, qui par ſon ſtratagême, avoit ſoumis Hercule aux ordres d'Euryſthée.

CHAPITRE II.

Lion Néméen.

LE premier ouvrage qu'Alcide entreprit, fut d'aller tuer un grand lion qui faisoit son séjour dans la forêt de Némée sur le Mont-Citheron. Tuer un lion étoit le fait d'un homme ordinaire; mais il étoit réservé à Hercule de tuer le lion de Némée, car ce lion étoit fort supérieur aux autres par la noblesse de sa race. Il étoit, disent quelques-uns, descendu du disque de la Lune (*a*) : d'autres, entre lesquels est Chrysermus (*b*), disent que Junon voulant nuire, inquiéter, susciter des embarras, des peines, &c. à Hercule, intéressa magiquement la Lune dans sa haine; que celle-ci remplit une corbeille de salive & d'écume, & que ce lion en nâquit. Iris le prit entre ses bras, & le porta sur le Mont-Ophelte, où il dévora le même jour le Pasteur Apesamptus, suivant le rapport de Demodocus (*c*). Ce lion étoit invulnérable; Hercule ayant à peine dix-huit ans, fut à sa rencontre, lui décocha quantité de fléches, qui ne purent le percer. Il prit alors une massue armée de beaucoup de fer, avec laquelle il l'assomma; il le mit ensuite en morceaux, sans autre secours

(*a*) Anaxagoras.
(*b*) Lib. 2. Rerum Peloponn.
(*c*) In Rebus Heracleæ.

que de ses mains, après l'avoir dépouillé de sa peau que ce Héros porta tant qu'il véçut.

Un fait tel que celui-là est bien l'action d'un jeune Héros, & auroit mérité d'être conservé à la postérité, s'il avoit été conforme à l'histoire dans toutes ses circonstances : mais qui n'y verra pas de l'allégorie, ou un signe hiéroglyphique de quelque chose que l'Auteur de la Fable a voulu cacher, sera certainement bien crédule, ou peu clairvoyant, ou enfin bien entêté de son systême historique ou moral. Toutes les circonstances de cette fable étoient embarrassantes pour M. l'Abbé Banier ; il les a toutes laissées de côté, & s'en est tenu au simple fait. Hercule donna la chasse à quelques lions de la forêt de Némée, entre lesquels il y en avoit un fort grand, qu'il tua lui-même, dit cet Auteur, & en porta la peau. Pour rendre ce fait plus mémorable, on publia dans la suite que ce lion avoit mérité d'être mis au rang des Astres. Il n'y avoit rien en effet de fort extraordinaire, & il falloit bien rendre cette action mémorable par quelqu'endroit : mais au moins falloit-il nous dire par où ce lion avoit mérité cet avantage. Si les circonstances de la naissance & de l'origine de ce lion n'étoient pas suffisantes pour cela, Manilius Eginus & ceux qui ont suivi ses idées, auroient dû en fournir d'autres raisons. Mais ces Auteurs vouloient nous donner ce fait comme réel, simple & historique, & avec ces circonstances il devient absolument fabuleux ou hiéroglyphique.

En effet un lion invulnérable, descendu de l'orbe de la Lune, ou né de sa salive, ne peut guéres être ſuppoſé réel ; il faut donc qu'il ſoit allégorique : il l'eſt auſſi. C'eſt un lion purement chimique, preſque invulnérable, & né de la ſalive de la Lune. On en ſera convaincu par les textes ſuivans des Philoſophes Hermétiques. Nous avons aſſez prouvé dans les livres précédens, que le nom de lion eſt un de ceux que les Adeptes donnent à leur matiere ; mais pour ne pas obliger le Lecteur à ſe rappeller ce dont il ne ſe ſouvient peut-être qu'en général, qu'il écoute Morien (*a*). » Prenez la fumée blanche, le *lion* » vert, l'almagra rouge & l'immondice du » mort ; & un peu après : Le *lion* vert eſt le » verre, & l'almagra eſt le laiton. « L'Auteur du Roſaire dit : » Nous trouvons d'abord dans » notre *lion* vert, & notre véritable matiere, » & de quelle couleur elle eſt. Elle s'appelle » auſſi *adrop*, *azot* ou *duenech vert*. Riplée (*b*) : » Aucun corps impur n'entre dans la compoſi- » tion de notre œuvre, que celui que les Phi- » loſophes appellent communément *lion vert*. « L'Auteur du Conſeil ſur le Mariage du Soleil & de la Lune, nous apprend que ce lion eſt de nature lunaire. De même, dit-il, que le Lion, le Roi & le plus robuſte des Animaux, devient foible & débile par l'infirmité de ſa chair, de même notre lion s'affoiblit & devient infirme par ſa nature & ſon tempérament *lunaire*. On voit par ces textes, que le lion eſt ſouvent pris par les Artiſtes pour le ſujet ou la matiere de l'Art : & comme le dernier Auteur dit que ce

(*a*) Entretien du Roi Calid. (*b*) 12. Portes.

lion eſt un ſoleil inférieur qui a une nature lunaire, on voit auſſi pourquoi la Fable le dit être deſcendu du diſque de la Lune.

Il n'eſt pas moins ſurprenant que la Fable diſe ce lion né de la ſalive de la Lune; mais il y avoit des raiſons pour cela, & les mêmes, ſelon toutes les apparences, qui ont engagé les Philoſophes à employer de ſemblables expreſſions pour le même ſujet. Un Auteur Anonyme dit dans un Traité qui a pour titre: *Aurora conſurgens (a).* » Quelques Philoſophes » ont fait conſiſter tout le ſecret de l'art dans le » ſujet, ou la matiere, & lui ont donné divers » noms convenables à l'excellence de ſa nature, » comme on le voit dans la Tourbe, où quel- » ques-uns prenant occaſion du lieu, l'ont ap- » pellé gomme, *crachat de la Lune.* «

Cet Auteur nous fait obſerver que ce nom de crachat de la Lune a été donné à la matiere des Philoſophes à cauſe du lieu, ſans doute où elle ſe trouve; il paroît par conſéquent avoir égard au lion engendré de l'écume dans le lieu de la Lune: car le crachat & l'écume ſont une même choſe. On trouve cette dénomination de la matiere en divers endroits de la Tourbe des Philoſophes, appellée Code de vérité. Aſtrate y dit: Celui qui deſire parvenir à la vérité de la perfection de l'œuvre, doit prendre l'humeur du Soleil & le *crachat de la Lune.* Pythagore: Obſervez, vous tous qui compoſez cette aſſemblée, que le ſoufre, la chaux, l'alun, le kuhul, & le

(a) Cap. 12.

crachat de la Lune ne sont autres que l'eau de soufre & l'eau ardente. Anastrate : Je vous dis vrai : rien n'est plus excellent que le sable rouge de la mer, & le *crachat de la Lune*, qui se conjoint avec la lumiere du Soleil, & se congele avec lui. Belus : Quelques-uns ont appellé cette eau, *crachat de la Lune*, d'autres, cœur du Soleil. Ces textes font assez voir dans quel sens le Lion Néméen nâquit du crachat de la Lune : on n'a qu'à combiner ensemble ce que les Philosophes entendent par Lion & par ce crachat. Il est dit aussi que les fléches d'Hercule ne purent blesser ce Lion, & qu'il fut obligé d'avoir recours à une massue ; parce que les parties volatiles représentées par les fléches, ne suffisent pas pour tuer, ou faire tomber en putréfaction la matiere fixe ; & pour marquer qu'elle étoit cette massue, la Fable dit qu'Hercule après en avoir fait usage, la consacra à Mercure ; parce que c'est le Mercure philosophique qui fait tout. Hercule après avoir tué ce Lion le dépouilla : aussi faut-il le faire dans l'œuvre, c'est-à-dire, qu'il faut purifier la matiere, jusqu'à ce qui étoit caché devienne manifeste : *Fac occultum manifestum*, disent les Philosophes, & Basile Valentin (*a*) : » Il » faut dépouiller l'animal d'Orient de sa peau » de lion, lui couper ensuite les aîles qu'il prendra, & le précipiter dans le grand Océan salé, » pour qu'il en ressorte plus beau qu'il n'étoit. « On dit aussi qu'à peine ce Lion fut né, qu'Iris le prit entre ses bras, & le porta sur le Mont-

(*a*) 12. Clefs.

Ophelte; parce que les couleurs de l'Iris apparoissent alors sur la matiere, & que les parties volatilisées se réunissent à la partie qui se fixe en s'accumulant; car Ophelte vient d'Οφέλλειν, amasser, assembler, accumuler.

CHAPITRE III.

Filles de Thespius.

LE bruit de la défaite de ce Lion étant venu jusqu'aux oreilles du Roi de Béotie, il crut ne pouvoir mieux faire que de s'attacher Hercule par quelqu'endroit; pour cet effet il lui livra cinquante filles vierges qu'il avoit, dans l'espérance d'avoir par ce moyen une lignée de Héros, qui ressembleroient à leur pere. Hercule accepta l'offre de Thespius, & eut assez de force pour jouir de toutes dans l'intervalle d'une seule nuit. Quelques-uns ont mis cette action au nombre d'un de ses plus rudes travaux, & l'ont compté pour le treizieme en ces termes :

Tertius hinc decimus labor est durissimus, unâ
Quinquaginta simul stupravit nocte puellas.

Le fait est trop extraordinaire pour être vrai; & je ne crois pas qu'aucun Auteur veuille le justifier. Théophraste (*a*) est peut-être le seul qui

(*a*) Hist. Plant.

fasse mention d'un fait approchant, il raconte, à l'occasion d'une plante, qu'un Indien s'en étant servi, devint un Hercule, mais qu'il y succomba & mourut. Il y a donc apparence que cette histoire est une pure allégorie, & une allégorie qui ne peut avoir rapport qu'au grand œuvre, où les parties aqueuses volatiles sont prises pour des femelles vierges, & la partie fixe pour le mâle, comme nous l'avons vû cent fois jusqu'ici. C'est à cette occasion qu'Arnaud de Villeneuve (*a*) dit: Lorsque la terre ou la partie fixe aura bû & réuni à elle cinquante parties de l'eau, vous la sublimerez à un feu plus fort. Raymond Lulle en parle dans le même sens dans son Codicile, chap. 53. paragraphe *Partus vero terræ*. Plusieurs autres Philosophes en parlent aussi, & toujours de maniere à faire entendre que la matiere fixe est ce qu'ils appellent mâle, & la partie aqueuse volatile est celle qu'ils nomment femelle. Ce qui doit même confirmer dans cette idée, c'est que la fable ajoute que ces cinquante filles conçurent toutes, & que chacune mit au monde un enfant mâle; parce que le résultat de la conception philosophique est la naissance de la pierre fixe appellée mâle, comme nous venons de le dire. On dit d'ailleurs qu'elles étoient filles de Thespius, & c'est avec raison; parce que la matiere commençant à se volatiliser après la noirceur indiquée par la mort du Lion Néméen. C'est le présage le plus heureux de la réussite de l'œuvre, suivant le dire de tous les Philosophes; ce qui

(*a*) Rosar. l. 2. c. 16.

eſt très-bien ſignifié par Theſpius, qui a été fait de Θέσπις, oracle, préſage, prophétie. C'eſt auſſi peut-être par cette raiſon que les Muſes furent nommées *Theſpiades*; & ce ſont ſans doute les mêmes que les filles de Theſpius, puiſqu'elles ne ſignifient que la même choſe, comme je l'ai dit dans l'article qui les regarde.

Hercule eut pluſieurs enfans de Megare, fille de Créon Roi de Thebes; il en eut auſſi de quelques concubines. Mais toute cette propagation doit ſe rapporter à la même que celle des filles de Theſpius; c'eſt la même choſe rapportée différemment, ou préſentée ſous divers aſpects; car il eſt dit qu'Hercule devint furieux, & fit périr, quelques-uns diſent par le feu, tous les enfans qu'il avoit eu. Nous avons dit en parlant des Bacchantes & d'Oreſte, que cette fureur n'étoit que l'agitation de la matiere, occaſionnée par la fermentation, qui en volatiliſe les parties; & les faire périr par le feu, n'eſt autre que les fixer au moyen du feu des Philoſophes.

CHAPITRE IV.

Hydre de Lerme.

APRÈS cette pénible expédition, Alcide se rendit auprès d'Eurysthée, & se soumit à ses ordres. Celui-ci l'envoya pour exterminer l'Hydre, ce monstre à sept têtes (selon l'opinion la plus commune) qui habitoit les marais de Lerne, & qui avoit été nourri & élevé près de la fontaine Amymone. Quand on lui coupoit une tête il en naissoit deux. Mais Jolaüs fils d'Iphiclus, qui accompagnoit Hercule, mettoit le feu à la blessure aussi-tôt qu'Hercule avoit coupé la tête, de peur que le sang qui en seroit sorti n'en formât de nouvelles. Apollodore ajoute ce fait, & Euripide dans sa Tragédie, intitulée: *Jon*, dit que la faulx dont se servit Alcide, pour couper les têtes de l'Hydre, étoit d'or.

En vain cherche-t-on à réaliser une fable aussi manifestement allégorique. Les marais de Lerne près d'Argos, infectés de plusieurs serpens, dont un étoit un Hydre, & ces marais purgés de ces reptiles, desséchés & rendus fertiles par Hercule, suivant M. l'Abbé Banier (*a*), sont une fort mauvaise explication; puisqu'outre que M. Fourmond, qui dans son voyage de la Morée, visita ce lieu, dit qu'il est encore tout marécageux & plein de roseaux, aucun Historien ne

(*a*) Mythol. Tom. III. pag. 274.

parle de cette multitude de ſerpens. Il ſuffiſoit de faire attention à la ſignification ſimple des noms; ils portent avec eux l'explication de cette fable. Hydre vient d'Υδωρ, qui ſignifie proprement eau, d'où l'on a fait ὕδρα & ὕδρος Hydre, ſerpent aquatique: ce ſerpent eſt le même que le ſerpent Python; & nous avons déja prouvé plus d'une fois que les Philoſophes ont donné le nom de ſerpent à leur eau mercurielle; le ſerpent des Philoſophes eſt donc un ſerpent aquatique, un Hydre. Il fut élevé près, ou dans la fontaine Amymone, parce que cette eau mercurielle eſt d'une force extrême, & qu'Α'μύμων veut dire brave, vaillant, fort, courageux. Il habitoit le marais de Lerne; car l'eau mercurielle eſt un vrai marais plein de boue; le mot de Lerne indique clairement le vaſe où cette eau eſt renfermée, puiſque λαρνα chez les Grecs ſignifie un vaſe, une urne de verre ou de pierre fondue propre à tenir quelque liqueur. Haled (*a*) a employé l'allégorie du marais en ces termes: Ce qui naît de la terre métallique noire, eſt le principe univerſel de l'art: cuiſez-la donc au feu, puis au fumier de cheval pendant 7, 14 ou 21 jours, elle deviendra un Dragon, qui mangera ſes aîles. Mettez-le dans un vaſe bien ſcellé, au fond d'un four: lorſqu'il ſera brûlé, prenez ſa cervelle, & broyez-la avec du vinaigre ou de l'urine d'enfans. Qu'il vive enſuite dans le *marais*, & qu'il s'y putréfie.

Hercule n'auroit jamais réuſſi à tuer ce ſerpent, c'eſt-à-dire, à fixer cette eau mercurielle, ſi Jolaüs fils d'Iphiclus, ne lui avoit aidé en appliquant le feu sur les blessures, parce que la mort de cette eau mercurielle, est sa fixation, qui se fait par le moyen du feu philosophique, & par son union avec la partie fixée appellée pierre; car Jolaüs vient d'Ἴος, seul, & de λᾶας, pierre, comme si l'on disoit pierre unique: pourquoi le dit-on fils d'Iphiclus? c'est qu'Iphiclus par sa volatilité surprenante est le vrai symbole du Mercure des Philosophes, dont cette pierre ou Jolaüs est formé. A chaque tête qu'Hercule coupoit il en renaissoit d'autres: la volatilisation de la matiere se renouvelle sept fois, quelques uns disent jusqu'à neuf fois avant la parfaite fixation, ce qui indique le nombre des têtes de l'Hydre. Hercule les coupoit avec une faulx d'or, pouvoit-elle être d'un autre métal, puisque la partie fixe, à laquelle se réunit la volatile, pour se fixer ensemble, est l'or philosophique? Croiroit-on que Lylio Giraldi ait imaginé que ce travail d'Hercule ne fût qu'un siége de forteresse, dont il ne put venir à bout qu'en y mettant le feu (*a*)? Ce ne seront point non plus les sept freres brigands & voleurs tués par Hercule, & retirés dans les marais de Lerne, suivant Mrs Corcelli & Tzetzès (*b*); enfin tant d'autres conjectures de divers Auteurs, enfantées par leur imagination.

(*a*) De Hercule.
(*b*) Mémoires Historiques de la Morée.

CHAPITRE V.

Biche aux Pieds d'Arain.

EURYSTHÉE ne laiſſa pas Hercule tranquille : à peine eut-il tué l'hydre, qu'il lui ordonna d'aller à la pourſuite d'une biche, dont les pieds étoient d'airain, & qui, contre l'ordinaire de cet animal, avoit des cornes, &, ce qui eſt plus ſurprenant, des cornes d'or. Loin de conclure, comme M. l'Abbé Banier, qu'on donnoit des pieds d'airain à cette biche pour marquer figurativement ſa viteſſe, j'en aurois conclu qu'elle devoit en être plus peſante : ces prétendues cornes d'or auroient bien dû auſſi lui perſuader l'allégorie de cette hiſtoire, ſur laquelle je ne m'étendrai pas ici, en ayant parlé aſſez au long dans le ſecond livre.

CHAPITRE VI.

Centaures vaincus.

APrès qu'Hercule eut porté à Euryſthée la biche aux pieds d'airain, il fut combattre les Centures, peuples nés du commerce d'Ixion avec la nuée que Jupiter lui avoit fait préſenter ſous la forme & à la place de Junon. Ces monſtres demi-hommes & demi-chevaux, faiſoient de grands ravages ; mais Hercule les détruiſit tous, après qu'ils l'eurent irrité lorſqu'il bûvoit un coup chez Pholus. J'ai expliqué ce qu'il faut entendre par es Centaures, lorſque j'ai parlé des Satyres, des Silènes & des Tigres qui accompagnoient Bacchus. Il me reſte ſeulement à expliquer pourquoi la Fable dit qu'Hercule défit les Centaures, qui l'avoient irrité chez Pholus. C'eſt que les parties hétérogênes repréſentées par les Centaures, ſe ſéparent de la matiere homogêne dans le tems que les couleurs variées ſe manifeſtent ſur la matiere ; ce qui eſt exprimé par Pholus, de *φόλις*, *bigarrure*, *peau de differentes couleurs*. Baſile Valentin (*a*) nous l'exprime ainſi : » De Saturne, c'eſt-à-dire de la matiere en diſſo» lution & en putréfaction, ſortent beaucoup » de couleurs, comme la noire, la griſe, la » jaune, la rouge & d'autres moyennes entre

(*a*) 12. Clefs, Clef 9.

„ celles-ci : de même la matiere des Philosophes „ doit prendre & laisser beaucoup de couleurs „ avant qu'elle soit purifiée & qu'elle parvienne „ la perfection désirée. « Quant au Centaure Chiron, qui apprit l'Astronomie à Hercule, il n'eut pas une même origine que les autres ; nous avons expliqué la sienne plus d'une fois. Mais on pourroit peut-être me demander de quelle utilité devoit être l'Astronomie à Hercule ? Je réponds qu'il lui étoit indispensable de connoître un Ciel qu'il devoit un jour soutenir à la place d'Atlas ; mais ce Ciel étoit le Ciel philosophique, dont nous avons fait mention en parlant d'Atlas & de ses filles. Il falloit qu'Alcide connût les Planettes terrestres, dont il devoit faire usage, & ces Planettes ne sont pas le plomb, l'étain, le fer, l'or, le mercure, le cuivre & l'argent, auxquels les Chimistes ont donné les noms de Saturne, Jupiter, Mars, le Soleil, Mercure, Vénus & la Lune ; mais aux métaux philosophiques ou couleurs qui surviennent à la matiere pendant les opérations de l'œuvre.

CHAPITRE VII.

Le Sanglier d'Erymante.

EURYSTHÉE donna une nouvelle occupation à Hercule. Un ſanglier furieux ravageoit la forêt d'Erymante ; Euryſthée envoya Hercule, non pour le tuer, mais pour le lui amener, comme il avoit fait de la biche aux pieds d'airain. Ce ſanglier avoit été envoyé par Diane, pour faire du dégât dans le champ de Phocide. La neige qui étoit tombée en abondance, obligea cet animal de ſe retirer dans un petit verger où Hercule l'ayant ſurpris, le lia, & le conduiſit à Euryſthée. Le lieu de la naiſſance de ce ſanglier indique de quelle nature il étoit. Erymante étoit une montagne d'Arcadie, & c'étoit auſſi de Cyllene, montagne du même pays, qu'étoit venu Mercure ; il y avoit une grande parenté entr'eux, car le mercure philoſophique & le ſanglier d'Erymante ne ſont qu'une même choſe. Le ſanglier avoit été envoyé par Diane, & le mercure eſt appellé *lune* ; ce qui a fait dire à d'Eſpagnet : » Celui qui diroit que la lune des » Philoſophes, ou leur mercure, eſt le Mercure » vulgaire, veut tromper, ou ſe trompe lui» même. « Le tems & la circonſtance qui donnerent occaſion à Hercule de prendre le ſanglier, montrent préciſément le tems où le mercure

(*a*) Can. 44.

philoſophique

philoſophique n'agit preſque plus : c'eſt lorſque la neige étoit tombée en abondance, c'eſt-à-dire, quand la matiere eſt parvenue au blanc. Il n'eſt pas dit qu'Hercule tua le ſanglier, mais ſeulement qu'il le lia, parce que le mercure n'eſt pas alors tout fixé, & qu'il agit encore, non en diſſolvant ou ravageant comme il faiſoit auparavant, mais en travaillant preſque inſenſiblement à la perfection de la matiere. C'eſt pourquoi la Fable dit que ce ſanglier étoit fatigué, qu'il ſe laiſſa ſurprendre & lier, pour être conduit à Euryſthée, comme ſi l'on diſoit que lorſque l'Artiſte a conduit les opérations de l'œuvre juſqu'à ce que la matiere ſoit devenue blanche comme la neige, le mercure alors commence à devenir eau permanente & fixe; ce qui eſt ſignifié par Euryſthée, qui dans ſon étymologie veut dire *bien affermi*, *ſtable*, *fixe*. Car la raiſon qui a fait donner à Euryſthée le droit de commander à Hercule, c'eſt que tout l'objet de l'Artiſte eſt de travailler pour parvenir à la fixité du mercure. Euryſthée commande à Hercule dans le ſens que l'on dit communément, que les affaires commandent aux hommes, & une profeſſion à celui qui l'exerce. Le ſoulier commande au Cordonnier, la montre à l'Horloger, les affaires à un Procureur, les lettres à un homme appliqué à l'étude. On dit auſſi que les dents de ce ſanglier furent long-tems conſervées dans le Temple d'Apollon, parce que les parties actives de la matiere du magiſtere philoſophique, ſont les principes de l'Apollon ou du ſoleil des Philoſophes.

Euryſthée étant la fixité même, il falloit bien qu'il fût fils de Sthenelus, qui veut dire la force de la chaleur du ſoleil, de σθένος, *force*, & de Ἑ'λη, *chaleur du ſoleil*; parce que le ſoleil ou l'or philoſophique eſt une miniere de feu céleſte, ſuivant ces paroles de d'Eſpagnet (*a*) : » Le ſage » Artiſte qui ſera venu à bout de trouver cette » miniere de feu céleſte, doit la conſerver bien » précieuſement. « Quant à ſa force, Hermès lui-même (*b*) nous apprend quelle elle eſt, en ces termes : » Il monte de la terre au ciel, & » redeſcend du ciel en terre; il reçoit la puiſ» ſance, la vertu & l'efficace des choſes ſupé» rieures & inférieures. Par ſon moyen vous » aurez la gloire de tout : c'eſt la force des for» ces, qui ſurmonte toutes forces. «

Mais pourquoi ſuppoſe-t-on ce ſanglier ſur une montagne? Nous en avons dit plus d'une fois la raiſon; nous l'appuyerons encore par quelques textes des Philoſophes. Calid (*c*): » Allez, mon fils, ſur les montagnes des Indes, » entrez dans leurs cavernes, & prenez-y les » pierres honorées par les Philoſophes. « Roſinus dit: » Notre *rebis* naît ſur deux montagnes. Raſis : » Regardez attentivement les hautes » montagnes qui ſont à droite & à gauche, » montez-y, & vous y trouverez notre pierre. « Morien dit la même choſe, & Marie (*d*): » Prenez l'herbe blanche, claire, honorée, qui » croît ſur les petites montagnes. «

(*a*) Can. 123.
(*b*) Table d'Emeraude.
(*c*) Cap. 10.
(*d*) Epiſt. ad Aros.

Telle eſt la raiſon pourquoi la Fable feint qu'Hercule a dompté, tué ou pris bien des bêtes féroces ſur les montagnes. Le lion Néméen & le ſanglier d'Erymante ſont de ce nombre. La matiere, ſuivant Arnaud de Villeneuve (*a*), ſe gonfle dans le vaſe, & ſe forme en montagne : le vaſe lui-même eſt ſouvent appellé de ce nom.

CHAPITRE VIII.

Hercule nétoye l'étable d'Augias.

NE ſeroit-on pas en droit de ſe mettre un peu de mauvaiſe humeur, quand on nous préſente Hercule métamorphoſé en Palfrenier, & qu'on nous le donne pour un grand homme, un Héros, parce qu'il a nétoyé une étable ? Il entreprend, à la vérité, de faire lui ſeul en un jour, ce que cent autres réunis n'auroient pu faire : mais un fait de cette nature, s'il eût été réel, méritoit-il d'être conſacré parmi les actions d'un Héros, & d'être conſervé à la poſtérité ? Nétoyer une étable où trois mille bœufs avoient fait leur fumier depuis long-tems, n'étoit pas trop une action qui convînt au gendre du Roi Créon, à l'héritier naturel du Royaume de Mycenes ; mais la difficulté y donne un relief, auquel ſeul on doit faire attention.

Augias, Roi d'Elide, & fils du Soleil, avoit une étable où trois mille bœufs ſe retiroient.

(*a*) Teſtament.

Euryſthée qui ne pouvoit laiſſer Hercule en repos, lui ordonna d'ôter tout le fumier de cette étable en un jour. Hercule obéit aux ordres d'Euryſthée. Il fut trouver Augias, & convint avec lui qu'il auroit la dixieme partie des troupeaux de ce Roi, s'il exécutoit en un jour cette entrepriſe : il en vint à bout, & Augias refuſa d'accomplir ſa promeſſe. Ce fut pendant cet ouvrage, comme nous l'apprenons de Pauſanias (*a*), qu'Hercule, aidé par Minerve, fut obligé de ſe battre contre Pluton, qui vouloit le punir de ce qu'il avoit emmené des Enfers le chien Cerbere, & qu'il bleſſa ce Dieu.

Ce nouvel embarras qu'il fallut ſurmonter, rend l'action d'Hercule encore plus mémorable. Avoir un Dieu à combattre & une étable à nétoyer en même-tems, ce ſont deux faits qui méritoient bien d'être alliés enſemble. Pluton qui, ſelon M. l'Abbé Banier (*b*), étoit Roi d'Eſpagne, quitte ſon Royaume & va ſe battre contre un Palfrenier, pour un chien enlevé : tant il eſt vrai qu'un Dieu Roi, & un Roi homme, ne diffère guéres d'un autre homme. Pluton avoit bien que faire de ſortir de ſon Royaume, & de dépouiller ſa majeſté pour aller en Elide chercher un coup de pêle. Mais je me trompe : Pluton, ſuivant le rapport d'Homere, fut bleſſé d'un coup de fléche. Une telle bleſſure convient mieux à un Dieu. Le fait n'en ſera pas pour cela plus vraiſemblable : car il n'y a pas d'apparence que Pluton, fils de Saturne, ait vécu du tems de l'Hercule de Créte, quoiqu'on diſe celui-ci

(*a*) In Eliac. (*b*) Mythol. Tom. I.

ſon neveu. Saturne, Jupiter, Pluton étoient des Dieux d'Egypte; il faudroit donc rapporter ce fait à l'Hercule Egyptien, qui vivoit de leur tems: mais on ne dit pas que l'Hercule d'Egypte ait jamais été en Elide, non plus que Pluton Egyptien; & ſuppoſé que ce Pluton, appellé Dieu des Enfers par Homere, ait vécu avec Hercule, ce doit être néceſſairement celui qui, ſuivant M. l'Abbé Banier, étoit Roi d'Eſpagne, puiſque cet Auteur lui donne la Royauté d'Eſpagne, fondé ſur ce qu'il eſt appellé Dieu des Enfers. D'ailleurs la raiſon qui, ſelon Homere, engage Pluton à aller en Elide pour ſe venger d'Hercule, eſt l'enlevement d'un chien chimérique, du chien Cerbere. M. l'Abbé Banier (*a*), qui veut, d'une maniere ou d'autre, faire revenir ce fait à l'hiſtoire, dit que ce Cerbere étoit un gros ſerpent qui habitoit l'antre de Tenare, & qu'Hercule l'emmena enchaîné à Euryſthée; mais Héſiode & Homere le diſent poſitivement un chien à trois têtes, & le premier le dit même (*b*) fils de Typhon & d'Echidna. J'aurois donc mieux aimé avouer de bonne foi que le tout étoit une allégorie, que de ſuppoſer comme vrai un fait qui n'a aucune apparence de réalité; puiſqu'Euryſthée, Hercule, Typhon, Echidna & Cerbere, leur fils, n'ont pas plus exiſté que Pluton, Augias & ſes bœufs, comme nous allons le voir.

Augias étoit, dit-on, fils du Soleil, parce que Αὐγὴ, d'où l'on a fait Augias, ſignifie *éclat*,

(*a*) Mythol. T. II. p. 438. (*b*) Théog.

ſplendeur, & que l'éclat & la ſplendeur de la lumiere ſont un effet du Soleil. Augias étoit auſſi Roi d'Elide, d'Ἕλη, *chaleur du Soleil.* Nous avons expliqué dans le chapitre précédent, ce qu'il falloit entendre par-là. Augias avoit trois mille bœufs dans une étable, & Hercule s'engagea de la nétoyer dans un jour. Un ouvrage comme celui-là étoit trop bas & trop vile pour avoir été entrepris par un ſi grand Homme : car quel Héros eſt comparable à Hercule ? Et qu'y a-t-il de plus bas que de nétoyer une étable ? On dit cependant qu'Euryſthée impoſa ce travail à Hercule, & avec la dure néceſſité de faire lui ſeul en un jour ce que cent autres n'auroient peut-être pu exécuter, puiſqu'il y avoit tout le fumier que trois mille bœufs y avoient fait pendant long-tems. Ce travail impoſſible à un homme même de la force d'Hercule, indique bien que c'eſt une pure allégorie. L'expédient de M. l'Abbé Banier, pour expliquer ce fait, n'eſt pas heureux. Le Roi Augias, dit cet Auteur (*a*), avoit une ſi grande quantité de troupeaux, que n'ayant pas aſſez d'étables pour les loger, il étoit obligé de les laiſſer aller au milieu de la campagne ; & ſes terres ſe trouverent à la fin ſi chargées de fumier & d'ordures, qu'elles en devinrent entierement infructueuſes. Hercule avec le ſecours de ſes Troupes, y fit paſſer le fleuve Alphée, & leur redonna leur ancienne fertilité. Eſt-il donc permis de changer la Fable à ſon gré, pour l'expliquer, & la faire venir à ſes idées ?

(*a*) Mythol. Tom. III. pag. 276.

Est-il dit dans Homere, dans Hésiode, ou quelqu'autre Ancien de cette espece, qu'Hercule fut un Général d'armée? Un champ est-il appellé une étable? Quelqu'un a-t-il fait mention à ce sujet du passage du fleuve Alphée? Quel Auteur a parlé d'une marche de Troupes Espagnoles, ayant leur Roi Pluton à leur tête, & qui ayent été combattre Hercule dans cette opération? C'est cependant ce qu'il faudroit dire, & ce qui auroit dû être dit, si le systême & les explications que M. l'Abbé Banier donne à la fable de Pluton, étoient vraies. Concluons donc encore une fois, que ces bœufs, leur fumier & leur étable ne sont ni un champ, ni une étable, ni un troupeau d'animaux réels; que le Dieu des Enfers ne vint point réellement en Elide: voici donc au vrai ce qu'il faut en penser. Il est parlé des bœufs d'Apollon dans plus d'un endroit de la Fable; ce Dieu en a été dit le Pasteur, & l'on a vû dans le chapitre de Mercure, que ce Dieu aîlé lui en enleva quelques-uns. Je croirois qu'Augias, fils du Soleil ou d'Apollon, en avoit eu de semblables en héritage de patrimoine. Nous avons expliqué assez au long ce qu'il falloit entendre par ces bœufs, tant dans les chapitres d'Apollon & de Mercure, que dans celui d'Apis; il s'agira donc seulement ici du fumier de ces bœufs: quant à l'étable, on voit bien qu'elle n'est autre que le vase Hermétique.

Tous les Philosophes parlent de la matiere du grand œuvre ou de la médecine dorée, comme d'une matiere extrêmement vile, méprisée, & souvent mêlée avec le fumier; ils disent même qu'elle se trouve sur le fumier, parce qu'elle a beaucoup d'ordures & de superfluités, dont il faut la purger. Il n'est donc pas surprenant que ce travail ait été imposé par Eurysthée à Hercule, qui est l'Artiste. Les témoignages des Philosophes le prouveront mieux que le raisonnement. Morien dit (*a*) : » Les Sages nos prédécesseurs » disent, que si vous trouvez dans le *fumier* » la matiere que vous cherchez, vous devez l'y » prendre ; & que si vous ne l'y trouvez pas, » vous devez vous donner de garde de tirer de » l'argent de votre poche, pour l'acheter, parce » que toute matiere qui s'achete à grand prix, » est fausse & inutile dans notre œuvre. « Avicenne (*b*) : » Nous trouvons dans les livres qu'Aristote a écrit sur les pierres, qu'on en trouve » deux dans le *fumier*, l'une de bonne odeur, » l'autre de mauvaise, toutes deux méprisées » & de peu de valeur aux yeux des hommes : » si l'on sçavoit leurs vertus & leurs propriétés, » on en feroit un grand cas ; mais parce qu'on » les ignore, on les méprise, on les laisse sur » le *fumier* & dans des lieux puans : mais celui » qui sçauroit en faire l'union, trouveroit le » magistere. « Gratien, cité par Zachaire, dit comme Morien : » Si vous la trouvez dans le » *fumier*, & qu'elle vous plaise, prenez-là. « L'Auteur du Rosaire cite Merculinus, qui dit : » Il y a une pierre cachée & ensevelie dans une » fontaine. Elle est vile, méprisée, jettée sur le » *fumier*, & couverte d'ordures. « Arnaud de

(*a*) Entretien du Roi Calid.
(*b*) De Animâ, dict. 1. c. 2.

Villeneuve (*a*) : » Elle ſe vend à vil prix ; elle » ne coûte même rien. Bernard Tréviſan (*b*) : » Cette matiere eſt devant les yeux de tout le » monde, & le monde ne la connoît pas, parce » qu'elle eſt mépriſée & foulée aux pieds. « Morien (*c*) : » Avant ſa confection & ſa par- » faite préparation, elle a une odeur puante & » fétide ; mais après qu'elle eſt préparée, elle » en a une bonne..... Son odeur eſt mauvaiſe, » & reſſemble à celle des ſépulchres. Calid (*d*) : » Cette pierre eſt vile, noire, puante, & ne » s'achete point. «

Mais pour prouver encore plus clairement la raiſon que l'Auteur de la Fable a eûe de la comparer au fumier, & d'en former ſon allégorie, écoutons ce que dit Haimon (*e*) : Cette pierre » que vous déſirez, eſt celle que l'on employe » dans la culture des terres, & qui ſert à les » rendre fertiles. «

En voilà bien aſſez pour donner à entendre ce que c'étoit que ce fumier des bœufs d'Augias, qu'Hercule devoit enlever : mais pour rendre la choſe plus palpable, nous ajouterons que ce fumier doit ſe prendre pour la matiere en putréfaction ; ce qui convient très-bien au fumier. La choſe eſt d'ailleurs indiquée par Pluton, qui vient combattre contre Hercule, & qui y eſt bleſſé d'une fléche ; car, comme nous l'avons vû dans le chapitre de Pluton, l'Empire ténébreux de ce Dieu n'eſt autre choſe que la couleur

(*a*) Novum lumen, c. 1.
(*b*) Loc. cit.
(*c*) Philoſ. des Métaux.
(*d*) Cap. 9.
(*e*) Epître ſur les Pierres des Philoſophes.

noire qui ſurvient à la matiere en putréfaction. On dit qu'il ſe retira après avoir été bleſſé d'une fléche, parce que le noir diſparoît à meſure que la matiere ſe volatiliſe. Le travail de l'Artiſte conſiſte donc à ſéparer le pur d'avec l'impur, à purifier la matiere de ſes parties hétérogênes, en la faiſant paſſer par la putréfaction ; alors les ordures & le fumier infecteront le vaſe repréſenté par l'étable, & tout ce travail ſe fera en un ſeul jour : non que la matiere ne demeure qu'un jour noire & putréfiée ; car les trois mille bœufs avoient ſéjourné bien plus d'un jour dans l'étable d'Augias ; mais parce que la diſſolution étant parfaite & entiere, il ne faut pas plus d'un jour pour que la matiere commence à manifeſter le petit cercle blanc, dont nous avons parlé dans l'article de l'enlevement de Proſerpine. Lorſque le blanc paroît, la putréfaction ceſſe ; il n'y a plus par conſéquent de fumier.

Hercule étoit convenu avec Augias, que celui-ci lui donneroit en récompenſe la dixieme partie de ſes troupeaux ; parce que, ſuivant le Coſmopolite (*a*), il faut que la fortune ſoit bien favorable à l'Artiſte pour qu'il puiſſe en avoir plus de dix parties. *Erant quidem multi qui partim tentabant illuc aquam fontis per canales deducere, partim etiam ex variis rebus eliciebant ; ſed fruſtraneus erat attentatus labor ..... & ſi habebatur, inutilis tamen fuit, & venenoſa, niſi è radiis ſolis vel lunæ, quod pauci præſtare potuerunt ; & qui in hoc perficiendo fortunam ha-*

(*a*) Parabole.

buit propitiam, nunquam ultra decem partes potuit attrahere. Cette eau, dont parle le Cosmopolite, devoit s'extraire des rayons du soleil, & heureux l'Artiste qui peut en avoir dix parties. Hercule demande aussi à Augias la dixieme partie de ses troupeaux, ou des bœufs dont ce fils du Soleil avoit hérité de son pere. Pourquoi dit-on qu'Augias les refusa à Hercule, & qu'il les garda pour lui? C'est qu'Augias, comme nous l'avons dit, signifie splendeur, lumiere; ce qui convient à la matiere parvenue à la couleur blanche après la noire, puisque la matiere au blanc est appellée lumiere, splendeur du soleil; nous avons cité plusieurs textes des Philosophes, qui le prouvent. Ainsi lorsque la couleur blanche, symbole de la netteté, paroît sur la matiere, l'étable d'Augias est nétoyée; Augias garde pour lui la dixieme partie de ses troupeaux qu'il avoit promise à Hercule, parce que l'opération se continue, & qu'il n'est pas encore tems que l'Artiste jouisse de ses travaux. Hercule piqué ravage tout le pays d'Augias; c'est qu'en faisant l'élixir, il se fait une nouvelle dissolution, une fermentation. Augias est lui-même attaqué par Hercule, qui le fait mourir; c'est la putréfaction qui succede à la fermentation. Hercule consacre les dépouilles d'Augias à la célébration des jeux Olympiques, parce que ces jeux furent institués en mémoire de cette derniere opération, qui fait la perfection de l'œuvre, ou médecine dorée.

Les moins clairvoyans n'ont qu'à ouvrir un peu les yeux, pour voir clairement le rapport immédiat qu'ont ensemble toutes les parties de la Fable. On doit juger de la solidité & de la vérité d'un systême, par l'enchaînement de ses principes & de ses conséquences. Y a-t-il dans chaque Fable une seule circonstance qui ne s'accorde avec celles d'une autre? Jusqu'ici toutes ont été bien d'accord; il y a grande apparence que les suivantes le seront aussi.

CHAPITRE IX.

Il chasse les Oiseaux Stymphalides.

HERCULE étoit propre à tout; il avoit tué un lion à coups de massue, pris une biche à la course, sabré les têtes de l'hydre de Lerne, lié le sanglier d'Erymante, nétoyé l'étable des bœufs du Roi Augias. Eurysthée n'est pas content : après avoir éprouvé sa force & son courage, il veut aussi mettre son adresse à l'épreuve. Des oiseaux monstrueux habitoient le lac Stymphale, & désoloient l'Arcadie; il falloit ou les exterminer, ou les en chasser. Les fléches ne faisoient rien contr'eux; elles étoient non seulement inutiles, mais il ne falloit pas même en faire usage. De quelles armes donc se servir contre des oiseaux, & des oiseaux dont les ongles crochus étoient de fer? Quelques Auteurs (*a*) ont même dit que leur bec & leurs aîles étoient

(*a*) Timagnette.

du même métal. Qu'auroient donc fait des fléches sur des oiseaux cuiraſſés ? Rien n'étonnoit Hercule ; ce qu'il ne pouvoit faire d'une façon, il l'entreprenoit de l'autre. Les fléches n'avoient point eu de priſe ſur le lion de Némée ; il employa la maſſue. Mais qu'auroit ſervi la maſſue contre des oiſeaux ? Ils ne ſe laiſſent pas approcher. Hercule eſt fertile en expédiens. Il avoit reçu en préſent de Pallas une eſpece de tymbale d'airain, de l'invention & de l'ouvrage du Dieu Vulcain : c'étoit un inſtrument de cuivre que quelques-uns ont appellé *crotale* ; il étoit propre à faire un grand bruit. Hercule s'aviſe d'en faire uſage, & à force de charivaris, il étonne tellement ces oiſeaux, qu'ils prennent la fuite & vont ſe retirer dans l'Iſle d'Arétie, ſuivant Piſandre de Camire & Séléucus dans ſes œuvres mêlées. Apollonius nous le confirme en ces termes :

Sed neque ut Arcadiam petiit vis Herculis arcu
Ploidas inde lacu Volucres Stymphalidas ullâ
Pellere vi potuit : namque hoc ego lumine vidi,
Aſt idem ut manibus crotalum pulſavit in altâ
Exiſtens ſpeculâ proſpectans, protinus illæ
Cum clamore procul linquentes littus ierunt.

Argonaut. lib. 2.

M. l'Abbé Banier qui tire parti de tout, pour faire venir les Fables à ſon ſyſtême, n'a pas laiſſé échapper l'idée que lui a fourni Mnaſéas. Comme lui, notre Mythologue prend ces oiſeaux pour des brigands & des voleurs, qui ravageoient la campagne, & détrouſſoient les paſſans aux environs du lac Stymphale en Arcadie. Il enchérit même ſur cette idée ; car il ajoute qu'Hercule ſçut les attirer hors du bois où ils ſe retiroient, en les épouventant par le bruit de ſes tymbales, & les extermina. Je ne vois pas cependant ſur quoi on a pu fonder cette idée. Qu'on feigne que des voleurs ayent des doigts crochus, qu'on ſuppoſe même qu'ils ſoient cuiraſſés, il n'y a rien de ſurprenant ; mais qu'on les imagine aîlés, ayant un bec de fer, invulnérables aux fléches, voltigeans toujours ſur un lac, capables de s'étonner & de s'enfuir au ſeul bruit d'un inſtrument qu'ils connoiſſoient ſans doute, & à la vûe d'un homme ſeul, c'eſt ce qui ne vient pas dans l'eſprit. D'ailleurs M. l'Abbé Banier a tranſporté une forêt dans cet endroit-là très-gratuitement, puiſque la Fable n'en fait aucune mention. D'un autre côté, ſi l'on prend cette hiſtoire à la lettre, ſi l'on veut en faire une application à la morale, je ne vois rien de ſi puérile : l'appliquera-t-on à la Phyſique ? je ne conçois pas comment. Car quel rapport auroit à tout cela un charivari de crotale, & des oiſeaux qui s'enfuyent épouventés par ſon bruit ? Mais ſi l'on veut l'expliquer de ce qui ſe paſſe dans les opérations de la Chymie Hermétique, tout y vient on ne peut mieux, parce que c'étoit en effet l'intention de l'Auteur. Pallas & Vulcain, qui ſe trouvent mêlés dans cette affaire, nous le prouvent bien clairement. M. l'Abbé Banier s'eſt apperçu que ce Dieu & cette Déeſſe auroient tout gâté, ou du moins devenoient inutiles, dans cette action expliquée ſuivant ſon ſyſtême, &

ſuivant ſa louable coutume, il les en a exclus.

Il eſt peu d'allégorie fabuleuſe qui mette ſi clairement devant les yeux du Philoſophe Hermétique, le fondement de ſon art, & ce qui ſe paſſe dans certaines circonſtances de ſes opérations : c'eſt ce qu'on va voir par les témoignages de ces Philoſophes, qui connoiſſoient très-bien de quelle eſpece étoit le crotale fabriqué par Vulcain, & quels étoient ces oiſeaux du lac Stymphale. Ce crotale d'airain n'eſt autre choſe que le laton ou airain philoſophique produit par le feu des Philoſophes, & fait conſéquemment par Vulcain. Cet airain fixe les parties volatiles en les chaſſant du haut du vaſe dans le milieu du lac ou de l'eau mercurielle, où ſe trouve l'iſle appellée *Arétie*, ou de fermeté, d'Ἀρετὴ, *force*, *courage*, *fermeté*, ou, ſi l'on veut, d'Ἄρης, *fer*, à cauſe de la dureté du fer ; parce que les parties volatiles indiquées par ces oiſeaux, vont ſe réunir aux parties fixes, ramaſſées en forme d'iſle au milieu du lac philoſophique. La nature de ces oiſeaux eſt ſignifiée par le nom de *Ploydes*, que leur a donné Apollonius déja cité ; car *Ploydes* veut dire, *qui nage ſur l'eau*, de πλώω, *naviger*, & de ὕδωρ, *eau*. C'eſt ce qui arrive aux parties volatiles, pendant qu'elles circulent au-deſſus de l'eau mercurielle, avant que l'airain ou le crotale des Philoſophes les ait fixées. Ecoutons ſur cela l'Auteur anonyme du Conſeil ſur le mariage du Soleil & de la Lune, qui s'exprime de même que Conſtans (*a*), en ces termes : » Ne vous

(*a*) La Tourbe.

» appliquez qu'à chercher deux argents vifs, » l'un fixe dans l'airain, & l'autre volatil dans » le mercure. « Invidus (*ibid.*) dit aussi : » Ce soufre, c'est-à-dire l'argent-vif, a coutume » de voltiger & de s'enfuir ; il se sublime comme » une vapeur. Il faut donc l'arrêter par le moyen » d'un argent-vif de son genre ; c'est-à-dire, » qu'il faut arrêter sa fuite, & lui assurer une » retraite dans notre airain. « Eximidius (*ibid*): » Je vous dis la vérité ; il n'y a point de vraie » teinture de fixité, que dans notre airain. « Senior dans son Traité parle ainsi : » Il y a deux » oiseaux homogênes, ou de même nature, l'un » mâle qui ne peut voler, parce que le feu n'a » aucune prise sur lui ; l'autre est notre aigle, » qui est la femelle ; elle a des aîles : elle seule » peut exalter l'autre, en le corrompant, pour » se fixer ensuite avec lui. « Raymond Lulle (*a*): » C'est avec une eau de cette espece (ou notre » airain) que nous fixons les oiseaux qui volent » dans l'air. La vertu de notre pierre fait tout » cela. « Pourquoi les Philosophes disent-ils que leur airain a le pouvoir de fixer? C'est qu'Archimius (*b*) nous apprend que la Vénus philosophique est la messagere du Soleil, & lui fait avoir sa Seigneurie, que Mars lui présente : c'est-à-dire, que la matiere en commençant à se fixer, prend la couleur citrine safranée que les Philosophes appellent airain ; la couleur de rouille de fer succede, qu'ils nomment Mars, & enfin à celle-ci la couleur rouge de pourpre ou de pa-

(*a*) Theor. Test. c. 57. (*b*) Code de Vérité.

vot,

vot, qu'ils appellent leur or, leur Apollon, leur ſoleil. L'Auteur de la Fable que nous expliquons a eu en vûe cette ſucceſſion de couleurs, & il y a toute apparence que ſon crotale d'airain n'eſt que la couleur ſafranée, & ſon Iſle d'Arétie la couleur de rouille de fer, puiſque, ſuivant ce que nous avons dit, Arétie vient d'Α"ρης, *fer*.

C'eſt ainſi qu'Hercule ou l'Artiſte, aidé par Vulcain, & ſous la conduite de Pallas, peut donner la chaſſe avec le crotale aux oiſeaux Ploydes qui voltigent ſur le lac ou l'eau bourbeuſe du lac Stymphalide, c'eſt-à-dire ſur l'eau mercurielle & boueuſe renfermée dans le vaſe, qui eſt de verre. Enfin le bec, les ongles & les aîles de ces prétendus oiſeaux, étoient, dit-on, de fer, comme on dit que les Harpyes les avoient d'or; ce qui indique expreſſément leur nature métallique. Il ne faut donc pas ſe mettre l'eſprit à la torture pour trouver le ſens naturel de ces Fables; il ſuffit de les ſuivre pas à pas, & d'en combiner toutes les circonſtances, au lieu de les ſupprimer.

CHAPITRE X.

Le Taureau furieux de l'Isle de Créte.

PLUSIEURS Auteurs ont confondu ce taureau avec le Minotaure ; Apollodore dit qu'il étoit le même que celui qui enleva Europe. Neptune irrité envoya ce taureau, qui jettoit du feu par les narines, pour ravager l'Isle de Créte. Eurysthée envoya Hercule pour délivrer cette Isle de ce taureau, & le lui amener. Hercule toujours prêt à obéir, particulierement quand il s'agissoit de quelque action dont le péril devoit augmenter sa gloire, partit à l'instant ; car il étoit infatigable, suivant ces paroles qu'Ovide (a) lui fait dire : *Ego sum indefessus agendo.* Il arrive dans l'Isle ; il cherche l'animal, le combat, le saisit, le lie, & le conduit à Eurysthée. A propos de cette conduite, ou de ces monstres menés par Hercule à Eurysthée, il me vient une réflexion qui auroit sans doute fait perdre aux Mythologues l'envie d'expliquer historiquement ou moralement, ou suivant les principes de la Physique vulgaire, tous les travaux d'Hercule : la voici. Eurysthée ordonne à Hercule, non de tuer, d'exterminer, ou d'anéantir tous les monstres contre lesquels il l'envoye combattre, mais de les lui amener. Quel est le Prince dans le

(a) Metam. l. 9. Fab. 3.

Monde, dont on n'auroit pas envie de se moquer, *risum teneatis amici*, s'il donnoit des ordres pareils? Pourroit-on applaudir à un Roi qui enverroit purger les autres pays des monstres furieux qui y ravagent tout, pour en peupler le sien? On le regarderoit lui-même comme un monstre pire que ceux qu'il enverroit chercher. Telle est cependant l'idée que la Fable nous donne d'Eurysthée, & néanmoins pas un seul Auteur ne s'est avisé de décrier ce Roi de Mycenes à ce sujet. Sans doute qu'Eurysthée avoit le don de les apprivoiser, ou qu'il en décoroit sa ménagerie: mais il eût fallu autant d'Hercules pour en avoir soin, & les *mettre à la raison*; ce Prince n'en avoit qu'un, qu'il occupoit sans cesse ailleurs. Un taureau qui jette le feu par les narines, un lion furieux descendu de l'orbe de la Lune, un sanglier envoyé par une Déesse, ne sont pas des animaux fort aisés à conduire. Je ne vois guéres qu'Eurysthée eût pu remplacer Hercule, à moins qu'il ne se soit trouvé pour lors dans son Royaume quelqu'un aussi adroit & aussi intrépide que ceux (*a*) qui ne voyent dans ce taureau flammivome, qu'un taureau d'une grande beauté; Eurysthée en auroit eu grand besoin: car *le bon Eurysthée*, selon le même Auteur, *n'étoit pas trop brave, puisqu'à la vûe du sanglier d'Erymante, il s'enfuit dans sa chambre, & se ferma sous la clef.* Voilà comment ce Mythologue explique l'endroit de la Fable, qui dit qu'Eurysthée se cacha dans un

(*a*) M. l'Abbé Banier, Myth. T. III. p. 277. & 276.

tonneau d'airain. Il paroît que cet Auteur connoissoit peu le courage d'Eurysthée ; il lui prête une peur qu'il n'avoit point ; car sans doute s'il l'avoit eue, il se seroit bien gardé de donner de nouveaux ordres semblables à Hercule. Un taureau qui vomit du feu, n'est pas moins à craindre qu'un sanglier. Hercule le lui amena, & la Fable ne dit pas qu'il s'enfuit à sa vûe. Il n'avoit garde : il étoit trop ferme & trop intrépide depuis qu'il s'étoit mis dans le tonneau d'airain ; le Lecteur en sera convaincu, s'il veut se rappeller tout ce que nous avons dit jusqu'ici de la nature de cet airain & de celle d'Eurysthée. Je le renvoye aussi, pour abréger, à ce que nous avons dit d'un semblable taureau dans le chapitre de la Toison d'Or. Il est bon seulement d'observer que ce taureau avoit été envoyé par Neptune, & que ce prétendu Dieu, qu'on explique communément par la Mer, doit s'entendre de la mer des Philosophes, ou de leur eau mercurielle, comme nous l'avons prouvé plus d'une fois.

CHAPITRE XI.

Diomede mangé par ses chevaux.

JUSQU'ICI Hercule n'avoit montré que de la force, du courage & de l'adresse ; il faut qu'il s'arme ici d'un peu d'inhumanité. Eurysthée l'envoye en Thrace pour se saisir de Diomede, qui en étoit Roi, & lui en amener les chevaux. Ce Roi plus inhumain que ses chevaux n'étoient féroces, les nourrissoit de la chair des étrangers qui abordoient dans son pays. Hercule n'eut aucun respect pour le fils de Mars. Il se saisit de Diomede, le fit manger à ses propres chevaux, en tua après cela quelques-uns, & mena les autres à Eurysthée. Hercule auroit dû, ce me semble, avoir quelques égards pour le Dieu qu'il représentoit. Son courage, sa force, son intrépidité & ses autres qualités guerrieres le rendoient un second Mars ; mais Hercule ne tenoit pas ces qualités de lui. D'ailleurs, Diomede étoit petit-fils de Junon, & cette Déesse avoit persécuté Hercule. Ce Héros n'avoit obligation qu'à Pallas, qui l'aidoit de ses conseils ; à Vulcain, qui lui fournissoit les armes qu'il employoit ; & à Mercure, dont le fils lui avoit donné des leçons : Mars ne lui tenoit par aucun endroit ; aussi éleva-t-il un Autel à Pallas, qui l'avoit commun avec Vulcain, & il consacra sa massue à Mercure. Ainsi par vengeance, ou plutôt pour obéir aux ordres d'Euryſthée, Hercule montra de l'inhumanité.

Eraſme (*a*), dont M. l'Abbé Banier a ſuivi l'idée, a fait de cette fable une métamorphoſe. Les chevaux de Diomede ſont devenus entre leurs mains, premierement, des cavalles; mais comme il n'y avoit guéres moins d'embarras pour expliquer hiſtoriquement cette fable, ces cavalles ont pris une nature humaine. Diomede ſe voit tout-à-coup pere; ces cavalles ſont devenues ſes filles, & l'on ne fait pas de difficulté de couvrir d'infamie ce pere, fils d'un Dieu, en l'accuſant d'avoir proſtitué ſes filles, qui s'engraiſſoient, dit notre Auteur, aux dépens des victimes étrangeres que leur lubricité attiroit à la Cour de Diomede. La férocité feinte des chevaux de Diomede, étoit ſans doute la lubricité démeſurée de ſes filles. Cette qualité n'étoit-elle pas bien propre à engager Euryſthée d'en envier la poſſeſſion? Des filles proſtituées devoient faire un grand ornement de ſa Cour.

Diomede étoit fils de Mars; il appartenoit par conſéquent à la Généalogie dorée des Dieux. Il avoit des chevaux furieux; Hercule ſe ſaiſit de lui, & le leur fit manger. Les Philoſophes ont donné à leur matiere tous les noms imaginables, parce qu'elle eſt le principe de tout. Ils ont pu conſéquemment lui donner le nom de cheval dans cette allégorie, puiſque Rhaſis (*b*) l'a auſſi employé. La couverture du *cheval*, dit cet Auteur, eſt notre manteau blanc, & notre

(*a*) In Adagiis. (*b*) Epiſtola.

cheval eſt un lion fort & furieux, couvert de ce manteau. Ce cheval ou lion eſt notre matiere; le manteau eſt la couleur blanche qui lui ſurvient. Voilà les chevaux féroces de Diomede, fils de Mars, c'eſt-à-dire de la pierre parvenue au rouge de pavot, parce que cette couleur ſuit immédiatement la couleur de rouille, appellée Mars par les Philoſophes. Hercule ou l'Artiſte ſaiſit Diomede, & le fait manger à ſes propres chevaux; c'eſt l'opération de l'élixir, où il faut que la matiere repaſſe par la putréfaction & la diſſolution; alors Hercule tue une partie de ces chevaux, & mene l'autre à Euryſthée, parce qu'une partie de la matiere volatile reſte volatile, & l'autre eſt conduite à Euryſthée, c'eſt-à-dire eſt fixée. La férocité & l'ardeur de ces chevaux indiquent l'activité & la pénétration du mercure; Diomede mangé par ces animaux, eſt la diſſolution du corps fixe des Philoſophes. La Fable dit qu'il fut dévoré par ſes *propres* chevaux, parce que le diſſolvant & le corps diſſoluble ſont de même nature, & naiſſent de la même racine. Car, comme le dit Philaléthe (*a*), » aucune » eau ne peut diſſoudre les eſpeces métalliques, » à moins qu'elle ne ſoit de même nature, & » qu'elle ne ſoit ſuſceptible de la même matiere, » & de la même forme. C'eſt pourquoi l'eau » qui n'eſt point de même eſpece que les corps » qu'elle doit diſſoudre, ne les diſſout point » d'une diſſolution réelle & naturelle. Il faut » donc que l'eau leur ſoit ſemblable, pour

(*a*) Enarratio Methodica, cap. de Spiritu diſſolvente.

» pouvoir les ouvrir, les dissoudre, les exalter « & les multiplier. «

CHAPITRE XII.

Geryon tué par Hercule, qui emmene ses bœufs.

EURYSTHÉE ne se contenta pas d'avoir en sa possession le plus beau taureau de l'Isle de Créte, le taureau flammivome; il étoit envieux de tout, & il s'adressoit à Hercule pour satisfaire son envie. Geryon, homme monstrueux, puisqu'il avoit trois têtes ou trois corps (fils de Chrysaor (*a*), & celui-ci né du sang de Méduse), avoit un troupeau de bœufs de couleur de pourpre; ce troupeau étoit gardé par un chien à deux têtes, par un dragon qui en avoit sept, & par un Vacher nommé Erytion. Eurysthée voulut avoir ces bœufs, & commanda à Hercule d'aller les lui chercher. A la vûe de tant de monstres, l'entreprise eût paru difficile à tout autre qu'à Hercule; mais il en avoit bien vû d'autres, & d'ailleurs il falloit obéir. Il part donç, tue Geryon, les gardiens du troupeau, & conduit les bœufs à Eurysthée.

Presque tous les Auteurs qui ont entrepris l'explication de cette fable, varient dans leurs sentimens. Les uns supposant Hercule Général d'ar-

(*a*) Hesiode, Theogon.

mée, disent qu'il défit un Prince qui régnoit sur les trois Isles, Majorque, Minorque, & Ebuses; selon d'autres, c'étoit Tartese, Cadix & Eurithie: ou bien sur trois Princes alliés, regardés comme une même personne, à cause de leur union intime. Un autre trouvant trop de difficulté à supposer réel le voyage d'Hercule en Espagne, a mieux aimé dire que Geryon n'avoit jamais regné dans ce Pays-là, mais en Epire, & que c'est là qu'Hercule le défit, & emmena ses bœufs. Que penser de tous ces différens sentimens? qu'il n'y en a pas un seul de vrai. En vain pour les appuyer cite-t-on des anciens Auteurs; leur témoignage prouve seulement qu'ils ont expliqué cette fable de la même façon, & que les Anciens n'en sçavoient pas plus là-dessus que nos Modernes. M. le Clerc, Bochart, &c. ont voulu raffiner sur les idées des Anciens. M. l'Abbé Banier adopte tous les sentimens, dès qu'ils favorisent son systême; & toutes les explications de ces Auteurs doivent paroître, & sont réellement fausses, puisque non seulement elles ne donnent point d'éclaircissemens probables sur cette fable, mais qu'en en supprimant la plupart des circonstances, ils l'habillent de maniere à ne plus la reconnoître. Par exemple, il est dit dans la Fable qne Geryon étoit un homme à trois corps. Il n'y est fait aucune mention de troupes ni de combats, & il plaît à ces Auteurs de supposer la défaite de trois corps d'armée. Ce sentiment n'étant pas assez vraisemblable, un autre suppose trois Princes alliés, & soumis à Geryon; il n'a pas sans doute fait attention qu'il en mettoit un de trop, car trois Princes & Geryon font quatre; il eût donc fallu dire, Geryon à quatre corps, & non pas à trois. Geryon étant Roi, avoit sans doute des troupes à lui, qui jointes à celles des trois autres, faisoient quatre corps distingués, & alors la chose reviendroit au même. Mais il n'est parlé dans la Fable que d'un troupeau de bœufs appartenant à Geryon; & quand il seroit fait mention de plusieurs, pourroit-on supposer qu'Hercule eût été combattre des troupeaux de bœufs, les prenant, comme un autre Dom Quichotte, pour une armée rangée en bataille? Ces bœufs d'ailleurs étoient de couleur de pourpre, & gardés par un chien à deux têtes. Dans quel pays en vit-on de pareils? Parce que les pâturages d'Eurythie ne sont pas propres à nourrir des bœufs, Bochart en conclut que Geryon n'étoit pas Roi d'Espagne, mais d'Epire. Je demande au Lecteur ce qu'il penseroit du raisonnement suivant, fondé sur cette propositionci. Louis XV. Roi de France, avoit un fort beau lion & une belle lionne; il en a fait présent au Roi d'Angleterre. Le fait est faux: ou Louis XV. étoit Roi en Afrique; car la France ne nourrit point de lions. Mais laissons là de telles absurdités, qui prouvent clairement que l'Auteur de cette fable avoit une idée dans laquelle tous ces Mythologues ne voyent goutte. La vérité arrache ici un aveu à M. l'Abbé Banier, dont il n'a pas apparemment senti toute la conséquence, à l'égard des explications qu'il donne des autres travaux d'Hercule: *Tout ce que les Grecs disent des voyages de leur Hercule en Espagne & à Cadix, est fabuleux*, dit ce sçavant Mythologue, tom. 3. page 278. Je prie le Lecteur de ne pas oublier cet aveu. Non, Geryon n'étoit pas Roi d'Espagne, il ne l'étoit pas plus d'Epire; mais il l'étoit du pays charmant où régnoit Cerès, où fut enlevée Proserpine; il l'étoit de Nysa, où fut élevé Bacchus: on peut en voir la description dans les chapitres qui traitent de ces Dieux. C'est là où régnoit Geryon; c'est dans ce beau pays que paissoit son troupeau de bœufs, de couleur de pourpre, gardé par le chien Orthrus à deux têtes, & par un Dragon qui en avoit sept. Geryon est l'élixir des Philosophes, parvenu à la couleur rouge de pavot, que les Philosophes appellent *Roi*, parce qu'il est leur or. Il avoit trois corps, comme étant composé de trois principes, sel, soufre, & mercure. D'ailleurs, ses trois corps qui ne font qu'un homme, la couleur de ses bœufs, les gardiens de son troupeau, montrent bien que cette histoire prétendue est une pure allégorie. Le chien à deux têtes est de la même race que Cerbere, qui en avoit trois; le Dragon, qui en avoit sept, étoit aussi fils de Typhon & d'Echidna, & l'on sçait ce que l'on doit en penser. Mais pour qu'on ne nous accuse pas d'avancer tout cela *gratis*, voyons si les Philosophes nous fourniront quelques preuves, par des allégories approchantes. Hermès dit: » J'ai » vû trois têtes, c'est-à-dire trois esprits, nés d'un » même pere, car elles ne font qu'un, elles ne » composent qu'une même chose, étant de même » genre & de même race; l'une est dans le feu, » l'autre dans l'air, la troisiéme dans l'eau, c'est

» le soufre, le sel & le mercure. « Hamuel sur Senior, dit aussi : notre eau de vie est triple, quoiqu'elle ne fasse qu'un, dans lequel sont compris l'air, le feu & l'eau. Cette eau a une ame, que l'on appelle or, & eau divine. Leur pere a réuni ces trois têtes, parce qu'elles sont homogênes.

On a placé le royaume de Geryon en Espagne, par la même raison qu'on y a mis le Jardin des Hesperides. Un Philosophe anonyme (*a*) a parfaitement bien pris l'idée de l'Auteur de cette fable, lorsqu'il a dit : Par la grace de Dieu, le pere & le fils résident dans un même sujet, & regnent dans un royaume magnifique. Entre leurs deux têtes se montre celle d'un *vieillard* vénérable, très-remarquable par son manteau de couleur rouge de sang. Mais enfin a-t-on jamais vû dans la nature des bœufs de couleur de pourpre, & des bœufs qui, selon la Fable, mangeoient ceux qui logeoient avec eux ? Des bœufs de cette espéce ne sont-ils pas précisément cette matiere dissolvante des Philosophes, qui dissout ce qu'on met dans le vase avec elle ? Ne sont-ils pas de la même nature que les chevaux de Diomede ? Les parens de Geryon ne donnent-ils pas bien à entendre ce qu'on en doit penser ? Chrysaor son pere, vient de Χρυσὸς, or ; & sa mere Callirhoé signifie eau belle & coulante, de κάλος, beau, & de ῥέω, je coule ; parce que la circonstance que l'Auteur de cette fable a eu en vûe, est celle de l'élixir au rouge, où le dissolvant ou

(*a*) Cité par Mayer, dans son *Arcana arcaniss.* p. 233.

eau mercurielle, est une eau coulante qui en est le principe & la mere, qui après avoir dissous l'or philosophique, ou Chrysaor, ils s'unissent ensemble, & de ce mariage naît Geryon. La couleur de soufre, ou or des Philosophes, est celle des bœufs, & ces bœufs sont la même chose que le dissolvant, qui mange ses hôtes.

Pour venir à bout d'enlever ces bœufs, Hercule fut obligé de tuer Geryon, le chien Orthrus, le Dragon, & Erythion qui en avoit soin; c'est-à-dire que pour parvenir à la fixation, signifiée, comme nous l'avons vû, par Eurystée, il faut tuer, ou faire putréfier ensemble les matieres qui composent l'élixir. Le chien à deux têtes est le composé du corps dissoluble & du dissolvant; le dragon à sept têtes, sont les sept circulations ou sublimations qui se font avant que le composé devienne fixe. Erythion en est dit le Pasteur, parce qu'il vient d'ἐρύειν, garder, défendre.

Mais ce n'étoit pas assez d'avoir enlevé ces bœufs, il falloit les mener à Eurystée. Hercule avoit bien du chemin à faire, & devoit s'attendre à mille obstacles qui s'opposoient à son dessein. Si Bochart avoit un peu réfléchi sur le chemin que prit Hercule pour s'en retourner, il n'auroit pas traduit l'Espagne en Epire. Hercule conduisit d'abord ces bœufs d'une Isle de l'Océan, appellée Gadire, à Tartesse, comme si l'on disoit d'une Isle flottante à une terre ferme, puisque Gadire vient de γαῖα, terre, & de δεῦρω, venir & aller. On a vû la même chose de l'Isle de Délos. On dit cette Isle dans l'Océan ou la mer, parce que le mercure philoſophique, où flotte l'Iſle des Philoſophes, ſe nomme auſſi mer par les Adeptes.

Libys & Alebion.

En chemin faiſant, un certain Libys, frere d'Alébion, voulut empêcher Hercule de conduire ſes bœufs; Hercule le tua, c'eſt-à-dire qu'il fixa la partie du compoſé philoſophique qui ſe volatiliſoit. Cette volatiliſation qui ne peut ſe faire ſans agitation de la matiere, eſt exprimée par ces deux noms de Libys & d'Alebion; car Libys vient de λείβω, diſtiller, ou λίβυς, vent qui fait pleuvoir; il étoit frere d'Alébion, parce qu'il a été fait d'ἀλάομαι, errer, être vagabond; d'où l'on a fait ἄλη, erreur; & de βίος, vie; comme ſi l'on diſoit, qui mene une vie errante; auſſi la Fable les dit fils de Neptune, c'eſt-à-dire de la mer des Philoſophes.

Alcyonée, Géant.

En arrivant à l'Iſthme de Corinthe, Hercule eut encore à combattre le Géant Alcyonée. Celui-ci s'étoit armé d'un caillou d'une groſſeur extraordinaire, qu'il avoit pris dans la Mer Rouge; il le jetta à Hercule, pour l'écraſer; mais notre héros para le coup avec ſa maſſue, & tua enſuite le Géant. Le nom ſeul d'Alcyonée, & l'endroit où il prit le caillou, expliquent ce que l'Auteur a voulu dire; car la pierre philoſophale ſe forme de l'eau rouge mercurielle, que Flammel appelle (a) mer rouge ; & Alcyonée vient d'Ἀλκὴ, *force*, d'ὕω, *pleuvoir*, & de νέος, *terre nouvellement travaillée* ; comme si l'on disoit, terre forte, venue de l'eau, & nouvellement ensemencée. Hercule le tua, c'est-à-dire, ôta à cette terre sa volatilité ; il jetta ensuite le caillou dans la mer, parce que cette terre étant fixée, se précipite au fond de l'eau mercurielle.

Eryx, fils de Vénus & de Butha.

Un certain Eryx, fils de Vénus & de Butha, eut aussi envie des bœufs qu'Hercule conduisoit ; mais Hercule le traita comme les autres, & il faut l'expliquer de la même maniere, puisque Eryx signifie retard, & qu'étant fils de Butha, qui vient de βυθὸς, *abyme*, *fond de l'eau*, & de Vénus, il ne peut que signifier une matiere née de l'eau philosophique. Sa mort prétendue n'est aussi que sa fixation.

Hercule, après toutes ces traverses, conduisit enfin son troupeau à Eurysthée, c'est-à-dire qu'il vint à bout de la perfection de la médecine dorée, en mémoire de laquelle il éleva deux colomnes sur les confins de l'Iberie, pour indiquer l'élixir au blanc, & l'élixir au rouge. L'une de ces colomnes se nommoit Calpen, & l'autre Aliba ; elles marquoient la fin de ses travaux, & son repos après ses fatigues ; aussi Calpé signifie beau & glorieux repos, de κάλως, *beau*, *bon*, *glorieux* ; & de παύω, *finir*, *cesser*. Aliba vient

(a) Explicat. des Fig. hierogl.

d'ἅλις, *c'est assez*; & de βαίνω, *affermir*, *fixer*, *consolider*; comme si l'on disoit qu'après avoir fini l'œuvre, on en a assez pour avoir une tranquillité ferme & stable.

Hercule eut bien d'autres obstacles à surmonter, tant en allant pour enlever les bœufs de Geryon, qu'en les conduisant à Eurystée après les avoir pris. Nous en allons passer quelques-uns en revûe, pour faire voir que les moindres circonstances de cette fable contribuent à affermir notre systême.

Lorsque notre héros partit de la Grece pour son expédition, il se trouva un jour si fatigué du chaud & de l'ardeur du Soleil, qu'il s'en irrita contre cet astre, & banda son arc pour darder une fléche contre ce Dieu. Apollon fut étonné de sa témerité; mais admirant en même tems le courage & la grandeur d'ame d'Hercule, il lui fit présent d'une grande coupe d'or. Pherécydes (*a*) dit qu'Hercule s'en servit en guise de gondole, pour traverser l'Océan; qu'étant sur la mer, les flots faisoient tellement balancer cette gondole, qu'Hercule irrité, tira une fléche contre l'Océan même, qui se mit en devoir de l'appaiser, & lui donna en effet satisfaction.

On voit bien que cette fléche tirée contre le Soleil, signifie la volatilisation de l'or philosophique, puisque les fléches d'Hercule, de Mercure, de Diane, sont toujours le symbole de la volatilité du dissolvant, ou eau mercurielle. Aussi le Soleil lui donna-t-il une coupe d'or, en ré-

(*a*) Histor. Liv. 3.

compense

compenſe de ſa grandeur d'ame ; c'eſt-à-dire, que le courage & la conſtance de l'Artiſte ſe trouvent récompenſés par l'or des Philoſophes, qui eſt la fin du magiſtere ; au moyen duquel l'Artiſte paſſe l'Océan, pour parvenir au troupeau de Geryon ; il tire dans ce trajet une fléche contre l'Océan agité, & l'Océan s'appaiſe. C'eſt pour marquer que l'eau mercurielle s'agite dès le commencement de l'opération de l'élixir, ſe volatiliſe, & qu'enſuite ſon agitation ceſſe peu à peu, lorſque la matiere commence à devenir noire. Alors Hercule entre ſur les terres de Geryon, & commence à combattre pour enlever ſes bœufs.

CHAPITRE XIII.

Hercule combat les Amazones, & enleve la ceinture de leur Reine Ménalippe.

APRÉS avoir combattu des monſtres, Hercule va exercer ſon courage & ſa force contre des femmes. On s'imagineroit d'abord qu'Euryſtée n'ayant pû ſe défaire d'Hercule, en l'expoſant à périr dans les dangers où il l'avoit expoſé, & dont il étoit toujours ſorti avec gloire, voulut prendre un autre biais pour amollir ſon courage. Il ſçavoit qu'Hercule n'étoit pas ennemi du beau ſexe, & qu'il feroit d'autant moins de difficultés d'obéir à ſes ordres, que les femmes contre leſquelles il l'envoyoit, étoient en réputation de courage & de valeur. D'ailleurs, l'objet de son expédition n'étoit pas de nétoyer une étable, de courir un an entier après une biche, de faire manger un homme à ses propres chevaux, d'enlever un troupeau de bœufs; mais de se saisir de la ceinture d'une Reine, & d'une ceinture fort au-dessus des autres par sa valeur & sa beauté. Alcide partit sur un vaisseau, & s'associa Thesée pour l'accompagner dans cette expédition. En passant par la Bébrycie, Mygdon & Amycus son frere voulurent s'opposer au passage de nos héros, qui après les avoir fait mourir, ravagerent tout le pays, & en firent présent à Licus fils de Deiphile, qu'ils avoient amené avec eux.

Hercule étant enfin arrivé en présence des Amazones, les combattit, en tua une partie, mit les autres en fuite, prit Hyppolyte, ou Antiope, prisonniere, qu'il donna à Thesée, & Ménalippe leur Reine donna la fameuse ceinture pour sa rançon, qu'Hercule porta à Eurystée.

Bien des Auteurs, Strabon entr'autres, ont pensé que les Amazones n'ont jamais existées, & que tout ce qu'on en publie ne sont que de pures fables. Une des preuves que M. l'Abbé Banier (a) apporte de leur existence, d'après les Auteurs qu'il cite pour ses garants, c'est qu'une de leurs Reines, nommée Penthesilée, avoit porté du secours à Priam, & fut tuée par Achille. Si nous n'en avions pas de meilleures, nous pour-

(a) Mythol. T. III. p. 290.

rions souscrire au sentiment de Strabon, puisque Priam, Achille & Penthesilée sont des personnages purement fabuleux, comme nous le verrons dans le Livre suivant. Quoiqu'il en soit, Hercule n'étant aussi qu'un héros supposé, les héroïnes qu'il vainquit, doivent l'être. Cette histoire a par elle-même plus l'air d'une allégorie que d'un fait réel. Un Roi lévera-t-il une armée pour s'emparer d'une ceinture, fût-elle d'or & de diamans? Les noms seuls de Procella, Prothoé, Eribée, que l'on donne aux Amazones mises en fuite par Hercule, marquent ce qu'on a voulu signifier par elles. Les autres qu'il prit, sont dites compagnes de Phœbus & de Diane. Ce dernier trait suffiroit seul pour déterminer l'allégorie à la Médecine dorée.

Il faut donc juger des Amazones comme des Muses, des Bacchantes, & des femmes guerrieres qui accompagnerent Osiris & Bacchus dans leurs expéditions; les unes & les autres ne sont qu'un hiéroglyphe des parties volatiles de la matiere du grand œuvre. Procella fut ainsi nommée de sa grande vîtesse; Prothoé, de son extrême agilité, de πρὸ, *devant*, & de θοός, *vîte*, *prompt*; Eribée, d'ἔρις, *débat*, & de βοάω, ou βοὴ, *combat*, parce qu'il n'y a rien de plus preste & de plus agile que les parties volatiles, & que lorsqu'elles se mêlent au haut du vase, il semble qu'elles se combattent. Ce sont celles que la Fable dit avoir été mises en fuite par Hercule. Celles qu'il prit, étoient Ménalippe leur Reine, Antiope ou Hyppolite, Celene, &c. On dit qu'il les prit, c'est-à-dire qu'il les fixa, & c'est pour cette raiſon que la Fable les dit compagnes de Phœbus & de Diane, parce que la matiere des Philoſophes parvenue à la couleur blanche, appellée Diane, & à la couleur rouge, nommée Phœbus, eſt fixe & ne s'enfuit plus; ce qui eſt exprimé par les noms de ces Amazones, puiſque Antiope vient de ἀντὶ, qui marque *changement*, & ὀπός, *ſuc*, *humeur*, comme ſi l'on diſoit, qui n'eſt plus liquide, mais ſolide & congelé, parce qu'il faut que la matiere, après s'être diſſoute, ſe congele & ſe coagule, pour parvenir au blanc & à la fixation, ſuivant le précepte de tous les Philoſophes: *ſolve & coagula*, & ce que dit Calid: (*a*) » Lorſque j'ai vû l'eau ſe coaguler » d'elle-même, j'ai reconnu la vérité de la ſcience » & de l'art hermétique. «

Ménalippe eſt appellée Reine des Amazones, & donne pour ſa rançon la ceinture ornée de pierres précieuſes, parce que Ménalippe eſt elle-même la Reine des Philoſophes, & leur Diane, puiſqu'elle a pris ſon nom de Μήνη, *Lune*, & de λίπος, *graiſſe*, *embonpoint*, c'eſt-à-dire Lune dans ſon plein, ou la matiere philoſophique au blanc parfait. La ceinture qu'elle donne à Hercule pour ſa rançon, eſt un cercle mêlé de blanc, de rouge, & d'autres couleurs, qui ſe manifeſtent autour de la matiere blanche, dans le tems qu'elle commence à paſſer du blanc au rouge. Ce cercle eſt dans le goût de celui que nous avons expliqué en parlant du voile de Proſerpine. Hercule porte cette ceinture à Euryſtée,

(*a*) Entretien de Calid & de Morien.

c'est-à-dire, qu'il continue l'œuvre, & le conduit à sa perfection. Quant au présent qu'Hercule fit d'Antiope ou Hyppolite à Thesée, nous en ferons mention quand nous parlerons de ce ravisseur d'Ariadne.

CHAPITRE XIV.

Hesione exposée à un monstre marin, & délivrée par Hercule.

ON ne convient pas du tems où Hercule fit cette expédition. Les uns prétendent que c'est en allant attaquer les Amazones; d'autres, après leur défaite; d'autres enfin disent qu'Hercule fut laissé dans la Troade par les Argonautes, lorsqu'il descendit pour chercher le jeune Hylas, qui s'y étoit égaré en allant puiser de l'eau.

Cette diversité de sentimens embarrasse beaucoup les Mythologues, qui ne sçauroient en conséquence faire quadrer leurs époques, quand il s'agit d'expliquer la Fable historiquement. M. le Clerc regarde une partie de cette histoire comme réelle, l'autre comme allégorique, & dit en conséquence que le prétendu jeune Prince Hylas ne signifie que du bois; que ce qui a donné lieu à la Fable, c'est qu'Hercule descendit avec Telamon & ses autres compagnons, du vaisseau des Argonautes, & étant allé couper du bois sur le Mont-Ida, ils y firent un vaisseau pour l'expédition de Troye. Le bruit, ajoute-t-il, que le bois faisoit en tombant, & dont la forêt retentissoit, donna lieu à la Fable, qui dit qu'Hercule ne pouvant trouver le jeune Hylas, qu'il aimoit tendrement, fit retentir tout le rivage du nom de son favori ; ce qui a fait dire à Virgile:

His adjungit Hylam nautæ quo fonte relictum
Clamassent, ut littus Hyla, Hyla omne sonaret.
Eclog. VI.

Le Lecteur peut-il être satisfait d'une explication aussi mal concertée ? S'il est vrai que par le jeune & charmant Hyla, on ne doive entendre que du bois, je demande à M. le Clerc, quels charmes & quels attraits pouvoit avoir une planche, une solive, enfin un morceau de bois, pour gagner l'affection qu'Hercule avoit conçue pour Hylas ? D'ailleurs y a-t-il apparence que les Argonautes se soient amusés à descendre à terre, pour fabriquer un vaisseau dont ils n'avoient que faire ? Car d'où pouvoit être venue à Hercule & à Telamon l'idée de construire un vaisseau, pour aller saccager la ville de Troye ? Ou quel motif pouvoit l'engager à cette expédition ? La Fable n'en dit pas le moindre mot. Si l'on dit que les Argonautes laisserent Hercule à terre avec Telamon, & que ces deux Héros voyant leurs compagnons continuer leur voyage sans eux, prirent le parti de fabriquer ce navire, le fait ne seroit pas plus vraisemblable. Pour quelle raison, en effet, abandonner ainsi ces deux Héros ? Et supposé que cela soit arrivé, deux personnes, aidées même de quelques autres, si l'on veut, étoient-elles capables de construire un vaisseau? Où auroient-ils trouvé les choses nécessaires pour l'équiper? Etoient-ils assez de monde pour tenter une expédition? Enfin, pour conclusion, conçoit-on que le bruit fait par un arbre coupé, qui tombe, ait pû faire dire à Virgile & aux Auteurs de cette fable, qu'Hercule aimoit si tendrement Hylas, que ne pouvant le trouver, il faisoit retentir tout le rivage du nom de son favori? La Fable n'est point du tout conforme à cette explication : elle dit qu'Hylas étoit allé puiser de l'eau, & que soit qu'il eût été dévoré par quelque bête féroce, ou noyé dans quelque ruisseau, Hercule ne l'appercevant plus, le chercha inutilement. Si cet Hylas ne signifie que du bois, la Fable dit mal-à-propos qu'Hercule ne put le trouver, puisque M. le Clerc lui en fait trouver assez pour fabriquer un vaisseau. Qui croirons-nous donc, de l'Auteur de cette fable, ou de son Scholiaste? Pour moi, je pense qu'il vaut mieux s'en rapporter au premier : le Lecteur jugera si j'ai raison. M. le Clerc n'avoit pas tort de regarder l'histoire de cet Hylas comme une allégorie; mais au lieu d'expliquer simplement le mot Hylas par celui de *bois*, il auroit dû faire attention qu'il pouvoit aussi signifier autre chose, puisque ὕλη, d'où dérive Hyla, & d'où il vient en effet, veut non seulement dire *bois*, *forêt*, mais encore *matiere* dont on fait quelque chose : ce qui a déterminé un bon nombre de Philosophes à employer le terme *ylé* ou *hylé*, pour désigner en général la matiere de la Médecine dorée, dont ils n'ont pas voulu dire le véritable nom. Je pourrois citer ici plusieurs textes de ces Philosophes ; mais je les omets pour abréger. Si quelqu'un en doute, qu'il lise la Théorie du Testament de Raymond Lulle, la page 38 du Traité de Philalethe, qui a pour titre : *Vera Confectio lapidis philosophici*, in-12. édit. de Londres, 1678.

C'est cette matiere même des Adeptes, que l'Auteur de la fable a eu en vûe sous le nom d'Hylas : il avoit raison de dire qu'Hercule l'aimoit tendrement, puisque c'est en elle que les Philosophes mettent toute leur affection. Hylas étoit descendu pour puiser de l'eau, parce qu'on met la matiere dans le vase, pour la faire dissoudre en eau. Hylas est dit jeune, parce que la matiere que l'on descend dans le vase doit être fraîche & nouvelle ; car si elle étoit vieille, de naissance, ou de cueillette, elle ne vaudroit plus rien, suivant ce conseil d'Haimon (*a*) & de plusieurs autres : *non accipias eam nisi recentem.* Hylas se noya, ou fut dévoré par quelque bête féroce, & Hercule ne put le trouver ; car la matiere auparavant solide, n'est plus telle lorsqu'elle est dissoute en eau, sa forme disparoît, sa solidité s'évanouit, & l'Artiste ne l'appercevant plus dans l'état qu'elle avoit avant sa dissolution, peut bien dire allégoriquement qu'elle est noyée, ou que quelque bête féroce a dévoré Hylas, puisque, suivant ce que nous avons vû jusqu'ici, les Philosophes employent communément l'allégorie de dragons, ou de bêtes féroces, qui dévo-

(*a*) Epist.

rent les hommes, pour désigner la solution, ou de la matiere par elle-même, ou de leur or par l'action de leur mercure. Il n'est pas non plus surprenant que l'Auteur de cette fable ait supposé qu'Hercule fit retentir le rivage du nom de son cher Hylas, qu'il ne voyoit plus. On prendroit mal ces cris, si on les regardoit comme des plaintes, c'étoit des cris de joie, d'étonnement, tels que ceux que le Trévisan (*a*) dit avoir fait lorsqu'il vit que son livre à feuillets d'or étoit dissous, & avoit disparu dans la fontaine; & tels que ceux du Cosmopolite (*b*), lorsqu'il vit le fruit de l'arbre solaire fondu, & disparu dans l'eau où Neptune l'avoit mis.

Alcide alors partit pour Troye, & rencontra Hesione, fille de Laomedon, exposée pour être dévorée par un monstre marin, afin d'appaiser Neptune irrité contre son pere, de ce que celui-ci ne l'avoit point récompensé du service qu'il lui avoit rendu en bâtissant les murs de Troye. Hercule s'offrit de la délivrer, moyennant un attelage de beaux chevaux, admirables pour leur vîtesse, & si légers que, suivant les Poëtes, ils marchoient sur les eaux. Alcide exécuta son entreprise; mais Laomedon n'ayant pas tenu sa promesse, Hercule le tua, fit épouser Hesione à Telamon, & donna la Couronne de Laomedon à Podarce son fils, à la priere de la Princesse, qui le racheta, & qui pour cela fut appellé Priam.

Pour avoir l'explication de cette fable, il suffit

(*a*) Philosophie des Métaux. Parabole.
(*b*) *Parabola.*

de la comparer avec celle d'Andromede, exposée aussi à un monstre marin, & délivrée par Persée; aussi ont-elles le même objet. Neptune ravageoit la Troade, parce qu'il étoit irrité contre Laomedon; les Néréides, Déesses de la mer, ravageoient l'Ethiopie, parce qu'elles étoient irritées contre Cassiopée, mere d'Andromede. On consulte l'Oracle, pour faire cesser ces désolations; même réponse pour l'un & l'autre cas: Cassiopée doit exposer sa fille à la merci d'un monstre marin, envoyé par les Néréides; & Laomedon doit exposer la sienne à un semblable monstre envoyé par Neptune. L'une & l'autre le sont en effet. Persée survient, & délivre Andromede; Hercule se présente, & délivre Hesione. Persée tue ensuite Phinée, & épouse Andromede; Hercule tue Laomedon, & donne à Telamon Hesione pour épouse.

Pourquoi deux fables aussi ressemblantes n'ont-elles pas été expliquées de la même façon par nos Mythologues (*a*)? Selon eux, dans l'histoire d'Andromede, le monstre étoit un Corsaire, dont le vaisseau portoit le nom de baleine; dans la fable d'Hesione, ce monstre est la mer même. La premiere idée n'étoit pas mauvaise; un vaisseau peut très-bien être nommé la baleine: mais la seconde n'est pas si heureuse, jamais on ne s'est avisé de donner à la mer un nom pareil. Palephate (*b*) ne se trouve pas en défaut à cet égard, il s'est mieux soutenu; mais a-t-il mieux

(*a*) M. l'Abbé Banier, Mythol. tom. 3. pag. 292.
(*b*) Livre des choses incroyables.

réussi ? Pour lui, ces deux monstres sont des Corsaires. Dans la fable d'Andromede, le monstre corsaire fut tué par Persée ; dans celle d'Hésione, M. l'Abbé Banier fournit à Hercule les matériaux nécessaires pour élever une digue contre les flots impétueux de la mer. Pour moi qui n'ai pas les talens de Palephate & de M. l'Abbé Banier, pour construire des vaisseaux, & pour élever des digues, je pense qu'il faut expliquer les mêmes faits de la même maniere, & beaucoup plus simplement. La fable d'Hésione étant une suite de celle d'Hylas, reprenons-la où nous l'avons laissée.

Nous avons dit que ce jeune Prince dévoré ou noyé, est la matiere philosophique en dissolution, ou dissoute en eau. Le tems de cette dissolution, & de la putréfaction qui la suit, est celui qui a fourni aux Philosophes la matiere de toutes les allégories qu'ils ont faites sur les dragons & les monstres, sur les serpens, les bœufs & les chevaux qui dévorent les hommes. Chaque fable nous en a fourni jusqu'ici des exemples, variés suivant l'idée de son Auteur. On a dû s'appercevoir qu'elles ne varioient point pour le fond, & qu'elles signifioient toutes une même chose. Si l'on vouloit se donner la peine d'y réfléchir, & de rapprocher les circonstances différentes de chacune, on pourroit n'en faire presque qu'une histoire, où les circonstances seroient à peu près les mêmes, mais rapportées differemment. Un Auteur la diroit passée dans un endroit, & attribueroit le fait à une personne ; l'autre la rapporteroit comme passée ailleurs, &

faite par un autre. Il se trouveroit que l'un auroit dit bien des circonstances que l'autre auroit omises : c'est ce que l'on peut remarquer dans la fable que nous expliquons. Il n'y est plus mention d'Hylas ; on le laisse submergé, & l'Auteur transporte tout-d'un-coup Hercule à Troye, sans nous apprendre quel chemin il a pris pour y arriver, ni ce qu'il a fait pendant son voyage. Y est-il abordé par eau? il y a beaucoup d'apparence ; car le Lecteur remarquera, s'il lui plaît, qu'il n'est presque pas une fable où il ne soit parlé de mer, ou de riviere, ou de ruisseau, ou de fontaine, ou de lac. La chose ne pouvoit être autrement, la mer ou l'eau mercurielle des Philosophes étant le théatre de leurs opérations, & leur agent principal. C'est cette même eau, qui est le vrai Neptune, pere d'une race si nombreuse ; c'est de lui d'où sortent tous ces monstres & ces dragons, ceux de la Toison d'or, du jardin des Hespérides ; Méduse, les Gorgones, les Harpyes, &c. Ce sont les parties volatiles, dissolvantes, auxquelles on a donné le nom de femmes qui dansent, chantent, enfantent tant de Héros, ces chevaux aîlés, & ces bœufs furieux. Ce sont ces chevaux même si légers, qu'ils marchent sur les eaux, promis à Hercule par Laomédon, pour récompense, en cas qu'il vînt à bout de délivrer Hésione. Il y réussit heureusement, & Laomédon ne voulut pas tenir sa promesse. Ce manque de parole s'explique dans le sens & de la même maniere que celui d'Augias envers le même Hercule, qui tua l'un & l'autre pour cette raison.

Enfin Hercule abandonne Hylas noyé, ou, comme le dit aussi la Fable, enlevé par les Nymphes, & va trouver le fils d'Ilus. Il falloit bien supposer Laomédon fils d'Ilus; car Hylas étant noyé ou dissout en eau, cette eau mercurielle s'épaissit, se trouble & forme proprement Ilus ou ἰλὺς, *un bourbier*, d'où naît peu à peu Laomédon, c'est-à-dire la pierre des Philosophes, ou la pierre qui commande ou qui régne, de λᾶος, *pierre*, & Μέδω, *je commande, je régne.*

Entre toutes les filles du Sang royal, proposées pour être exposées au monstre marin, le sort choisit Hésione. Elle fut exposée en effet, & Hercule la délivra; c'est-à-dire, que dans la seconde opération la matiere étant en voie de dissolution, ou exposée à l'action du mercure philosophique, signifié par le monstre marin, cette matiere se volatilisant monte au haut du vase, & semble par-là être enlevée aux dents meurtrieres de ce monstre.

A cette délivrance, c'est-à-dire à la volatilisation de la matiere succede le mariage d'Hésione & de Télamon; c'est proprement le mariage philosophique du fixe & du volatil, qui se réunissent en une seule matiere, après lequel Hercule, à la priere d'Hésione, donne la couronne de Laomédon à Podarce, qui dans la suite fut nommé Priam, parce qu'il avoit été racheté, c'est-à-dire volatilisé du fond du vase où il étoit retenu. Podarce vient de ποδὸς, *pied*, & d'ἀρκεῖν, *secourir*, comme si l'on disoit: *secourir un homme lié par les pieds*. Priam vient de πείαμαι, *racheter*.

La couronne de Laomédon est la couronne du Roi des Philosophes, donnée à son fils, c'est-à-dire à l'élixir sortant de la putréfaction, où il étoit détenu comme esclave, & en prison ; c'est pourquoi on l'a nommé Priam après qu'il en a été délivré.

CHAPITRE XV.

Anthée étouffé par Hercule.

DE Phrygie, Alcide fut en Lybie, & y trouva un Géant nommé Anthée, fils de Neptune & de la Terre : il étoit d'une grandeur prodigieuse, & d'une force extraordinaire ; il habitoit les montagnes & les rochers., défioit tous les passans à la lutte, & les étouffoit quand ils avoient le malheur de tomber entre ses mains. Hercule accepta le défi d'Anthée ; ils se saisirent : Hercule le terrassa plus d'une fois par terre, & croyoit l'avoir tué ; mais toutes les fois qu'Anthée touchoit à la Terre sa mere, ce Géant y trouvoit de nouvelles forces, & recommençoit le combat avec plus de vigueur. Hercule s'en apperçut ; & l'ayant soulevé, au lieu de le terrasser comme auparavant, il le soutint en l'air, & le serra si fort qu'il l'étouffa.

Il n'y a point de rôle que M. l'Abbé Banier

ne fasse jouer à Hercule. Dans la plûpart des explications qu'il donne des travaux de ce Héros, il en fait tantôt un Général d'armée, tantôt un Amiral ; il en fait aujourd'hui un Marchand. » Comme il (Hercule) vouloit établir une » Colonie en Afrique, pour faciliter le com- » merce, dit l'Abbé Banier (*a*), il en fut re- » poussé d'abord par un *autre Marchand* qui » s'étoit établi dans la Libye, & qui étoit déja » si puissant qu'il n'étoit pas possible de l'y for- » cer «. Hercule entre ses mains devient un Prothée. Il étoit Marchand, il reparoît sous sa forme de Héros. Les circonstances décident de ce qu'il doit devenir : » Car notre Héros, ajoute » notre Auteur, l'attira adroitement sur mer, » & lui ayant coupé les passages de la terre, où » il alloit se rafraîchir & reprendre des troupes, » il le fit périr. De là est venue la fable d'An- » thée, fameux Géant, fils de la Terre, qu'il » fallut, dit-on, étouffer en l'air, à cause qu'il » reprenoit de nouvelles forces toutes les fois » qu'il étoit terrassé. «

L'Auteur de cette fable n'a pas eu l'esprit de trouver un nombre de beaux & bons chevaux pour le service d'Hercule, dans cette expédition ; M. l'Abbé Banier en auroit fait de galeres, comme il avoit fait de ceux que Laomédon avoit promis à Hercule. Elles n'auroient cependant pas été inutiles dans un combat naval : mais sans doute qu'Hercule avoit un bon nombre de Vaisseaux ; du moins étoient ils nécessaires à son

(*a*) Mythol. Tom. III. pag. 281.

deſſein dans le ſyſtême de M. l'Abbé Banier. Il n'en eſt pourtant fait aucune mention dans cette fable, ni même de rien qui puiſſe les ſignifier. Il y a donc grande apparence qu'Alcide n'en avoit pas beſoin. En effet, que lui auroient ſervi des Vaiſſeaux, pour ſe meſurer corps à corps avec Anthée, pour le ſoulever en l'air, & l'y étouffer à force de le ſerrer? Si l'explication que donne ce ſçavant Mythologue, eſt conforme à l'idée de l'inventeur de cette fable, Hercule ne ſçavoit pas ſon métier. Il ne pouvoit faire une plus grande faute que d'obliger Anthée de ſe retirer au port, puiſqu'il y trouvoit de nouvelles forces pour rafraîchir ſes troupes. Eſt-il à croire qu'un auſſi grand Héros ait fait une auſſi grande bévue, & cela par trois fois? Cela ne peut pas être; auſſi la Fable n'en dit-elle rien. Elle ſuppoſe un combat de lutte, & non un combat naval; un combat d'homme à homme, & non un combat de troupes : elle dit qu'Hercule terraſſa trois fois Anthée, & non qu'Anthée ſe retira à terre; elle dit qu'Hercule l'éleva en l'air & l'y étouffa, & non qu'il l'attira ſur mer, où il le fit périr. En un mot, quelque bien trouvée que ſoit l'explication de M. l'Abbé Banier, elle n'eſt point du tout conforme à l'idée que nous préſente cette fable. Son objet eſt infiniment plus ſimple. Le nom ſeul d'Anthée peut confondre ce pénétrant Mythologue, puiſqu'il ſignifie proprement *tué en l'air*, de Ἄνω, *ſurſum*, & de Θύειν, *immoler*, ou Θέω, *punir*, *faire périr*. Les Fables ſuppoſent ſouvent Alcide vainqueur à la lutte; nous en avons déja parlé plus d'une fois;

mais

mais il est bon d'en dire ici la raison. La lutte est un combat de deux hommes qui se saisissent corps à corps, & chacun fait tout son possible pour terrasser son adversaire : pour en venir à bout, il faut communément faire perdre terre à son adversaire, parce que n'ayant alors aucun point d'appui, il en est plus facilement culbuté. On ne peut pas supposer que l'Auteur de cette fable ait voulu nous donner l'idée d'une vraie lutte entre Hercule & Anthée Ce dernier, par sa grandeur & sa corpulence énorme, auroit écrasé Hercule par son seul poids. Hercule est supposé extrêmement fort & vigoureux, mais non de la taille d'Anthée ; car, suivant même l'Echelle Chronologique de M. Henrion (a), il n'avoit que dix pieds : Anthée au contraire, avec la force que la Fable lui suppose, avoit, dit-on, soixante & quatre coudées de hauteur. Hercule ne pouvoit embrasser que le pouce d'Anthée, tout au plus sa jambe. Comment auroit-il donc pu non seulement élever de terre une masse si énorme, mais l'y soutenir & l'étouffer en l'air, lui qui ne devoit pas aller jusqu'aux genoux d'Anthée ? Il faut donc avoir recours à l'allégorie ; & celle-ci nous explique tous les autres combats de lutte où Hercule a été vainqueur.

Anthée est certainement une personne feinte, qui n'a jamais existé que dans l'imagination du Poëte ; & quoique M. l'Abbé Banier, sur la cau-

(a) Eloge de M. Henrion, par M. de Boze, T. V. pag. 379. des Mém. de l'Acad. des Inscript.

tion de Plutarque (*a*) nous dise qu'on a trouvé ses ossemens à Tingi sur le détroit de Gibraltar, son existence n'en est pas plus réelle, puisqu'il est dit fils de Neptune & de la Terre, & que tout le monde sçait parfaitement bien qu'un tel pere & une telle mere n'ont jamais existé sous forme humaine.

Mais l'Anthée dont il est ici question, est en effet fils de Neptune & de la Terre, c'est-à-dire de l'eau & de la terre philosophiques, qui sont le pere & la mere du magistere ou de la pierre des Philosophes. Cette pierre ou cet Anthée défie à la lutte tous les étrangers, & écrase contre les rochers qu'il habite tous ceux qui ont la hardiesse de se mesurer avec lui; parce que tout ce qui n'est point de sa nature, lui est étranger & n'a point de prise sur lui : elle est si fixe, que le feu même ne peut la volatiliser; tout ce qu'on peut mêler avec elle d'hétérogêne, se perd, & se pulvérise sans effet. Le seul Hercule ou l'Artiste, à qui l'on attribue communément les effets du mercure philosophique, a prise sur elle; & comme ce mercure est au moins aussi vigoureux que la pierre, quand il s'agit de faire l'elixir, que Philaléthe (*b*) appelle la préparation parfaite de la pierre, il faut qu'il se donne un combat de lutte entr'eux, c'est-à-dire, que cette pierre si fixe doit être volatilisée & élevée du fond du vase; plus elle y resteroit, plus elle deviendroit fixe, & acquéreroit par conséquent de nouvelles forces, tant qu'elle demeureroit avec la Terre, sa

(*a*) In Sertorio.

(*b*) Enarrat. Methodica.

mere. Hercule ne viendroit jamais à bout de tuer Anthée, s'il ne lui faisoit perdre terre, parce que la matiere de l'élixir ne pourra jamais tomber en putréfaction, si elle n'est auparavant volatilisée en toutes ses parties; car il faut pour cela une dissolution parfaite : mais si-tôt que la partie fixe & terrestre est volatilisée, Anthée n'a plus de force à recevoir de sa mere; il faut qu'il succombe aux efforts d'Hercule. C'est à ce sujet que tous les Philosophes disent : *Volatilisez le fixe, & fixez ensuite le volatil.*

Je suis surpris que M. l'Abbé Banier n'ait pas fait attention que l'Anthée dont il est ici question, ne différe en rien de celui qu'Osiris est supposé avoir établi Gouverneur d'une de ses Provinces, pendant le voyage qu'il fit dans les Indes. Il est dit de l'un & de l'autre, qu'Hercule les fit périr; ce qui prouve très-bien que la Fable Grecque du prétendu Anthée de Tingi, est tirée & imitée de la Fable de l'Anthée Egyptien, & que les deux Hercules ne sont aussi que la même personne; ce qui est encore prouvé par l'histoire suivante.

CHAPITRE XVI.

Bufiris tué par Hercule.

NOUS avons vû dans le premier livre, qu'Ofiris avant de partir pour les Indes, donna le Gouvernement de la Phénicie & des Côtes Maritimes de fes Etats à Bufiris, & celui de l'Ethiopie & de la Libye à Anthée. La Fable nous apprend que ce même Anthée fut étouffé par Hercule de la maniere que nous venons de le voir; elle nous dit auffi qu'après cela Bufiris expira fous les coups de notre Héros, & que de la Libye, Alcide fe tranfporta en Egypte pour cela. Je ne vois donc pas pourquoi fur un *on dit*, rapporté par Diodore de Sicile, M. l'Abbé Banier introduit fur la fcene un autre Bufiris, Roi d'Efpagne, tué par Hercule, pour avoir voulu faire enlever par des Corfaires les filles d'Hefperus, frere d'Atlas, Prince de Mauritanie & d'Hefperie. La Fable ne fait aucune mention de cet enlevement : & d'ailleurs M. l'Abbé Banier a eu bientôt oublié qu'il avoit dit, cinq pages auparavant, fur la caution de Bochart, qu'Hercule n'a jamais été en Efpagne, & qu'elle n'étoit pas connue de fon tems. Comment peut-il donc fe faire qu'Alcide ait tué un Roi qu'il n'a jamais vû, & dont le pays même lui étoit inconnu? Comment accorder, outre cela, le regne d'Atlas & celui de Saturne, fon frere? Selon le même

Diodore, l'Hercule Egyptien vivoit à la vérité du tems d'Osiris, fils de Saturne; mais l'Hercule Grec lui étoit postérieur de bien des siécles. Si c'est donc à ce dernier qu'il faut attribuer ce qu'on dit d'Hercule par rapport à Atlas, il falloit ou que ce Prince de Mauritanie fût bien vieux, & ses niéces des beautés trop surannées, pour engager Busiris d'en envier la possession.

En admettant donc pour un moment l'existence réelle de ce Busiris, il me paroîtroit plus vraisemblable de ne pas distinguer Anthée & Busiris tués par Alcide, de ceux que l'on dit l'avoir été par l'Hercule Egyptien; mais il faudroit en même tems ne faire qu'un même homme d'Alcide & d'Hercule Egyptien, & cela n'accommoderoit pas le systême de M. l'Abbé Banier. Ce n'est pas en cela seul qu'il n'est pas conforme à la Fable. Elle dit qu'Hercule se transporta en Egypte, & non en Espagne, pour punir Busiris de son inhumanité. Ce Busiris étoit, dit-on, fils de Neptune & de Lysianasse. Sa cruauté l'engageoit à surprendre tous les étrangers qui abordoient dans son pays, & quand il s'en étoit saisi, il les immoloit à Jupiter. Hercule voulant venger l'inhumanité d'un ennemi si redoutable, se rendit en Egypte. Busiris lui tendit des embuches; mais Hercule les évita, surprit Busiris luimême avec Amphidamas son fils, ministre de sa cruauté, & les sacrifia à Jupiter sur le même autel où ils avoient coutume de sacrifier les autres.

Voilà la Fable toute simple; il n'y est point question d'Atlas, ni des Hespérides, ni des pommes d'or données en récompense à Hercule, pour avoir chassé des Corsaires & tué Busiris. C'est néanmoins de cette derniere maniere que M. l'Abbé Banier l'habille. L'histoire du Jardin des Hespérides est tout-à-fait étrangere à celle de Busiris, au moins prise comme histoire ; car d'ailleurs ce sont deux allégories de la même chose, l'une à la vérité plus circonstanciée que l'autre. Celle de Busiris ne regarde que le commencement de l'œuvre, jusqu'à ce que la couleur grise, appellée Jupiter, paroisse ; au lieu que celle des Hespérides renferme allégoriquement l'œuvre jusqu'à la fin, comme on peut le voir dans le livre second, où j'ai expliqué dans un chapitre particulier, tout ce qui regarde l'histoire de l'enlevement des pommes d'or du jardin gardé par les filles d'Atlas ou d'Hesperus.

Busiris étoit fils de Neptune, par conséquent frere d'Anthée, c'est-à-dire sorti ou né de l'eau. On a dit, par cette raison, qu'Osiris l'avoit constitué Gouverneur des Côtes maritimes de ses Etats. Quant à sa cruauté, il faut l'expliquer de la même maniere & dans le même sens que celle de Diomede, d'Anthée, & la férocité des bêtes dont nous avons parlé. La différence que la Fable y met, est que Diomede faisoit manger à ses chevaux les étrangers qui tomboient entre ses mains, & Busiris les sacrifioit à Jupiter. Le fond est le même, puisque les effets & les suites de cette prétendue cruauté sont toujours la mort de ces étrangers, c'est-à-dire la putréfaction ou la dissolution de la matiere ; on dit que Busiris les immoloit à Jupiter, parce que la couleur grise, appellée Jupiter par les Philosophes, suit immédiatement la couleur noire qui se manifeste pendant la putréfaction. Hercule fit subir le même sort à Busiris & à son fils; c'est que l'eau mercurielle ou dissolvant philosophique, signifié par ce fils & ce petit-fils de Neptune, se putréfient aussi avec la matiere qu'ils dissolvent, & passent ensemble de la couleur noire à la couleur grise. Une preuve bien convainquante que mon explication est conforme à l'intention de l'Auteur de cette fable, c'est qu'il dit Busiris fils de Lysianasse, ou de la dissolution, de λύσις & ἀνά; car c'est des mêmes mots qu'on a composé celui d'*analyse*, qui signifie la même chose. Nous avons déja parlé de Busiris dans le premier livre, c'est pourquoi je n'en dirai pas davantage. Isocrate l'a beaucoup loué, & Virgile dit qu'il ne mérite pas de l'être :

. . . . . Quis aut Eurysthea durum,
Aut illaudati nescit Busiridis aras?
Georg. l. 3.

Strabon (*a*) dit qu'il ne fut ni Roi, ni tyran.

(*a*) Geogr. l. 17.

CHAPITRE XVII.

Promethée délivré.

HERCULE étoit un grand coureur ; de la Gréce il va en Libye, de Libye en Egypte, d'Egypte aux Monts-Caucases ou Hyperborées, & de là dans les autres lieux fort éloignés que nous verrons ci-après. S'il étoit en effet Général d'armée, suivant l'idée que veut nous en donner M. l'Abbé Banier, il dut faire périr bien des troupes dans des marches aussi longues & aussi difficiles ; & quel pays si peuplé eût pu y fournir ? Eurysthée, aux ordres duquel il obéissoit, étoit Roi de Mycenes ; mais tous les habitans, même réunis, de ce petit Royaume n'auroient pu composer un corps d'armée assez nombreux pour imprimer la terreur aux trois Princes Espagnols aux ordres de Geryon (*a*). Supposons même que conduits par un Général aussi expérimenté que l'étoit Alcide, ils fussent invincibles, à peu près comme la petite armée d'Alexandre le Grand ; il n'étoit pas possible qu'il n'en périsse beaucoup, soit par la fatigue des marches, soit par les différens combats qu'ils eurent à sou-

(*a*) Je parle ici conformément à la note que M. l'Abbé Banier a mis lui-même dans son tome III. p. 396. où il avertit le Lecteur, que les Etats de ces Rois de la Gréce se bornoient souvent à une Ville & quelques Villages des environs.

tenir. Son armée ainsi affoiblie, & sans recrues (car où les auroit-il prises? Mycenes étoit trop éloignée de la Mauritanie, pour en atttendre d'Eurysthée), seroit venue à rien. En attendant que M. l'Abbé Banier, ou ceux qui adoptent ses idées, ayent trouvé des expédiens pour nous dire comment Hercule se tiroit de cet embarras & de tant d'autres qui naissoient sous ses pas, qu'il seroit trop long d'examiner ici, & qui d'ailleurs ne font rien à mon systême; je trouve Hercule au Mont-Caucase, & je vais voir ce qu'il y fait, sans m'embarrasser comment il y est venu.

Hercule étoit ami de Promethée depuis bien des siécles, puisqu'ils vivoient ensemble du tems d'Osiris. Hercule avoit la Surintendance générale de toute l'Egypte, & Promethée en gouvernoit seulement une partie. Le Nil vint à déborder, & désola cette partie. Promethée en fut si pénétré de douleur, qu'il se seroit tué par désespoir, si Hercule ne lui avoit prêté la main, & n'avoit trouvé le moyen d'arrêter ce débordement par des digues qu'il éleva. Mais si Promethée survécut à cette douleur, ce ne fut que pour traîner la vie la plus douloureuse & la plus affreuse qui fût jamais. Promethée vola le feu du Ciel, & le porta sur la terre, pour en faire part aux hommes. Jupiter résolut de s'en venger, & envoya Mercure se saisir de Promethée, avec ordre de l'attacher sur le Mont-Caucase, où une Aigle, fille de Typhon & d'Echidna, devoit lui dévorer éternellement le foye; car il en renaissoit autant chaque nuit, selon Hésiode, que l'Aigle lui en avoit dévoré pendant le jour. Ce même

Auteur ne fixe point la durée du supplice de Promethée ; mais d'autres Anciens le bornent à trente mille ans. Pourquoi M. l'Abbé Banier n'adopte-t-il pas ce dernier sentiment ? Il auroit pu lui servir à déterminer quelques époques historiques ; & peut-être le tems de la délivrance de Promethée seroit tombé précisément à celui où il suppose que vivoit Alcide. Mais non ; il fait observer (a) *que cette aventure ne doit pas être mise sur le compte d'Hercule de Thébes, mais du Phénicien ; puisque*, dit le même Auteur, *Promethée vivoit plusieurs siécles avant Amphitryon.* Le même Hésiode ne dit point non plus que Jupiter emprunta le ministere de Mercure, mais qu'il attacha lui-même cet infortuné.

Hercule, quoique fils de Jupiter, ne put voir sans pitié son ami dans un tourment si affreux ; & aux risques mêmes d'encourir la disgrace de ce Dieu redoutable, il se mit en devoir de délivrer Promethée. Il se transporta au Mont-Caucase, il tua l'aigle, & le déchaîna.

L'amitié ne fut pas sans doute le seul motif qui détermina Hercule : Promethée lui avoit rendu un service signalé, lorsqu'Hercule fut le consulter avant d'entreprendre l'expédition du Jardin des Hespérides. Hercule suivit ses conseils, & s'en trouva bien. Il y a donc apparence qu'il n'avoit pas oublié ce bienfait, & que la reconnoissance eut beaucoup de part dans la démarche qu'il fit pour le délivrer : mais enfin, quelque motif qu'il pût avoir, il y réussit.

(a) Mythol. Tom. II. pag. 121.

La parenté de Promethée indique assez ce qu'il étoit. Il avoit eu pour pere Japet, fils du Ciel, & frere de Saturne; sa mere se nommoit Clymene, fille de l'Océan. Je n'entreprendrai point de discuter les différens sentimens des Mythologues au sujet de sa généalogie; ces discussions n'entrent point dans le plan que je me suis proposé. Je m'en tiens toujours à ce qu'en disent Hésiode, Homere & les plus Anciens. J'ai expliqué plus d'une fois ce que ces anciens Auteurs des Fables ont entendu par Saturne; on sçait par conséquent ce qu'il faut entendre par Japet son frere, qui, selon les apparences, vient d'Ἰαίνω, *dissoudre*, *ramollir*, *verser*, & de πετάω, *ouvrir*, *développer*; parce que dans la putréfaction, où la matiere est parvenue au noir, appellée Saturne par les Philosophes, la matiere s'ouvre, se développe & se dissout; c'est pour cela que Clymene, fille de l'Océan, est apppellée sa femme, parce que les parties volatiles s'élevent de l'Océan ou mer philosophique, & sont une des principales causes efficientes de la dissolution. Ces parties volatiles ou l'eau mercurielle sont la mere de Promethée, qui est le soufre philosophique, ou la pierre des Philosophes.

On dit qu'Osiris lui donna le Gouvernement de l'Egypte, sous la dépendance d'Hercule, parce que l'Artiste, signifié par Hercule, gouverne & conduit les opérations de l'œuvre. Un débordement désola toute la partie de l'Egypte où commandoit Promethée; c'est la pierre des Philosophes parfaite, qui se trouve submergée dans le fond du vase. Hercule fut le consulter en allant enlever les pommes d'or du Jardin des Hespérides, parce qu'avant de parvenir à la fin de l'œuvre, ou à l'élixir parfait, qui sont ces pommes d'or, il faut nécessairement faire & se servir de la pierre du magistere, signifiée par Promethée. Le feu du Ciel, qu'il enleve, est cette pierre toute ignée, une vraie miniere du feu céleste, suivant ces paroles de d'Espagnet (*a*): » Ce soufre philosophique est une terre très-subtile, extrêmement chaude & séche, dans le » ventre de laquelle le feu de nature, abondamment multiplié, se trouve caché.... On l'appelle, à cause de cela, *pere & semence masculine*.... Que le sage Artiste qui a été assez » heureux pour avoir en sa possession cette miniere *du feu céleste*, ait soin de la conserver » avec beaucoup de soins. « Il avoit dit dans le Canon 121. » Il y a deux opérations dans l'œuvre, celle par laquelle on fait le soufre ou la » pierre, & celle qui fait l'élixir ou la perfection de l'œuvre. « Ce qui doit s'entendre, quand on ne veut pas le multiplier. Par la premiere, on obtient Promethée & le feu céleste qu'il a volé par l'aide de Minerve; & par la seconde, l'Artiste enleve les pommes d'or du Jardin des Hespérides, de la maniere que nous l'avons expliqué dans le chapitre que nous en avons fait exprès.

Jupiter, pour punir Promethée de son vol le condamna à être attaché sur le Mont-Caucase & l'y fit enchaîner par Mercure, ou l'y attach

(*a*) Can. 122.

lui-même ; car l'un & l'autre est fort indifférent, puisque c'est le mercure philosophique qui forme Promethée, & l'attache à cette montagne de gloire, ou, si l'on veut, Jupiter ; parce que la pierre commence à se fixer & à devenir pierre immédiatement après que la couleur grise, appellée Jupiter, se montre. Le tems du supplice de Promethée n'étoit pas déterminé ; l'Artiste en effet peut s'en tenir au soufre philosophique, s'il ne veut pas faire l'élixir, ou enlever la Toison d'or & les pommes du jardin des Hespérides : mais s'il le veut, il faut qu'il entreprenne de délivrer Promethée ; alors il doit tuer l'aigle qui lui dévore le foye. Cette aigle est l'eau mercurielle volatile ; & comment la tuer ? à coups de fléches. Nous verrons dans le livre suivant de quelle nature étoient ces fléches d'Hercule. On dit que cette aigle lui dévoroit le foye sans cesse, & qu'il en renaissoit autant qu'elle en dévoroit, parce que si l'on ne fait point l'élixir, la pierre une fois fixée resteroit éternellement au fond du vase au milieu du mercure, sans en être dissoute, quoique ce mercure soit d'une activité, & l'on peut dire d'une voracité si extrême, que les Philosophes ont pris pour son hiéroglyphe, & lui ont donné les noms de dragon, loup, chien & autres bêtes voraces. Cette idée est aussi venue de l'équivoque des deux mots grecs Ἀετὸς, qui veut dire *aigle*, & Ἄητος, *insatiable*. On a supposé que Promethée avoit été attaché sur un rocher du Mont-Caucase, parce que le rocher indique la pierre philosophique ; & le nom de Caucase sa qualité, & l'estime qu'on doit en faire ; puisque Caucase vient de Καυχάομαι, *se glorifier*, *se réjouir*, comme si l'on disoit qu'il fut attaché sur le mont de gloire & de plaisir. C'est par la même raison que les Philosophes lui ont donné le nom de *pierre honorée*, *pierre glorifiée*, &c. Voyez sur cela Raymond Lulle, *Testamentum Antiquissimum*, avec son *Codicillum*. On trouvera sans doute extraordinaire qu'à l'occasion de Promethée, j'appelle le Mont-Caucase un mont de plaisir; mais on n'en sera pas surpris, si l'on fait attention que le caucase philosophique est une vraie source de joie & de plaisir pour l'Artiste, qui y est parvenu. Toute cette allégorie de Promethée n'a rien que de triste, d'effrayant & de révoltant; mais les Philosophes en font souvent de telles. Tous les travaux d'Hercule ne nous représentent que des monstres & des fureurs: lui-même semble ne s'être acquis sa réputation du plus grand des Héros, que par des traits de barbarie & d'inhumanité. Les histoires de Diomede & de Busiris en sont de preuves non équivoques. Mais si on les prend pour des allégories, toute cette férocité s'évanouit; elles ne présentent alors que des choses fort simples, & qui n'ont été enveloppées dans des nuages si obscurs, que pour les cacher au commun du peuple, & comme le disent les Philosophes, pour en éloigner ceux qui en sont indignes; & qui feroient servir la connoissance qu'ils en auroient, & la chose même, s'ils la possédoient, à assouvir toutes leurs passions déréglées. Cette histoire de Promethée n'a rien qui semble y conduire; mais si l'on fait attention que l'aigle étoit fille de Typhon & d'Echidna, on verra bientôt ce qu'elle signifie. C'eſt d'elle que Baſile Valentin dit (*a*): » Un oiſeau léger méridional arrache le cœur » de la poitrine de la bête féroce & ignée de » l'Orient. «

CHAPITRE XVIII.

Combat d'Hercule avec Achéloüs.

LA Fable nous préſente Achéloüs ſous pluſieurs points de vûe différens : premierement, comme un Roi d'Etolie, ſelon Alcéus, fils de l'Océan & de la terre ; & comme un fleuve, qui décharge ſes eaux dans la Mer, près des Iſles Echinades. Les uns le diſent fils du Soleil & de la Terre, les autres de Thetis & de la Terre. Quoi qu'il en ſoit, Achéloüs avoit demandé Dejanire en mariage, & Hercule vouloit auſſi l'avoir. La diſpute s'échauffa entr'eux ; & Achéloüs crut ne pouvoir mieux faire, pour ſe défendre contre la vigueur & la force d'Hercule, que de prendre la forme de taureau, & fondre ſur lui avec impétuoſité. Il le fit en effet. Hercule, loin d'en être intimidé, le ſaiſit par les cornes, & les lui arracha. Achéloüs céda ; mais comme il vouloit r'avoir ſes cornes, il les redemanda à Hercule, & Achéloüs lui donna la corne Amalthée.

Les Anciens comparoient aſſez communément

(*a*) 12. Clefs.

les fleuves, les rivieres, la Mer, & même toutes sortes d'amas d'eaux, aux taureaux, soit à cause de leur impétuosité, soit à cause du bruit que font les eaux, quand elles s'écoulent avec rapidité, parce que ce bruit a quelques rapports avec les mugissemens d'un taureau. C'est de là sans doute que M. l'Abbé Banier a expliqué la fable d'Achéloüs par une digue qu'il suppose avoir été mise par Hercule pour arrêter l'impétusité d'un fleuve de ce nom. Il explique aussi l'enlevement des cornes d'Achéloüs changé en taureau, comme si l'on eût détourné un bras du fleuve. Ces explications ne seroient pas mauvaises pour expliquer toute autre fable; mais elles ne peuvent convenir à celle-ci, où beaucoup d'autres circonstances restent par ce moyen sans être expliquées, & ne peuvent en effet l'être suivant son systême. Elle ne dit pas qu'Achéloüs ne se changea qu'en taureau; il avoit pris auparavant celle de dragon, & reprit ensuite celle d'homme, suivant Sophocle (*a*) :

Ovide en parlant de Prothée dit d'Achélous (*b*),

(*a*) *Flumen fuit Procus mihi, Acheloum fero.*
Formis tribus qui me petivit à patre :
Taurus, deinde pluribus ventrem notis
Pictus draco, vir inde, cui caput bovis :
Mento fluebat rivuli potabilis
Undæ nitentis, fontibus simillimi.

In Trachiniis.

(*b*) *Nam modo te juvenem, modo te videre leonem;*
Nunc violentus aper : nunc quem tetigisse timerent;

qu'il

qu'il est tantôt un jeune lion, tantôt un sanglier, puis un serpent, un taureau, une pierre, un arbre, enfin fleuve & feu. Il faut donc juger d'Achéloüs comme de Prothée ; l'un & l'autre avoient le pouvoir de changer de formes, quand ils le vouloient. Il y a eu à la vérité un fleuve Achéloüs ; mais je ne sçai pas où M. l'Abbé Banier a pris que quelques Bergeres firent naufrage dans une des innondations de ce fleuve, & que cela fit dire qu'elles avoient été changées en ces Isles qu'on nomme Echinades. Il est aisé de se tirer d'embarras, quand on invente des faits pour servir de fondement à ses explications. Il faut avoir de la bonne foi, & rapporter les choses telles qu'elles sont. Il y auroit plus de gloire à avouer son embarras, qu'à se tirer d'affaire par des faits supposés.

Cette fable est des plus simples à expliquer, pour celui qui se ressouviendra de la maniere toute naturelle dont j'ai expliqué les précédentes. Achéloüs étoit un fleuve, par conséquent de l'eau. Quelques-uns l'ont dit Roi d'Etolie ; mais ce titre ne change point de nature, qui à cause de sa propriété volatile & dissolvante, l'a fait appeller aigle par les Philosophes. Il veut avoir Dejanire, fille d'Œnée, Roi du même Pays ; elle lui étoit promise, & même fiancée. Voilà deux

Anguis eras : modo te faciebant cornua taurum.
Sæpe lapis poteras, arbor quoque sæpe videri.
Interdum faciem liquidarum imitatus aquarum
Flumen eras, interdum undis contrarius ignis.

Metam. l. 8.

Rois d'Etolie en même-tems, & de bon accord ensemble, puisque l'un promet sa fille en mariage à l'autre. Comment accorder cela pour l'histoire ? Dans mon systême, il n'y a point de difficulté. Achéloüs est l'eau mercurielle simple du commencement de l'œuvre, Œnée est l'eau mercurielle de la seconde opération; c'est ce qui lui a fait donner le nom d'Œnée, d'οἶνος, *vin*. C'est celle-là même que Raymond Lulle appelle *vin* dans presque tous ses Ouvrages, & Riplée a suivi son exemple dans plus d'un endroit. Achéloüs veut avoir sa fille en mariage, & il l'a fiancée, parce que dans l'opération de l'élixir, on unit la fille d'Œnée avec l'eau mercurielle. Hercule se présente, & veut la lui enlever; c'est l'Artiste qui veut avoir le résultat de l'œuvre. On suppose en conséquence un combat entre le mercure & l'Artiste : Achéloüs voyant qu'il ne peut résister à Hercule, se change en serpent; mais Hercule ayant vaincu l'hydre de Lerne, qui ne différoit en rien, pour le fond, d'Achéloüs en serpent, en vint bientôt à bout, & avec les mêmes armes. Achéloüs se changea pour lors en taureau, & en taureau furieux comme celui de Créte; Hercule le combattit, & lui arracha les cornes, c'est-à-dire ce qui lui servoit de défense. Quelle est la défense du mercure philosophique? C'est sa volatilité; on la lui arrache en le fixant. C'est aussi ce qu'Ovide a voulu désigner, quand il a dit qu'Hercule ayant arraché les cornes d'Achéloüs, il le terrassa :

Admissumque trahens sequitur, depressaque dura
Cornua figit humo, meque alta sternit arena.

Metam. l. 9. Fab. 1.

Achéloüs ne put soutenir la honte d'avoir été vaincu. Il se précipita dans l'eau, pour s'y cacher, & les Nayades remplirent sa corne de toutes sortes de fleurs & de fruits, de maniere qu'elle devint une corne d'abondance. J'ai déja dit plus d'une fois que la matiere étant fixée, se précipite au fond du vase. On sçait ce que signifient les Nayades, & personne n'ignore que l'élixir parfait ou la Pierre philosophale est la vraie corne d'Amalthée, ou la source de tous les biens.

CHAPITRE XIX.

Le Centaure Nessus percé d'une fléche par Hercule.

HERCULE ayant vaincu Achéloüs, n'eut plus de compétiteurs. Il emmenoit Déjanire avec lui, lorsqu'il fut arrêté dans son chemin par les eaux débordées & impétueuses d'un fleuve. Ne sçachant comment le traverser, il eut recours au Centaure Nessus, qui sçavoit les gués, & le pria de passer Déjanire de l'autre côté. Nessus y consentit, prit Déjanire sur son dos, & la porta à l'autre rive; mais en traversant la riviere, la beauté de Déjanire fit impression sur Nessus, au point de l'engager à vouloir lui faire violence, dès qu'il eut abordé le rivage. Déjanire se mit à crier; Hercule l'entendit, & se doutant du dessein de Nessus, il lui décocha une fléche empoisonnée du venin de l'hydre de Lerne, & le tua. Nessus en mourant donna sa robe, teinte de son sang, à Déjanire, qui en fit l'usage que nous verrons dans la suite.

Nous avons déja parlé de ce Centaure à l'occasion de Junon changée en nuée; il nâquit d'Ixion & de cette nuée. Son nom indique ce qu'il étoit, c'est-à-dire le mercure au rouge pourpré, puisque Νῆσος, veut dire *une robe bordée de pourpre;* ce qui marque le tems où la couleur rouge commence à se manifester sur la matiere, tems auquel Hercule lui décoche une fléche, après qu'il a passé le fleuve, c'est-à-dire après que l'eau mercurielle ne peut plus le volatiliser, & l'emporter par l'impétuosité de ces flots. Hercule, dit-on, le tua, parce que la matiere est alors fixe. Il donna sa robe, teinte de son sang, à Déjanire; c'est la matiere au blanc, signifiée par Déjanire, qui reçoit la couleur rouge, par l'action du mercure philosophique. Elle la fit porter à Hercule par Lychas, pour r'avoir son amour; car elle le soupçonnoit de l'avoir abandonnée, pour aimer Jolé, fille d'Euryte. Hercule la vêtit; mais au lieu d'amour, elle lui imprima de la fureur: il tua Lichas, & fit ce que nous dirons, lorsque nous parlerons de sa mort. Lichas domestique, porteur de la robe de Nessus, est le mercure philosophique. Les Philosophes, Trévisan entr'autres (*a*), lui donnent le nom de serviteur rouge, & Basile Valentin avec plusieurs autres le nomment loup;

(*a*) Philosoph. des Métaux.

à cause de sa voracité & de sa propriété résolutive; ce qui convient très-bien à Lychas, qui vient de λύω, *dissoudre*, & de χέω, *fondre*, *répandre*. On dit que Déjanire devint jalouse d'Iolé, parce que cette Iolé signifie la couleur de rouille qui prend la place de la blanche, d'Ἰὸς, *rouille des métaux*, & de λάω, *jouir*; c'est pour cela qu'on a supposé qu'elle avoit supplanté Déjanire. On dit Iolé, fille d'Euryte, parce qu'il vient d'Εὐρὼς, *nourriture*, *corruption*, & que la rouille vient de la corruption. Déjanire se tua avec la massue de son Amant; c'est-à-dire, que la matiere volatile, représentée par Déjanire, fut alors fixée par la partie fixe : Lychas fut changé en rocher par la même raison.

CHAPITRE XX.

Mort de Cacus.

IL n'y a pas beaucoup de choses à dire sur la mort de Cacus, après les explications que nous avons données jusqu'ici de la mort de ceux qui périrent par les mains d'Hercule. Cacus est dit fils de Vulcain, un brigand, un voleur, un méchant, ce qui même est signifié par son nom, à moins qu'on ne le fasse venir de Καίω, *brûler*, & de Κύων, *étincelle*, qui saute quand on bat le fer rouge; alors il sera proprement fils de Vulcain; & comme le feu ravage & détruit tout, on l'a personnifié dans Cacus, voleur & brigand.

Hercule, ſelon la Fable, le mit à la raiſon ; c'eſt-à-dire, que l'Artiſte donne au feu un régime convenable, & l'empêche de gâter la beſogne. C'eſt de lui dont parle d'Eſpagnet (*a*), lorſqu'il dit : » Le feu eſt un tyran & un deſtructeur ; » prenez bien garde à lui, fuyez ce fratricide » qui vous menace d'un péril évident dans tout » le progrès de l'œuvre. « Ovide dit que Cacus avoit trois têtes, & qu'il jettoit du feu par la bouche & par les narrines. On peut voir l'explication de cela dans le chapitre de Geryon, dans celui de Vulcain, & dans ce que nous avons dit du dragon de la Toiſon d'or, de celui du Jardin des Heſpérides, &c.

CHAPITRE XXI.

Délivrance d'Alceſte.

MEDÉE ayant perſuadé aux filles de Pélias de le couper en morceaux, & de le faire bouillir dans un chaudron pour le rajeunir, Pélias n'en revint pas. Alceſte, une des filles de ce malheureux, ſe retira dans la Cour d'Admete, pour éviter les effets de la fureur d'Acaſte, ſon frere, qui la cherchoit pour venger la mort de leur pere. Acaſte la demanda à Admete, qui en étant devenu amoureux, ne vouloit pas la rendre : mais Acaſte ayant pris Admete, après avoir

(*a*) Can. 21.

ravagé ſon pays, Alceſte s'offrit au vainqueur pour la rançon de ſon Amant; elle fut acceptée & immolée. Admete pria Hercule de la lui rendre : ce Héros trouva la Mort qui s'en étoit ſaiſie; il combattit contr'elle, la vainquit, la lia avec des chaînes de diamans, & lui fit promettre de rendre à la belle Alceſte la lumiere du jour.

Je ne conçois pas comment on a pu avoir l'idée d'expliquer hiſtoriquement une fable auſſi viſiblement allégorique, que l'eſt celle-ci. Les circonſtances de la mort de Pélias & le combat d'Hercule contre la Mort, auroient quelque choſe de ſi ridicule pour l'invention, que cette hiſtoire ne ſeroit bonne qu'à amuſer des enfans; & ſi M. l'Abbé Banier avoit pu pénétrer dans le vrai, il auroit vû que le miniſtere d'Apollon n'étoit pas inutile pour le dénouement.

Il ſuffiroit, pour donner l'explication de cette fable, de mettre en françois la ſignification des noms des perſonnes qui y entrent; alors elle ſeroit ainſi : La Mer unique eut pour fille l'Agitation & le Mouvement. Neptune en devint amoureux; elle conſentit à ſes deſirs, devint groſſe, & mit au monde, ſur le bord de l'eau agitée & menaçante, deux enfans jumeaux; ſçavoir, le Noir livide, & le Cruel. Celui-ci chaſſé par ſon frere, ſe retira au Milieu, qui nage, & y épouſa la Jauniſſe, dont il eut douze enfans, tous tués par Hercule, excepté un, lorſqu'ils vinrent au ſecours du Brillant & lumineux, qui étoit en guerre avec Hercule, parce qu'il avoit refuſé à ce Héros la récompenſe qu'il lui avoit promiſe, lorſqu'il nétoya ſes étables. La Jauniſſe épousa ensuite le Fort, son oncle, dont elle eut trois fils. Le Fort étant mort, le Noir livide lui succéda. Ce fut lui qui envoya Jason à la conquête de la Toison d'or. Il en emmena Medée, qui persuada aux filles du Noir de le couper en morceaux, & de le faire bouillir dans un chaudron : elles le firent ; mais le Noir, leur pere, loin de rajeunir, y resta mort. La Force, une de ses filles, se sauva vers celui qui n'avoit pas encore été vaincu ; il en devint amoureux, & ne voulut pas la rendre au petit Vaisseau léger, son frere, qui la lui avoit demandée. Celui-ci piqué du refus, ravagea le pays de l'Amant de la Force, qui ayant été pris, la lui rendit ; le frere immola sa sœur, & Hercule la délivra.

Voici la même fable avec les noms grecs :

Salmonée eut une fille nommée Tyro ; Neptune fut épris d'amour pour elle, & ses poursuites ne furent pas vaines. Tyro devint grosse, & mit au monde, sur le bord du fleuve Enippée, deux freres jumeaux, Pelias & Nélée. Celui-ci chassé par son frere, se retira à Messene, & y épousa Chloris, dont il eut douze enfans, tous tués par Hercule, excepté un, lorsqu'ils vinrent donner du secours à Augias contre Hercule. Chloris épousa ensuite Crethée, son oncle, & en eut trois enfans. Crethée étant mort, Pelias lui succéda, & envoya Jason à la conquête de la Toison d'or. Il en ramena Medée, qui persuada aux filles de Pelias de le couper en morceaux, & de le faire bouillir dans un chaudron, leur disant que par ce moyen il rajeuniroit. Elles le firent, & il resta mort. Alceste, une de ses filles, ſe ſauva chez Admete, qui en devint amoureux. Acaſte, ſon frere, l'y pourſuivit pour venger la mort de ſon pere. Il la demanda à Admete, qui refuſa de la lui rendre, &c.

Sur cette généalogie d'Alceſte, qu'on ſe rappelle les explications que nous avons données des différentes fables que nous avons traitées, & que l'on en faſſe enſuite la comparaiſon, on y verra un enfantement ſur le bord d'un fleuve; & de quel enfant? De la couleur noire. On y trouve la mort de ceux qui ont porté du ſecours à Augias, & l'on ſçait ce qu'il faut entendre par l'hiſtoire de ce dernier. Jaſon, neveu du prétendu Pélias, ſuffit ſeul pour apprendre à expliquer les deux hiſtoires de ſon pere Eſon, & de ſon oncle Pélias. Pouvoit-on mieux exprimer la diſſolution de la matiere, qu'en la ſuppoſant coupée en morceaux? Dans quel tems, & par qui? Préciſément dans le tems du noir ſignifié par Pélias & par ſes filles, c'eſt-à-dire par les parties volatiles qui s'en élevent. Pélias demeure mort dans le chaudron, parce qu'il n'auroit plus été Pélias dès qu'il n'auroit plus été noir : mais il a un fils qui veut venger ſa mort; ce fils pourſuit Alceſte, & ravage le pays d'Admete. Le frere des parties volatiles eſt alors volatiliſé avec elles; mais il a un principe fixe, & ce principe, tant qu'il eſt volatil, ravage le pays qui n'avoit pas encore été ſubjugué, c'eſt-à-dire, qui n'avoit pas encore été volatiliſé; il le volatiliſe alors. Si-tôt que le fixe prend la domination, il ſe met en poſſeſſion d'Alceſte; il l'emmene avec lui, & l'immole, c'eſt-à-dire, qu'il la ramene au fond du vaſe, d'où elle s'étoit ſauvée en ſe volatiliſant. Là il l'immole, en la confondant avec la matiere en putréfaction, appellée *mort*. Elle y reſte juſqu'à ce qu'Hercule, aidé du ſecours d'Apollon, combat la Mort, parce que la partie fixe aurifique, qui eſt l'Apollon des Philoſophes, travaille de concert avec l'Artiſte, pour faire ſortir la matiere de la putréfaction, & la tirer des bras de la mort, c'eſt-à-dire la faire paſſer de la couleur noire à la couleur griſe. C'eſt alors qu'Hercule la lie avec des chaînes de diamans, & lui fait promettre de rendre à Alceſte la lumiere du jour : car la ſurface de la matiere eſt alors parſemée de petites parties brillantes, que quelques Philoſophes ont appellées *yeux de poiſſons*, & d'autres *diamans*. La lumiere du jour, ou la vie à laquelle Alceſte eſt rendue, eſt la couleur blanche, qui ſuccede à la griſe : car la blanche eſt appellée *lumiere*, *jour*, *vie*, comme nous l'avons vû plus d'une fois dans les différens textes des Philoſophes, que nous avons rapportés à ce ſujet dans les fables précédentes. La Mort ne s'en déſaiſit que dans ce tems-là ; parce que, ſuivant Philaléthe (*a*) & pluſieurs autres, la putréfaction dure juſqu'à la blancheur.

Voilà le ſimple & le vrai de cette fable. En vain M. l'Abbé Banier s'efforce-t-il de nous la donner pour une hiſtoire réelle. Toutes les circonſtances qu'il rejette comme fabuleuſes, étoient très-néceſſaires pour le fond de l'allégorie ; mais tout eſt fable pour lui, dès qu'il ne peut l'expli-

(*a*) Enarrat. Methodica, pag. 109.

quer ſuivant ſon ſyſtême. Il falloit que cet Auteur eût bien mauvaiſe idée des Rois, des Reines & des Princeſſes qu'il ſuppoſe avoir vécu dans ces tems-là. Les Rois étoient tous des tyrans, des meurtriers, des débauchés; les Reines des femmes proſtituées, & les Princeſſes des filles de joie. Les Auteurs qu'il cite pour ſes garans, ſont-ils plus croyables que lui à cet égard? Ils ne furent point témoins oculaires, & ont vécu bien des ſiécles après que ces fables ont commencé à être divulguées. Il avoue lui-même que Pauſanias étoit ſi crédule, qu'il a farci ſon hiſtoire de tous les faits qu'il avoit appris dans ſes voyages, ſans en faire aucune critique, & ſans s'embarraſſer s'ils étoient vrais ou faux. Palephate, qui eſt preſque toujours le cheval de bataille de notre Mythologue, eſt, ſuivant lui, un Auteur très-ſuſpect, accoutumé à donner ſes idées propres pour le fond des Fables, & à les tourner à ſa façon, pour avoir la facilité de les expliquer. Un ſyſtême appuyé ſur un fondement ſi ruineux, peut-il donc ſe ſoutenir? Je ne voudrois pour le culbuter, que faire des remarques ſur les ſeules généalogies, on y verroit une infinité d'anachroniſmes inſoutenables; mais comme je ne me ſuis point propoſé dans mon plan de relever tous les faux ſyſtêmes inventés pour expliquer les Fables, je les laiſſe à d'autres, & je continue le mien.

CHAPITRE XXII.

Théſée délivré des Enfers.

EURYSTÉE n'avoit pas donné un moment de relâche à Hercule ; & toujours de plus en plus jaloux de la gloire que ce héros acqueroit par ſes travaux immenſes, il chercha à lui en procurer un où il pût échouer. Il lui ordonna en conſéquence d'aller aux Enfers, & de lui en amener le Cerbere. Hercule ne ſe le fit pas dire deux fois, & la difficulté de l'entrepriſe ne fit que ranimer ſon courage ; il ſçavoit d'ailleurs que ſon ami Théſée y étoit détenu, & il étoit bien aiſe de l'en retirer. Mais avant de commencer cette expédition, il crut qu'il étoit à propos de ſe rendre les Dieux propices, & pour cet effet il éleva un autel à chacun d'eux ; ſçavoir, un à Jupiter, un à Neptune, un à Junon, à Pallas, à Mercure, à Apollon, aux Graces, à Bacchus, à Diane, à Alphée, à Saturne & à Rhée ; il fut enſuite en Etolie, où il but de l'eau d'une fontaine, qu'il nomma Léthé (*a*), parce qu'elle avoit la vertu de faire oublier tout ce qu'on avoit vû & fait auparavant.

Ayant donc fait des ſacrifices aux Dieux, Hercule ſe mit en devoir d'exécuter ſon entrepriſe, & entra dans l'antre du Ténare ; il paſſa l'A-

(*a*) Demophatus, de rebus Etol.

chéron & les autres fleuves des Enfers, & se rendit enfin à la porte du séjour de Pluton, où il trouva le Cerbere, ce dragon à trois têtes de chiens, & dont le reste du corps ressembloit à un dragon : il étoit fils de Typhon & d'Echidna (*a*). Comme il étoit constitué gardien de l'entrée de ce royaume ténébreux, il voulut empêcher Hercule d'y pénétrer. Sa figure monstrueuse n'étonna point Alcide ; il combattit le dragon, le lia de chaînes, & continua sa route. Il trouva enfin Thésée & son compagnon Pirithoüs, qui y étoient détenus l'un & l'autre, pour avoir voulu enlever Proserpine. Alcide demanda le retour des deux amis dans le séjour des vivans ; mais Aidonée ne voulut point consentir à celui de Pirithoüs, parce qu'il étoit descendu aux Enfers de son plein gré. Il laissa donc Pirithoüs assis sur la pierre où il l'avoit trouvé, emmena Thésée avec lui, & conduisit en même tems Cerbere à Eurysthée. En traversant l'Acheron, il y trouva un peuplier blanc, en coupa une branche, & s'en fit une couronne.

C'est ici où M. l'Abbé Banier déploie son sçavoir, & sçait appeller à son secours Pausanias, Palephate, & quelques autres Auteurs qu'il ne décrie pas, lorsque leurs idées s'accordent avec les siennes ; mais il ne fait pas attention que ses explications ne sont pas soutenues. Dans le chapitre de Pluton, il le dit Roi d'Espagne ; il convient en même tems qu'Aidonée est le même que Pluton, & il dit cependant Aidonée Roi

(*b*) Hésiod. Theogon.

d'Epire (*a*). Il l'avoit dit (*ibid. p.* 277) Roi de Thesprotie, & qu'il fut blessé d'un coup de fléche par Hercule, lorsqu'il vint l'interrompre pendant qu'il nétoyoit les étables d'Augias. Ainsi voilà Pluton Roi d'Espagne, & Roi d'Epire, car la Thesprotie en faisoit partie. Ce sont sans doute ces deux Royaumes qui composoient l'Empire des Enfers. Mais comment accorder cela avec ce que ce sçavant Mythologue avoit dit des Enfers (*b*)? Il les place en Egypte, & prouve que l'idée que nous en donnent les Grecs, est prise de ce qu'en débitoient les Egyptiens, chez qui l'on trouvoit l'Achéron ou le lac Achéruse, le Styx, Caron, les Juges Minos, Eaque & Rhadamante, &c. Comment après cela établir l'empire ténébreux de Pluton ou d'Aidonée dans la Grece & dans l'Espagne? Pourquoi de tant de voyages faits par Hercule & Thésée dans l'Epire, n'en a-t-on nommé aucun, comme Voyage des Enfers, quoique, selon notre Mythologue (*ibid. p.* 457) l'Epire étoit prise chez les Grecs pour l'Enfer, parce qu'elle étoit un pays bas par rapport au reste de la Grece? M. le Clerc (*c*) avoit supposé cela pour se tirer d'embarras. Il paroît que M. l'Abbé Banier a étudié à son école, car ses suppositions sont fréquentes, & le mal est qu'il n'avertit pas que ce sont des suppositions, il les donne comme des faits certains & reconnus. Mais passons là-dessus, & venons à des explications plus simples que les siennes.

(*a*) Mythol. Tom. III. pag. 287.
(*b*) Ibid. T. II. L. 4. c. 5. & suiv.
(*c*) Biblioth. univ. T. 6.

Il ſuffiroit, pour démontrer que cette hiſtoire du retour de Théſée eſt une pure fable allégorique, de prouver qu'Hercule & Théſée, prétendu Roi d'Athènes, n'ont pû être contemporains. On dira ſans doute qu'il y a eu pluſieurs Hercules, mais c'eſt ce qui reſte à prouver. Suppoſé même qu'il y en ait eu trois, ſçavoir l'Egyptien, l'Idéen & le Grec, auquel attribuera-t-on ce fait? Ce ne peut être à l'Egyptien, il ſe ſeroit écoulé trop de ſiécles entre l'exiſtence de Théſée & la ſienne. Ce ne pourroit être l'Hercule Idéen, puiſqu'il étoit un de ces Dactyles à qui l'éducation de Jupiter fut confiée. Il faut donc que ce ſoit le Grec, fils d'Alcmene. Mais le Cerbere, fils de Typhon, auroit-il donc vécu depuis Oſiris juſqu'à l'Hercule de Thebes? Comment d'ailleurs Théſée auroit-il pû accompagner Pirithoüs pour enlever Proſerpine à Pluton? Cérès ſa mere n'eſt point diſtinguée d'Iſis, ſuivant Hérodote; M. l'Abbé Banier en convient lui-même, comme nous l'avons vû dans le chapitre de l'enlevement de Proſerpine. Si Cerès eſt donc la même qu'Iſis, Théſée & Alcide n'étoient certainement pas contemporains de Proſerpine, il y a eu un intervalle de bien des ſiécles entr'eux; d'ailleurs l'une étoit Egyptienne, les autres étoient Grecs. Les généalogies de Théſée & d'Hercule que nous donne M. l'Abbé Banier, ne prouvent rien; elles ſont d'autant plus incertaines, que les Anciens ſur leſquels il les établit, ne ſont point du tout d'accord entr'eux. Plutarque (*a*), & le Scholiaſte de

(*a*) Vie de Theſée.

Pindare, sur l'Ode 17, disent qu'Alcmene étoit fille de Lysidice ; Apollodore (a) la dit fille d'Anaxo, d'autres la font descendre d'ailleurs ; & tout ce qu'on peut assurer, c'est que la Fable dit qu'Alcide nâquit quelques mois après Eurystée, fils de Sthénélus ; qu'Amphitryon étant frere d'Anaxo, niéce de Sthénélus, Amphitryon étoit oncle d'Alcmene, Sthénélus oncle d'Amphitryon, & qu'il seroit par conséquent contre l'ordre de la nature, & presque impossible, que Sthénélus, grand-oncle de la mere d'Alcide, eût pû engendrer Eurystée dans le même tems qu'Alcméne devint enceinte d'Hercule. Ce n'est pas tout ; nous avons prouvé assez clairement dans le chapitre de Persée, qu'il n'étoit qu'une personne allégorique. L'histoire de Méduse est manifestement fausse, de même que la délivrance d'Andromede. Si Persée n'a pas existé, que deviendront Alcée, grand-pere prétendu d'Alcmene, bisayeul d'Hercule ; & Sthénélus, frere d'Alcée, également fils de Persée & d'Andromede, par conséquent pere du grand-oncle d'Alcide ? De plus, quelle époque certaine nous donnera-t-on, qui puisse prouver que Pélops, fils de Tantale, vivoit du tems de Persée, puisqu'il est dit qu'il servit aux Dieux son fils Pélops dans un festin, & que Cerès en mangea l'épaule ? Comment peut-il se faire dans ce cas-là que Mestor, fils de Persée, ait épousé Lysidice, fille de Pélops ? Si M. l'Abbé Banier & les autres Auteurs qu'il prend pour garants de sa généalogie d'Her-

(b) Bibl. L. 2.

cule,

cule, avoient fait réflexion là-dessus, ils ne l'auroient point donnée avec tant de confiance, ils y auroient vû un labyrinthe, dont il leur étoit impossible de se tirer; ils n'auroient osé avancer le voyage de Thésée aux Enfers, & sa délivrance par Hercule, comme une fable, dont le fond étoit une histoire véritable C'est vouloir se tromper, & tromper les autres, que de nous donner des fables pures pour des vérités. Le voyage seul de Thésée en Egypte pour combattre le Minotaure, auroit dû faire douter de l'existence de ce héros, qui s'étoit, dit-on, proposé Hercule pour modele, lorsqu'il entendit le bruit que faisoient ses exploits. Le Minotaure n'existoit point sans doute du tems d'Hercule, car Eurystée n'eût pas manqué d'envoyer Alcide pour le lui amener. Il faudroit cependant dire qu'il existoit du tems d'Alcide, puisque les Athéniens s'étoient engagés d'envoyer à Minos en Crete sept jeunes garçons & sept jeunes filles, tous les neuf ans, pour être dévorés par le Minotaure, & que Thésée ne fut pas de la premiere bande, ni de la seconde de ceux qui y allerent.

Mais que doit-on penser de Thésée? Son nom seul l'indique parfaitement dans mon systême; car il vient de Θὴς, *serviteur*, *domestique*, & c'est le nom que les Philosophes ont souvent donné à leur Mercure. Trevisan (*a*) l'appelle notre serviteur rouge; Philalethe & bien d'autres le nomment notre serviteur fugitif, à cause de sa volatilité. La Fable l'indique assez, en le disant

(a) Philos. des Métaux.

fils de Neptune, puisque c'est une eau mercurielle; elle dit qu'il se proposa Hercule pour modele, parce que le mercure agit de concert avec l'Artiste. C'est pourquoi la même Fable suppose que Thésée accompagna Hercule quand il fut combattre les Amazones, & qu'Alcide lui donna Hippolyte pour récompense.

Que l'on suive Thésée pas à pas dans ses expéditions, & que l'on les compare avec celles d'Hercule, on les trouvera toutes semblables. Il précipita dans l'eau Sciron, qui y précipitoit les passans, c'est-à-dire que la matiere devenue fixe comme la pierre, est précipitée au fond de la mer des Philosophes par l'action du mercure; car σκίρος signifie *du moilon, de la pierre*. Hercule précipita aussi la pierre d'Alcyonée; il fit manger Diomede à ses propres chevaux, parce qu'il avoit fait subir la même mort aux étrangers qui venoient chez lui. Thesée étouffa Cercyon; Hercule étouffa Anthée. Thesée tua Polypemon, surnommé Sinis, qui veut dire *mal, perte, dommage*; Hercule tua Busiris. Thésée fit mourir un voleur nommé Périphete, fils de Vulcain; Hercule ôta aussi la vie à un brigand nommé Cacus, fils de Vulcain. Il combattit contre les Centaures; Hercule le fit aussi. Thésée enleva Ariadne; Hercule enleva Dejanire. Ils détruisirent l'un & l'autre des brigands; ils purgerent l'un & l'autre divers Pays des monstres qui les infectoient. Ils eurent également diverses femmes, qu'ils abandonnerent pour d'autres. Quelques Auteurs disent que Thésée enleva la belle Helene, sœur de Castor & de Pollux, &

fille de Tyndare. Nous avons déjà parlé de cette Helene dans le chapitre de Castor & Pollux, & nous en parlerons dans le Livre suivant.

L'histoire de Thésée donne beaucoup d'embarras à tous les Mythologues, & M. l'Abbé Banier a raison d'avouer qu'elle fait une des plus considérables difficultés, pour adapter chronologiquement les époques de sa vie sur le rapport des Auteurs. Des faits supposés, & purement allégoriques, ont-ils été inventés pour former une histoire véritable? On dit que Thésée étoit du nombre des Argonautes. Il faudroit cependant que Thésée fût très-vieux dans le tems de cette expédition, s'il est vrai qu'il enleva Ariadne, qui fut mere de Thoas & grand-mere d'Hysiphile, dont Jason devint amoureux en allant à la conquête de la Toison d'or. On dit aussi qu'Hercule accompagna Jason. Hercule étoit plus vieux que Thésée; Hercule l'étoit donc extrêmement dans ce tems-là. On dit d'un autre côté, qu'Egée pere de Thésée, épousa Medée; ce qui ne put se faire qu'après que Jason l'eut emmenée avec lui de la Colchide. De quel âge devoit donc être Egée? Ce n'est pas tout. On avance que Thésée étoit fort jeune lorsqu'Egée épousa Medée, & qu'il s'habilla en fille, pour n'être pas découvert par Medée, qui avoit dessein de le persécuter: comment aura-t-il donc pû enlever Ariadne? M. l'Abbé Banier, pour se tirer d'embarras, aime mieux dire que Thésée ne fut pas à Colchos avec Jason, & il ajoûte avec beaucoup de confiance, que Thésée vécut jusqu'à la guerre de Troye: il auroit pû dire même qu'il y assista, & je ne l'aurois pas contredit. Je dis même plus : Théſée étoit auſſi à la conquête de la Toiſon d'or, quelques tems que l'on puiſſe ſuppoſer s'être écoulés entre l'une & l'autre expédition. Tout cela s'accorde parfaitement avec mon ſyſtême, puiſque la conquête de la Toiſon d'or & la priſe de Troye, ne ſont que deux différentes allégories de la Médecine dorée, où Théſée eſt un des principaux Acteurs, comme on le verra dans le Livre ſuivant. Il n'eſt donc pas étonnant que les Mythologues ſe donnent la torture inutilement pour expliquer ces Fables allégoriques par l'hiſtoire; il leur ſera toujours impoſſible d'en ajuſter les époques, de maniere qu'elles faſſent une hiſtoire ſuivie ; les anachroniſmes ſe trouveront à chaque pas, avec quelque ſoin & quelque adreſſe qu'on laiſſe à côté, comme fabuleux, tout ce qu'on ne ſçauroit adapter. M. l'Abbé Banier l'entendoit pafaitement. Mais auſſi ne nous donne-t-il pas la Fable dans ſa pureté ; c'eſt une hiſtoire de ſa façon. On doit cependant le louer des recherches ſçavantes qu'il a faites ; il ſeroit à ſouhaiter qu'elles euſſent été faites moins inutilement. Mais revenons au voyage d'Hercule.

Quand on ſçait ce que c'eſt que le Dragon des Heſpérides, celui de la Toiſon d'or, l'Aigle qui dévoroit le foie de Promethée, le Lion Néméen, &c. tous freres ou ſœurs, enfans de Typhon & d'Echidna, on ſçait ce que c'étoit que Cerbere, ou le chien à trois têtes gardien de l'entrée du palais ténébreux de Pluton, ou, ſi l'on veut, d'Aidonée, qui ſignifie la même choſe, puiſqu'il vient d'Ἀΐδης, qui eſt un ſurnom de Pluton, &

qui signifie l'enfer, à moins qu'on ne veuille le faire venir d'Αἴδων, *brûlant*, *caustique* ; il signifiera pour lors la dissolution qui se fait de la matiere philosophique pendant le tems que dure la couleur noire, appellée Enfer par les Adeptes. J'accorderai volontiers à M. l'Abbé Banier que le Cerbere étoit un dragon renfermé dans une antre, puisque les Philosophes l'appellent communément Dragon ; il est renfermé dans un antre, où il n'y a qu'une ouverture, étant dans le vase philosophique. Il est constitué gardien de la porte des Enfers ; car pour parvenir à la couleur noire, qui est l'entrée de l'œuvre, ou la clef, il faut nécessairement que la matiere se dissolve. Cerbere gardoit donc l'entrée des Enfers, comme le Dragon des Hespérides étoit constitué gardien de la porte du Jardin où croissoient les pommes d'or, & de même qu'un autre dragon gardoit aussi la porte de l'endroit où étoit suspendue la Toison d'or. On voit dans toutes les Fables que ces monstres sont toujours à la porte. Flammel (*a*) en a mis deux au lieu d'un, parce qu'il a voulu signifier le combat du fixe & du volatil. Dans les autres Fables on a supposé qu'Hercule avoit tué ces Dragons ; ici on se contente de dire qu'il le lia pour l'emmener à Eurystée ; mais l'un & l'autre signifient la même chose, puisque *lier* ou *tuer* sont des termes métaphoriques synonimes, dont les Philosophes se sont également servis pour marquer la fixité. Northon dans son Ouvrage qui a pour titre,

(*a*) Explicat. des Fig. hierogl.

Crede mihi, emploie très-ſouvent le terme *lier* dans ce ſens-là. L'Auteur anonyme du *Cato-Chemicus*, Arnaud de Villeneuve (*a*), & bien d'autres s'en ſervent auſſi. Il n'auroit pû en effet mener Cerbere à Euryſtée, s'il ne l'avoit lié, ou tué, dans le ſens philoſophique. J'en ai dit la raiſon, lorſque j'ai expliqué ce que c'étoit qu'Euryſtée, & le ſanglier d'Erymanthe.

Après avoir lié le Cerbere, Hercule continua ſa route, & rencontra Théſée & Pirithoüs; il emmena le premier avec lui, & laiſſa l'autre aſſis ſur la pierre où il l'avoit trouvé. Pirithoüs eſt dit avec raiſon fils d'Ixion, puiſque Pirithoüs ſignifie tentative inutile, & qu'Ixion tenta inutilement d'avoir commerce avec Junon. La même choſe arriva à Pirithoüs, lorſqu'il voulut enlever Proſerpine. Quand il accompagna Théſée, qu'il enleva Helene, le ſort décida de ſa poſſeſſion en faveur de Théſée, & Pirithoüs n'eut rien. Théſée lui promit ſeulement de l'aider quand il voudroit enlever une autre femme qui lui plairoit. Il le fit à l'égard de Proſerpine, & Pirithoüs échoua, quoique accompagné de Théſée, qui ſeroit reſté dans l'Enfer avec lui ſi Hercule n'étoit venu l'en délivrer.

Voilà le vrai contraſte, & la différence qui ſe trouve entre un chercheur de pierre philoſophale & un véritable Philoſophe hermétique. Pirithoüs eſt le portrait du premier, & Hercule l'eſt du ſecond. Ixion, que la Fable dit fort à propos fils de Phlégyas, de φλήγω, *brûler*, n'embraſſa qu'une

(*a*) Roſarium.

nuée ; parce que les souffleurs n'ont que la fumée, qui semble une nuée, pour résultat de leurs opérations. Le souffleur, fils d'Ixion, fait aussi des tentatives inutiles, quoiqu'il travaille quelquefois sur la matiere requise, parce qu'il ne suffit pas d'avoir Thésée pour compagnon, il faut aussi avoir Hercule avec soi.

Pontanus (*a*) avoue qu'il a été fort long-tems un vrai Pirithoüs, & qu'il a bien erré deux cens fois, quoiqu'il travaillât sur la matiere dûe, mais parce qu'il ignoroit le feu philosophique, dont il fut à la fin instruit par la lecture du Traité d'Artephius. Si l'on brûle la matiere, on deviendra un Ixion fils de Phlégyas, & l'on n'embrassera que la fumée, ou l'on sera un Pirithoüs ; on aura pour résultat une masse informe & solide comme une pierre, & l'on restera là, comme il resta sur celle où Hercule le trouva assis.

Il n'en est pas de même du véritable Artiste. Quand il travaille sur la véritable matiere, il sçait ramener Thesée au séjour des vivans ; c'est-à-dire, qu'il sçait la faire sortir du noir, & la faire passer au blanc, après avoir lié le Cerbere. C'est ce que la Fable a voulu désigner, en disant qu'Hercule se fit une couronne de feuilles de peuplier blanc ; parce que les feuilles de cet arbre sont blanches par dessus, & comme noires par dessous ; ce qui est un vrai symbole de la matiere philosophique, dont la superficie commence à blanchir, lorsque le dessous est encore noir. Hercule conduisit ensuite le Cerbere à Eurysthée,

(*a*) Epistola.

comme il lui avoit mené le lion Néméen son frere, les troupeaux de Geryon, & les autres monstres dont nous avons parlé. C'est à ce sujet qu'on peut appliquer aux Artistes ignorans ces vers de Virgile :

. . . . . *Facilis descensus Averni :*
Noctes atque dies patet atri janua ditis,
Sed revocare gradum superasque evadere ad auras,
Hoc opus, hic labor est ; pauci quos æquus amavit
Jupiter aut ardens evexit ad æthera virtus.
Æneïd. VI.

On peut trouver la vraie matiere des Philosophes, qu'ils ont cachée sous des noms si différens, qu'on ne peut gueres la découvrir que par les propriétés qu'ils lui donnent. Le studieux Artiste qui aspire à la science hermétique, doit donc bien prendre garde à la différente signification de ces noms équivoques, que les Philosophes emploient dans leurs écrits. Souvent, dit d'Espagnet (*a*), ils s'expriment de maniere à donner à entendre le contraire de ce qu'ils pensent, non point à dessein de falsifier ou de trahir la vérité, mais seulement pour l'embrouiller & la cacher. Et s'ils se sont appliqués à cacher quelque chose, c'est particulierement ce rameau d'or dont Enée eut besoin pour entrer dans les Enfers, ce rameau

Quem tegit omnis
Lucus, & obscuris claudunt convallibus umbræ :
. . . .

(*a*) Can. 15.

Ipſe volens faciliſque ſequetur
Si te fata vocant; aliter non viribus ullis
Vincere, nec duro poteris convellere ferro.
Virg. Æneid. Lib. VI.

Virgile lui-même parle de ces ambages & de ces équivoques en ces termes, un peu au-deſſus de ceux que nous avons cités en premier lieu:

Talibus ex adito dictis Cumæa Sibylla
Horrendas canit ambages, antroque remugit,
Obſcuris vera involvens.

Que l'on ſuive avec attention la relation que fait ce Poëte de la deſcente de ſon héros aux Enfers, & qu'on la compare enſuite avec ce que nous avons dit juſqu'ici, on y trouvera un rapport parfait. Il y met ſous les yeux tous les perſonnages feints des fables que nous avons expliquées, & il les fait trouver ſur le chemin d'Enée, ſuivant la place qu'ils tiennent dans les allégories fabuleuſes de la ſuite des opérations, comme on le verra à la fin du Livre ſixiéme de cet Ouvrage.

Ce n'eſt pas aſſez de connoître la matiere, il faut auſſi ſçavoir la travailler; il faut un Alcide pour cela, & non pas un Pirithoüs, car Jaſon n'auroit oſé entreprendre la conquête de la Toiſon d'or, s'il ne l'avoit eu avec lui, comme l'a fort bien dit Augurelle:

Alter inauratam noto de vertice pellem
Principium velut oſtendit, quod ſumere poſſis;
Alter onus quantum ſubeas. Chryſop. L. 2.

Virgile semble avoir voulu indiquer la qualité naturelle de la terre des Philosophes, & la maniere de la cultiver, lorsqu'il a dit :

Pingue solum primis extemplò à mensibus anni
Fortes invertant Tauri. . . . .
. . . *Tunc zephyro putris se gleba resolvit.*
Georg. I.

Je ne fais l'application de ces vers que d'après d'Espagnet, qui étoit un Philosophe bien en état de les appliquer à propos.

Je finis ici ce qui regarde Hercule, & je passe sous silence une infinité d'autres travaux qu'on lui attribue, parce qu'il sera aisé de les expliquer par ceux que j'ai rapportés. On y a vû le portrait de l'Artiste au naturel ; la constance & la fermeté d'esprit qu'il doit avoir, la patience dans les opérations, & le travail qu'il a à faire. Ce n'est pas un secret de peu de conséquence que l'on cherche, il mérite bien que l'on se donne des peines & des fatigues pour l'acquerir. Trevisan l'a cherché depuis l'âge de dix-neuf ans jusqu'à soixante-deux. Raymond Lulle ne l'auroit jamais cru vrai, si Arnaud de Villeneuve ne le lui avoit prouvé par l'expérience, lorsqu'il se vit hors d'état de répondre aux argumens subtils & aux objections sçavantes de Raymond Lulle. Avicenne dit lui-même (*a*) qu'il a usé plus d'huile à étudier la nuit pour apprendre cet art-là, que les autres n'ont bû de vin. Il apporte

(*a*) De anima, Dict. 1. cap. 2.

trois argumens pour en prouver la vérité & l'existence, dont le dernier est en ces termes: » Si » je ne voyois pas & si je ne touchois pas l'or & » l'argent philosophiques, je dirois que le magistere des Philosophes est faux; mais parce » que je le vois, je crois, & je sçai qu'il est vrai » & réel. Comprenez, dit Calid, la vertu, la » valeur du magistere, la grace que Dieu vous » fait de vous en donner la connoissance, & » travaillez. Dieu ne vous l'accorde pas pour » votre vanité, votre esprit, votre subtilité; il » en favorise ceux qu'il lui plaît. Travaillez donc » pour sa gloire; adorez votre Créateur, qui vous » accorde une si grande grace «.

LIVRE VI.

Histoire de la guerre de Troye, & de la prise de cette Ville.

On a regardé depuis beaucoup de siécles cette fiction comme l'événement le plus célebre de l'antiquité. Les deux plus fameux Poëtes, Homere & Virgile, l'ont chanté avec tout l'art dont ils étoient capables, & ce n'est pas peu dire : le premier en a fait le sujet de son Iliade & de son Odyssée ; le second en a imaginé les suites, pour fournir à son admirable ouvrage de l'Enéïde.

Le grand nombre de villes qu'on dit avoir été bâties par les Troyens, qui s'échapperent & survêcurent à la ruine de la leur ; l'existence réelle de ces villes, & une infinité de faits rapportés par ces Poëtes, semblent prouver si solidement la réalité de cet événement, qu'on n'oseroit presque se mettre en devoir de le révoquer en doute, à plus forte raison oseroit-on encore moins entreprendre de le réfuter. Virgile, comme le dit fort bien M. l'Abbé Banier, a décrit dans le second Livre de son Enéïde, la prise de cette ville, de maniere qu'en le lisant l'on se trouve dans Troye, qu'on en connoît jusqu'aux rues & aux principaux Palais, & qu'on ne s'y égareroit pas. Bien d'autres Auteurs, Quintus Calaber, Coluthus, Triphiodore, Darès Phrygien, Tite-Live, Denis d'Halicarnasse, en ont traité; Dictys de Crete va même jusqu'à assurer qu'il y étoit présent. Comment n'en pas croire à de tels témoignages? Malgré toutes ces preuves, cette histoire a un air si fabuleux, & ressemble si fort à une histoire inventée à plaisir, qu'on ne peut s'empêcher d'en douter, quand on en examine de près toutes les circonstances. Homere est le premier qui en ait parlé; tous ceux qui en traitent, Historiens ou Poëtes, semblent l'avoir copié, au moins pour le fond; & pour l'accessoire, chacun l'a orné à sa fantaisie. Dictys de Crete, & Darès le Phrygien, ont beau dire qu'ils y assisterent, personne ne veut les en croire sur leur parole. M. l'Abbé Banier aussi incrédule que les autres à cet égard, & qui en conséquence les auroit dû tenir pour suspects dans le reste, ne fait cependant pas difficulté d'employer leur autorité quand elle vient à propos pour son systême. Mais enfin, chacun en croira ce qu'il voudra. On peut sans conséquence croire ce fait, ou ne le croire pas; je laisse au Lecteur la liberté là-dessus, & il se déliberera pour ou contre, comme bon lui semblera, après les preuves que j'aurai données pour prouver que c'est une pure allégorie.

CHAPITRE PREMIER.

Premiere preuve contre la réalité de cette histoire.

DE L'ORIGINE DE TROYE.

DARDANUS eſt regardé comme le fondateur du royaume de Troye, & l'on n'a aucune preuve de ſon exiſtence. On donne enſuite ſa généalogie, & l'on dit qu'il épouſa la fille du Roi Scamandre, dont il eut Ericthonius qui ſuccéda à Dardanus. Tros vint enſuite, & ſuccéda à Ericthonius; Tros eut pour fils Ilus, & celui-ci Laomedon. C'eſt ſous ce dernier qu'Apollon & Neptune furent exilés du ciel par Jupiter, pour avoir voulu lier ce Dieu, de concert avec les autres & les Déeſſes. Ils ſe retirerent vers Laomedon, & s'engagerent à lui, ſous promeſſe de récompenſe, de bâtir les murs de Troye. Les uns diſent que les pierres ſe raſſembloient, & s'arrangeoient d'elles-mêmes au ſon de la lyre d'Apollon. D'autres avancent, avec Homere, que Neptune les éleva, pendant qu'Apollon gardoit les troupeaux de Laomedon. Ovide eſt du premier ſentiment (*a*).

(*a*) *Ilion aſpicies, firmataque turribus altis*
Mœnia Phœbeæ ſtructa canore lyræ.

Epiſt. Paridis.

Virgile dit (a) qu'ils furent édifiés par Vulcain. La Fable ajoute que Laomedon ne voulut point donner à Neptune la récompense dont ils étoient convenus ; qu'ayant respecté néanmoins Apollon comme un Dieu, & méprisé Neptune, celui-ci irrité s'en vengea, en envoyant un monstre marin qui ravageoit tout le pays. Nous en avons parlé, lorsque nous avons fait mention de la délivrance d'Hesione par Alcide.

Voilà donc trois fondateurs de Troye, & trois fondateurs fabuleux, c'est-à-dire trois Dieux, Apollon, Neptune & Vulcain, qui n'ont jamais existés ni Dieux ni hommes. On peut néanmoins attribuer l'établissement de la ville de Troye à chacun d'eux en particulier, & dire en même tems que ces trois Dieux y ont travaillé, puisqu'ils sont requis tous trois pour la perfection de l'œuvre hermétique, suivant ce que nous avons vû jusqu'à présent : Vulcain est le feu philosophique, Neptune est l'eau mercurielle volatile, & Apollon est la partie fixe, ou l'or des Sages. Il n'est pas surprenant qu'on ait dit que les pierres s'arrangeoient d'elles-mêmes au son de la lyre d'Apollon. On avoit dit qu'Orphée faisoit mouvoir les pierres & les arbres au son du même instrument, & qu'il avoit conduit la navire Argo de la même maniere. On a dû voir ci-devant que les parties qui composent le magistere des Sages se rassemblent d'elles-mêmes pour s'arranger &

(a) . . . *An non viderunt mœnia quondam*
Vulcani fabricata manu considere in ignes?
Æneid. L. 9.

ſe réunir en une maſſe fixe, appellée Apollon, ou Soleil philoſophique, parce que la partie fixe eſt comme un aimant, qui attire les parties volatiles pour les fixer avec elle, & en faire un tout fixe, appellé pierre; c'eſt ce qui forme la prétendue ville de Troye, qui en eſt le ſymbole. On dit pour la même raiſon qu'elle fut édifiée ſous le regne de Laomedon, & que ces Dieux travailloient pour lui; parce que l'objet des opérations philoſophiques eſt Laomedon même, qui ſignifie pierre qui commande, & qui a une grande puiſſance, de λᾶος, *pierre*, & de μέδω, *je commande*. Ce prétendu commandement & cette puiſſance ont fait donner à Laomedon le titre de Roi.

Si l'on veut s'en tenir à la généalogie des prétendus Rois de Troye qui ont précédé Laomedon, on trouvera préciſément dans leurs noms une nouvelle preuve qu'elle n'eſt qu'une pure allégorie du magiſtere philoſophique, puiſque Dardanus qu'on dit avoir été le premier Roi & le fondateur de Dardanie, qui prit enſuite le nom de Troye, ſignifie être en repos, dormir, de δαρθάνω, *dormir*, *ſe repoſer*; parce que la matiere après avoir été miſe dans le vaſe au commencement de l'œuvre, reſte long-tems comme aſſoupie & ſans mouvement; ce qui a engagé les Philoſophes à donner au tems qu'elle demeure en cet état, le nom d'*hiver*, parce que la nature ſemble engourdie & aſſoupie pendant cette ſaiſon là. Dans cette *premiere* opération, dit Philalethe (*a*), que nous appellons l'hiver, la matiere

(*a*) Enarrat. Meth. p. 117.

eſt

eſt comme morte, le mercure ſe mortifie, la noirceur ſe manifeſte. Mais ſi tôt qu'elle commence à fermenter & à ſe diſſoudre, Erichtonius naît de Dardanus; car Erichtonius veut dire, diſſous, briſé en piéces, d'ἐρείκω, *je romps, je briſe*. La matiere briſée & en voie de diſſolution, eſt ſignifiée par Tros, fils & ſucceſſeur d'Erictonius; car ſelon Euſtathius, τιτρώσκω vient de τείρω, *abattre, broyer*, & τρωσις de *titroſco*. Cette matiere étant diſſoute, devient comme de la boue & de la fange; & alors Ilus ſuccéde à ſon pere Tros, parce qu'Ἰλὺς veut dire *un bourbier, de l'ordure*; ce qui a donné occaſion aux Philoſophes de nommer boue, fumier, leur matiere dans cet état de putréfaction. Ilus fut pere de Laomédon, & c'eſt ſous ſon regne qu'Apollon édifia les murs de Troye, parce que la matiere commence à ſe fixer & à devenir pierre des Philoſophes, lorſqu'elle ſort de la putréfaction.

Voilà la véritable origine de Troye, voilà quels ont été ſes Rois & ſes fondateurs, & je ne vois pas ſur quoi M. l'Abbé Banier fixe la durée du regne de Dardanus à ſoixante-deux ans, celle d'Erichtonius à quarante-ſix, celle d'Ilus à quarante, & celle de Laomédon à vingt-neuf. Ce qu'on peut dire de vrai en adoptant même ſon ſyſtême, c'eſt qu'une ville telle qu'on nous repréſente celle de Troye au tems de ſa ruine, n'auroit pû manquer d'être très-célebre auparavant; il n'en eſt cependant fait aucune mention avant le voyage qu'y fit Hercule, pour délivrer Héſione fille de Laomédon. Comment auroit-il pû ſe faire qu'une ville fût devenue ſi peuplée, ſi célébre en ſi peu de tems,

& que ſa ruine eût ſuccédé immédiatement à ſa naiſſance? Auroit on pû y ramaſſer aſſez de monde pour réſiſter à toutes les forces réunies de la Gréce? Quand on y auroit aſſemblé tous les habitans de la Phrygie, ils n'auroient pû tenir ſix mois, à plus forte raiſon dix ans, contre une armée auſſi formidable & auſſi nombreuſe. Pour prouver le faux de ce qu'avance M. l'Abbé Banier, (ſans doute ſur la foi d'anciens hiſtoriens, qui n'avoient pas fait toute l'attention néceſſaire à ce qu'ils rapportent) il ſuffiroit de rapprocher les faits qu'il cite. Cet Auteur dit (*a*) que Tros eut trois fils, dont l'un appellé Ganimede, fut enlèvé par Tantale (*b*); que ce Tantale fit la guerre à Tros, & qu'après ſa mort Ilus la continua contre Pélops, fils de Tantale; que trente-cinq ans ſeulement avant la guerre de Troye ſous Priam, Hercule avoit ſaccagé cette ville, tué Laomédon, & enlevé Héſione. (Tome II. page 515) que Tantale vivoit cent trente ans avant la priſe de Troye. (Tom. III. p. 435) que Pélops eut pour fils Atrée, qui ſe retira chez Euryſtée, dont il épouſa la fille Ærope, & lui ſuccéda peu avant la guerre de Troye. Le même Auteur avoit dit (*c*) que Meſtor, fils de Perſée, épouſa Lyſidice fille de Pélops; que Sthénélus frere de Meſtor, épouſa Micippe, auſſi fille de Pélops, & en eut Euryſtée. Je demande au Lecteur s'il comprend quelque choſe dans un tel galimathias. Conçoit-on qu'Atrée fils de Pelops, ait pû ſe re-

(*a*) Myth. T. 3. p. 429.
(*b*) Ibid. p. 394 & 395.
(*c*) Ibid. pag. 266.

tirer chez Euryſtée, épouſer ſa fille, & lui ſuccéder, après qu'il eut été tué par Hillus, fils d'Hercule? Eſt-il poſſible que Pélops ait pû faire la guerre à Ilus, ſi, ſuivant Plutarque (*a*), Pélops étoit biſayeul d'Hercule, qui tua Laomédon fils d'Ilus? Quand même on donneroit Anaxo, fille d'Alcée, frere de Sthénélus, pour ayeule à Hercule, la même difficulté s'y trouveroit également.

Ce n'eſt pas la ſeule. Hercule, dit notre Mythologue, ravagea la ville de Troye, & tua Laomédon trente-cinq ans avant la ruine de cette ville par les Grecs. Les fils d'Hercule étoient encore jeunes quand leur pere mourut. Ils devinrent grands, & avec le ſecours de Théſée, parent & ami d'Hercule, ils firent la guerre à Euryſtée, & Hillus le tua de ſa propre main. Atrée qui avoit épouſé ſa fille Ærope, lui ſuccéda, en eut Ménélas & Agamemnon, qui furent eux-mêmes mariés, l'un à Hélene, l'autre à Clytemneſtre, avant la guerre de Troye, & commanderent les troupes qui en firent le ſiége.

Il faut avouer que M. l'Abbé Banier eſt un homme qui fait faire bien de la beſogne en peu de tems. Il ne lui faut que trente-cinq ans pour former au moins deux générations de héros; & ſuivant ſon calcul, la conquête de la Toiſon d'or n'aura précédé la guerre de Troye que de trente-cinq ans, puiſque Hercule quitta les Argonautes pour aller délivrer Héſione. Hercule après cette expédition contre Troye, en fit encore bien

(*a*) Vie de Théſée.

d'autres avant que de mourir. Il délivra Théſée des Enfers ; » (a) après avoir pris un grand » nombre de villes, & exécuté les travaux qu'Eu» ryſtée lui avoit ordonnés, il devint amoureux » d'Iolé, fille d'Eurythe ; & ce Prince la lui » ayant refuſée, il ſubjuga l'Oéchalie, enleva cette » Princeſſe, & tua le Roi «. Ce n'eſt qu'après cette expédition que Déjanire lui envoya la robe de Neſſus, & qu'il mourut après l'avoir miſe ſur lui. Hillus ſon fils étoit jeune alors ; il eut le tems de devenir grand, & en état de faire la guerre à Euryſtée. Celui-ci eſt tué dans un combat. Atrée lui ſuccéde ; a deux enfans, Ménélas & Agamemnon ; ces deux enfans deviennent grands à leur tour. Agamemnon ſuccéde à Atrée ; ſe marie, a un enfant nommé Oreſte, & va ſe mettre à la tête des troupes de toute la Gréce, réunies contre la ville de Troye, & tout cela ſe paſſe en trente-cinq ans. Tant il eſt vrai que toute l'adreſſe & toutes les combinaiſons des Mythologues échouent, quand ils veulent accorder la Fable avec un ſyſtême hiſtorique, qui n'entra jamais dans l'idée des Auteurs de ces fables. Il ne faudroit que remonter à la ſouche d'où toutes ces branches de héros ſont ſorties, pour en reconnoître clairement le fabuleux. Mais nous allons examiner quels furent ceux qui entreprirent la guerre de Troye, & ceux qui défendirent cette ville.

(a) Mythol. T. III. p. 295.

CHAPITRE II.

Tous ceux qui firent le ſiége de Troye, & qui la défendirent, ſont fabuleux.

IL faudroit ici paſſer en revûe tous ces Héros dont les noms & les actions ſurprenantes ſont rapportés par Homere, Virgile & les autres Auteurs ; il faudroit mettre devant les yeux leurs généalogies ; mais il ſuffiroit pour en montrer le fabuleux, de rapporter la racine de leur arbre généalogique. Il n'en eſt pas un ſeul qui ne tire ſon origine de Jupiter, de Neptune, ou de quelqu'autre Dieu. Achille le plus fameux d'entr'eux, étoit fils de Pelée & de la Déeſſe Thétis. Pelée eut pour pere Eaque, & pour mere la Nymphe Endeis. Eaque étoit fils de Jupiter & d'Egine. Thétis, ſelon Héſiode (*a*), étoit fille du Ciel & de la Terre ; Homere (*b*) la dit fille de Nérée, qui étoit lui-même fils de l'Océan. Jupiter en devint amoureux ; mais ayant appris de Prométhée que, ſuivant un oracle de Thémis, le fils qui naîtroit de Thétis ſeroit plus puiſſant que ſon pere, Jupiter la donna en mariage à Pelée. Thétis, aux pieds d'argent, & fille du vieillard Marin (*c*), trouva fort mauvais, ſuivant le même

(*a*) Theogon.
(*b*) Hymn. in Apollinem.
(*c*) Homer. Iliad. Lib. 1, v. 538.

Auteur (*a*), que Jupiter l'eût méprisée au point de lui faire épouser un mortel. Elle en fit ses complaintes à Vulcain, qui étoit extrêmement porté pour elle, en reconnoissance de ce qu'elle l'avoit très-bien accueilli lorsqu'il se retira chez elle après qu'il eut été chassé de l'Olympe. Homere, en un mot, en parle toujours comme d'une Déesse, & tout ce qu'il en dit, particulierement dans le vingt-quatriéme Livre de l'Iliade, convient parfaitement à ce qui se passe dans les opérations du magistere. Il y introduit (*b*) Apollon, qui porte ses plaintes à Jupiter de ce qu'Achille s'est emparé du corps d'Hector, & ne veut pas le rendre. Junon lui répond : Hector a sucé le lait d'une femme mortelle, & Achille est fils d'une Déesse ; ayant nourri & élevé moi-même sa mere, je l'ai mariée à Pelée, homme mortel, mais que les Dieux aimoient beaucoup. Tous pour lui faire honneur, assisterent à ses noces, & vous-même, perfide, y assistâtes comme les autres. Apollon dit : Achille en est tellement fier & glorieux, qu'il n'est sensible ni à la pitié, ni à la honte. Vous êtes tous portés pour ce fier &

(*a*) *Huic respondit deinde Thetis lacrymas refundens.*
Vulcane, an omnino jam ulla, quotquot Deæ sunt in Olympo,
Tot mente suâ pertulit mœrores graves,
Quot mihi præ omnibus Saturnius Jupiter dolores dedit?
Unam quidem me ex aliis marinis homini conjugem subjecit
Æacidæ Peleo, & sustinui hominis cubile,
Admodum invita. Iliad. L. 18. v. 128.

(*b*) Iliad. Liv. 24. v. 40. & suiv.

ſuperbe Achille, qui a dépouillé toute compaſſion & toute pudeur. Après avoir ôté la vie au noble & généreux Hector, il l'a attaché à ſon char, & le traîne autour du tombeau de ſon ami Patrocle, au lieu de le remettre à ſa chere épouſe, à ſon pere Priam, à ſa mere, à ſon fils, à ſon peuple, qui le pleurent, & qui voudroient avoir la conſolation au moins de le voir, quoique mort. Jupiter prit la parole, & dit: » Junon, » ne vous mettez pas en colere; de tous les ha- » bitans d'Ilion, Hector fut le plus cher aux » Dieux. Il ne convenoit pas à Achille d'enlever » ſecrettement le corps d'Hector. Thétis, mere » d'Achille, n'abandonne pas ſon fils un inſ- » tant, elle ne le quitte ni jour ni nuit; mais » ſi quelqu'un veut l'appeller, & la faire venir, » je lui parlerai, & je lui dirai qu'Achille rende » le corps d'Hector à Priam, qui le rachetera.

» Auſſi-tôt Iris partit; elle deſcendit ſur la » noire mer; tout le marais en treſſaillit. Elle » trouva Thétis dans une caverne, aſſiſe au mi- » lieu de pluſieurs autres Déeſſes marines, où » elle pleuroit le ſort malheureux de ſon fils, » qui devoit périr, loin de ſa patrie, dans Troye » la *pierreuſe*. Levez-vous, Thétis, lui dit-elle, » Jupiter vous demande, & veut vous parler. » Que me veut ce grand Dieu, répondit-elle? » Je n'oſe plus fréquenter les immortels: mon » cœur eſt navré de douleur, & mon eſprit eſt » plein de triſteſſe. J'irai néanmoins, puiſqu'il » l'ordonne. Ayant ainſi parlé, cette Déeſſe, la » plus auguſte de toutes, prit un voile noir, & » *il n'y avoit point d'habillement dans le monde*

» *plus noir que le ſien.* Elle partit ; Iris la précédoit, & la mer les environnoit. A peine eurent-elles atteint le rivage, qu'elles s'envolerent rapidement au ciel ; elles y trouverent Saturne & les autres Dieux aſſis autour de lui. Thétis fut s'aſſeoir auprès de Jupiter, & Junon lui préſenta une boiſſon *dorée* dans un beau vaſe, en lui diſant quelques paroles de conſolation. Thétis but, & le lui rendit.

» Jupiter, pere des Dieux & des hommes, parla enſuite, & dit : Déeſſe Thétis, vous êtes venue dans l'Olympe, quoique triſte, & je ſçai que vous avez du chagrin. Je ſuis très-ſenſible à votre triſteſſe ; mais écoutez pourquoi je vous ai mandée. Depuis neuf jours les Dieux immortels ſont en conteſtation à l'occaſion du corps d'Hector, & d'Achille, le deſtructeur des villes. On diſoit qu'il falloit l'enlever ſecrettement ; mais à cauſe du reſpect que j'ai pour vous, & de l'amitié que je vous conſerverai toujours, je veux laiſſer à Achille la gloire de le rendre. Allez donc de ce pas ; deſcendez promptement vers votre fils, & dites-lui que les Dieux immortels, & moi plus que tous les autres, ſommes indignés contre lui, de ce qu'il retient le corps d'Hector dans ſon vaiſſeau *noir*, ſans vouloir le rendre, quoiqu'on lui ait propoſé de le racheter. S'il a quelque reſpect pour moi, qu'il le rende. Je vais envoyer Iris à Priam, pour lui dire qu'il aille lui-même aux vaiſſeaux des Grecs le demander, & qu'il porte avec lui des préſens qui ſoient du goût d'Achille.

» Thétis aux pieds d'argent, obéit ; elle descendit de l'Olympe avec précipitation, & parvenue à la tente de son fils, elle l'y trouva renfermé, & répandant beaucoup de larmes, au milieu de ses compagnons, qui préparoient le déjeuné. Ils avoient tué pour cela une grande brebis, dont la toison étoit belle & bien fournie. Elle s'assit auprès de lui, elle le flatta & le caressa, puis elle lui dit : Jusqu'à quand, mon fils, abandonnerez-vous votre cœur au chagrin qui le ronge, au point de ne vouloir même prendre aucune nourriture ni sommeil ? Je suis votre mere, & vous ne doutez point que je n'eusse beaucoup de plaisir à vous voir marié ; mais le Destin vous menace d'une mort violente & précipitée. Ecoutez-moi donc ; je viens vous parler de la part de Jupiter : il m'a dit de vous déclarer que les Dieux immortels sont très-irrités contre vous, de ce que vous ne voulez point consentir au rachat du corps d'Hector, que vous retenez dans vos vaisseaux noirs. Croyez-moi, rendez ce corps, & recevez-en la rançon. «

Achille se laissa gagner aux prieres de sa mere, & dit qu'on n'avoit qu'à apporter la rançon, qu'il rendroit Hector. Iris de son côté exécuta sa commission ; elle engagea Priam à se rendre auprès d'Achille, avec des présens, & accompagné d'un seul Héraut d'armes. Hécube fit tout ce qu'elle put pour empêcher Priam d'y aller ; mais loin de l'écouter, il lui fit des reproches. Il prit avec lui des présens, qui consistoient en douze robes très-belles, douze tapis magnifiques, douze tuniques, & dix talens d'or bien pesés. Il partit ainsi ; & Jupiter le voyant en chemin, dit à Mercure son fils : Mercure, vous vous plaisez plus que qui que ce soit à rendre service aux mortels ; allez donc, & conduisez le vieillard Priam aux vaisseaux des Grecs ; mais faites-le de maniere que personne ne le voye & ne s'en apperçoive, jusqu'à ce qu'il soit arrivé dans la tente du fils de Pelée. Mercure ajusta pour lors ses talonnieres d'ambrosie & d'or, qui le portent sur la mer & sur la terre avec le vent ; il n'oublia pas son caducée. Ayant pris la figure d'un jeune homme beau, bien fait, & d'une phisionomie royale, il se rendit à Troye, trouva Priam & celui qui l'accompagnoit. Ils furent surpris de sa rencontre, la peur les saisit ; mais Mercure les rassura, & leur dit : Où allez-vous ainsi pendant le silence de la nuit ? Ne craignez-vous pas de tomber entre les mains des Grecs vos ennemis ? Si quelqu'un d'eux vous appercevoit avec les présens que vous portez, comment, vous qui n'êtes point jeune, & qui n'êtes accompagné que d'un vieillard, pourriez-vous vous défendre si l'on vous attaquoit ? Quant à moi, soyez tranquille, je viens pour vous défendre, & non pour vous faire insulte, car je vous regarde comme mon pere. Je vois bien à votre air & à votre discours, répondit Priam, que quelque Dieu prend soin de moi, puisqu'ils vous ont envoyé pour m'accompagner. Mais faites-moi le plaisir, beau jeune homme, de me dire qui vous êtes, & quels sont vos parens ? Je suis domestique d'Achille, lui répondit Mercure, je suis arrivé avec lui dans le même vaiſſeau : je ſuis un des Myrmidons, & mon pere s'appelle Polyctor ; il eſt très-riche, & déja ſur l'âge comme vous ; il a ſix fils, & je ſuis le *ſeptiéme* (*a*) : nous avons tiré tous ſept au ſort à qui iroit avec Achille, & le ſort eſt tombé ſur moi. Priam l'interrogea ſur l'état actuel du corps d'Hector, & Mercure lui en donna de ſi bonnes nouvelles, que Priam lui offrit en préſent une belle coupe, & le pria de le conduire. Mercure refuſa le préſent, mais il lui dit qu'il l'accompagneroit toujours par mer & par terre, même juſqu'à *Argos ;* & auſſi-tôt il ſauta ſur le char de Priam, ſe ſaiſit des rênes des chevaux, & en prit la conduite. Ils arriverent enfin à la Tour des vaiſſeaux. Les ſentinelles étoient occupés à ſouper ; & Mercure qui endort ceux qui veillent, & réveille ceux qui dorment, les plongea dans un ſommeil profond : il ouvrit enſuite les portes, & introduiſit Priam avec ſes préſens. Ils arriverent à la tente élevée d'Achille, que les Myrmidons lui avoient faite de bois de ſapin, qu'ils avoient couverte de joncs coupés dans la prairie, ils l'avoient environnée de pieux ; la porte étoit fermée par un gros verrou de ſapin, & trois Grecs la gardoient : il y avoit auſſi trois enceintes. Achille y étoit ſeul alors. Mercure, *auteur des commodités de la vie*, ouvrit la porte au vieillard, & l'introduiſit avec ſes préſens. Il lui dit enſuite : Je ſuis Mercure, Dieu immortel, envoyé par Jupiter pour vous ſervir de guide & vous accompagner : je n'entrerai pas avec vous,

(*a*) Le ſeptiéme des métaux.

& je m'en retourne ; car il ne conviendroit pas que je paruſſe devant Achille, & qu'il s'apperçût qu'un Dieu immortel favoriſe ainſi un homme. Pour vous, entrez, embraſſez les genoux d'Achille, & priez-le de vous rendre votre fils. Mercure, après ces paroles, s'envola dans l'Olympe. Priam deſcendit de ſon char, & y laiſſa Idée, qui l'avoit accompagné. Entré dans la tente d'Achille, il ſe jetta à ſes genoux, & lui demanda Hector. Après pluſieurs diſcours de part & d'autre, Achille accepta les préſens de Priam, & lui rendit ſon fils. Ils convinrent enſuite d'une tréve de douze jours. Priam enfin emmena le corps d'Hector dans ſon char, avec le ſecours de Mercure ; & l'ayant porté à Troye, il le remit entre les mains des Troyens, qui lui firent des funérailles de la maniere ſuivante. » (*a*) Ils amaſſerent les matériaux pendant neuf jours ; le dixiéme, ils leverent le corps d'Hector en pleurant, le placerent ſur le ſommet du bucher, & y mirent le feu. Le lendemain le peuple s'aſſembla autour du bucher, & éteignit le feu avec du vin *noir* : les freres & les compagnons d'Hector ramaſſerent ſes os *blancs*, en verſant des larmes abondantes, & les renfermerent dans un cercueil d'or, qu'ils envelopperent d'un tapis de couleur de pourpre «.

Il eſt aiſé de voir par ce que nous venons de rapporter, qu'Homere Auteur de l'hiſtoire de cette guerre, ne prétendoit parler de Thétis que comme d'une Déeſſe, & non comme d'une

(*a*) Ibid. v. 785. & ſuiv.

femme ordinaire, par conséquent qu'elle étoit pour lui, comme elle doit être pour nous, une personne purement fabuleuse. Il la dit en conséquence fille de Nérée, Dieu marin, parce que Nérée signifie un lieu creux & humide, de Νηρὸς, & que le vase philosophique est un creux dans lequel naît Thétis, ou Téthis que les Poëtes Grecs prenoient pour la terre (*a*), & les Latins pour la mer, parce que ce nom veut dire nourrice. Junon se vante de l'avoir nourrie, élevée, & mariée à Pelée; c'est la terre philosophique, signifiée par Téthis, qui après avoir demeuré quelque tems dans le vase, épouse la noirceur, c'est-à-dire devient noire; car Pelée vient de πελὸς, *noir*. De ce mariage nâquit Pyrisous, ou qui sort du feu sain & sauf; parce que le feu de la matiere réduite en mercure des Philosophes, résiste aux atteintes du feu le plus violent. Dans la suite il prit le nom d'Achille, ce guerrier fier & superbe, qui bravoit tous les Chefs des Grecs & des Troyens; il pouvoit le faire, puisqu'il étoit invulnérable, par la raison que nous venons de dire. Il devint amoureux de Briséis, c'est-à-dire du repos; car Briséis vient de βρίζω, *je repose*; parce que le mercure philosophique cherche à être fixé.

Ce que nous venons de rapporter du dernier Livre de l'Iliade, prouvera clairement à ceux qui ont lû les livres des Philosophes, qu'Homere n'avoit en vûe que le grand œuvre, puisqu'il y pense comme eux, qu'il s'exprime de même, &

qu'il y donne précisément la description de ce qui se passe dans les opérations de l'élixir, qui est la fin de l'œuvre, comme il en fait la fin de son Ouvrage. Rappellons-en quelques traits; ce n'est pas s'écarter de notre sujet.

Jupiter envoye Iris à Thétis, & Iris descend sur la *noire mer*: voilà la mer philosophique, ou la matiere en dissolution parvenue au noir. Iris trouve Thétis, ou la terre philosophique, assise dans une caverne, c'est-à-dire dans le vase des Philosophes. Iris représente les différentes couleurs, qui paroissent en même tems lorsque la fermentation & la dissolution se fait. Thétis pleuroit; c'est la matiere qui se réduit en eau. Après avoir oui le sujet de la députation d'Iris, Thétis prend un voile noir, & des habits plus noirs qu'aucun qui fût dans le monde. Les Philosophes appellent le noir qui survient alors à la matiere, noir plus noir que le noir même, *nigrum nigrius nigro*. J'ai rapporté cent textes des Philosophes à ce sujet, je ne les répéterai pas.

Thétis partit pour l'Olympe; Iris la précédoit, & l'une & l'autre étoient environnées de la mer. C'est la sublimation de la matiere qui commence: cette mer est l'eau mercurielle, au-dessus de laquelle se trouve la terre comme une isle. Telle étoit celle de Créte, où nâquit Jupiter; celle de Delos, où Phœbus & Diane vinrent au monde. Elles arrivent devant Jupiter, & Thétis y trouve Saturne; c'est le Saturne philosophique dont nous avons parlé si souvent. Elle y paroît avec un air triste & un habit de deuil; parce que la noirceur est le symbole du deuil & de la tristesse.

Jupiter lui dit d'aller trouver son fils Achille, & de l'engager de rendre à Priam le corps d'Hector. Elle se rend auprès de lui, & pendant ce tems-là Iris va trouver Priam, pour le déterminer à aller seul avec Idée dans la tente d'Achille. La matiere avant de quitter le noir, reprend encore les couleurs variées qui avoient d'abord parues. Thétis détermine son fils. Priam se met en chemin avec Idée, c'est-à-dire, la sueur, d'ἰδὸς, *sueur*; parce que la matiere en se dissolvant semble suer. Priam rencontre Mercure, qui prend la conduite de son char; c'est que le mercure philosophique est le conducteur de l'œuvre, c'est de lui & par lui que les opérations s'accomplissent. Il prend ses talonnieres; parce qu'il est volatil. Elles le portent dans l'air avec le vent: Hermès l'avoit dit (*a*): *le vent le porte avec lui, l'air l'a porté dans son ventre.* Mercure réveille ceux qui dorment, & endort ceux qui veillent; parce qu'il volatilise le fixe, & fixe le volatil. Il ouvre les portes, & introduit Priam avec ses présens; c'est qu'il est le dissolvant universel, & que dissoudre, en termes même de Chymie, c'est ouvrir. Il laisse Priam, qui entre, & embrasse les genoux d'Achille: le fixe se réunit avec le fixe, & le dissolvant est encore volatil. Priam donne ses présens, qui consistent en tapis, en étoffes & en or: ce sont les différentes couleurs passageres qui se manifestent; l'or, c'est lui-même, ou l'or philosophique. Achille lui rend le corps d'Hector enveloppé dans deux de ces tapis, & les deux plus

(*a*) Table d'émeraude.

plus beaux : ce ſont les deux couleurs principales, le blanc & le rouge. Priam s'en retourne à Troye avec le corps de ſon fils, & Mercure qui l'attendoit, reprend la conduite de ſon char, par la raiſon que nous avons dite ci-devant. Ils entrent dans Troye ; on dreſſe un bucher, on y brûle le corps d'Hector, & l'on ramaſſe ſes os blancs : voilà la couleur blanche, ou l'or blanc des Philoſophes. Les Troyens les mettent dans un cercueil d'or, qu'ils couvrent d'un tapis couleur de pourpre : c'eſt la fin de l'élixir, ou la matiere parvenue à la derniere fixité, & à la couleur d'amaranthe ou de pavots des champs, comme le diſent les Philoſophes.

Cette explication ſeroit plus que ſuffiſante pour perſuader un homme que le préjugé n'aveugle pas ; il ne faut qu'ouvrir les yeux pour en voir la vérité & la ſimplicité. Mais j'ai affaire à des gens prévenus, il faut plus d'une preuve pour les convaincre ; ne nous laſſons donc pas d'en donner. Il ne ſuffit pas d'avoir prouvé que Thétis eſt une perſonne feinte, il faut auſſi montrer que Pélée & les autres le ſont auſſi.

Pélée fut, dit-on, fils d'Eaque & de la Nymphe Endeis (*a*) fille de Chiron. Comment pouvoit-il ſe faire qu'Eaque eût épouſé la fille de Chiron, puiſque ce dernier fut fils de Saturne & de la Nymphe Phyllire, & nâquit ſans doute avant que Jupiter eût mutilé Saturne ? Quand même on regarderoit les uns & les autres comme des perſonnes réelles, on ne pourroit pas nier

(*a*) Selon Pauſanias & le Scholiaſte de Pindare & d'Apollodore.

qu'il

qu'il ne se fût écoulé au moins plusieurs siécles depuis la naissance de Chiron jusqu'à Eaque : la fille de ce Centaure devoit donc alors être bien vieille. Mais son pere est imaginaire ; la fille l'est donc aussi ; & d'ailleurs Eaque lui-même ne l'est pas moins, puisqu'on le dit fils de Jupiter & de la Nymphe Egine, & que Jupiter, pour avoir commerce avec cette Nymphe, fut obligé de se métamorphoser en feu. La Fable dit même que Sisyphe s'étant apperçu de la fréquentation de Jupiter & d'Egine, il en avertit Asope, pere de cette Nymphe. Jupiter pour la soustraire à la colere de son pere, la métamorphosa en l'Isle qui porte son nom. Il eût donc fallu qu'Egine après sa métamorphose eût accouché d'Eaque ; ce qui seroit ridicule à dire, en voulant prendre la chose historiquement ; mais prise allégoriquement, le fait n'est pas plus surprenant que la naissance d'Adonis, après la métamorphose de Myrrha sa mere en l'arbre qui porte son nom.

Il est bon de remarquer ici que tous les Héros dont nous avons à parler, & dont nous avons fait mention jusqu'ici, sont non seulement tous descendus de Dieux imaginaires & chimériques, mais qu'ils ont cela de commun, que leurs généalogies est toujours composée de Nymphes, de Filles de l'Océan, ou de quelques Fleuves. Ces généalogies ne montent pas non plus au-delà de cinq ou six générations, & aboutissent presque toutes à Saturne, fils du Ciel & de la Terre. On peut les confronter dans les colomnes suivantes, où l'on trouvera celles des Héros Grecs, & celles des Chefs des Troyens.

Pâris & Hector. Priam *ou* Podarce. Laomédon. Ilus. Tros. Erictonius. Dardanus. Jupiter. Electre fut sa mere, & étoit fille de l'Océan & de Thétis	Helene nâquit de Leda, femme de Tyndа, mais d'un adultere qu'elle commit avec Jupiter changé en Cygne. Léda accoucha en même tems de deux œufs; de l'un sortirent Pollux & Helene; de l'autre, Castor & Clitemnestre.	Agamemnon & Ménélas. Atrée *ou* Thyeste. Pélops. Tantale, fils de la Nymphe Ploté. Jupiter. Saturne.
Memnon. Tithon & l'Aurore. Laomédon. Ilus. Tros. Erictonius. Dardanus. Jupiter & Electre. Saturne.	Patrocle. Menetius. Actor. Neptune. ——— Patrocle. Menetius. Japet. Le Ciel & la Terre; *selon Hésiode.*	Achille. Pelée & Thétis. Eaque. Jupiter & Egine. Saturne.
Ajax, fils d'Oilée, un des Argonautes.	Ajax, fils de Télamon. Eaque. Jupiter & Egine. Saturne.	Dioméde. Tydée. Oénée. Porthée, à Thébes. *Iliad. L. 14. v. 115.*
Ulysse. Laerte. Acrise.	Palamede. Nauplius. Neptune & Amymone. Saturne.	Eurypile. Telephe. Hercule. Jupiter & Alcmene. Saturne.
Laocoon. Priam. Laomédon. Ilus. Tros. Erictonius. Dardanus. Jupiter & Electre. Saturne.	Protésilas. Iphicle. Amphitrion. Alcée. Persée. Jupiter & Danaé. Saturne.	Philoctete. Pæan *ou* Apollon. Jupiter. Saturne.
Nestor. Nelée & Chloris. Neptune & Tyrus. Saturne.	Idoménée. Deucalion. Prométhée. Japet & Clymene. Le Ciel & la Terre. *Hésiode.*	Idomenée. Deucalion. Minos. Jupiter & Europe. Saturne. *Homere, Iliad.*

Voilà les principaux d'entre les Grecs & les Troyens ; je passe sous silence Ascalaphus & Jalmenus, tous deux enfans de Mars & d'Astioché ; Démophoon, fils de Thésée ; Euryalus, fils de Mestiché ; Teucer de Télamon ; Schedius, & Epistropius, fils d'Iphitus : Agapenor du Pilote Ancée : Thespius, Thoas, Tlepolême, Eumelus, Polypete, & tant d'autres, qui étoient fils des Argonautes, ou qui avoient eux-mêmes assistés à l'expédition de la Toison d'or ; car il n'est pas surprenant qu'on les ait supposés présens à ces deux expéditions, l'une & l'autre étant une allégorie de la même chose.

Le fabuleux n'est pas moins facile à prouver par la généalogie des femmes, d'où sont sortis ces Héros. Electre, mere de Dardanus, étoit fille de l'Océan & de Thetis. Aurore, mere de Memnon, eut Théa pour mere & Hypérien pour pere. Asope, fils de l'Océan & de Thetis, fut pere de la Nymphe Egine. Clymene, grand-mere de Ménétius, étoit aussi fille de l'Océan. Circé, qu'Ulysse connut dans ses voyages, étoit fille du Soleil. Thetis étoit une Déesse, Enée fut fils de Vénus, & ainsi des autres. Il est donc absurde de vouloir réaliser des personnages aussi fabuleux que ceux-là.

Mais une preuve pour le moins aussi convaincante, se trouve dans les noms des Troyens, des Ethyopiens, & des autres Nations qu'on suppose être venues au secours de Priam. On conviendra sans doute que la langue des Phrygiens & celle des Ethyopiens étoient bien différentes de celle des Grecs ; comment est-il donc arrivé, que tous les noms, tant des Troyens que de leurs alliés, se trouvent Grecs, & d'origine grecque? Le voici: C'est qu'Homere, Auteur de cette allégorie, étoit Grec. Il lui eût été fort aisé de tirer ces noms des langues Ethyopienne & Phrygienne. Il avoit fait dans ces pays un assez long séjour, pour en sçavoir au moins quelques-uns. Pourquoi ne l'a-t-il donc pas fait? c'est sans doute qu'il ne vouloit pas ajouter cette vraisemblance à une fiction, qu'il ne prétendoit pas donner pour une réalité. Il est étonnant que les Historiens & les Mythologues qui sont venus après lui n'ayent pas fait cette réflexion. Homere lui-même nous apprend que l'armée des Troyens étoit composée de troupes de diverses nations, & de différentes langues, & qu'ils ne s'entendoient pas les uns & les autres.

Nec enim omnium erat una vociferatio, nec una vox,
Sed lingua mista erat, è multis nempe locis convocati fuerant.

Iliad. 3. v. 437.

Il faut donc nécessairement convenir qu'Homere a substitué des noms grecs aux vrais noms que portoient les Troyens & les Ethyopiens, que Memnon amena à leur secours. Mais quelle raison auroit-il pu avoir d'en agir ainsi? Si un Poëte François s'avisoit de faire l'histoire du fameux siége de Prague par les Autrichiens, & défendue avec tant de gloire par les François, après qu'ils eurent abandonné la Baviere, & qu'il donnât des noms françois aux assiégeans & aux assiégés: cette seule chose suffiroit aux Lecteurs pour faire naître des doutes sur la réalité de ce siége ; on n'auroit certainement aucune foi à son récit, si quelque Historien ne le rectifioit.

Mais que seroit-ce encore si le Poëte qui le premier nous auroit laissé ce fait par écrit, faisoit descendre tous les Officiers généraux, & les autres, de Mer-Lusine, de Gargantua, de Roland le furieux, de Robert le Diable, de Fierabras, d'Olivier compagnon de Roland, de Jean de Paris, & de quelques autres personnages, qui n'ont jamais existé que dans les Romans ? quand même il nommeroit les villes voisines, les bourgs, les rivieres, la situation du camp ; qu'il spécifieroit jour par jour les travaux des assiégeans ; qu'il nommeroit ceux qui ont monté la tranchée, l'en croiroit-on davantage ? Et si les Historiens postérieurs ne fondoient leur narration d'un tel fait, que sur le récit de ce Poëte, ou sur quelque tradition verbale émanée de la fiction de ce même Poëte, seroient-ils plus croyables ? Telles sont cependant les choses à l'égard de la ville de Troye, & du siége qu'en firent les Grecs. Hérodote, que Cicéron (*a*) appelle Pere de l'histoire ; Hérodote, qui étoit lui-même de l'Asie Mineure, où l'on dit qu'étoit situé Ilion, ne parle de cette guerre que d'après Homere, & la tradition verbale de quelques Prêtres Egyptiens. Il doute même du fait, & dit (*b*) : *Qu'on ajoute foi, si l'on veut, à Homere & aux vers Cypriens. Pour moi, lorsque j'ai voulu m'informer si les faits extraordinaires,*

(*a*) Liv. des Loix.

(*b*) In Euterpe, c. 118.

peu vraisemblables, & sentant la chimere, que les Grecs racontent s'être passés à Troye, étoient vrais. Termes qui montrent bien le peu de foi qu'il ajoutoit à cette histoire, qu'il rapporte néanmoins sur ce qu'il en avoit appris par tradition. Il s'efforce cependant d'en prouver le faux, & dit pour cet effet (*a*): » Je conjecture qu'Helène ne fut » point à Troye; car si elle y avoit été, lorsque » les Grecs furent la revendiquer, les Troyens » l'auroient certainement rendue, soit qu'ils » eussent forcé Alexandre de la rendre, soit qu'il » l'eût fait de bonne grace. Car Priam, ou ses » parens n'auroient pas été assez insensés, pour » occasionner à leurs enfans & à leurs citoyens, » tous les maux dont on les menaçoit, unique- » ment pour faire plaisir à Alexandre, & lui pro- » curer la jouissance d'Helène. Et quand même » ils auroient eu cette idée dans les commence- » mens de cette prétendue guerre; il est à croire » que lorsque Priam auroit vû deux ou trois de » ses enfans péris en combattant contre les Grecs, » *si toutefois on doit en croire les Poëtes là-dessus.* » Priam eût-il eu lui-même Helène pour con- » cubine, il l'auroit remise aux Grecs pour se » garantir de tant de maux. «

Hérodote rapporte encore d'autres raisons que l'on peut voir dans son ouvrage, dans lequel il dit positivement que la langue Phrygienne étoit absolument différente des autres, & rapporte à ce sujet (*b*), qu'avant le regne de Psammétichus en Egypte, les Egyptiens se flattoient d'avoir

(*a*) Ibid, c. 120. (*b*) Liv, II.

existé les premiers dans le monde. Que du tems de ce Roi la dispute à ce sujet se renouvella ; & qu'elle fut décidée en faveur des Phrygiens sur la preuve suivante. Psammétichus ne trouvant aucun moyen de décider cette question, s'avisa de prendre deux enfans nouveaux nés de parens obscurs, pauvres, & les donna à nourrir & à élever à un berger, avec ordre d'en avoir tous les soins possibles, mais de les tenir séparément dans des cavernes écartées ; de les faire allaiter par des chévres, & défense à lui de jamais prononcer un mot qu'ils pussent entendre ; afin que lorsque leurs organes commenceroient à se former, & qu'ils seroient en âge de pouvoir parler ; il pût sçavoir de quelle langue seroient les premiers mots qu'ils prononceroient. La chose s'exécuta : & quand ces deux enfans eurent atteint l'âge de deux ans, le Berger en ouvrant la porte de l'endroit où étoient ces enfans, les vit tendre les mains, & prononcer distinctement *beccos*. Le Berger ne dit mot pour lors ; mais voyant qu'à chaque fois qu'il entroit, ils répétoient le même mot, il en avertit le Roi, qui se les fit apporter ; & leur ayant entendu lui-même prononcer *beccos*, il s'informa à quelle langue pouvoit appartenir ce mot. On trouva qu'en langue Phrygienne *beccos* signifioit du pain ; alors les Egyptiens consentirent à céder aux Phrygiens la gloire d'être plus anciens qu'eux.

Puisque la langue Phrygienne étoit si différente de la langue Egyptienne & de la Grecque, comment est-il arrivé que tous les Troyens & & leurs alliés Ethyopiens, Thraces, &c. ayent eu tous des noms Grecs? La raiſon en eſt toute ſimple; c'eſt qu'ils étoient nés de parens Grecs, c'eſt-à-dire, de l'imagination des Poëtes & des Ecrivains de la Gréce, qui ont parlé de la priſe de Troye.

Ce qu'il y a d'extraordinaire dans les ſuites de cette prétendue guerre, c'eſt que tous les Héros de part & d'autre, ſi l'on en excepte un petit nombre, ont diſparu avec la ville de Troye, & ont été comme enſévelis ſous ſes ruines. Hérodote (*a*) dit qu'Homere vivoit environ cent ſoixante ans après la guerre de Troye; & Homere ne nous dit pas avoir vû un ſeul des ſucceſſeurs de tant de Rois, ligués contre Priam. Quoi donc en 160 ans la génération de tant de grands hommes a-t-elle pû s'éteindre de maniere qu'Homere, dans le pays même, n'en ait vû aucuns reſtes? Il nous parle à la vérité de Pyrrhus, fils d'Achille, de Télémaque fils d'Ulyſſe, & de quelques autres; mais il ne dit mot de leurs deſcendans: ce que les autres Auteurs nous en diſent, eſt ſi peu capable d'en prouver la réalité, qu'ils la détruiſent manifeſtement, par la variété de leurs ſentimens à cet égard. Dans quelle incertitude en effet n'eſt pas un Lecteur, à la vûe de toutes ces variétés qui ſe trouvent dans les plus anciens-mêmes à ce ſujet? & que doit-on en conclure? qu'ils n'ont ainſi varié que parce qu'ils n'avoient aucune époque réelle, aucun monument ſubſiſtant, & aucuns mémoires certains, ſur leſquels ils ayent pû appuyer leur récit. Cha-

(*a*) In vita Homeri.

eun trouvoit & dans la narration d'Homere, & dans la tradition (qui sans doute y prit naissance) tant de difficultés, & si peu de vraisemblance, que chaque Auteur s'avisa d'ajuster son récit de la maniere qui lui parût la plus propre à donner à cette fiction un air d'histoire réelle. Y a-t-il apparence, disoit au milieu de Troye même Dion Chrysostome dans une de ses Harangues, que les Grecs revenant chez eux vainqueurs & triomphans eussent été si mal reçus, qu'il y en eût qui fussent assassinés, pendant que la plûpart des autres, chassés honteusement, furent, dit-on, obligés d'aller chercher des établissemens dans des pays éloignés? comment seroient-ils arrivés encore que les Troyens vaincus & subjugués, au lieu de se retirer dans les différentes contrées de l'Asie, où ils avoient des amis & des alliés, eussent traversé les mers & passé près des côtes de la Gréce, pour aller fonder des Villes & des Royaumes en Italie, & dont quelques-uns, comme Helenus, s'établit au milieu de la Gréce? Il n'y a, dit cet Auteur, aucune vraisemblance, & il faut abandonner la tradition commune.

Il est donc à croire que ces prétendus Héros de part & d'autres étoient de même nature que les compagnons de Cadmus; & qu'ils ont péri de la même maniere qu'ils ont été engendrés, c'est-à-dire, que l'imagination des Poëtes où ils avoient pris naissance, leur a servi aussi de tombeau. Il suffiroit de rapporter ce que dit Hérodote, pour prouver que le calcul de M. l'Abbé Banier est faux, lorsqu'il détermine l'époque de cette guerre à 35 ans après la mort d'Hercule. Je choisis ce ce seul exemple, pour ne pas multiplier les discussions inutiles. Hérodote dit (*a*) qu'Homere vivoit environ quatre cens ans avant lui, & cent soixante ans après la guerre de Troye. Le siége de cette ville ne se seroit fait par conséquent que cinq cens soixante ans avant Hérodote; & suivant le calcul de M. l'Abbé Banier, Hercule n'auroit précédé Hérodote que de 595 ans. Ce qui ne s'accorde point du tout avec ce que dit ce dernier Auteur (*b*) : » Depuis Dyonisus, qu'on » dit fils de Sémélé, fille de Cadmus, jusqu'à » moi, dit-il, il s'est écoulé presque seize cens » ans, & depuis Hercule, fils d'Alcmene, pres» que neuf cens. Hercule, selon Hérodote, vi» voit donc près de trois cens ans avant la prise » d'Ilion. « Je laisse au Lecteur à juger, avec ce calcul d'Hérodote, ce qu'il doit penser de celui de M. l'Abbé Banier, tant sur l'époque de la guerre de Troye, que sur celle de l'expédition des Argonautes, à laquelle on dit qu'Hercule y assista.

(*a*) In vita Homeri.
(*b*) In Euterpe, c. 145.

CHAPITRE III.

L'origine de cette Guerre.

REMONTONS à la ſource de cette guerre, & prenons-la, *ab ovo*, ſuivant l'expreſſion d'Horace (*a*), puiſqu'en effet un œuf en fut le premier principe, & une pomme y donna occaſion. Jupiter devenu amoureux de Léda, femme de Tyndare, ſe changea en cygne, jouit de Léda, qui mit au monde deux œufs : de l'un ſortit Pollux & Helène, & de l'autre Caſtor & Clytemneſtre. Helène épouſa Ménélas, & Clytemneſtre fut femme d'Agamemnon. Voilà l'œuf : voyons la pomme.

Jupiter épris des charmes de la Déeſſe Thétis, ayant appris de Prométhée, que ſuivant un oracle de Thémis, l'enfant qui naîtroit de cette Déeſſe ſeroit plus puiſſant que ſon pere, ſe détermina à la marier avec Pélée, fils d'Eaque, fils de Jupiter même & d'Egine. Thétis fut très-mécontente de voir qu'on lui faiſoit épouſer un mortel ; mais Jupiter le vouloit : il fallut y conſentir. Jupiter invita lui-même tous les Dieux à la cérémonie & au repas de ce mariage, afin de le rendre plus célébre ; la ſeule diſcorde fut oubliée, ou exclue. Cette Déeſſe pour ſe venger de ce mépris, ſe rendit ſecrettement aux nôces, & jetta au milieu de l'aſſemblée une pomme d'or,

(*a*) Art. Poët.

avec cette inſcription, *pour la plus belle*. Il n'étoit aucune des Déeſſes qui n'y prétendît; mais ſoit qu'elles fuſſent moins ſuſceptibles, ſoit qu'elles euſſent de la déférence pour Junon, Minerve & Vénus, elles leur céderent leurs prétentions. Il fallut adjuger la pomme à une des trois. Tous les Dieux ſentant bien l'embarras où ſe trouveroit celui d'entr'eux, qui ſe porteroit pour juge dans cette diſpute, ne voulurent point ſe charger d'une affaire ſi délicate. Jupiter lui-même ne crut pas devoir décider entre ſon épouſe, ſa fille & Vénus; il les envoya ſous la conduite de Mercure à un Berger, nommé Alexandre, qui gardoit ſes troupeaux ſur le Mont-Ida. Ce Berger prit dans la ſuite le nom de Pâris, & étoit fils de Priam, Roi de Troye. Les Déeſſes ſe préſenterent au Berger de la maniere que chacune cru la plus propre à relever ſa beauté. Elles lui firent d'abord les promeſſes les plus flatteuſes chacune en particulier. Junon lui offrit des ſceptres & des couronnes; Minerve lui promit la vertu & les belles connoiſſances; & Vénus, la plus belle femme qui fût ſur la terre. Elles conſentirent même aux conditions, qui pouvoient d'abord allarmer leur pudeur; mais que Pâris exigea, pour porter ſon jugement avec connoiſſance de cauſe. Enfin ſoit que l'appas d'une couronne fît peu d'impreſſion ſur l'eſprit de Pâris, & que la vertu le touchât moins que les charmes d'une belle femme, il adjugea la pomme à Vénus, qui en effet paſſoit pour la plus belle.

On ſent bien que Junon & Minerve ne furent

point ſatisfaites de cette déciſion ; auſſi jurerent-elles de s'en venger ſur leur Juge, ſur Priam ſon pere, & ſur la ville de Troye, dont la perte fut réſolue, & enſuite exécutée. Pâris laiſſa exhaler leur reſſentiment, & ne penſa plus qu'à voir effectuer la promeſſe de Vénus. Cette Déeſſe ne tarda pas à l'accomplir. Elle fit naître l'occaſion à Pâris d'aller dans la Gréce ; elle le conduiſit à Sparte chez Ménélas, qui en étoit Roi, & fit enſorte qu'Helène ſon épouſe, la plus belle femme de ſon tems, devint ſenſible aux vœux de Pâris, qui l'enleva : ce rapt fut cauſe de la guerre & de la ruine de Troye.

Tous les Dieux prirent parti dans cette guerre, & combattirent les uns contre les autres. Jupiter à la priere de Thétis prit long-tems le parti des Troyens, pour venger Achille de l'injure que lui avoit fait Agamemnon, de lui enlever ſa chere Briſeis. Il menaçoit même de ſon courroux ceux d'entre les immortels qui favoriſoient les Grecs ; mais enfin ayant aſſemblé tous les Dieux & les Déeſſes dans l'Olympe, le ſeul Océan excepté. Ils s'y rendirent tous juſqu'aux Nymphes des forêts, des fleuves & des prairies : Neptune lui-même quitta le fond de la mer pour y aſſiſter *(a)*. Jupiter leur dit qu'il leur laiſſoit alors la liberté d'aller combattre pour ou contre les Troyens. Junon, Minerve, Neptune, Mercure, auteur des commodités de la vie, & Vulcain ſe rendirent aux vaiſſeaux des Grecs. Mars, Apollon, Diane, Latone, Xanthe & Vénus furent joindre les

Troyens (*a*). Chacun exhortoit les ſiens à haute voix. Jupiter fit gronder ſon tonnerre; Neptune excita un tremblement de terre, qui répandit l'épouvante & la frayeur dans la ville de Troye, & mit une eſpece de confuſion parmi les vaiſſeaux mêmes des Grecs qu'il favoriſoit. Les ſecouſſes en furent ſi terribles, que le Mont-Ida en fut ébranlé juſques dans ſes fondemens. Pluton lui-même en treſſailli de peur dans le fond des enfers, & craignant que la voûte de ſon palais ténébreux ne s'écroulât ſur lui, il ſauta au bas de ſon thrône, & fit un grand cri (*b*). Apollon avec ſes fléches d'or combattit contre Neptune; Minerve eut Mars & Vénus contr'elle: Junon attaqua Diane, & Mercure Latone. Xanthe, ainſi nommé par les Dieux, & Scamandre par les hommes, avoit Vulcain en tête. Ainſi combattirent les Dieux contre les Dieux, & Achille contre Hector.

C'eſt donc un œuf & une pomme qui furent la ſource de l'expédition des Grecs, & la cauſe de la ruine de Troye. Si on ne les admet point comme tels, ou que l'on ſuppoſe qu'ils n'ont jamais exiſté, ç'en eſt fait de la prétendue expédition des Grecs. Car ſi cet œuf n'a pas exiſté, Helène la plus belle des femmes, digne récompenſe de Pâris, n'aura pas exiſté, puiſqu'on la dit ſortie de cet œuf, fille de Jupiter changé en cygne, & nourrie de lait de poule ou de coq. Et ſi la pomme de diſcorde ne fût jamais, que deviendra Achille, né du mariage de Pélée &

(*a*) Ibid. v. 33. (*b*) Ibid. v. 56.

de la Déesse Thétis? Il n'y aura jamais eu de dispute sur la beauté entre Junon, Minerve & Vénus. S'il n'y a point eu de différend entr'elles, Pâris n'a pû en être le juge. Vénus n'aura point eu cette pomme chimérique, & n'aura point promis Helène pour récompense. Si Helène n'a pas existé, comment Pâris aura-t-il pu en devenir le ravisseur? comment Ménélas aura-t-il intéressé toute la Gréce dans sa querelle, pour venger l'injure qui ne lui a pas été faite, & pour r'avoir en sa possession une femme qui n'exista jamais?

Bien plus, si nous ôtons l'existence réelle à Neptune, Apollon & Vulcain, qui fonderent & bâtirent la ville de Troye; à Jupiter qui enleva Ganymede; à Telamon qui épousa Hésione, fille de Laomédon; à Junon, Pallas & Vénus, qui allumerent le flambeau de la guerre; à Pélée, Thétis & la Déesse Discorde: quelles raisons resteront aux Grecs pour faire la guerre aux Troyens? quelle ville auront-ils dont ils puissent faire le siége? & si Ilion n'a point existé, où Priam aura-t-il regné? que faudra-t-il penser des longues & pénibles courses d'Enée & d'Ulysse; celles de l'un comme un effet de la colere du courroux de Junon, & celles de l'autre, comme une vengeance de Vénus? Le songe d'Hécube n'a-t-il pas lui-même tout l'air d'une fable, de même que la naissance de Pâris & son éducation. Hécube, dit-on, étant grosse, eut un songe funeste: elle pensoit qu'elle portoit dans son sein un flambeau, qui devoit embraser un jour l'Empire des Troyens. L'oracle consulté sur ce rêve, répondit que le fils que cette Princesse mettroit au monde, feroit cause de la désolation du Royaume de Priam. La Reine étant accouchée, on fit exposer l'enfant sur le Mont-Ida, où heureusement pour lui quelques Bergers le trouverent, & le nourrirent. Alexandre (c'est le nom qu'il porta d'abord) étant devenu grand devint amoureux d'une belle Bergere, nommée Œnone, fille du fleuve Cédrenne, entre les bras de laquelle Pâris fut mourir sur le Mont-Ida, après avoir été blessé devant la ville d'Ilion.

Voyons si toute cette fable n'a pas un rapport plus immédiat avec la Philosophie Hermétique qu'avec l'Histoire; & l'on jugera par-là si ce n'est pas plutôt une allégorie qu'un fait réel. Hécube étant grosse songe qu'elle porte dans son sein un flambeau qui doit embraser & causer la ruine d'Ilion. Nous avons dit plus d'une fois que les Philosophes Hermétiques appellent *feu*, *flambeau*, *miniere de feu*, leur soufre philosophique, & nous avons cité à ce sujet le traité Hermétique de d'Espagnet, avec celui de Philaléthe, sur les trois sortes de médecines de Géber. Nous avons aussi prouvé, qu'ils donnent le nom de femme à leur eau mercurielle; qu'ils parlent de conception & d'enfantement; qu'ils nomment cette eau *mere*, de même que leur matiere, & qu'ils appellent *enfant* le soufre philosophique qui en a été produit. On peut voir Morien à cet égard; & l'on va voir que toute l'histoire de Pâris y convient parfaitement.

Hécube est l'eau mercurielle, ou la matiere qui la produit, & Pâris est le soufre philosophique qu'elle porte dans son sein, & qui après avoir

avoir été mis au monde eſt expoſé ſur le Mont-Ida, dont j'ai parlé précédemment. Ce mont eſt appellé Ida, comme ſi l'on diſoit mont qui ſue; de ἴδος, *ſueur*, parce qu'il paroît toujours des goutes d'eau deſſus, comme ſi ce mont philoſophique ſuoit. C'eſt de lui dont les Philoſophes ont dit: enfermez-le dans une chambre ronde, tranſparente & chaude, afin qu'il y *ſue*, & qu'il ſoit gueri de ſon hydropiſie; la Tourbe en parle, Avicenne, & pluſieurs autres Philoſophes.

Pâris étant devenu grand ſur le Mont-Ida y devient amoureux d'Œnone, fille du fleuve Cédrenne. C'eſt comme ſi l'on diſoit en françois: Pâris étant devenu grand ſur le Mont qui ſue, il devint amoureux de l'eau vineuſe, ou de couleur de vin, fille du fleuve appellé *la ſueur brûlante*. On peut ſe rappeller, qu'en expliquant d'autres fables, nous avons dit que l'eau mercurielle devient rouge comme du vin, lorſque le magiſtere, ou ſoufre philoſophique eſt en voie de perfection; & que Raymond Lulle, Riplée, & quelques autres lui ont donné en conſéquence le nom de *vin*. Œnone où cette eau mercurielle eſt en effet fille de Cédrenne, ou de la ſueur brûlante, puiſqu'elle ne devient rouge qu'à meſure que le mont de ſueur philoſophique ſue, & qu'il rougit. Or Œnone vient d'Οἶνος, *vin*, & Cédrenne de Κέω, *je brûle*, & ἱδρὼς, *ſueur*. Pâris fut mourir entre les bras d'Œnone, des bleſſures qu'il avoit reçues dans le ſiége d'Ilion: c'eſt-à-dire, que le ſoufre philoſophique ayant été diſſout pendant l'opération de l'élixir, dont le ſiége d'Ilion eſt l'allégorie, il fut enfin fixé dans l'eau mercurielle couleur de vin; car, suivant Morien, la seconde opération n'est qu'une répétition de la premiere. Les blessures de Pâris sont désignées par la dissolution; & l'état de la matiere de l'élixir en putréfaction, est indiqué par Ilion, qui vient d'ἰλυς, *lie, ordure, bourbier.*

Quant aux Dieux & aux Déesses, nous avons dit dans le troisiéme livre & ailleurs ce qu'on doit en penser. Et si l'on a égard à ce que les Auteurs disent d'Helène, on sera aisément convaincu que son histoire est une fable pure: puisqu'il n'est pas possible qu'elle fût assez jeune pour être encore la plus belle des femmes du tems, où l'on feint que Pâris l'enleva. On est obligé d'avouer qu'il se rencontre des difficultés insurmontables sur l'âge de cette Princesse (*a*), quand même on accorderoit à cet Auteur les combinaisons déterminées de chronologie qu'il fait à ce sujet, Helène auroit eu au moins soixante & quelques années au tems du siége de Troye. Mais suivons M. l'Abbé Banier dans ses calculs chronologiques, & l'on verra que les choses ne peuvent s'accorder, malgré la torture qu'il s'est donnée pour ajuster tout à son systême, en rejettant ce qu'il ne peut y amener, & en admettant seulement que ce qu'il croit pouvoir y convenir.

Selon cet Auteur (*b*), Pelops eut d'Hippodamie Pithée & Lysidice, Pithée fut pere d'Ethra, & Lysidice mere d'Alcmene. Il avoit dit (ibid. p. 266.) qu'Alcmene étoit fille d'Anaxo & d'E-

(*a*) M. l'Abbé Banier, Mythol. T. III. p. 516.

(*b*) T. III. p. 317.

lectrion ; & que Mestor, fils de Persée & frere d'Electrion, avoit épousé Lysidice, fille de Pelops, dont il eut Hyppothoé, enlevée par Neptune : mais passons-lui cette contradiction ; l'indulgence est extrêmement nécessaire à cet égard, quand on lit son ouvrage (a). Ethra fut mere de Thésée, qui, selon le même Auteur, avoit au moins cinquante ans, quand il enleva Helène. Après qu'il l'eut enlevée, il fut avec Pyrithoüs pour enlever Proserpine, femme d'Aidonée ; il fut arrêté prisonnier par Aidonée, & Hercule le délivra de cet esclavage. Après cette expédition Hercule en fit bien d'autres avant que de mourir ; il délivra Alceste ; il fit la guerre aux Amazones avec Thésée, à qui il céda Antiope, l'une d'entr'elles ; il accompagna Jason avec Thésée à l'expédition de la Toison d'or ; il fut ensuite à Troye, où il délivra Hésione, & tua Laomédon, & mourut enfin âgé seulement de cinquante-deux ans. Par conséquent depuis l'enlevement d'Helène par Thésée, jusqu'à la mort d'Hercule, il doit s'être écoulé environ une dixaine d'année. Or si Thésée avoit lors de cet enlevement, au moins cinquante ans, il en avoit donc au moins soixante quand Hercule mourut. Thésée étoit par conséquent plus âgé de dix-huit ans qu'Hercule. Mais comment accorder cela avec l'hist-

(a) Je sçai que M. l'Abbé Banier n'est pas l'inventeur de ces généalogies. Mais est-il moins blâmable de les adopter toutes, quelques contradictoires qu'elles soient, par la seule raison sans doute que ces contradictions viennent de tems en tems fort à propos pour le tirer d'embarras.

toire de Théſée rapportée dans la page 317. du même Tome III ? M. l'Abbé Banier repréſente Théſée comme un jeune homme, dont la gloire, la vertu & les grandes actions d'Hercule enflammoient le courage naiſſant : qui n'eſtimoit rien au prix de lui, & étoit toujours prêt à écouter ceux qui lui racontoient quel perſonnage c'étoit, & ſur-tout ceux qui l'avoient vû, & qui pouvoient lui apprendre quelques particularités de ſa vie : que l'admiration que lui donnoit la vie d'Hercule, faiſoit que ſes actions lui revenoient la nuit en ſonge, & qu'elles le piquoient le jour d'une noble émulation, & excitoient en lui un violent deſir de l'imiter.

Si Théſée avoit 60 ans à la mort d'Hercule arrivée 30 ans avant la guerre de Troye, comment Théſée n'en avoit-il que 70 la premiere année du ſiége? il en auroit eu 90; & ſi Ethra ſa mere ſe trouva parmi les Eſclaves d'Helène, lors de la priſe d'Ilion, & que Démophoon la demanda à Agamemnon, Ethra devoit avoir alors cent quinze ou ſeize ans au moins ; car elle avoit ſans doute quinze ou ſeize ans quand elle mit Théſée au monde ; & le ſiége de Troye dura dix ans. Autre contradiction.

Admettons pour un moment que Théſée ſoit mort à l'âge de ſoixante & dix ans, la premiere année de la guerre de Troye, & Hercule cinquante-deux, trente ans avant le commencement de cette guerre. Cinquante-deux & trente font quatre-vingt-deux ans, qu'auroit eu Hercule, s'il eût vécu juſqu'à la mort de Théſée. Hercule n'auroit donc eu que douze ans, lorſque Théſée nâquit; peut-on dire qu'Hercule à cet âge eût détruit tant de brigands, les eût cherché par toute la terre, & eût fait toutes ces belles actions qui faisoient l'admiration de Thésée, & qui excitoient en lui un violent desir de l'imiter? Il y auroit bien d'autres observations à faire au sujet d'Hercule & de Thésée, mais passons à celui d'Helène.

Quelques anciens Auteurs ont assuré que Thésée après avoir enlevé Helène, & avant son voyage d'Epire, la laissa grosse entre les mains de sa mere Ethra, & qu'elle accoucha d'une fille. Si la chose est ainsi, il falloit qu'Helène fût déja d'un âge fait, puisque ses freres jumeaux étoient alors en état de conduire une armée; & que pendant l'absence de Thésée, on dit que Castor & Pollux prirent les armes; se rendirent maîtres de la ville d'Aphidnès; délivrerent leur sœur, qu'ils ramenerent à Sparte avec Ethra, mere de Thésée, qui devint par-là esclave d'Helène, qui la mena à Troye, lorsque dans la suite elle fut enlevée par Pâris.

J'ai dit qu'Helène devoit avoir au moins soixante ans au tems de la guerre de Troye; & si je ne lui en ai pas donné davantage, c'est que ce nombre d'années sur la tête d'Helène, suffisoit pour prouver ce que j'avançois alors, & que je me servois des armes mêmes de M. l'Abbé Banier pour le combattre. Mais si nous nous en rapportons à Apollonius (*a*) & à Valerius Flaccus (*b*), Helène devoit être beaucoup plus âgée;

(*a*) Liv. 3. v. 996. (*b*) Liv. 6. v. 90.

puiſqu'ils nous apprennent que Jaſon racontoit à Médée l'hiſtoire de Théſée & d'Ariadne comme une hiſtoire du tems paſſé. Elle l'étoit en effet : car Hypſiphile étoit fille de Thoas, & Thoas fils de cette même Ariadne, que Théſée avoit abandonnée dans l'iſle de Naxe, aprés l'avoir enlevée de l'iſle de Crête, lorſque par ſon ſecours il eut défait le Minotaure. Jaſon devint amoureux d'Hypſiphile dans l'iſle de Lemnos, en allant à la conquête de la Toiſon d'or, & y fit un ſéjour aſſez long ; car il y eut deux enfans d'Hypſiphile, dont l'un fut appellé Thoas, & l'autre Ennéus. Théſée n'étoit pas fort jeune dans le tems qu'il enleva Ariadne ; c'eſt à ſon retour qu'il ſuccéda à ſon pere, qui s'étoit précipité dans la mer, lorſqu'il vit revenir le vaiſſeau de ſon fils avec des voiles noires, parce qu'il lui avoit dit d'en mettre de blanches s'il retournoit heureuſement de ſon expédition. Théſée avoit déja fait alors toutes ces grandes actions qu'on lui attribue, il avoit combattu avec Hercule les Centaures qui troubloient les nôces de Pirithoüs ſon ami ; & cette action ſe paſſa avant qu'Hercule, par ordre d'Euryſtée, fut chercher le ſanglier d'Erymanthe ; car c'eſt en y allant qu'il défit le reſte des Centaures, & que Chiron mourut d'une bleſſure que lui fit une fléche d'Hercule empoiſonnée du venin de l'Hydre de Lerne. La priſe de ce ſanglier eſt regardée comme le troiſiéme des travaux d'Hercule. Or, ſuivant Hérodote (*a*), Hercule vivoit près de trois cens ans avant la

(*a*) In Euterpe.

guerre de Troye, Helène ne devoit donc en avoir gueres moins. Mais abandonnons, si l'on veut, le sentiment d'Hérodote; il est du moins constant que Thésée enleva Helène avant que Pirithoüs se mît en devoir d'enlever Proserpine. Pirithoüs étoit fils de Jupiter, suivant Homere *(a)*, & Proserpine fille de Cerès, & femme de Pluton; ce qui reculeroit encore davantage la naissance d'Helène. M. l'Abbé Banier croit devoir s'en tenir à la généalogie de Pirithoüs, donnée par Diodore de Sicile. Il ne fait pas attention qu'elle n'en est pas moins fabuleuse, & qu'elle prouve encore mieux combien Pirithoüs étoit éloigné du tems de la guerre de Troye. De tous les enfans de l'Océan & de Téthys, dit Diodore, un des plus fameux fut Pénée, qui donna son nom à un fleuve de Thessalie. (Hésiode avoit dit *(b)* que ce Pénée étoit ce fleuve lui-même). Ce Prince épousa Creuse, dont il eut Iphéus, & une fille nommée Stilbia. Apollon eut de cette Princesse Centaurus & Lapithus. Celui-ci eut de sa femme Eurionne, veuve d'Arsinous, deux fils, Phorbas & Périphas. Phorbas lui succéda; mais après sa mort Périphas prit sa place, & ayant épousé Astiagée, fille d'Iphéus, il en eut plusieurs enfans, dont Antion fut le plus connu, pour avoir donné naissance à Ixion, qui épousa Clia, ou Dia, & en eut Pirithoüs.

Il s'ensuit de cette généalogie que Pirithoüs est le septiéme, depuis Océan & Téthys, qu'Hésiode compte pour le plus ancien des Dieux, &

(a) Iliad. l. 4.

(b) Théogon.

le sixiéme depuis Apollon. Il faudroit pour prouver cette antiquité, rappeller ici la généalogie des Dieux; mais il n'est pas nécessaire de répéter ce que nous avons dit dans le troisiéme livre & ailleurs. On ne finiroit pas si l'on vouloit examiner tous les articles qui causent tant de difficultés & d'embarras aux Mythologues. Car plusieurs Auteurs accrédités (*a*), prétendent qu'Helène ne fut enlevée que par Thésée, qui ne la mena pas à Aphidnès, comme on le dit communément, mais en Egypte, où il la mit entre les mains de Prothée, fils de Neptune, dont Hercule tua les enfans Tmylus & Télégonus, parce qu'ils faisoient mourir les étrangers qui venoient chez eux. Et pour le dire en deux mots, c'est perdre son tems & ses peines de vouloir arranger historiquement des faits purement fabuleux. J'aimerois mieux dire, avec quelques Auteurs, qu'Helène étoit immortelle, un tel sentiment a un rapport plus immédiat avec la Fable; aussi Servius (*b*) embrasse-t-il ce sentiment. D'autres pour éluder tant de difficultés insurmontables, ont dit que la guerre de Troye ne fut point entreprise par les Grecs à l'occasion d'Helène, mais à cause de l'enlevement d'Hésione que Priam vouloit r'avoir. Mais alors toute l'Iliade seroit fausse; & c'est cet ouvrage d'Homere qui a enfanté tous les autres faits à ce sujet.

(*a*) Servius sur le V. de l'Enéïde.
(*b*) Sur le 2. de l'Enéïde.

CHAPITRE IV.

On ne peut déterminer au juste l'époque de cette guerre.

LES Auteurs anciens & modernes sont si différens les uns des autres sur cet évenement, qu'il est impossible de les concilier. Coringius & le Chevalier Newton le mettent 900 ou 907 ans avant l'Ere vulgaire, & le P. Souciet 1388 ans. On compte au moins 40 ou 50 opinions, qui pour accorder ces deux extrémités, approchent ou éloignent plus ou moins cet évenement. On peut consulter là-dessus Scaliger, le P. Petau, & Dom Pezron, de même que le dixiéme chapitre du troisiéme livre des *Réflexions critiques sur les Histoires des anciens Peuples*, par M. Fourmont l'aîné.

Homere est le premier qui ait fait mention de cette guerre. Il la prise pour le sujet de son Iliade & de son Odyssée; mais il se contente de parler des Dieux, des Déesses, des Nymphes, des Héros & des Héroïnes qui s'y trouverent, sans déterminer aucun tems fixe pour cet évenement, ni pour rien de ce qui pouvoit y avoir quelque rapport. Cela seul devroit faire penser que c'est une pure fiction de ce Poëte, qui a voulu égayer son imagination, & faire voir à la postérité la fécondité de son génie. S'il est vrai que cette prétendue guerre n'est qu'une allégorie du grand œuvre, il eût pû la décrire en moins d'une page, ſuivant ce qu'en dit le Coſmopolite (*a*). Cette maniere de traiter le grand œuvre n'eſt pas extraordinaire, Denis Zachaire a auſſi ſuppoſé le ſiége d'une ville; mais il n'a fait qu'un ſeul traité; & l'hiſtoire du ſiége qu'il ſuppoſe, eſt contenue dans un ſeul chapitre. Philaléthe a fait au moins 28 Ouvrages ſur cette matiere; & Raymond Lulle l'a étendue dans une infinité de volumes.

Ceux qui ſont venus après Homere, & qui ont voulu déterminer l'époque fixe de cette expédition, auroient dû nous dire ſur quoi ils fondoient leur ſentiment: ſans cette précaution, nous avons droit de les recuſer, & de ne pas les en croire ſur leur parole: nous avons même raiſon de penſer que c'eſt une pure ſuppoſition de leur part. Hérodote, à l'hiſtoire duquel Strabon (*b*) dit qu'il ne faut pas beaucoup ajouter foi, dit ſans aucune preuve (*c*), qu'il croit qu'Homere vivoit environ 400 ans avant lui, & 160 ans après la guerre de Troye. A. Gelle (*d*) ne met que cent ans d'intervalle entre la priſe d'Ilion & la naiſſance d'Homere. Hérodote ſemble déterminer cet évenement ſous le regne de Prothée, Roi d'Egypte, que toutes les Fables diſent fils de Neptune, par conſéquent un perſonnage fabuleux; & d'ailleurs on ne peut déterminer l'époque du regne de ce Roi.

Varron, qui fit tout ſon poſſible, & employa

(*a*) Epilogue de ſes 12 Traités.
(*b*) Liv. 14.
(*c*) Liv. 2. c. 53.
(*d*) Liv. 17. c. 21.

tout son esprit à rapprocher de la raison la Théologie des Payens, & à la rappeller au civil ou au physique, suivant le témoignage de S. Augustin (*a*), est un des premiers qui, sur les raisonnemens d'Homere, ait voulu fixer l'époque de la guerre de Troye. Mais il a puisé cela comme bien d'autres choses, dans son imagination, & S. Augustin le réfute très-solidement. Virgile, sur le témoignage de Varron, fixe le siége de Troye à l'an 300 avant le siége de Rome. Livius & les autres Romains qui sont venus après, ont suivi aussi Varron, & ont donné le fait, & son époque pour certains, de même que mille autres choses qui ne furent jamais.

On ne sçait pas même en quel tems vivoit Homere; on ignore jusqu'à sa patrie, & l'endroit où il est mort; & quoiqu'Hérodote ait écrit la vie d'Homere en abrégé, il étoit lui-même incertain de ce qu'il dit à ce sujet; puisqu'il se sert souvent du terme, *je pense, je conjecture.* Thomas Valois (*b*) avoue que la variété des sentimens des Auteurs, sur ce qui regarde Homere, fait qu'il est impossible de rien déterminer sur le tems où a vécu ce Poëte. S. Augustin (*c*), Eusebe & S. Jerôme (*d*), A. Gelle (*e*), conviennent tous qu'Homere vivoit avant Romulus. Eutrope dit qu'il vivoit du tems d'Agrippa Sylvius, Roi d'Albanie, auquel succéda Arenius Sylvius, qui regna 9 ans, à celui-ci Aventinus

(*a*) De la Cité de Dieu, liv. 6. c. 2. 3. 4.

(*b*) Sur le liv. 3. de S. August. de la Cité de Dieu, ch. 2.

(*c*) Ibid. ch. 6. du l. 22.

(*d*) In Chronicis.

(*e*) Liv. 9.

Sylvius, qui en regna 34. Procas Sylvius vint enſuite, qui porta la couronne 22 ans; enfin Amulius, à la ſeptiéme année duquel nâquit Romulus; ce qui fait environ 80 ans d'intervalle entre Romulus & Homere.

Cicéron (*a*) dit que ſept Villes ſe diſputoient la gloire d'avoir vû naître Homere dans leur ſein; & il nomme entr'autres Smyrne, Chio, Salamine, Colophone, Argos. Aulu Gelle, avec pluſieurs autres, ont cru qu'il étoit né en Egypte: & Ariſtote le croyoit né dans l'iſle Io. De maniere que ceux qui approchoient le plus du tems d'Homere, n'étoient pas mieux inſtruits de ce qui le regardoit, que ceux qui ſont venus dans la ſuite. On ne peut donc en juger que par conjecture, & l'on a rien de certain.

Homere étant donc le premier qui ait parlé de la guerre de Troye, & de la ruine de cette ville; les autres Auteurs ne pouvant nous donner rien d'aſſuré ſur l'époque de cet évenement, & ſur l'évenement lui-même, ne peut-on pas le regarder comme une fiction pure? Les tems doivent répondre à certains tems déterminés, les choſes aux choſes, & les perſonnes aux perſonnes, quand il s'agit d'établir & de conſtater la réalité d'un fait. On ſçait, par exemple, en quelle année, & ſous quel Roi d'Egypte Moyſe eſt né. Nous ſçavons où, & ſous quel Empereur Jeſus-Chriſt notre Sauveur a pris naiſſance; ſous quels Conſuls Corynthe fut détruite, & Carthage ruinée; enfin tant d'autres faits de cette eſpece;

(*a*) Orat. pro Archia Poëta.

dont personne ne doute. Mais il n'en est pas de même de la ville de Troye. Rien ne nous certifie son existence & sa destruction, que ce qu'en a dit Homere, & ceux qui l'ont copié, ou qui en ont écrit sur des traditions émanées des écrits de ce Poëte.

Nous trouvons à la vérité dans Homere, qu'Enée après la destruction de Troye se sauva en Italie; & les Ecrivains Romains n'ont pas manqué de faire valoir ce trait, pour donner du lustre à leur ville, en faisant descendre Romulus de ce Héros, au moins par les femmes; car ils lui donnoient le Dieu Mars pour pere. Tout cela s'accordoit fort bien avec la Fable. Enée étoit fils de Vénus, & Romulus fils de Mars, & qui ne sçait le bon accord qui regnoit entre ce Dieu & cette Déesse? Les Romains étoient-ils de pire condition que les autres, qui se flattoient à l'envi d'avoir des Dieux pour fondateurs de leurs villes? Lorsque ces fondateurs n'étoient pas des Dieux, ils sçavoient les immortaliser. Et si un Ancien *(a)* se mocquoit des Egyptiens, en disant que cette nation étoit bien heureuse de voir naître des Dieux dans ses jardins; on auroit bien pu le dire des Romains & des Grecs, qui se vantoient hautement d'être tous descendus des Dieux. S. Augustin ne laissa pas tomber ce trait de leur vanité; il le rappelle *(b)* en ces termes: » Nous lisons, » & on nous dit que Romulus a fondé Rome, » & qu'il y a regné. On nous a aussi laissé par » écrit qu'il a été mis au nombre des Dieux. Les

(a) Juvenal.
(b) De la Cité de Dieu, l. 22. c. 6.

» écrits nous apprennent les faits, mais ils ne » les prouvent point; car on ne montre aucun » monument, aucun prodige qui atteste que cela » lui soit arrivé. La Louve qu'on dit avoir nourri » les deux freres, pourroit à la vérité être mise » au nombre des prodiges; mais quel est un tel » prodige, & que prouve-t-il pour la divinité de » Romulus? si cette prétendue Louve ne fût pas » une femme prostituée, mais un animal réel, » ce prodige étant commun aux deux freres, » pourquoi l'un & l'autre ne sont-ils pas réputés » Dieux? «

Quelques Auteurs n'ont pas même fait difficulté d'avancer que Romulus pouvoit bien être l'enfant qui nâquit de l'ancien adultere de Vénus & de Mars, lorsque Vulcain les lia ensemble, quand il les prit sur le fait. D'autres ont dit que Romulus étoit né d'une vierge vestale, parente de Vulcain. Mais quoi, doit-on regarder comme un Dieu, un homme qui a commencé son regne par un fratricide? On dit même fort sérieusement qu'un aigle fut l'augure de la fondation de ce Royaume, & de sa dénomination; qu'une oye prit la défense de la ville de Rome, & la protégea (lorsque les Gaulois attaquerent le Capitole), & qu'elle fut gouvernée par une poule avec ses poussins (lorsqu'une aigle, qui en emportoit un, le laissa tomber dans le sein de Livie): que ce poussin étoit d'une race si heureuse, que les Romains n'auroient osé entreprendre aucune expédition, sans avoir consulté auparavant les poulets qui en étoient issus.

Les Romains à l'imitation des Troyens regardoient donc Mars & Vénus comme les Dieux tutelaires de leur ville & de leur empire. On peut voir particulierement dans le liv. 3. de la Cité de Dieu, comment S. Augustin parle aux Payens là-dessus. Il est surprenant qu'on ait encore aujourd'hui assez de crédulité, pour penser que Rome soit un phénix ressuscité des cendres de Troye. On dira peut-être, qu'on peut le croire, en faisant abstraction de l'origine divine d'Enée & de Romulus; mais ce sentiment ne sera fondé sur le témoignage d'aucun Auteur ancien. Ceux par qui nous avons appris l'origine & la fondation de Troye & de Rome, ne nous ont rien laissé que de fabuleux à ce sujet; surquoi les modernes fonderont-ils donc la réalité de ces faits? On sait bien que Rome a existé; mais on n'a aucune preuve de cette origine divine (*a*). Il n'en est pas de même de Troye; on ne l'a jamais connue que par le récit d'Homere; elle est périe sans aucun reste qui ait pû attester son existence; sinon le prétendu établissement d'Enée, & de quelques Héros Grecs dans l'Italie, suivant le récit du même Poëte. Puisque Homere est regardé comme fabuleux tant sur la fondation de Troye, que sur la plûpart des faits qui se sont passés pendant le siége de cette ville, pourquoi ajoutera-t-on plus de foi à ce qu'il dit de la fuite d'Enée, & de son établissement en Italie? La maniere dont ce Poëte fait parler & agir les Dieux & les Déesses dans toutes les occasions,

(*a*) Tout le monde en convient; Tite-Live lui-même. *Voyez sa Préface.*

prouve bien qu'il regardoit le tout comme une pure fable ; & qu'il n'en parloit qu'autant qu'ils venoient à propos, soit pour embellir sa fiction, soit pour égayer son imagination. Homere fondant donc sur des fables l'établissement d'Ilion, & tout ce qu'il dit du siége ; sans doute que le tout n'est qu'une fiction pure. Je ne conçois pas après cela comment les Mythologues osent avec un grand sérieux nous débiter tant de fables à ce sujet, uniquement fondés sur le témoignage de Pausanias, & de quelques Auteurs qu'ils méprisent eux-mêmes, & avec raison ; puisqu'ils sont pleins de fables, de contradictions, de puérilités, & qu'enfin ces Anciens n'avoient pas plus de preuves de ce qu'ils avançoient, qu'en ont aujourd'hui nos Mythologues modernes. La table Iliaque, les pierres gravées, les marbres de Paros sont des monumens fort postérieurs à Homere ; & qui prouvent tout au plus qu'on racontoit cet évenement dans le tems qu'ils ont été faits, comme on le raconte aujourd'hui.

CHAPITRE V.

Fatalités attachées à la Ville de Troye.

On étoit intimement persuadé dans l'armée des Grecs & des Troyens, que la ville de Troye ne pouvoit être prise, si l'on n'étoit attentif à exécuter certaines choses dont le sort de cette ville dépendoit. Homere ne fait pas expressément

ſément mention de toutes ; mais Ovide, Lycophron, & quelques autres Anciens en ont parlé. On peut cependant les déduire de ce que rapporte Homere en différens endroits ; tels que ceux où il décrit ce que l'on fit pour aller chercher Philoctete à Lemnos, Pyrrhus à Scyros ; l'attention que les Grecs avoient à empêcher que les chevaux de Rhéſus ne buſſent de l'eau du Xanthe, & les dangers qu'ils braverent pour enlever le Palladium.

Ces fatalités avoient été déclarées aux Grecs par Calchas, lorſqu'Agamemnon & les autres Chefs de l'armée des Grecs furent le conſulter ſur la réuſſite de l'expédition qu'ils projettoient contre la ville de Troye. Calchas répondit, qu'ils ne prendroient jamais cette ville, ſi Achille & ſon fils Neoptolême ne les accompagnoit : 2°. qu'il falloit avoir les fléches d'Hercule, dont ce Héros avant de mourir avoit fait préſent à Philoctete : 3°. que l'enlevement du Palladium conſervé ſoigneuſement par les Troyens dans le temple de Minerve, étoit abſolument requis : 4°. qu'un des os de Pelops devoit néceſſairement être porté à Troye avant le ſiége : 5°. qu'il falloit enlever les cendres de Laomédon : 6°. qu'on ſe donna bien de garde de laiſſer boire de l'eau du Xanthe aux chevaux de Rhéſus. On peut des écrits d'Homere en conclure deux autres, dont la premiere eſt qu'il étoit néceſſaire de faire mourir Troïle, fils de Priam, avant de prendre la ville ; en ſecond lieu, que la deſtinée de Troye dépendoit tellement d'Hector, que cette ville ne ſeroit jamais priſe tant qu'il vivroit. On en a enfin ajouté une ſeptiéme; ſçavoir, que Téléphe, fils d'Hercule & d'Augé, devoit néceſſairement y être appellé, & combattre pour les Grecs.

Il eſt conſtant que tout homme ſenſé, à qui on diroit de pareilles choſes, les regarderoit comme des fables; & qu'elles paroiſſent telles en effet. Car quel rapport peuvent avoir des choſes ſi différentes, & ſi étrangeres au but que ſe propoſoient les Grecs, le ſiége d'une ville & la ruine des Troyens? A quoi pouvoient ſervir aux Grecs un des os de Pélops, & en quoi pouvoit-il nuire à ceux qui défendoient Ilion? Quand on ne regardera Achille que comme un Héros, brave, belliqueux, & qui par ſon ſçavoir dans l'art de la guerre, peut être d'une grande utilité dans l'armée où il ſe trouvera, paſſe; on a raiſon de le croire néceſſaire; mais quand on fondera cette néceſſité ſur ce qu'Apollon & Neptune employés par Laomédon à bâtir la ville de Troye, avoient prié Eaque de les aider (*a*), afin que l'ouvrage d'un homme mortel venant à être mêlé avec celui des Dieux, la ville, qui ſans cela auroit été imprenable, pût un jour être priſe; & qu'il falloit par conſéquent qu'un des deſcendans de celui qui avoit aidé à la bâtir, aidât auſſi à la détruire. N'étoit-il pas plus naturel d'imaginer que le petit-fils de celui qui avoit contribué à ſon élévation, s'oppoſeroit de toutes ſes forces à ſa deſtruction? à moins qu'on ne veuille ſuppoſer quelque choſe d'allégorique dans tout cela. Des murs de cette ville ne tombent pas au ſon des

(*a*) Scholiaſte de Pindare ſur la cinquiéme Olymp.

trompettes : il falloit autrefois des béliers, & aujourd'hui non seulement le bruit du canon, mais le choc des boulets. L'Ecriture nous apprend cependant que les murs de Jéricho s'écroulerent (*a*) au seul son des trompettes, que Josué fit retentir autour de cette ville ; mais nous sçavons aussi qu'il le fit par un ordre exprès de Dieu ; & l'Ecriture nous atteste la vérité du fait. Ce que nous rapportent les Poëtes n'a pas ce degré de certitude ; on doit même le regarder comme des fictions pures, puisqu'elles ne sont pas même vraisemblables. Examinons ces fatalités chacune en particulier.

PREMIERE FATALITÉ.

Achille & son fils Pyrrhus sont nécessaires pour la prise de Troye.

M. l'Abbé Banier & les partisans de son systême sont bien embarrassés pour y adapter ces fatalités : aussi se contente-t-il de les rapporter, sans se mettre en devoir d'en donner presqu'aucune explication. Quant à cette premiere, il conjecture que Calchas, gagné par les Chefs de l'armée des Grecs, imagina cette fatalité pour attirer Achille & ses troupes au siége de Troye ; & que pour y réussir, on en donna la commission à l'artificieux Ulysse. Mais prenons les choses dans le sens naturel que nous présente la Fable, & voyons si elles ne renferment pas une allégorie toute simple de la Philosophie Hermétique.

(*a*) Josué, c. 6.

On feint qu'Achille étoit fils de Pélée & de Thétis. Quoique nous ayons déjà expliqué ce que la Fable a voulu nous donner à entendre par-là, il est à propos d'en retoucher quelque chose, pour rendre la preuve plus complette. Pélée vient ou de πελὸς, *noir, brun, livide;* ou de πηλὸς, *boue, bourbier.* Thétis est prise pour l'eau. Isacius dit que Pélée, par le conseil de son pere, eut commerce avec Thétis, lorsqu'entre les différentes formes qu'elle prenoit pour éviter les poursuites de Pélée, elle eût pris celle d'un poisson, connu sous le nom de *séche*. Ainsi voilà Achille fils de la Boue noire & de l'Eau. On sçait que la séche jette une liqueur noire qui teint l'eau, dans laquelle elle se trouve, & la change, pour ainsi dire, en encre. Tout cela convient donc bien à la circonstance de la conception de l'enfant philosophique, que nous avons dit se faire, suivant les Philosophes, lorsque la matiere mise dans le vase, est parvenue à un état semblable à celui d'une boue noire, ou à de la poix noire fondue. Par la même raison la Fable dit que les nôces de Pélée & de Thétis se firent sur le Mont-Pélion en Thessalie.

A peine Achille fut-il né, que sa mere, pour l'accoutumer à la fatigue, & le rendre comme immortel, le nourrit & l'éleva d'une façon qui ne fût propre qu'à Cérès & à Thétis. Elle le cachoit toute la nuit dans le feu, pour consumer en lui tout ce qu'il avoit de mortel & de corruptible; pendant le jour elle l'oignoit d'ambroisie. Cette méthode lui réussit seulement pour Achille; tous ses autres enfans en moururent;

c'eſt ce qui lui fit donner le nom de Pyrithoüs, comme *ſauvé du feu*, ou *vivant dans le feu*. Pélée ayant voulu ſe mêler de l'éducation d'Achille, Thétis l'abandonna & ſe retira avec les Néréides. On mit enſuite Achille entre les mains de Chiron, pour être inſtruit dans la Médecine & les Arts.

Comme Achille avoit appris de Thétis qu'il périroit dans la guerre de Troye, lorſqu'il fut queſtion de cette guerre Achille ſe retira chez Lycomede, pour ne pas s'y trouver. Il ſe déguiſa ſous un habit de femme, & y eut commerce avec Déidamie, dont il eut Pyrrhus. Les Grecs ayant appris de Calchas la néceſſité de la préſence d'Achille, chargerent Ulyſſe de le chercher. Il le trouva après bien des perquiſitions, & l'engagea à joindre les autres Chefs de l'armée des Grecs. Cette action eſt une de celles qui font le plus d'honneur à Ulyſſe.

Il faut regarder Ulyſſe comme le ſymbole de l'Artiſte prudent & habile dans ſon art, ou l'agent extérieur qui conduit l'œuvre. Achille eſt l'agent intérieur, ſans lequel il eſt impoſſible de parvenir au but que le Philoſophe ſe propoſe. Nous avons parlé dans le cinquiéme livre des qualités requiſes dans l'Artiſte; qu'on ſe rappelle ce que nous avons dit à ce ſujet, & qu'on faſſe attention à ce que nous allons rapporter d'après Géber, on y reconnoîtra le portrait d'Ulyſſe d'après nature. » Celui qui n'a point un génie étendu » & un eſprit ſubtil, propre à pénétrer dans les » ſecrets replis de la Nature, à découvrir les » principes qu'elle emploie, & l'artifice dont

» elle uſe dans ſes opérations, pour parvenir à » la perfection des mixtes & des individus, ne » découvrira jamais la ſimple & véritable racine » de notre précieuſe ſcience. « Tels ſont les termes de Géber (*a*), qui après avoir fait l'énumération des defauts de l'eſprit, qui donne l'excluſion à cette ſcience, tels que ſont l'eſprit peſant & bouché, l'ignorance, la crédulité téméraire qui en eſt une ſuite; l'inconſtance, l'inquiétude des affaires qui occupent trop; l'avarice, la nonchalence, l'ambition, & le peu d'aptitude pour les ſciences; conclud enfin dans le chapitre ſeptiéme par un épilogue, où l'on reconnoît Ulyſſe comme dans un miroir. » Nous concluons » donc, dit cet Auteur, que l'Artiſte de cet » œuvre doit être verſé dans la ſcience de la » Philoſophie naturelle, & qu'il doit en être » parfaitement inſtruit; parce que quelqu'eſprit » & quelques biens qu'il ait, il n'en obtiendra » jamais la fin ſans cela... Il faut donc que l'Ar» tiſte appelle à ſon ſecours, une méditation pro» fonde de la Nature, & un génie fin, induſ» trieux. La ſcience ſeule ne ſuffit pas, ni le » génie ſeul; il les faut tous deux, parce qu'ils » ſe prêtent un ſecours mutuel. Il doit être d'une » volonté conſtante, afin qu'il ne coure pas tantôt » à une choſe, tantôt à l'autre; car notre art ne » conſiſte pas dans la multitude des choſes. Il » n'y a qu'une pierre, qu'une médecine & qu'un » magiſtere. Il doit être attentif & patient, afin » qu'il n'abandonne pas l'œuvre à moitié fait.

(*a*) Summâ perfect. part. 1. c. 5.

» Il ne faut pas qu'il ſoit prompt & trop vif :
» la longueur de l'œuvre l'ennuyeroit. Qu'il
» ſçache enfin que la connoiſſance de cet art
» dépend de la puiſſance divine, qui en favoriſe
» qui il lui plaît ; qu'il ne la communique pas
» aux avares, aux ambitieux, & à ceux qui ne
» cherchent qu'à aſſouvir leurs paſſions déré-
» glées ; car Dieu eſt plein de juſtice, comme il
» eſt plein de bonté. «

Ovide dans ſes Métamorphoſes (*a*) introduit Ulyſſe & Ajax, qui ſe diſputent les armes d'Achille. Chacun d'eux fait l'énumération des droits qu'il a ſur ces armes, par les belles actions qu'il a faites, & par les ſervices qu'il a rendus aux Grecs. Quand on a lû l'Iliade d'Homere, on voit bien qu'Ulyſſe peut ſe comparer à Ajax pour les actions de bravoure & de courage. Ajax en fait trophée dans Ovide ; il montre ſon bouclier tout criblé de coups de lances & de javelots, & reproche à Ulyſſe que le ſien eſt encore entier dans toutes ſes parties. Quoiqu'Ajax haranguât des guerriers, qui n'ignoroient point ſa valeur, & qui naturellement auroient été diſpoſés à donner la préférence à un auſſi grand Héros ; ils les adjugerent cependant à Ulyſſe, quand ils eurent entendu ſa harangue. En quoi conſiſtoit-elle ? à rappeller 1°. qu'il avoit ſçu découvrir Achille, déguiſé même ſous l'habit de femme, & l'amener dans l'armée des Grecs ; 2°. qu'il a vaincu Téléphe, & la gueri de ſa bleſſure ; 3°. qu'il a pris les villes d'Apollon ; 4°. qu'il eſt cauſe de

(*a*) Liv. 13. Fab. 1.

la mort d'Hector, puiſqu'il a ſuccombé ſous les armes d'Achille ; 5°. qu'il a déterminé Agamemnon à ſacrifier Iphigénie pour le bien public ; 6°. que malgré le danger qu'il y avoit à ſe préſenter devant Priam, pour revendiquer Helène, il n'a point craint d'y aller avec Ménélas ; 7°. que les Grecs ennuyés de la longueur & des fatigues du ſiége, & ayant pris le parti de l'abandonner & de ſe retirer, il fit tant par ſes exhortations & ſes remontrances, qu'il les détermina à les continuer : qu'il tendoit des piéges aux Troyens, & avoit mis le camp des Grecs à l'abri de leurs inſultes par un bon mur de circonvallation : que par ſes conſeils & ſes expédiens l'abondance avoit toujours été entretenue dans l'armée. C'eſt moi, ajoute-t-il, qui ai ſurpris Dolon. J'ai pénétré moi-même juſqu'à la tente de Rhéſus, & je lui ai ôté la vie. Ajax dans les horreurs de la nuit, a-t-il paſſé à travers les ſentinelles ; pénétré non ſeulement dans la ville, mais juſqu'aux forts mêmes au milieu du fer & du feu, & enlevé le Palladium ? Oui, j'ai pris la ville par cette action ; puiſque par elle je l'ai miſe en état d'être priſe. J'ai amené Philoleẞte au camp avec les fléches d'Hercule, & c'eſt par leur ſecours que nous avons vaincu.

Si l'on veut faire attention aux explications des différentes fables que j'ai données juſqu'ici, on verra clairement que tous ces faits ſur leſquels Ulyſſe fonde ſes droits ſur les armes d'Achille, ſont préciſément des allégories des opérations du magiſtere des Sages. Voyons en quelques-uns. Nous avons dit qu'Achille eſt le ſymbole du feu du mercure philoſophique. La Fable dit qu'Achille étoit fils de Pélée & de Thétis, ou de la boue noire. La boue eſt composée de terre & d'eau; le mercure des Philoſophes s'extrait de ces deux matieres. Suivant d'Eſpagnet (*a*) „ on „ l'appelle tantôt terre, & tantôt eau, pris ſous „ divers aſpects, dit cet Auteur, parce qu'il eſt „ naturellement composé de ces deux «. Pour indiquer l'état de cette terre philoſophique, ou du ſujet ſur lequel travaillent les Philoſophes, lorſqu'il doit enfanter le mercure, d'Eſpagnet cite les vers ſuivans de Virgile, qui expriment très-bien la diſſolution & la putréfaction de cette matiere, ſignifiée alors par Pélée, parce qu'elle eſt comme une boue noire, à laquelle preſque tous les Philoſophes la comparent.

Pingue ſolum primis extemplo à menſibus anni
Fortes invertant tauri. . . . . .
Tunc zephyro putris ſe gleba reſolvit.

Georgic. I.

Lorſqu'Achille fut né, Thétis le nourrit comme Cerès avoit fait Triptolême; elle le cachoit la nuit ſous le feu, & le jour elle l'oignoit d'ambroſie. Je ne répéterai pas ici ce que j'ai dit là-deſſus dans l'article de Cérès; le Lecteur peut y avoir recours.

Achille devenu grand, ſe retira chez Lycomede, où il devint amoureux de Déidamie, & en eut un fils nommé Pyrrhus. Le mercure parvenu au

(*a*) Arcan. herm. Philoſ. opus, Can. 46.

tems où il commence à se fixer, quitte pour ainsi dire la maison paternelle & maternelle, en passant de la couleur noire à la blanche. Dans cet état il se retire chez Lycoméde, parce qu'il se change en une espéce de terre, que les Philosophes appellent or blanc, soleil blanc, pierre qui commande, & qui regne: ce qui est exprimé par Lycoméde, qui vient de Λύκος, *soleil*, & de μήδω, *je commande*, *je prends soin*. C'est pour cela que Lycoméde est appellé pere de Déidamie; car la partie fixe dans cet état a une vertu propre à fixer la partie volatile; elle a, disent les Philosophes, une vertu aimantine qui attire à elle la partie volatile, pour la fixer & ne former qu'un corps des deux. Tout le monde sçait que le mercure est volatil. L'amour qu'Achille, symbole de ce mercure, a pour Déidamie, est cette vertu aimantine & attractive réciproque, qui fait que l'un & l'autre se réunissent, & que le volatil devient enfin fixe. On ne pouvoit l'exprimer plus heureusement que par le nom de Déidamie, puisqu'il signifie une chose qui en fixe une autre, ou qui l'arrête dans sa course, de θέω, *je cours*, & de δαμάω, *je dompte*, *j'arrête*.

Déidamie donna un fils à Achille, qui fut nommé Pyrrhus à juste titre; puisque de l'union du fixe & du volatil se forme le soufre philosophique, qui est un vrai feu ou une pierre ignée, que d'Espagnet appelle *miniere de feu céleste*; Philalethe le nomme *feu de nature*. Alphidius dit, que lorsque celui qui fuit est arrêté dans sa course par celui qui le poursuit, la course des deux finit; ils se réunissent, & ne font plus qu'un, qui devient rouge & feu. Homere désigne cette volatilité du feu mercuriel, en disant toujours d'Achille, qu'il a le pied léger, qu'il est extrêmement prompt à la course : πόδας ὠκὺς, ποδάρκης. Ce Poëte l'insinue encore mieux (*a*), lorsqu'il dit qu'Achille dit à Automedon d'atteler son char pour Patrocle son ami, & d'y mettre ses deux chevaux Xantheis & Balius, dont la vîtesse égaloit celle du vent ; Harpuie Podarge les avoit engendrés de Zéphyre, lorsqu'elle paissoit sur les bords de l'Océan, & qui plus est, ces chevaux étoient immortels (*b*).

Ulysse ayant déterminé Achille à se joindre aux Grecs, celui-ci assembla les Myrmidons ses sujets ; il se mit à leur tête, avec Menestius fils du fleuve Sperchius, Dieu & fils de Jupiter & de la belle Polydore (*c*), avec Eudorus, fils de Mercure, appellé dans cette circonstance ἀκάκητα, ou le pacifique (ibid. v. 185) ; mais Eudorus étant devenu grand, étoit célébre par sa grande légereté à la course. Pisandre fut le troisiéme Chef des Myrmidons : Homere (ibid. v. 194) dit de lui qu'il étoit le plus vaillant de cette troupe, après Achille. Phœnix vieillard fut le quatriéme, & Alcimedon fils de Laerce, le cinquiéme.

Pyrrhus étant né, ou le soufre philosophique parfait, il faut que l'Artiste procéde à la seconde opération, que les Philosophes appellent le second œuvre, ou l'élixir. C'est cet élixir, ou le

(*a*) Iliad. L. 16. v. 145.
(*b*) Ibid. L. 17. v. 444.
(*c*) Ibid. L. 16. v. 173.

procédé qu'il faut tenir en le faiſant, qu'Homere a eu en vûe dans ſon Iliade. La premiere fatalité de Troye étoit qu'Achille, & après lui ſon fils Pyrrhus, devoient néceſſairement ſe trouver dans le camp des Grecs, pour que cette ville fût priſe. La raiſon eſt que l'élixir ne peut ſe faire ſans le mercure philoſophique, qui en eſt le principal agent. Cette ſeconde opération n'eſt, ſelon Morien (*a*), qu'une répétition de la premiere quant au régime & aux ſignes apparens, ou à ce qui ſe paſſe dans le vaſe, par rapport aux couleurs qui ſe ſuccédent. Homere dit en conſéquence qu'Achille aſſembla les Myrmidons, & joignit les autres Grecs. On eſt ſurpris qu'Homere commence ſon Iliade par la colere d'Achille, que M. l'Abbé Banier (*b*) ne regarde que comme un pur incident. Ce Poëte, pour ſuivre ſon but, ne pouvoit pas commencer autrement, ou il auroit renverſé l'ordre des choſes. Il ſuppoſe la premiere opération parfaite, ou l'or philoſophique, que j'ai nommé ci-devant ſoufre. Il vient par conſéquent tout d'un coup à la diſpute d'Agamemnon & d'Achille, qu'il fait naître de la demande que Chryſès, Prêtre d'Apollon, fait de ſa fille Chryſeis : on ſçait que χρυσὸς veut dire *de l'or ;* on y introduit Apollon, pour déſigner l'or philoſophique. Agamemnon refuſe, dit-on, de rendre Chryſéis, qu'il dit être vierge, & qu'il préfére à Clytemneſtre ſon épouſe. Les Philoſophes lui donnent auſſi le nom de vierge. Pre-

(*a*) Entretien du Roi Calid & de Morien.
(*b*) Tom. III. pag. 389.

nez, dit d'Espagnet (*a*), une vierge aîlée, bien nette & bien pure, ayant les joues teintes de couleur de pourpre (*b*). Néanmoins Agamemnon se rend aux exhortations d'Ulysse, & rend Chryséis; mais il proteste à Achille qu'il s'en dédommagera, en lui enlevant Briséis qu'Achille aimoit éperdument. Agamemnon remit donc Chryséis entre les mains du sage Ulysse, c'est-à-dire de l'Artiste, pour la mener à Chrysès son pere. Ulysse fut constitué le chef de la députation, & fit monter Chryséis dans un vaisseau, c'est-à-dire qu'il la mit dans le vase. Après qu'Ulysse fut parti, Agamemnon envoya prendre de force Briséis (*c*). Ceux qui furent envoyés, trouverent Achille assis dans sa tente, & dans son vaisseau *noir*. Il reconnut aussi-tôt le sujet qui les amenoit, & dit à son ami Patrocle de tirer Briséis de sa tente, & de la leur remettre pour la conduire à Agamemnon. Patrocle le fit; & Achille la voyant partir, se mit à pleurer en regardant la mer *noire*, & se plaignit à Thétis sa mere, de l'injure que venoit de lui faire Agamemnon. Elle entendit ses plaintes du fond de la mer *blanche*, où elle étoit avec le vieillard Nérée son pere, & aussi-tôt elle s'éleva du fond comme un nuage. Il lui raconta comment après avoir ruiné Thébes Agamemnon avoit eu Chryséis en partage, & lui Briséis; qu'Agamemnon obligé de remettre Chryséis à son pere, parce qu'Apollon irrité avoit

(*a*) Can. 58.

(*b*) Il est bon de remarquer qu'Homere dit aussi que Chryséis avoit les joues belles & vermeilles. Iliad. liv. 1. v. 323.

(*c*) Ibid. v. 324. & suiv.

envoyé la peste dans le camp des Grecs, il s'en étoit vengé sur lui Achille, en lui enlevant de force sa chere Briséis. Thétis lui répondit aussi en pleurant : » Pourquoi, mon fils, vous ai-je » mis au monde, & vous ai-je élevé avec tant » de soins ? vous êtes le plus malheureux des » hommes, car je sçai que le destin fatal vous » menace d'une mort prochaine. Je vais cepen- » dant trouver Jupiter dans l'Olympe *plein de* » *neige*, & je ferai mon possible pour l'engager » à seconder vos desirs. Pour vous, demeurez » dans vos vaisseaux sans combattre aucunement, » & nourrissez votre colere contre les Grecs. » Jupiter fut hier en Ethiopie, pour assister à » un repas avec tous les autres Dieux «. Ayant ainsi parlé, elle s'en fut. Pendant ce tems-là, Ulysse avec Chryséis aborderent à Chryse, ville d'Apollon ; & ayant mis le vaisseau à l'ancre, il remit Chryséis entre les mains de Chrysès son pere, qui adressa ses vœux à Apollon, dont l'arc est d'argent, afin qu'il favorisât les Grecs. Le lendemain Ulysse appareilla des *voiles blanches*, & Apollon leur ayant envoyé un vent *humide* favorable, ils arriverent heureusement au camp des Grecs.

Il ne faut qu'avoir lû même très-superficiellement les livres des Philosophes hermétiques, pour reconnoître dans ce que je viens de rapporter des propres termes d'Homere, les mêmes façons de s'exprimer, & tout ce qui se passe dans le vase depuis que les ingrédiens qui composent l'élixir, commencent à se dissoudre & à tomber en putréfaction, jusqu'à ce que la matiere soit parvenue au blanc. On peut le comparer avec ce que nous allons rapporter de d'Espagnet (*a*) : » Les moyens ou signes démonstratifs sont, dit-» il, les couleurs qui apparoissent successivement, » & qui font voir à l'Artiste les changemens qui » affectent la matiere, & le progrès de l'œuvre. » On en compte trois principales, qui sont com-» me des symptômes critiques auxquels il faut » bien faire attention : quelques-uns en ajoutent » une quatriéme. La premiere couleur est noire ; » on lui a donné le nom de tête de corbeau, à » cause de sa grande noirceur. Lorsqu'elle com-» mence à noircir, c'est un signe que le feu de » nature commence son action ; & quand le » noir est parfait, il indique que les élémens » sont confondus ensemble, & que la dissolu-» tion est achevée ; alors le grain tombe en pu-» tréfaction, & se corrompt, pour être plus » propre à la génération. La couleur blanche » succéde à la noire ; le soufre blanc est alors » dans son premier dégré de perfection : c'est » une pierre qu'on appelle bénite ; c'est une » terre blanche feuillée, dans laquelle les Phi-» losophes sément leur or. La troisiéme couleur » est la citrine, qui est produite par le passage » de la couleur blanche à la rouge : elle est » comme une couleur moyenne & participante » des deux, comme l'aurore safranée, qui nous » annonce le soleil. La quatriéme enfin est la » rouge, ou couleur de sang, qui se tire de la » blanche par le seul moyen du feu. Comme

(*a*) Can. 64.

» la parfaite blancheur s'altere aisément, elle » passe assez vîte; mais la rougeur foncée du » soleil dure toujours, parce qu'elle parfait l'œu- » vre du soufre, que les Philosophes appellent » sperme masculin, feu de la pierre, couronne » royale, or, & fils du soleil. «

Revenons à l'Iliade d'Homere, & voyons si ce qu'il dit est conforme à ce que nous apprend d'Espagnet, que je me contente de citer, pour ne pas multiplier les citations sans nécessité; j'en rapporterai de différens Auteurs, pour preuve des explications que je donnerai.

Nous avons vû ci-devant qu'Achille, symbole du feu du mercure, étoit le principal agent dans l'œuvre philosophique; nous avons suivi sa vie jusqu'à la naissance de Pyrrhus chez Lycomede. Homere a passé tout cela, & commence par le supposer amoureux de Briséis, c'est-à-dire, en repos, ou dans l'état que se trouve le mercure après que sa volatilité a été arrêtée dans sa course par Déidamie. C'est ce qu'il fait dire à Achille dans la plainte qu'il porte à Thétis sa mere. Après avoir ruiné Thébes, dit-il, Agamemnon eut Chryséis en partage, & les Grecs me donnerent Briséis. On sçait que Thébes fut le terme des courses de Cadmus; c'est aussi là qu'Achille trouva Briséis, qui, comme nous l'avons dit, signifie dormir, se reposer. Il s'agit de faire le second œuvre, semblable au premier; Homere suppose donc les matieres dans le vase, & l'opération commencée, c'est-à-dire la fermentation de la matiere. Cette fermentation occasionne un mouvement dans la matiere, qui menace le mercure, ou ou Achille, de lui ôter son repos, ou Briséis. A cette fermentation succéde la dissolution & la putréfaction causée par l'or philosophique, ou Apollon ; c'est la peste qu'Apollon envoie dans le camp des Grecs. A cette peste succéde la mort des Grecs, ou la noirceur, appellée mort par les Philosophes. Dans cet état le volatil domine sur le fixe, & cette peste ne cessera que lorsque Chryséis sera rendue à son pere, c'est-à-dire quand la matiere aura passée de la couleur noire à la blanche, qui est l'or blanc des Philosophes. Que peuvent signifier le voyage de Jupiter & des autres Dieux en Ethiopie, & leur retour dans l'Olympe plein de neige, sinon la noirceur de la matiere, & son passage de la couleur noire à la blanche. Les pleurs de Thétis & d'Achille n'expriment-elles pas la matiere qui se dissout en eau ? Le voyage d'Ulysse indique tout cela, & encore mieux ce qui se passa dans le camp des Grecs jusqu'à son retour.

A peine, dit Homere, Chryséis fut-elle partie sous la conduite d'Ulysse, c'est-à-dire mise dans le vase philosophique par l'Artiste, qu'Agamemnon envoie prendre Briséis dans la tente d'Achille : voilà la fermentation qui commence. Ils arrivent à son vaisseau *noir*, & le trouvent dans sa tente assis, mais extrêmement irrité : c'est la putréfaction & la noirceur, indiquée aussi par les Myrmidons, auxquels Homere feint qu'Achille commandoit. La Fable nous donne elle-même à entendre ce qu'il faut penser des Myrmidons, en nous apprenant qu'ils nâquirent des fourmis, & cela parce que les fourmis sont noires, & que quand elles ſont toutes enſemble dans leur fourmilliere, leur tas repréſente aſſez bien la matiere dans ſon état de noirceur. La même raiſon a fait dire que Pélée pere d'Achille régnoit en Phthie ſur les Myrmidons, parce que Pélée veut dire boue noire, ordure, & Phthie, corruption, de φθίω, *corrompre*. Les autres Chefs qui commandoient les Myrmidons ſous les ordres d'Achille, indiquent par l'étimologie ſeule de leurs noms tout ce qui ſe paſſe dans l'œuvre. Méneſtius marque le repos où eſt d'abord la matiere, & la qualité de cette même matiere, puiſqu'il vient de μένω, *attendre en repos*, & de στία, *petite pierre*, ou de στάω, *être fixe & immobile*. Le ſecond ſe nommoit Eudorus, d'εὕδω, *dormir*. Homere en conſéquence dit qu'il étoit fils de Mercure *le pacifique*; mais il ajoute auſſi que quand il fut en âge, il ſe rendit célebre par ſa légereté à la courſe, afin de nous indiquer la volatiliſation de la matiere fixe. Le troiſiéme étoit Piſandre, ou qui verſe à boire, qui arroſe, de πίω, *j'arroſe*; d'où l'on a fait πεῖσος, *pré*, *lieu arroſé*; & ἄνδηρον, *faîte*, *cime*; parce que la matiere en ſe volatiliſant monte au ſommet du vaſe en forme de vapeur, & retombe enſuite ſur la matiere en forme de pluie ou de roſée. Il étoit, dit Homere, le plus brave des Myrmidons après Achille; & il le dit avec raiſon, car ſans cette roſée la terre philoſophique ne produiroit rien, de même qu'un terrein toujours aride ne ſeroit point propre à faire germer le grain : la terre eſt le réceptacle des ſemences, & la pluie en eſt la nourrice. Le quatriéme étoit Phœnix, c'eſt-à-dire la pierre même des Philosophes parvenue au rouge. Aussi les Philosophes lui donnent-ils le nom de phœnix, non seulement parce que dans l'élixir il renaît de ses cendres, mais à cause de sa couleur de pourpre; car Phœnix vient de φοῖνιξ, *rouge, couleur de sang.* C'est l'oiseau fabuleux du même nom; on le dit rouge pour cette raison, & personne ne peut se flatter d'en avoir vû d'autre; aussi les Egyptiens faisoient-ils courir le bruit que cet oiseau venoit dans la ville du Soleil, pour y faire son nid, & y renaître de ses cendres. Le cinquiéme enfin étoit Alcimédon, ou qui commande à la force même, c'est-à-dire la pierre parfaite. Hermès (*a*) lui donne le même nom, & dit qu'elle est la force qui surpasse toute force, dès qu'elle est fixée en terre. Mais revenons à Ulysse.

Un des faits les plus remarquables de sa vie, est d'avoir sçu découvrir Achille déguisé sous un habit de femme, & de l'avoir engagé à se réunir avec les Grecs, pour aller ruiner la ville de Troye. Quel rapport, dira-t-on, peut avoir ce déguisement avec le grand œuvre? Le fait n'est-il pas tout simple & tout naturel? Un jeune homme veut se cacher, pour ne pas aller à une guerre dans laquelle on lui a prédit qu'il mourroit: n'étoit-ce pas un expédient qui pouvoit réussir selon son dessein? Mais pense-t-on que par-tout on nous donne d'Achille une idée bien différente de celle d'un poltron? Ce trait seul auroit été capable de le faire mépriser des Grecs, bien loin

(*a*) Table d'émeraude.

de le faire considérer par dessus tous les autres. En effet, quelle idée aurions-nous d'un jeune homme, fils d'un Roi, d'un Prince ou d'un grand Seigneur, qui dans le tems que les troupes s'assemblent & se mettent en mouvement pour aller à une bataille, ou à un siége périlleux, s'aviseroit de se déguiser sous un habit de femme, & iroit se confondre avec les suivantes d'une Princesse, pour éviter le danger qui le menace? Quelque bonne que fût l'idée qu'il eût donnée jusques-là de son courage & de sa bravoure, une telle action ne le feroit-elle pas mépriser à jamais? On ne voit cependant rien de tout cela; Achille est au contraire estimé, considéré, & regardé comme le plus vaillant de tous les Grecs. D'où peut donc venir un tel contraste? Qu'on se rappelle les explications que nous avons données jusqu'ici, on en verra bientôt le dénouement. Nous avons prouvé en plus d'un endroit que les Philosophes prenoient le sexe féminin pour symbole de l'eau mercurielle volatile; la Fable nous en parle sous les noms de Muses, de Bacchantes, de Nymphes, de Nayades, de Néreïdes. Voilà précisément la raison pour laquelle on dit qu'Achille se cacha sous l'habit de femme, car le mercure des Philosophes n'est proprement mercure que lorsqu'il est eau; & loin qu'Achille sente énerver son courage sous ce déguisement, il n'en devient que plus actif; il faut même qu'il passe par cet état pour devenir propre à l'œuvre, sans cela il ne sçauroit pénétrer les corps durs, & les volatiliser.

On a raison de regarder cette découverte d'Ulysse

comme une de ses plus belles actions, puisque, selon tous les Philosophes hermétiques, la dissolution de la matiere en eau mercurielle est la clef de l'œuvre. Cherchez, dit le Cosmopolite, une matiere de laquelle vous puissiez faire une eau, mais une eau pénétrante, active, & qui puisse cependant dissoudre l'or sans bruit, sans corrosion, & d'une dissolution naturelle; si vous avez cette eau, vous avez un trésor mille fois plus précieux que tout l'or du monde; avec elle vous ferez tout, & sans elle vous ne ferez rien. C'est pourquoi avec Achille les Grecs pouvoient tout contre la ville de Troye, & sans lui ils ne pouvoient rien faire. On dit qu'il devoit y périr, & il y périt en effet; c'est que pour parfaire l'œuvre il faut fixer le mercure philosophique, & faire ensorte que la partie volatile ne fasse qu'une même chose avec la fixe. Cette derniere est représentée par les Troyens, qui pour cela sont toujours appellés *Dompteurs de chevaux*, ou sont qualifiés par des épithétes qui signifient quelque chose de pesant, de fixe & de propre à arrêter ce qui est en mouvement. Hector lui-même (*a*) est comparé par Homere à un rocher. Les Grecs, au contraire, & tout ce qui leur appartient, sont toujours représentés comme actifs, toujours en mouvement. Homere dit de presque tous les Chefs, qu'ils n'avoient pas leurs semblables pour la légereté à la course, pour l'adresse à tirer de l'arc & à lancer le javelot; leurs chevaux sont légers comme le vent; les jumens de Phéretiade (*b*) marchent

(*a*) Iliad. liv. 13. v. 137. (*b*) Ibid. liv. 2. v. 763.

aussi vîte que les oiseaux volent ; Apollon lui-même les avoit élevées dans le séjour des Muses. Enfin tout ce qui peut désigner le volatil, est attribué aux Grecs, & tout ce qui est propre à dénoter le fixe, est attribué aux Troyens.

On voit par ce que nous avons dit, pourquoi la présence d'Achille étoit nécessaire pour la prise de Troye, & pourquoi l'on feint qu'Eaque son grand-pere avoit aidé à Apollon & à Neptune à bâtir cette ville. Car Eaque signifie proprement la terre, d'αἶα, *terre*, ou la matiere dont on fait l'œuvre : cette matiere mise dans le vase, se corrompt ; voilà le royaume de Phthie, où regne Pélée, c'est-à-dire la noirceur, qui est un effet de la corruption. Cette dissolution ou putréfaction produit le mercure philosophique ; c'est par conséquent Achille qui naît de Pélée. Le soufre des Philosophes étant parfait, Troye est bâtie : & par qui ? par Eaque, Neptune & Apollon ; parce que le soufre a été fait d'eau & de terre. Cette terre étant le principe de l'or philosophique, ou d'Apollon, il n'est pas surprenant qu'il y ait concouru, puisque c'est la propriété fixative de cette terre qui fait la fixité de ce soufre. Mais pour finir l'œuvre, ce n'est pas assez d'avoir ce soufre, ou la ville de Troye édifiée, il faut détruire cette ville ; & c'est ce qui fait le sujet de l'Iliade, où l'on voit qu'après la mort d'Achille on va chercher son fils Pyrrhus encore fort jeune ; parce que, selon la fatalité, il falloit qu'il y eût quelqu'un de la race d'Eaque. Pourquoi cela ? C'est qu'à la fixation du mercure, signifiée par la mort d'Achille, succéde Pyrrhus, ou la pierre ignée, comme nous l'avons vû ci-devant. Cette fixation est indiquée par le nom de celui qui tua Achille, c'est-à-dire Pâris ; car Pâris vient de παρὰ & d'ἵζω, *je fixe, je fais asseoir* ; ou si l'on veut, de παρίημι, *j'ôte la vigueur, je rends languissant*.

La seconde raison d'Ulysse pour justifier son droit sur les armes d'Achille, est qu'il a pris & ruiné les villes d'Apollon, c'est-à-dire qu'il a fait l'œuvre, & la pierre, par conséquent que le résultat doit lui en rester ; car sans les armes d'Achille, c'est-à-dire sans l'action pénétrante, dissolvante & volatilisante du mercure, il n'auroit pû venir à bout de pousser l'élixir à sa perfection. Nous pourrons discuter ses autres raisons dans la suite, en expliquant les fatalités suivantes, & la suite du siége.

II. FATALITÉ.

Sans les fléches d'Hercule, Troye ne pouvoit être prise.

HERCULE en mourant sur le Mont Œta, fit présent de ses fléches à Philoctéte, & l'obligea par serment à ne découvrir à personne ce qu'étoit devenu son corps, & ce qui lui avoit appartenu. Lorsque les Grecs entreprirent la guerre de Troye, ils consulterent l'oracle de Delphes sur sa réussite, & il leur fut répondu que la ville ne pourroit être prise sans les fléches d'Hercule. Ulysse découvrit que Philoctéte les avoit ; il fut donc le trouver, & les lui demanda. Philoctéte ne répondit rien, ſinon qu'il ne pouvoit lui en donner des nouvelles. Ulyſſe ne ſe contenta pas de cette réponſe, il inſiſta; Philoctéte ſe voyant preſſé, montra avec le pied le lieu où elles étoient. Ulyſſe les prit, & les porta aux Grecs. D'autres diſent qu'Ulyſſe engagea Philoctéte à joindre les Grecs, & les porter lui-même. En allant à Troye, les Grecs l'abandonnerent inhumainement à Lemnos, à cauſe d'un ulcere qui lui étoit venu pour avoir été mordu d'un ſerpent (*a*), lorſqu'il cherchoit à Chryſe un autel d'Apollon, où Hercule avoit autrefois ſacrifié, & où les Grecs devoient, ſelon l'Oracle, ſacrifier avant d'aller au ſiége d'Ilion; ou, comme d'autres le prétendent, cet ulcere lui étoit venu d'une bleſſure que lui fit une des fléches d'Hercule, qu'il laiſſa tomber ſur ſon pied. Ces fléches teintes du ſang de l'hydre de Lerne, en avoient été empoiſonnées. Ulyſſe fut donc député une ſeconde fois à Philoctéte, quoiqu'ils fuſſent ennemis, parce que Ulyſſe avoit été un de ceux qui furent d'avis qu'on l'abandonnât dans cette Iſle à cauſe de ſa bleſſure. Malgré cela, Ulyſſe réuſſit, & l'emmena au ſiége. Et qui en effet auroit pû réſiſter à Ulyſſe, ce Capitaine ruſé & artificieux, qui venoit à bout de tout ce qu'il entreprenoit?

La Fable nous apprend que Philoctéte fut un héros célébre, & compagnon d'Hercule, comme Théſée; l'un & l'autre pour la même raiſon que nous avons apportée lorſque nous avons parlé de Théſée; c'eſt-à-dire, parce que, ſuivant Ho-

(*a*) Iliad. l. 2. v. 723.

mere (*a*), Philoctéte tiroit parfaitement de l'arc. Ce fut lui que les Grecs en conséquence jugerent le plus digne de succéder à Achille, & de venger la mort de ce héros; ce que Philoctéte exécuta, en tuant Pâris. Sans doute cette adresse qu'Homere lui suppose, détermina Hercule à le faire l'héritier de ses fléches, comme il avoit consacré sa massue à Mercure: avec les fléches il atteignoit les monstres de loin, & avec la massue il les assommoit quand ils se trouvoient à sa portée. Ce sont aussi les deux armes nécessaires à l'Artiste du grand œuvre: le volatil pour inciser, ouvrir, amollir, dissoudre, & pénétrer les corps durs & fixes; & le fixe pour arrêter le volatil, & le fixer. Il n'est donc pas surprenant que l'on regardât les fléches d'Hercule comme absolument nécessaires pour la prise de Troye. Qu'on fasse attention aux circonstances où l'on suppose que Philoctéte en fit usage, on verra qu'elles ne signifient que cela. La premiere fois qu'il veut s'en servir, une de ces fléches lui tombe sur le pied, & lui cause un ulcere si puant, qu'Ulysse est d'avis qu'on abandonne Philoctéte à Lemnos, séjour de Vulcain, & le lieu où les Argonautes aborderent d'abord; ce qui indique le commencement de l'œuvre. La putréfaction qui survient à la matiere dans le vase, ne se fait que par l'action du volatil sur le fixe, en occasionnant sa dissolution; c'est même l'évaporation du volatil qui nous fait sentir la puanteur des choses pourries. Ces fléches, symbole du volatil, sont

(*a*) Iliad. liv. 2. v. 718.

donc la véritable cause de l'ulcere de Philoctéte. On dit qu'on le laissa à Lemnos, parce que tant qu'Achille vêcut, ou que le mercure ne fut point fixé, on pouvoit se passer de Philoctéte; mais si tôt qu'Achille fut mort, il fallut recourir aux fléches d'Hercule; c'est pourquoi Ulysse fut chargé d'aller chercher Philoctéte, & de le ramener au camp des Grecs. On voit par là pourquoi il est mis au nombre des Argonautes. Les fléches servent à atteindre de loin les oiseaux ou les animaux, qu'on n'ose ou qu'on ne peut approcher. On suppose aussi qu'Apollon & Diane avoient un arc & des fléches; l'un s'en servit pour tuer le serpent Python, & l'autre pour faire mourir Orion. C'est encore d'un coup de fléche qu'Apollon tua Patrocle. Mais nous avons assez parlé de ce que signifient ces fléches d'Hercule, lorsque nous avons expliqué ses travaux. On remarquera ici en passant, qu'Homere parle d'Hercule, de Thésée & de Pirithoüs, comme étant des enfans des Dieux, & comme ayant vêcu long-tems avant lui (*a*); ce qui est contredit par M. l'Abbé Banier.

III. FATALITÉ.

Il falloit enlever le Palladium.

ON ne sçait proprement à quoi s'en tenir au sujet de ce Palladium; on dit communément, d'après Apollodore (*b*), que c'étoit une statue de

(*a*) Odyss. liv. II. v. 629. (*b*) Liv. 3.

Minerve, haute de trois coudées, tenant une pique de la main droite, une quenouille & un fuſeau de la gauche; que c'étoit une eſpéce d'automate, qui ſe mouvoit de lui-même; que lorſqu'Ilus eut bâti Ilion dans l'endroit où s'étoit arrêté un bœuf de différentes couleurs, qu'il avoit ſuivi, il pria les Dieux de lui donner quelque ſigne, qui fît connoître que cette ville leur étoit agréable; qu'alors cette ſtatue tomba du ciel auprès d'Ilus; & qu'ayant conſulté l'Oracle làdeſſus, il lui fut répondu que la ville de Troye ne ſeroit jamais détruite, tant qu'elle conſerveroit cette ſtatue. Le ſentiment le plus commun eſt qu'elle fut enlevée par Ulyſſe, étant entré la nuit dans la citadelle par artifice, ou par le moyen de quelque intelligence qui, ſelon Corion (*a*), fut concertée avec Helenus fils de Priam. Mais cet Auteur prétend que ce fut Dioméde ſeul qui l'enleva; ce qui n'eſt pas conforme à ce qu'Ovide fait dire à Ulyſſe lui-même dans ſa harangue aux Grecs, dont nous avons fait mention ci-devant. Ovide dit auſſi (*b*) que ce Palladium tomba du ciel ſur le fort d'Ilium, & qu'Apollon conſulté, répondit que le royaume de Troye dureroit autant de tems que ce Palladium y ſeroit conſervé. Les Troyens avoient donc une attention particuliere pour conſerver ce gage précieux, & les Grecs faiſoient tout leur poſſible pour le leur enlever. Voilà l'idée que nous en donnent les anciens Auteurs Payens, & même Chrétiens, puiſqu'Arnobe (*c*), S. Clément

(*a*) Nar. 3. (*b*) De Faſtis, l. 6. (*c*) Adv. Gent. l. 4.

d'Alexandrie (*a*), & Julius Firmicus (*b*) parlent de ce Palladium comme ayant été fait des os de Pelops.

Il est surprenant qu'on ait adopté des choses aussi absurdes, & qu'on ne se soit pas mis en peine, non seulement si une telle figure a pû tomber du ciel, mais si elle a seulement existée. Comment les Mythologues de nos jours, qui semblent devenus Pyrrhoniens à l'égard de beaucoup de choses, au moins vraisemblables, & qui veulent qu'on les regarde comme des gens incapables de rien admettre qui n'ait été examiné au tribunal de la critique la plus sevère; comment ne s'avisent-ils pas de douter de tant d'autres, qui portent visiblement le caractere de fable pure ? Suffit-il donc qu'une chose soit rapportée par des Auteurs anciens, pour qu'il ne soit pas permis d'en douter, ou qu'il ne vienne pas dans l'esprit d'examiner le fait ? Quoiqu'il en soit de ce Palladium, il y a grande apparence que le ciel d'où il est tombé n'est autre que le cerveau d'Homere; c'est de lui, suivant Elien (*c*), que tous les Poëtes ont emprunté presque tout ce qu'ils ont dit ; & c'est avec raison qu'un Peintre nommé Galaton, représenta autrefois Homere vomissant au milieu d'un grand nombre de Poëtes, qui tiroient partie de ce fonds d'Homere. Il est proprement la source qui a formé tous ces ruisseaux de fables & de superstition, qui ont inondé dans la suite la Grece & les autres

(*a*) Strom. liv. 6.
(*b*) De error. prof. relig.
(*c*) Liv. 13. chap. 22.

Nations. On doit donc penſer de ce Palladium comme de bien d'autres choſes, dont la non-exiſtence eſt la cauſe de toutes les opinions différentes que les Auteurs ont eues à leur ſujet. Une choſe qui n'a jamais exiſté ne peut pas manquer de donner occaſion à bien des ſentimens différens, quand il s'agira d'en conteſter l'exiſtence, la maniere d'être, le lieu où elle fut, & ce qu'elle ſera devenue. Auſſi voit-on des Auteurs (*a*) qui aſſurent que ce Palladium ne fut point enlevé par les Grecs; qu'Enée s'en étant ſaiſi, le porta en Italie avec ſes Dieux Pénates, & que les Grecs n'en avoient enlevé qu'une copie, faite à la reſſemblance de l'original. Ovide (*b*) ne veut point décider ce fait; mais il dit que ce Palladium étoit de ſon tems conſervé à Rome dans le Temple de Veſta. Tite-Live (*c*) dit la même choſe. On penſoit à Rome à l'égard de ce Palladium, ce que les Troyens en penſoient par rapport à leur ville. On en a compté même juſqu'à trois; le premier fut celui d'Ilium; le ſecond, celui de Lavinium, & le troiſiéme celui d'Albe, dont Aſcanius paſſoit pour fondateur. Tullus Hoſtilius ruina cette derniere ville, qu'on appelloit la *mere de Rome*. Virgile n'eſt pas du ſentiment de Denys d'Halicarnaſſe, puiſqu'il dit en propres termes, que les Grecs enleverent le Palladium.

. . . . *Cæſis ſummæ cuſtodibus arceis*
Corripuere ſacram effigiem, manibuſque cruentis

(*a*) Denys d'Halicarn. Antiq. Rom. l. 2.

(*b*) De Faſtis, lib. 6.

(*c*) De ſec. Bello Punico.

Virgineas ausi divæ contingere vittas.

Æneïd. lib. II.

Solinus (*a*) semble avoir voulu accorder ces différentes opinions, en disant que Dioméde porta ce Palladium en Italie, où il en fit présent à Enée.

Que penser donc de cette statue prétendue, & que décider au milieu de tant de sentimens qui se contredisent? Que chacun a ajusté le fait de la maniere la plus conforme à ses idées, & au but qu'il avoit en vûe; qu'Homere ayant donné lieu à toutes ces opinions, c'est chez lui que nous devons en prendre la véritable idée. Mais qu'en pensoit-il? On peut en juger par les explications que nous avons données du reste. Le Palladium étoit une représentation de Pallas, & l'on sçait que cette Déesse marquoit le génie, le jugement, & les connoissances dans les sciences & les arts. On peut donc, sans crainte de se tromper, dire qu'Homere a voulu dire par là, que sans la science, le génie & les connoissances de la nature, un Artiste ne peut parvenir à la fin de l'œuvre; c'est pour cela qu'on feint qu'Ulysse l'enleva, parce que Ulysse est le symbole de l'Artiste. Il est représenté dans toute l'allégorie de la prise de Troye, comme un esprit fin, un génie étendu, prudent, & capable de venir à bout de tout ce qu'il entreprend. Il faut, selon Geber (*b*), que l'Artiste ait toutes les qualités d'U-

(*a*) Liv. 3. c. 2.

(*b*) Summa perfect. part. 1. c. 5. & 7.

lysse, qu'il connoisse la nature, qu'il sçache dévoiler ses procédés & les matieres qu'elle emploie, & qu'il ne pense pas pouvoir réussir s'il ne se rend Minerve favorable. En vain feroit-on donc des dissertations sur l'existenee de cette image de Pallas, & l'on ne chercheroit pas moins inutilement si elle est descendue du ciel, ou si elle étoit l'ouvrage des hommes. Il est certain que la sagesse & la connoissance des sciences & des arts est un don du Pere des lumieres, de qui procéde tout bien; c'est par conséquent avec raison qu'Homere & les autres disoient que le Palladium étoit descendu du ciel.

IV. FATALITÉ.

Un des os de Pélops étoit nécessaire pour la prise de Troye.

LES trois choses dont nous avons parlé, que l'on regardoit comme requises pour le siége de la ville de Troye, pouvoient raisonnablement avoir quelque rapport avec une telle entreprise. Un Guerrier brave, courageux tel qu'Achille, n'est pas d'une petite importance. Des fléches étoient les armes du tems, il en falloit; il n'étoit pas absolument nécessaire qu'elles eussent appartenu à Hercule; mais après tout, c'étoit des fléches. On peut supposer que l'idée des Grecs & des Troyens, sur la protection accordée par une Divinité, avoit au moins un fondement dans leur imagination. Mais que l'os d'un homme mort depuis long-tems, d'un homme qui n'étoit regardé ni comme un Dieu, ni même absolument comme un grand Héros, se trouve au nombre de ces fatalités, je demande à nos Mythologues s'ils y voyent quelque rapport? Pour moi, j'avoue qu'en adoptant leurs systêmes, je serois obligé d'avouer que je n'y vois rien de conforme à la raison. Que pouvoient faire les os d'un homme mort contre une ville où tant de milliers d'hommes vivans perdoient leurs peines & leurs travaux? En un mot, quel rapport avoit Pélops avec la ville de Troye? Fils de ce Tantale, que la Fable nous représente tourmenté sans cesse dans les Enfers, par la crainte de se voir écrasé à chaque instant par un rocher suspendu sur sa tête, & par l'impossibilité de jouir du boire & du manger dont il est environné. Pélops n'avoit point concouru avec Eaque à l'édification d'Ilium. On ne peut donc pas apporter cette raison pour prouver la nécessité de sa présence, comme des Anciens ont déduit celle d'Achille. Tantale étoit, dit-on, fils de Jupiter & de la Nymphe Plote. Ayant reçu les Dieux chez lui, il crut ne pouvoir mieux les régaler qu'en leur servant Pélops son propre fils. Les Dieux s'en étant apperçus, loin de lui en sçavoir gré, ils en furent indignés; Cérès fut la seule qui sans reconnoître l'espéce de mets qu'on lui présentoit, parce qu'elle avoit l'esprit occupé de l'enlevement de sa fille Proserpine, en détacha une épaule, & la mangea. Les Dieux eurent pitié de ce fils malheureux, & ayant remis les morceaux épars divisés de son corps dans un chauderon, ils lui rendirent la vie, en le faisant cuire de nouveau. Mais comme l'épaule que Cérès avoit mangée ne s'y trouvoit pas, ils y suppléerent par une d'yvoire ; ce qui a fait dire à Lycophron que Pélops avoit rajeuni deux fois.

Voilà le crime de Tantale, qu'Homere (a) dit avoir été puni par une soif & une faim perpétuelles, qu'il ne peut éteindre, quoique plongé dans l'eau jusqu'au menton ; parce que quand il veut se baisser pour en boire, cette eau s'enfuit, & se baisse aussi ; & que lorsqu'il veut prendre les différentes sortes de fruits qui paroissent à la portée de sa main, l'air s'agite, & les éloigne de lui. Ovide dit le même du supplice de Tantale, mais il l'attribue à l'indiscrétion avec laquelle il divulgua parmi les hommes les secrets que les Dieux lui avoient confiés.

Quærit aquas in aquis, & poma fugacia captat
Tantalus ; hoc illi garrula lingua dedit.

Pélops épousa Hippodamie, fille d'Œnomaüs Roi d'Elide, après qu'il eut vaincu ce Roi à la course du char. Ce Prince effrayé par la réponse d'un oracle, qui lui avoit dit qu'il seroit tué par son gendre, ne vouloit pas marier sa fille ; & pour éloigner ceux qui auroient voulu entrer dans cette alliance, il leur proposoit une condition périlleuse pour eux : il promit la Princesse à celui qui le surpasseroit à la course, & ajoutoit qu'il tueroit tous ceux sur qui il auroit l'avantage. L'Amant devoit courir le premier ; Œnomaüs le

(a) Odyss. liv. II. v. 581.

ſuivoit l'épée à la main, & s'il l'atteignoit, il lui paſſoit ſon épée au travers du corps. Treize avoient déjà péri ſous ſon bras, & les autres avoient mieux aimé abandonner leur prétention que de courir les mêmes riſques ; Œnomaüs avoit même promis de bâtir en l'honneur de Mars un Temple, avec les crânes de ceux qui y périroient. Pélops n'en fut pas intimidé ; mais pour être plus aſſuré de ſon coup, il gagna Myrtile cocher d'Œnomaüs, & fils de Mercure, & l'engagea, ſous eſpoir de récompenſe, de couper en deux le chariot du Roi, & d'en rejoindre les deux piéces de maniere qu'on ne s'en apperçût pas. Myrtile le fit ; & le char s'étant rompu pendant la courſe, Œnomaüs tomba, & ce Roi ſe rompit le col. Pélops ayant ainſi obtenu la victoire, épouſa Hyppodamie, & punit Myrtile de ſa lâcheté, en le jettant dans la mer. Vulcain fit enſuite à Pélops l'expiation de ce crime.

Si l'on veut ſe donner la peine de comparer cette prétendue hiſtoire avec les autres anciennes qui y ont du rapport, on verra qu'elle eſt une pure fiction. Pélops eſt, dit-on, rajeuni par les Dieux, après avoir été tué & cuit dans un chauderon ; Bacchus l'avoit été de la même façon par les Nymphes, Eſon par Médée. Le repas de Tantale n'eſt pas moins fabuleux, & je ne penſe pas qu'aucun Mythologue veuille en défendre la réalité. On accuſe Tantale d'avoir divulgué le ſecret des Dieux. Quel pouvoit être ce ſécret ? Le repas prétendu & le mets qui y fut ſervi l'indiqueroient aſſez, quand on n'auroit pas ajouté que Cérès en mangea. Qu'on ſe rappelle ce que nous avons dit des mysteres Eleusiens, si célebres chez les Egyptiens & les Grecs; & l'on sçaura en quoi consistoit ce sécret. Il y a donc grande apparence que toute cette histoire est une allégorie, telle que celle d'Osiris & d'Isis, la même que Cérès; telle que celle de Bacchus ou Dionysius, & celle d'Eson & de Médée. Il faut donc expliquer celle de Pélops dans le même sens. Aussi n'est-ce pas sans raison qu'il fut aimé, dit-on, de Neptune; que ce Dieu lui donna le char & les chevaux avec lesquels il vainquit Œnomaüs, puisque l'eau mercurielle volatile des Philosophes est souvent appellée Neptune. D'ailleurs Vulcain que l'on mêle dans cette histoire, comme l'expiateur du crime de Pélops, prouve encore plus clairement que c'est une allégorie du grand œuvre. Cette idée n'est pas de moi; Jean Pic de la Mirandole (*a*) en a parlé dans le même sens; il dit même (*b*) que plusieurs pensent que les richesses de Tantale venoient de la Chymie; qu'il avoit la façon de faire l'or, décrite sur du parchemin, & que Pélops & ses fils étendirent par là leur empire; qu'il n'est donc pas surprenant que Thyeste ait cherché tous les moyens d'obtenir ou de s'emparer de force de ce prétendu agneau, qui contenoit ce secret, & qui avoit été confié à Atrée son aîné; ce qui occasionna dans la suite toutes les scènes tragiques dont parlent les Auteurs. Les Poëtes, Ciceron, Sénéque, & plusieurs autres, en ont fait mention, dit notre Auteur; mais ils ne nous l'ont transmis que sous le voile obscur de l'allégorie.

(*a*) Lib. 2. c. 2. de Auro. (*b*) Lib. 3. cap. 1.

Il faut penser la même chose de l'os de Pélops, que l'on dit avoir été d'une grandeur énorme. On a formé cette allégorie sur ce que les os sont la partie la plus fixe du corps humain, & qu'il faut nécessairement une matiere fixe dans l'œuvre; puisqu'elle doit l'être, ou le devenir assez par les opérations, pour fixer le mercure même, qui surpasse tout en volatilité. On sçait aussi que les Grecs adorerent la terre sous le nom d'Ops; qu'ils la regardoient en même tems comme la Déesse des richesses. Il est aisé de voir que l'on a composé le nom de Pélops de ce même mot *Ops* & de *Pelos*, que nous avons expliqué en plus d'un endroit. Or qu'il faille pour l'œuvre une terre fixe, tous les Philosophes le disent; l'Auteur anonyme du Conseil sur le mariage du Soleil & de la Lune, cite même de Gratien les paroles suivantes, qui ont un rapport immédiat avec l'allégorie de l'os de Pélops. » La lumiere, » dit-il, se fait du feu répandu dans l'air du » vase; de l'os du mort on fait de la chaux fixe; » en desséchant son humidité, il devient cendre. » C'est d'elle que parle Aziratus, dans la Tourbe, » lorsqu'il dit, que cette cendre est précieuse! « Morien en parle aussi (*a*), & recommande de ne point mépriser cette cendre, parce que le diadême du Roi y est caché. C'est cette cendre qui a donné lieu à la cinquiéme fatalité de Troye, que nous allons expliquer.

(*a*) Entretien du Roi Calid.

V. FATALITÉ.

Il falloit, avant que de prendre la Ville, enlever les cendres de Laomédon, qui étoient à la porte de Scée.

LAOMÉDON avoit bâti les murs de Troye, ou plutôt Neptune & Apollon ſous ſes ordres. Vulcain y avoit auſſi travaillé. Ce Roi ayant refuſé à ces Dieux la récompenſe qu'il leur avoit promiſe, Neptune piqué de ce refus, envoya un monſtre marin qui ravageoit le pays; & ce Dieu ne put être appaiſé que par le ſacrifice d'Héſione, que Laomédon fut contraint d'expoſer, pour être dévorée par ce monſtre. Hercule la délivra de ce péril, & tua Laomédon. Les Troyens conſervoient les cendres de ce Roi à la porte de Scée. Nous avons expliqué cette fable dans le Livre précédent; mais comme nous n'avons rien dit des cendres de Laomédon, il faut expliquer ici ce qu'on doit en penſer.

Il eſt aſſez difficile de concevoir qu'il faille profaner le tombeau d'un Roi, & en enlever les cendres, comme une condition abſolument requiſe, ſans laquelle on ne puiſſe prendre une ville. Si ce tombeau eût été un fort placé à la ſeule avenue par où l'on pût entrer dans la ville, je conviens qu'il eût été abſolument néceſſaire de s'en emparer; mais il n'en eſt pas fait mention ſur ce ton-là. Et d'ailleurs pourquoi en enlever les cendres? A quoi pouvoient-elles ſervir? On en donne la commiſſion à Ulyſſe, & il l'exécute. Pourquoi Ulysse plutôt qu'un autre ? On en devine bien la raison dans mon systême. On a vû dans la fatalité précédente qu'il falloit des os, & que de ces os on faisoit de la cendre. Les os & la cendre sont deux noms allégoriques de deux choses requises pour l'œuvre. Les Auteurs Hermétiques en parlent dans une infinité d'endroits. » Le corps duquel on a ôté l'humidité, » dit Bonellus (*a*), ressemble à celui d'un mort; » il a besoin alors du secours du feu, jusqu'à ce » qu'avec son esprit il soit changé en terre, & » dans cet état il est semblable à la cendre d'un » cadavre dans son tombeau. Brûlez donc cette » chose sans crainte, jusqu'à ce qu'elle devienne » cendre, & une cendre propre à recevoir son » esprit, son ame & sa teinture. Notre laton a, » de même que l'homme, un esprit & un corps. » Lorsque Dieu les aura purifiés & purgés de » leurs infirmités, il les glorifiera. Et je vous » dis, fils de la sagesse, que si vous gouvernez » bien cette cendre, elle deviendra glorifiée, & » vous obtiendrez ce que vous desirez «. Tous les autres s'expriment dans le même sens. Basile Valentin a employé deux ou trois fois les os des morts & leurs cendres pour la même allégorie.

Il faut donc des cendres pour faire la Médecine dorée ; mais les cendres d'un sujet particulier, les cendres de Laomédon, c'est-à-dire de celui qui a bâti la ville de Troye, & qui a perdu la vie à cause d'elle. On doit sçavoir ce que c'est

(*a*) La Tourbe.

que *perdre la vie* dans le ſens des Philoſophes Hermétiques. Ainſi il en eſt de Laomédon comme des deſcendans d'Eaque ; l'un & l'autre avoient travaillé à élever la ville de Troye, l'un & l'autre doivent contribuer à ſa deſtruction. C'eſt pourquoi les Auteurs Hermétiques diſent ſouvent que la fin de l'œuvre rend témoignage à ſon commencement, & que l'on doit finir avec ce que l'on a employé pour commencer. Voyez & examinez, dit Baſile Valentin (a), ce que vous vous propoſez de faire, & cherchez ce qui peut vous y conduire, car la fin doit répondre au commencement. Ne prenez donc pas une matiere combuſtible, puiſque vous vous propoſez d'en faire une qui ne le ſoit pas. Ne cherchez pas votre matiere dans les végétaux ; car après avoir été brûlés, ils ne vous laiſſeroient qu'une cendre morte & inutile. Souvenez-vous que l'œuvre ſe commence avec une choſe, & finit par une autre ; mais cette choſe en contient deux, l'une volatile, l'autre fixe. Ces deux doivent enfin ſe réunir en une toute fixe, & tellement fixe qu'elle ne craigne point les atteintes du feu.

(*a*) Préface de ſes douze Clefs.

VI. FATALITÉ.

Il falloit empêcher les chevaux de Rhésus de boire au fleuve Xanthe, & les enlever avant qu'ils eussent pû le faire (a).

De quelque maniere qu'on envisage cette fatalité, elle présente toujours quelque chose de ridicule, en prenant le fait même historiquement. Il est à croire qu'avant d'entreprendre le siége de Troye, les Grecs étoient parfaitement informés de ces fatalités, c'est-à-dire, des conditions requises pour que cette ville fût prise. Il n'est donc pas si vraisemblable que le pense M. l'Abbé Banier (*b*), qu'Ulysse lui-même eût répandu le bruit de cette fatalité, pour porter efficacement les Grecs à empêcher que Rhésus ne secourût la ville. Il n'y auroit pas eu beaucoup d'esprit à cela; puisque tout le monde sçait que pour prendre une ville assiégée, il faut empêcher le secours d'y entrer. D'ailleurs la fatalité ne portoit pas qu'il ne falloit pas laisser entrer Rhésus & ses troupes dans la ville; mais qu'il étoit nécessaire de tuer Rhésus, & d'enlever ses chevaux avant qu'ils eussent bû de l'eau du Xanthe. Si l'on racontoit aujourd'hui des choses semblables, on riroit au nez de celui qui feroit un conte pareil;

(*a*) *Ardentesque avertit equos in castra, priusquàm*
Pabula gustassent Troja, Xantumque bibissent.
Enéïd. l. 1. v. 472.

(*b*) T. III. p. 409.

& ſans doute que les Grecs en auroit fait autant envers Ulyſſe, s'il s'étoit aviſé d'un ſi puéril ſtratagême, pour ranimer le courage abattu des Grecs.

Il faut donc prendre la choſe dans un autre point de vûe, & remarquer avec Homere (*a*), que Rhéſus arriva vers la fin du ſiége, le dernier de tous ceux qui vinrent au ſecours de Troye : qu'il étoit fils d'Eionée, & Roi de Thrace : que ſes chevaux étoient grands, beaux, plus blancs que la neige, & vîtes comme le vent. Enfin Ulyſſe les emmena avec les dépouilles, après que Dioméde eût tué Rhéſus & douze autres Thraces auprès de lui, ſans que perſonne s'en apperçût. Il eſt bon auſſi d'obſerver que le Xanthe étoit un fleuve de la Troade, dont les eaux avoient la réputation de rendre d'un jaune-rougeâtre les animaux qui en bûvoient.

Tout eſt parfaitement combiné dans ces fatalités, comme dans Homere, & il n'y a rien de ridicule quand on prend les choſes dans le ſens allégorique qu'elles ont été dites. Rhéſus vient ſur la fin du ſiége, & ne devoit pas arriver plutôt. Ses chevaux étoient blancs, cette couleur en eſt la preuve ; puiſque la couleur blanche indique dans la matiere le commencement de la fixité, & ne ſe manifeſte que vers la fin de l'œuvre. Les Philoſophes avertiſſent les Artiſtes de prendre garde à ne pas y être trompés, & à faire enſorte que les couleurs ſe ſuccédent de maniere que la noire paroiſſe la premiere, enſuite la blanche,

(*a*) Iliad. l. 10. v. 434.

puis la citrine, & enfin la rouge; que si elles ne paroisse pas dans cet ordre-là, c'est une preuve qu'on a forcé le feu, & que tout est gâté. La couleur de pavot champêtre se montre sur la matiere, dit le Trévisan (*a*), quand on force trop le feu, & alors le rouge paroît au lieu du noir. Isaac Hollandois, dit que la couleur de brique au commencement de l'œuvre, le rend inutile. Mais lorsqu'il est sur le point de sa perfection, la matiere prend la couleur jaune, qui devient ensuite rouge, & enfin de couleur de pourpre. Quant à la couleur jaune, Cérus dit dans la Tourbe: Cuisez avec attention votre matiere jusqu'à ce qu'elle prenne une belle couleur de safran. Et Borates: Cuisez & broyez le laton avec son eau jusqu'à ce qu'elle devienne d'une couleur de safran dorée.

Cette couleur jaune indiquant donc un manque de régime, & un défaut dans les opérations, lorsqu'elle se manifeste dans le commencement de l'œuvre, & avant la couleur blanche, l'Artiste doit donner toute son attention pour que les chevaux de Rhésus ne boivent point l'eau du Xanthe, c'est-à-dire, que le jaune ne paroisse point avant le blanc. C'est ce qu'Homere a voulu nous indiquer, puisqu'il dit que les chevaux étoient blancs, & qu'Ulysse les emmena avant qu'ils eussent bû; parce que ξανθὸς veut dire *jaune*. Et quand il dit qu'ils étoient vîtes comme le vent, c'est pour marquer l'état du mercure qui est encore volatil. Voilà la véritable raison pour-

(*a*) Philosop. des Métaux.

quoi Homere fait remarquer que Rhésus avec les Thraces étoient venus les derniers de ceux qui s'étoient rendus au secours de Troye. Memnon, qu'on suppose Roi d'Ethiopie, accouru le premier, parce que la couleur noire indiquée par l'Ethiopie, paroît la premiere. Pandarus, fils de Lycaon, emmena en même tems les Zéléiens, qui boivent l'*eau noire* d'Esepe, & qui habitent au pied du Mont Ida (*a*). On sçait que la dissolution de la matiere se fait pendant la noirceur, & que les Philosophes ont donné souvent le nom de *loup* à leur matiere; nous avons cité plus d'une fois dans cet Ouvrage, les textes des Philosophes à ce sujet. Il n'est donc pas surprenant qu'Homere suppose un Pandarus ou brise tout de race de loup, pour commander à des soit-disans bûveurs d'eau noire. C'est peut-être de là qu'est venu le nom de *Pendar*, que le peuple donne assez communément aux hommes scélérats, brutaux & méchans. Vinrent ensuite Adrastus & Amphius, tous deux fils de Mérops le Percose ou le tacheté, qui commandoient les Adrastéens & les Apésiens. N'est-ce pas comme si Homere avoit dit: Après la couleur noire, paru la couleur variée, que les Philosophes appellent *la queue de Paon?* Avec les Apésiens vinrent ceux de Percos, de Sestos & d'Abydos, commandés par Asius, ou le boueux, le fangeux, plein de limon, d'Ἄσις, *limon, boue;* parce qu'après la dissolution la matiere des Philosophes ressemble à de la boue. Après les Percosiens Hippothoüs,

(*a*) Iliad. l. 2. v. 824. & suiv.

ou le cheval qui va extrêmement vîte, conduisit les Pélasges, ou ceux qui touchent à la terre, de πέλας, *près*, & de Γῆ, *terre*; comme si Homere avoit voulu dire, que la terre, ou la matiere fixe des Philosophes se volatilisât.

En voilà plus qu'il n'en faut pour prouver qu'Homere ne disoit pas sans raison que Rhésus étoit venu le dernier au secours des Troyens. En suivant l'énumération qu'il fait, tant des Grecs que des Troyens, on y trouveroit clairement tous les signes démonstratifs, ou les couleurs qui se manifestent sur la matiere; mais il faudroit pour cela faire un commentaire suivi de toute l'Iliade, & ce n'est pas le dessein que je me suis proposé. Par les endroits que j'explique, on peut juger de ceux dont je ne parle pas. Comment les partisans de la réalité du siége de Troye, expliqueront-ils l'action d'Ulysse & de Diomède, qui seuls entreprennent de pénétrer dans le camp des Thraces; & y ayant pénétré, y tuerent bien du monde, Rhésus lui-même; & s'en retournerent à leur camp avec les chevaux de ce Roi, sans que personne s'en apperçût. Tels sont les termes d'Homere (*a*): » Diomède ne se laissa point flé-
» chir aux prieres de Dolon: il lui fendit la
» tête d'un coup de sabre. Après qu'ils lui eurent
» ôté son casque garni d'une peau de fouine,
» & la peau de loup qui le couvroient, & son
» arc resplendissant, & sa longue pique, Ulysse
» les prit, les éleva en l'air pour les offrir à
» Minerve, & dit: Réjouissez-vous Déesse, du

(*a*) Iliad. l. 10. v. 455. & suiv.

» coup que nous venons de faire, & que l'of-
» frande que je vous fais ſoit agréable à vos
» yeux. Car vous êtes la premiere des habitans
» immortels de l'Olympe, que nous invoque-
» rons. Conduiſez-nous, je vous prie, aux tentes
» des Thraces, & à l'endroit où ſont leurs che-
» vaux. Ayant ainſi parlé, il mit toutes ces dé-
» pouilles de Dolon ſur un Tamaris, & y fit un
» ſignal en arrachant les roſeaux & les branches
» des environs, afin de pouvoir les trouver à
» leur retour, & qu'ils ne les perdiſſent pas dans
» l'obſcurité de la nuit. Marchant donc l'un &
» l'autre à travers les armes, & le ſang noir des
» bleſſés, ils arriverent bientôt aux premiers rangs
» des Thraces, qu'ils trouverent endormis de
» fatigue. Leurs armes couchées ſur trois rangs
» étoient auprès d'eux. Chacun avoit auſſi deux
» chevaux. Rhéſus dormoit au milieu d'eux, &
» avoit auſſi ſes chevaux auprès de lui. Ulyſſe
» l'apperçut le premier, & dit à Diomede :
» Diomède, voilà l'homme, & les chevaux que
» Dolon nous a ſi bien déſignés. Allons, cou-
» rage, ranimez-vous; il ne faut pas que vous
» reſtiez ici oiſif avec vos armes; détachez les
» chevaux, ou tuez les hommes, & je fais mon
» affaire des chevaux. Minerve alors réveilla le
» courage de Diomède, & lui ayant inſpiré de
» la force, il tuoit à droite & à gauche, en frap-
» pant de ſon ſabre; des ruiſſeaux de ſang rou-
» giſſoient la terre, & les triſtes gémiſſemens
» des bleſſés ſe faiſoient entendre. Il reſſembloit
» à un lion qui ſe jette au milieu d'un troupeau
» mal gardé. Il en tua douze; & à meſure qu'il

» les tuoit, le prudent Ulysse les traînoit » par les pieds, pour les mettre à côté: afin » qu'en emmenant les chevaux, ils trouvassent » le chemin libre, & ne fussent point épou» vantés en marchant sur les cadavres: car ils » n'y étoient pas encore accoutumés. Le fils de » Tydée étant donc enfin arrivé auprès du Roi, » il lui ôta la vie, & fut le treiziéme de ceux » que Dioméde tua. Le fils d'Œnée lui procura » un mauvais songe cette nuit-là par le conseil » de Minerve. Pendant que Dioméde travailloit » ainsi, Ulysse détachoit les chevaux; il les » conduisit ensuite avec leurs harnois, en les » frappant avec son arc (car il avoit oublié de » prendre les fouets); & les sépara de la troupe. » Il siffla ensuite pour avertir Dioméde: mais » celui-ci ne l'entendoit pas; car il méditoit s'il » enleveroit le char, où étoient les armes du » Roi, après en avoir ôté le timon, ou s'il tue» roit encore quelques Thraces. Mais Minerve » s'approchant, lui dit: Fils du courageux Ty» dée, pensez qu'il est tems de vous en retour» ner à vos vaisseaux. Craignez qu'un autre Dieu » ne réveille quelque Troyen, & ne vous oblige » à prendre la fuite. Il reconnu la voix de la » Déesse, & ayant monté sur les chevaux, qu'U» lysse frappoit avec son arc, ils retournerent » aux vaisseaux. «

Je demande si un tel fait est croyable; & s'il est possible qu'un homme en tue douze au milieu d'un millier d'autres, quoiqu'endormis, sans qu'aucun d'eux s'en apperçoive. Leur sommeil pouvoit-il être si profond, que les gémissemens des blessés ne fussent pas capables de l'interrompre, & d'en réveiller au moins un? quoi, pas une sentinelle, pas une garde de bout? on traînera des corps morts & blessés à travers les autres : on y fera passer des chevaux sans faire assez de bruit pour réveiller quelqu'un? un homme fondra sur des gens comme un lion, & frappera d'estoc & de taille à droite & à gauche sans réveiller personne? Il faudra qu'Apollon même s'avise de crier aux oreilles d'Hippocoon, cousin de Rhésus, & couché auprès de lui pour le réveiller, & l'engager à sonner l'allarme? Je laisse au Lecteur à en juger. Pour moi je dis avec Homere, que Minerve a fait ce coup; & qu'elle a présidé à cette action, comme à toutes celles d'Ulysse. Homere n'auroit pas si mal concerté un fait, s'il avoit voulu nous le donner pour réel. Mais en le donnant comme allégorique, il est naturel. L'Artiste de la Médecine dorée travaille de concert avec le mercure philosophique, & les actions leur sont commune. La matiere étant au noir représente la nuit & le sommeil, le massacre de Rhésus & des Thraces signifie la dissolution, & la mort de Dolon aussi. On lui ôte son casque couvert d'une peau de fouine, & la peau de loup qui le couvroit; parce que ces peaux sont d'une couleur brune, qui indique un affoiblissement de la couleur noire. Ulysse les expose sur un tamaris; le choix qu'Homere fait de cet arbre, fait bien voir son attention à désigner les choses exactement. Le tamaris est un arbre de moyenne hauteur, son écorce est rude, grise en-dehors, rougeâtre en dedans, & blanchâtre entre ces deux couleurs. Ses fleurs sont blanches & purpurines. N'est-ce pas comme si ce Poëte avoit dit: à la couleur noire, ou à la dissolution désignée par la mort de Dolon, succéde la couleur brune, à celle-ci la grise, puis la blanche, enfin la rouge? A qui Ulysse pouvoit-il mieux consacrer les dépouilles de Dolon qu'à Minerve, puisqu'elle est la Déesse de la Sagesse & des Sciences?

Enfin Ulysse & Dioméde parviennent au camp des Thraces, & après le massacre qu'ils en font, ils emmenent les chevaux blancs de Rhésus; voilà la volatilisation de la matiere, qui se fait après la putréfaction, à laquelle volatilisation se manifeste la couleur blanche. Dioméde est incertain s'il emportera aussi le chariot du Roi & les armes qui étoient dedans; mais Minerve le détermine à partir sans cela. Pourquoi? c'est que le chariot étant d'argent, & les armes qu'il renfermoit étant d'or (*a*). Dioméde ne pouvoit donc pas les emporter, non qu'elles fussent trop pesantes; mais parce que la matiere parvenue à la blancheur, appellée *lune* ou *argent* par les Philosophes, est alors fixe, & non volatile; à plus forte raison quand elle a pris la couleur rouge, ou l'or philosophique. Les armes étoient dans le char; car la rougeur est cachée dans l'intérieur de la blancheur, suivant le dire de tous les Auteurs hermétiques. » A l'arrivée de Jupiter, ou de » la couleur grise, dit d'Espagnet (*b*), l'enfant » philosophique est formé. Il se nourrit dans la

(*a*) Ibid. v. 438. (*b*) Can. 78.

» matrice,

» matrice, & paroît enfin au jour avec un visage » blanc & brillant comme la Lune. Le feu ex- » térieur aidant ensuite au feu de la Nature, il » fait l'office des élémens. *Ce qui étoit caché se* » *manifeste* ; le safran donne sa couleur au lys, » & la rougeur se répand enfin sur les joues de » l'enfant devenu plus robuste. « Après avoir enlevé les chevaux, Ulysse & Dioméde retournent au camp des Grecs ; c'est pour signifier que la matiere étant montée au haut du vase en se volatilisant, retombe au fond, d'où elle étoit partie.

Tels sont les chevaux de Rhésus qu'il falloit enlever avant qu'ils eussent bû de l'eau du Xanthe. Il étoit, comme on l'a vû, néeessaire de les enlever avant ce tems-là, puisque la matiere parvenue au jaune, ou à la couleur de safran, n'auroit pû être volatilisée ; condition cependant requise pour la perfection de l'œuvre, ou la prise de Troye

A ces fatalités on a ajouté celles de la mort de Troïle & d'Hector. L'un & l'autre perdirent la vie sous les coups du vaillant Achille. On sçait ce que signifient les deux noms de Tros & d'Ilus, dont celui de Troïle a été fait, il est par conséquent inutile d'entrer dans une nouvelle explication à cet égard. Je dirai seulement que la dissolution & la putréfaction de la matiere étant désignée par ce nom même ; & l'une & l'autre étant absolument requises pour la réussite de l'œuvre ; c'est avec raison qu'on regardoit la mort de Troïle comme une condition requise pour la prise de la ville de Troye. Celle d'Hector ne l'étoit pas moins, puisqu'il en étoit le principal défenseur. Il vit Achille venant à lui semblable à Mars, avec une contenance terrible, menaçante, & brillant comme le feu, ou le Soleil levant, dit Homere (*a*). Dès qu'Hector l'apperçut, il en fut épouvanté; & malgré le cœur, la bravoure qu'il avoit montrés jusques-là; malgré les exhortations qu'il s'étoit faites lui-même pour ranimer son courage, il ne put soutenir la présence d'Achille, & l'attendre de pied ferme. La crainte s'empara de lui, il prit la fuite. Achille aux pieds légers le poursuivit avec la même rapidité qu'un oiseau de proie fond sur une colombe épouvantée. Hector fuyoit avec beaucoup de force & de vîtesse, mais Achille le poursuivoit encore plus vîte. Ils arriverent aux deux sources du Scamandre, plein de gouffres & de tournans. L'une est chaude & exhale de la fumée; l'autre est toujours congélée même au plus fort de l'été. Ils passerent outre, & Achille ne l'auroit peut-être pas atteint, si Apollon ne s'étoit présenté devant Hector. Il lui releva le courage. Minerve s'étant aussi présenté à lui sous la figure de Déiphobus son frere, il s'arrêta, fit face à Achille: celui-ci allongea un coup de lance à Hector, qui l'évita. Hector lui porta un coup de la sienne avec tant de violence, qu'elle tomba en pieces au bas du bouclier d'Achille, avec lequel il avoit paré le coup. Hector se voyant sans lance, eut recours à son sabre, & se ruoit sur Achille, lorsque celui-ci le prévint par un coup de lance, qu'il lui porta

(*a*) Iliad. l. 22. v. 131.

à la clavicule, & le jetta par terre. Hector en mourant lui prédit que Pâris aidé d'Apollon, lui feroit perdre la vie.

Il ne faut pas réfléchir beaucoup pour voir que cette fuite d'Hector & la poursuite d'Achille signifient la volatilisation de la matiere. Alphidius, que j'ai déjà cité à ce sujet, dit : que lorsque celui qui poursuit arrête celui qui fuit, il s'en rend le maître. Achille & Hector arrivent aux deux sources du Scamandre, l'une chaude & liquide, l'autre congélée; parce qu'en effet il y a deux matieres au fond du vase, l'une liquide, l'autre coagulée, c'est-à-dire l'eau, & la terre congélée, qui s'est formée de cette eau même. Ils ne s'y arrêterent point; mais ils firent plusieurs tours & retours, parce que la matiere en se volatilisant, monte & descend plus d'une fois avant de se fixer. Aussi Hector ne s'arrêta qu'après qu'Apollon lui eut parlé. Car la matiere volatile ne se fixe que lorsqu'elle se réunit avec la fixe. Alors se donne le combat singulier où Hector succombe; & il prédit à Achille qu'il mourra sous les coups de Pâris & d'Apollon; par la même raison que le même Dieu fut cause de la mort de Patrocle & d'Hector.

Téléphe enfin, fils d'Hercule & d'Augé, étoit absolument nécessaire pour la prise de Troye. Nous avons dit dans le livre précédent qu'Hercule étoit le symbole de l'Artiste. Augé signifie splendeur, éclat, lumiere, & l'on sçait que les Philosophes donnent ces noms à la matiere fixée au blanc, par contraste avec le noir qu'ils nomment nuit & ténebres. Téléphe signifie qui luit

& brille de loin; c'eſt pour cela qu'on le dit fils de la Lumiere. Il devoit être néceſſairement à la priſe de Troye; puiſqu'elle ne ſçauroit l'être ſi la matiere n'eſt fixée.

Telles étoient les fatalités de la ville de Troye, & tel eſt le ſens dans lequel on doit les prendre. Ce ſont des fables, ou plutôt des allégories, qui, priſes dans le ſens hiſtorique, n'auroient rien que de ridicule. Les partiſans du ſyſtême hiſtorique l'ont bien ſenti. Auſſi ne ſe ſont-ils pas mis en devoir de les expliquer. Elles ont toutes été l'ouvrage d'Ulyſſe, comme Ovide le lui fait dire dans ſa harangue pour diſputer les armes d'Achille. Il découvrit Achille ſous ſon déguiſement de femme, & l'engagea à joindre ſes armes à celles des Grecs. Il emmena Philoctete au camp, & y porta les fléches d'Hercule: il enleva le Palladium; il apporta l'os de Pélops; enleva les chevaux de Rhéſus: & fut cauſe, dit-il, de la mort d'Hector & de Troïle, puiſque ces deux enfans de Priam ſuccomberent ſous les armes d'Achille. Enfin il engagea Téléphe à ſe joindre aux Grecs contre les Troyens, quoiqu'il fût allié de ces derniers, & qu'il dût être ennemis des premiers; qui lui avoient livré une bataille dans laquelle il fut bleſſé. On a raiſon de dire qu'il étoit allié des Troyens; la nature de Téléphe, ou de la pierre au blanc l'indique aſſez, puiſqu'elle eſt de nature fixe comme la pierre au rouge, ou l'élixir, déſigné par les Troyens. Homere nous apprend lui-même qu'il faut avoir d'Ulyſſe la même idée que celle que nous avons d'Hercule,

Il le fait parler ainsi (*a*) dans sa descente aux Enfers : » Hercule me reconnut dès qu'il m'apperçut, & me dit : Brave & courageux fils de » Laërte, Ulysse qui sçavez tant de choses, hé- » las pauvre miserable que vous êtes, vous me » ressemblez : vous avez à surmonter bien des » peines & des travaux semblables à ceux que » j'ai subis, lorsque je vivois sur la terre. J'étois » fils de Jupiter, & malgré cette qualité, j'ai » eu bien des maux à souffrir. J'étois obligé » d'obéir aux ordres du plus méchant des hom- » mes, qui n'avoit rien que de dur à me com- » mander. Il s'imagina que le plus difficile & » le plus périlleux travail qu'il pût m'ordonner, » étoit celui de venir ici enlever Cerbere. J'y » vins, & je l'arrachai des Enfers, sous la con- » duite de Minerve & de Mercure «. Ces guides d'Hercule sont bien remarquables. Ce sont aussi les mêmes qui conduisoient Ulysse dans ses opérations. On voit toujours Minerve à côté de lui. Ils en étoient bien reconnoissans l'un & l'autre. Hercule consacra sa massue à Mercure ; Ulysse offrit à Minerve les dépouilles de Dolon ; il eut même soin, en le faisant, d'avertir cette Déesse, qu'il la préféroit à tous les habitans de l'Olympe, & qu'elle étoit la seule de tous à qui il faisoit cette offrande. Elle appelle même Ulysse (*b*), le plus fin, le plus rusé & le plus ardent des hommes : » Mais, lui dit-elle, ne disputons pas en- » semble de ruses & de finesses ; nous en sçavons

(*a*) Odyss. l. 11. v. 614.

(*b*) Odyss. l. 13. v. 292. & suiv.

» assez l'un & l'autre ; puisque vous n'avez pas » votre pareil, quant aux conseils & à l'éloquence. Je suis de même par rapport aux Dieux. » Vous ne reconnoissiez donc pas Minerve la » fille de Jupiter ; moi qui me suis toujours fait » un plaisir de vous accompagner par tout, & » de vous aider dans tous vos travaux « (*a*)? Ce témoignage n'est point contredit par les actions d'Ulysse. On y voit toujours un homme sage, prudent, qui ne fait rien à la légere, & enfin à qui tout réussit. Tel étoit Hercule ; il n'entreprit rien dont il ne vînt à bout. Tel est ou tel doit être le Philosophe Hermétique qui entrepend les travaux d'Hercule, ou les actions d'Ulysse, c'est-à-dire le grand œuvre, ou la médecine dorée. En vain se mettra-t-il en devoir de les exécuter, s'il n'a pas toutes les qualités de ces Héros. En vain travaillera-t-il s'il ne connoît pas la matiere dont fut bâtie la ville de Troye ; s'il ignore la racine de l'arbre généalogique d'Achille. Les Philosophes l'ont déguisée sous tant de noms différens, qu'il faut avoir la pénétration & le génie d'Ulysse pour la reconnoître. C'est cette multitude de noms qui, selon Morien (*b*), induit en erreur presque tous ceux qui s'appliquent à la connoître. Pythagore dans la Tourbe, dit que toute la science de l'Art Hermétique consiste à trouver une matiere, à la réduire en eau, & à réunir cette eau avec le corps de l'argent-vif & de la magnésie. Cherchez, dit le Cosmopolite, une matiere dont

(*a*) Iliad. l. 10. v. 278. & dans l'Odyss. l. 13. v. 300.

(*b*) Entret. du Roi Calid.

vous puissiez faire une eau, qui dissolve l'or naturellement & radicalement. Si vous l'avez trouvée, vous avez la chose que tant de monde cherchent, & que si peu de gens trouvent. Vous avez le plus précieux trésor de la terre.

Telles sont, ou à peu près, semblables les indications que les Auteurs Hermétiques donnent de cette matiere. Il faudroit être plus qu'un Œdipe pour la déviner par leurs discours. Sans doute que c'est une chose fort commune, & peu ignorée, puisqu'ils en font un si grand mystere, & qu'ils font tout leur possible pour la déguiser & la faire méconnoître. Sans doute aussi que les opérations sont bien aisées, puisque le Cosmopolite, & bien d'autres assurent qu'on peut le décrire non en peu de pages, mais en peu de lignes, & même en peu de mots. C'est cependant cette chose qui peut s'exprimer & se dire en si peu de paroles, qu'Homere a trouvé dans son génie assez de fécondité pour étendre de maniere à en faire toute son Iliade. Preuve pour le Cosmopolite qui dit, que celui qui est au fait du grand œuvre, y trouvera assez de matiere pour composer une infinité de volumes. Ainsi par le siége de Troye & la réduction de cette ville en cendres, Homere n'a eu en vûe, & n'a décrit allégoriquement que la maniere de renfermer Pâris & Helène, ou la matiere dans le vase, & d'indiquer ce qui s'y passe pendant les opérations. Il suppose un homme & une femme, parce que cette matiere est en partie fixe, & en partie volatile, en partie agente, & patiente en partie. Ce vase est le temple d'Apollon le Thymbrien, où

Achille fut tué par Pâris. Ce surnom d'Apollon lui vient de ce que la plante ou petit arbrisseau appellé *Thymbre*, a les tiges couvertes d'une laine assez rude, de couleur purpurine. On a vû que cette couleur est le signe de la parfaite fixation de la matiere. Alors la ville de Troye est prise, & la plûpart des Héros qui y ont assisté, se retirent dans les pays étrangers, comme firent Enée, Dioméde, Anténor & tant d'autres, & vont y fonder des Royaumes. Cette dispersion indique l'effet de la poudre de projection, qui a la propriété de fonder des Royaumes & de faire des Rois, c'est-à-dire de changer les différens métaux en or, qui est appellé le Roi des métaux. Le Trévisan (*a*) a employé cette allégorie dans ce sens-là; Basile Valentin (*b*) en a fait de même. Et en effet si l'on regarde l'or comme le Roi des métaux, n'est-ce pas fonder de nouveaux Royaumes dans les pays lointains, que de changer en or les métaux mêmes qui ont le moins d'affinité avec l'or?

Pâris, Helène & Achille sont donc les trois principaux Héros de l'Iliade, ensuite Hector & Pyrrhus. Ulysse est proprement le conseil des Grecs, c'est-à-dire, celui qui conduit les opérations. Achille est l'agent intérieur, ou le feu inné de la matiere, qui pendant un tems reste endormi, & comme assoupi; il se réveille enfin, & agit. Il est enfin tué par Pâris, cet homme efféminé, à qui l'on reproche toujours sa non-

(*a*) Philosoph. des métaux.

(*b*) Azot des Philosophes.

chalence & ſa moleſſe; mais qui cependant montre de tems en tems un grand courage. Pyrrhus aux cheveux roux ſuccéde à ſon pere Achille, & ruine la ville de Troye. Cette couleur rouge des cheveux de Pyrrhus n'eſt pas déſignée ſans raiſon: car Homere ſçavoit bien que la ville de Troye eſt priſe, ou que l'œuvre eſt fini, lorſque l'élixir a acquis la couleur rouge. La qualité ignée d'Achille a déterminé le Poëte à repréſenter ce Héros comme brave, courageux, toujours animé, & preſque toujours en colere. La legéreté du feu lui a fait donner les épitétes de πόδας, ὠκὺς, ποδάρκης. Son analogie avec le feu, a fait dire que Vulcain fabriqua ſon bouclier. C'eſt de là qu'il fut nommé Pyriſous, parce que ce feu vit dans le feu même ſans en être conſumé. Après qu'il eut tué Hector, le plus vaillant des Troyens, le corps de ce Héros fut racheté par un poids égal d'or. Lorſqu'Achille eut été tué par Pâris, les Grecs racheterent auſſi ſon cadavre au même prix. Ces Héros étant d'or, & deſcendus des Dieux aurifiques, pouvoient-ils être rachetés autrement? On feint auſſi en conſéquence que leurs os furent déposé dans des cercueils d'or, & couverts d'étoffe de couleur de pourpre. Celui d'Achille avoit été donné à Thétis par Bacchus. L'hiſtoire de Bacchus nous en apprend la raiſon: car c'eſt ce Dieu d'or qui accorda à Mydas la propriété de changer en or tout ce qu'il toucheroit. Achille après ſa mort fut marié à Médée dans les Champs-Eliſées; on ſçait que Médée avoit le ſecret de rajeunir les vieillards, & de guerir les maladies: on ne pouvoit donc feindre un mariage mieux aſſorti ; puiſqu'Achille philoſophique a les mêmes propriétés. Pendant ſa vie même la rouille de ſes armes avoit gueri la bleſſure qu'elles avoient faites à Téléphe.

On reconnoît Pyrrhus dans une infinité de textes des Philoſophes Hermétiques, mais je ne citerai que Raymond Lulle à ce ſujet. » La nature de cette tête rouge eſt, dit-il (*a*), une » ſubſtance très-ſubtile & légere ; ſa complexion » eſt chaude, ſéche & pénétrante «. Cet Auteur n'eſt pas le ſeul qui ait eu, ce ſemble, en vûe dans ſes allégories, ce qui ſe paſſa au ſiége de Troye. Baſile Valentin fait nommément mention de Pâris, Helène, Hector & Achille dans ſa deſcription du vitriol. Pluſieurs Auteurs ont eu de cette guerre la même idée que moi, & en ont parlé dans le même goût.

Je ne prétend pas que l'Iliade d'Homere ne renferme que cela. Il eſt vrai que ce n'eſt qu'une allégorie de même que ſon Odyſſée ; mais une allégorie faite en partie pour expliquer les ſecrets phyſiques de la Nature, & en partie pour donner à la poſtérité des leçons de politique. C'eſt ſans doute par ce dernier endroit qu'Alexandre en faiſoit ſi grand cas, qu'il portoit toujours Homere avec lui, & qu'il le mettoit ſous ſon chevet pendant la nuit. Et à dire le vrai, y a-t-il apparence qu'on eût regardé les ouvrages d'Homere comme la plus belle production de l'eſprit humain, ſi l'on avoit penſé qu'il eût regardé comme réel tant de choſes puériles qu'il rapporte, & les adulteres,

(*a*) Teſt. Theor. c. 81.

les meurtres, les vols & les autres ſcélérateſſes qu'il attribue aux Dieux & aux Déeſſes. Il en parle d'une maniere infiniment plus propre à les faire mépriſer, que reſpecter. Les diſcours qu'il leur fait tenir, les reproches injurieux qu'il leur met dans la bouche, & tant d'autres choſes font bien voir que ſon idée étoit de parler allégoriquement; car il n'eſt pas vraiſemblable qu'un ſi grand homme eût parlé ſur ce ton-là des Dieux qu'il auroit cru réels. Il penſoit bien que les gens d'eſprit ſçauroient ſéparer le noyau de la noix, & qu'ils verroient les tréſors ſous le voile qui les cache.

Il faut donc enviſager dans les ouvrages d'Homere au moins quatre choſes: un ſens hiéroglyphique ou allégorique, qui voile les plus grands ſecrets de la Phyſique & de la Nature. Les ſeuls Philoſophes naturaliſtes, & ceux qui ſont au fait de la Science Hermétique par théorie bien méditée, ou par pratique, ſont en état de le comprendre. Ils admirent dans ſes ouvrages mille choſes qui les frappent & les ſaiſiſſent d'admiration, pendant que les autres les paſſent & n'en ſont point touchés. Les Politiques y trouvent des régles admirables de conduite pour les Rois, les Princes, les Magiſtrats, & même pour les perſonnes de toutes conditions. Les Poëtes y remarquent un génie fécond, une invention ſurprenante pour les fictions, les fables, & tout ce qui concerne les Dieux & les Héros. C'eſt une ſource inépuiſable pour eux. Les Orateurs enfin admirent la noble ſimplicité de ſes diſcours, & le naturel de ſes expreſſions.

Il peut bien se faire qu'Homere ait mêlé quelque chose d'historique dans son Iliade & son Odyssée; mais il l'aura fait pour rendre ses allégories plus vraisemblables, comme font encore aujourd'hui la plûpart des Auteurs des Romans. Le vrai y est noyé dans tant de fictions, & tellement déguisé, qu'il n'est pas possible de le démêler. Ainsi posé le cas de l'existence d'une ville de Troye quelques siécles avant Homere, on pourra dire que sa ruine lui a fourni le canevas de son allégorie; mais il ne s'ensuivra pas de là que le récit qu'il en fait est véritable. Denis Zachaire, qui vivoit dans le seiziéme siécle, a fait de même qu'Homere, il a supposé le siége d'une ville, à la vérité il ne la nomme pas, mais il en parle comme d'un fait réel: *la différence qui se trouve entre ces deux Auteurs*, c'est que le François avertit qu'il parle allégoriquement, & le Grec le laisse à deviner.

On doit donc conclure de tout ce que nous avons dit jusqu'à présent, que l'Iliade d'Homere renferme peu ou point du tout de vérités historiques, mais beaucoup d'allégoriques. La preuve en est palpable. Supposons pour un moment avec Hérodote (*a*), qu'Homere vécût environ cent soixante ans après la prise de Troye. Il ne restoit certainement alors aucun de ceux, ni même des premiers & presque des seconds descendans de ceux qui y assisterent. L'on sçait que selon le cours ordinaire de la Nature, quatre générations au moins se succédent dans l'espace

(*a*) In vita Homeri.

de cent ſoixante ans. Il n'eſt donc pas probable qu'Homere ait pû apprendre avec certitude les faits qu'il raconte, & particulierement le détail circonſtancié des actions de chaque chef. Je ne parle pas de ces différentes allées & venues des Dieux & des Déeſſes, des foudres lancés par Jupiter, du tremblement de terre qu'excita Neptune, à la ſecouſſe duquel Pluton lui-même fut ſaiſi de frayeur ſur ſon thrône infernal. Je laiſſe là les différens combats que ſe donnerent les Immortels à cette occaſion. Tout le monde convient que ce ſont des pures fictions du Poëte; mais tous ne penſent pas de même des actions d'Ajax, d'Agamemnon, de Ménélas, de Diomède, d'Ulyſſe, de Memnon, d'Hector, de Pàris, d'Achille, de Patrocle, &c. Que ſignifient ces pierres que ces Héros ſe jettoient en combattant, eſt-ce donc que des guerriers tels que ceux-là ſe ſeroient battus comme feroient aujourd'hui des poliſſons, au lieu de faire uſage de leurs armes? Hector tua Epigée d'un coup de pierre (*a*). Lorſque Patrocle vit venir Hector à lui, il prit ſon javelot de la main gauche, & de l'autre une pierre blanche, de laquelle il frappa au front Cébrion, cocher d'Hector, & le renverſa par terre (*b*). Ajax culbuta auſſi Hector d'un coup de pierre, qu'il lui donna dans la poitrine; & cette pierre étoit une de celles qui étoient ſur le rivage, pour y attacher les vaiſſeaux (*c*). Hector d'un coup ſemblable avoit terraſſé Teucer (*d*):

(*a*) Iliad. l. 16. v. 577.
(*b*) Ibid. v. 734.
(*c*) Ibid. l. 14. v. 410.
(*d*) Ibid. l. 8. v. 327.

jusques-là un seul des combattans en avoit jetté contre l'autre; mais sans doute qu'Ajax & Hector aimoient cette façon de combattre. Après s'être battus à coups de javelots, ils s'accabloient à coups de pierres; mais de quelles pierres? ce n'étoit pas un caillou qu'on puisse lancer aisément; elles faisoient autant d'effet qu'une meule de moulin qui tomberoit d'en haut (*a*). Dioméde aussi robuste pour le moins qu'Ajax, vouloit écraser Enée d'une pierre si grosse & si pesante que deux hommes n'auroient pû même la lever. Mais le fils de Tydée la remua seul, & la lança même avec tant de facilité, qu'elle tomba sur la hanche d'Enée, & l'auroit accablé si Vénus sa mere n'étoit accourue à son secours (*b*).

En croira-t-on Homere sur sa parole? & ne s'imagine-t-on pas lire dans Rabelais les actions de Pantagruel (*c*), qui pour s'amuser, éleva lui seul sur quatre piliers un rocher d'environ douze toises en quarré? Il y a cent autres faits aussi peu vraisemblables: on ne s'avise cependant pas d'en douter. Il faut en croire le Poëte sur sa bonne foi; car il ne cite aucun garant de ce qu'il avance. Il est plausible qu'il n'en avoit point; car quelque mauvaise & mal écrite qu'eût été l'histoire d'un siége aussi fameux, *Homere en auroit pû rapporter quelques fragmens pour preuves de ce qu'il avançoit; ou quelqu'autre Auteur nous en auroit parlé.* Il faut donc convenir qu'Homere a puisé le tout dans son imagination; puisqu'une

(*a*) Ibid. l. 7. v. 265.
(*b*) Ibid. l. 5. v. 302.
(*c*) Liv. 2. ch. 5.

tradition verbale auroit à la vérité pû conſerver la mémoire de quelques actions remarquables des Chefs des deux partis ; mais non un détail auſſi circonſtancié que celui que nous trouvons dans ce Poëte. J'avoue qu'il y a quelques vérités dans Homere. Les lieux dont il parle ont exiſtés au moins en partie ; mais l'impoſſibilité où l'on eſt de pouvoir expliquer comment il a pu ſe faire ; par exemple, que Memnon ſoit venu d'Ethiopie au ſecours de Priam, a occaſionné une infinité de diſſertations, qui au lieu de conſtater le fait, n'ont ſervi qu'à le rendre plus douteux. Il n'eſt pas trop aiſé, dit M. l'Abbé Banier (*a*), de déterminer qui il étoit, & d'où il venoit, les Sçavans étant fort partagés à ce ſujet. On peut voir Perizonius & M. Fourmond l'aîné, qui ſe ſont donné beaucoup de peines pour examiner cet article. Ils appuyent leurs ſentimens l'un & l'autre ſur l'autorité des anciens Auteurs. Ils ne s'accordent point entr'eux, & par conſéquent ne nous laiſſent que des conjectures. Les incertitudes de Perizonius prouvent la foibleſſe de ſon opinion : M. Fourmond (*b*) croit avoir démontré ſous quel Roi d'Egypte Troye fut priſe, en préférant Manéthon aux Hiſtoriens Grecs ; mais il n'a pu trouver le Tithon des Grecs & ſon fils Memnon dans celui qui regnoit alors à Dioſpolis. D'ailleurs, dit très-bien M. l'Abbé Banier (*c*), ſur quel fondement peut-on aſſurer que le Roi d'Egypte de ce tems-là étoit parent

(*a*) T. III. p. 497.
(*b*) Réflexions ſur les hiſtoires des anciens Peuples.
(*c*) Ibid. p. 498.

& allié de Priam qui regnoit en Phrygie, & qu'il envoya du fond de la Thébaide, son fils avec vingt mille hommes au secours d'une ville si éloignée, & dont apparemment il n'avoit jamais oui parler? Les Rois d'Egypte, sur-tout ceux de Diospolis, qui regnoient en ce tems-là fiers de leur puissance, de leurs forces, & de leurs richesses, méprisoient souverainement les autres Rois, & ne vouloient faire avec eux aucune comparaison.

Convenons donc que les fictions & les fables qui inondent cette histoire, & dans lesquelles elle est comme absorbée, doivent la rendre au moins suspecte. Quant à la réalité des villes & des lieux qui sont rapportés dans Homere, outre qu'un grand nombre n'ont jamais pû être découverts par Strabon & les autres Géographes; leur existence même antérieure à Homere ne signifieroit autre chose, sinon que sa fiction a été ajustée à leur situation, & qu'il leur a supposé des fondateurs & des Rois imaginaires, à l'imitation des Egyptiens, qui se vantoient d'avoir eu des Dieux pour Rois jusqu'à Orus, fils d'Isis & d'Osiris. Nous avons déja dit, d'après Diodore de Sicile, que les anciens Poëtes, Mélampe, Homere, Orphée, &c. avoient donné aux endroits des noms conformes à leur doctrine; sans doute que ceux que l'on n'a pû découvrir dans la suite étoient feints, & que la plûpart des autres tiroient leur origine de là. On en a une preuve assez convaincante dans les étymologies que j'ai données. Elles confirment le dire de Diodore, puisqu'elles quadrent parfaitement

faitement avec la doctrine que je suppose avoir donné lieu à l'Iliade. Il n'y a même que ce seul moyen d'accorder toutes les différentes opinions des Auteurs à ce sujet. Tant de dissertations faites sur les endroits obscurs & difficiles d'Homere, deviennent inutiles, au moins quant à cela. La seule utilité qui nous en reste, sont beaucoup d'autres points de l'histoire, dont ces endroits d'Homere ont occasionné l'éclaircissement. Les Sçavans qui les ont mises au jour, ont fait connoître par-là leur travail infatigable; ils ont acquis la considération du Public. Leurs ouvrages sont des flambeaux, dont la lumiere n'a dissipé que les ténébres répandues sur les noms de leurs Auteurs. Mais enfin ils ont fait leur possible; ils se sont épuisés de bonne foi à force de veilles & de fatigues; ils ont cru se rendre utiles; il est donc juste qu'on leur en tienne compte. Avouons-le de bonne foi; les Auteurs de ces dissertations, & les Anciens dont ils tirent leurs preuves, n'ont pas vû dans Homere plus clair les uns que les autres. La preuve en est palpable: ils ont tous puisé dans la même source, & ils ont tous des opinions contraires. Mais que l'on donne Homere à expliquer à un Philosophe Hermétique, qui a étudié la Nature, & qui sçait la théorie & la pratique de son Art; ou à quelqu'un qui, comme moi, ait fait une longue étude de leurs ouvrages, pour tâcher au moins de se mettre au fait de la tournure de leurs allégories, de développer leur style énigmatique, de dévoiler leurs hiéroglyphes, de voir si leurs ouvrages & leur art a un objet réel; si cette science mérite d'être autant méprisée qu'elle l'est, & enfin de donner par la combinaison de leurs raisonnemens, & par la concordance de leurs expressions, un éclaircissement sur une science aussi obscure, je suis persuadé qu'ils ne se trouveroient pas contraires les uns aux autres. Ils expliqueroient tous la même chose du même objet, & de la même maniere. Ce sont même les applications répétées qu'ils font de différens traits de la Fable à leur matiere & à leurs opérations, qui m'ont fait naître l'idée de cet ouvrage. J'ai vû leur accord dans ces applications, & j'ai remarqué avec plaisir qu'ils avoient tous les mêmes principes. De tant d'Auteurs qui ont écrits sur la Philosophie Hermétique, je n'en ai pas vû un seul contraire à un autre, j'entends ceux qui ont la réputation d'avoir été au fait de cette science; car les autres ne doivent pas entrer en ligne de compte. S'ils paroissent se contredire, c'est qu'ils écrivent énigmatiquement, & que le Lecteur explique d'une opération ce que l'Auteur dit d'une autre. L'un paroît dire oui où l'autre dit non; mais c'est qu'ils prennent la chose dans différens points de vûe. Celui-là appelle eau ce que celui-ci appelle terre, parce que leur matiere est composée des deux, & qu'elle devient successivement eau & terre.

Enfin pour finir ce que nous avons à dire de l'Iliade, qu'on en examine sérieusement les Héros & les circonstances; on n'y verra proprement qu'un Ulysse, qui par sa prudence, ses conseils, ses discours, & souvent ses actions gouverne tout, dirige tout, est chargé de tout. Instruit des fatalités de Troye, ou des conditions ſans leſquelles cette ville ne ſçauroit être priſe; il les exécute, ou met les Grecs en état de les exécuter. Ce qu'il fait par lui-même, ce ſont préciſément les ſoins & les démarches de l'Artiſte. Ce que les Grecs & les Troyens font, c'eſt ce qui ſe paſſe dans le vaſe philoſophique, par le ſecours de l'Art & de la Nature; Ulyſſe enfin diſpoſe tout, fait une partie des choſes, & les Grecs agiſſent quand il les a mis dans le cas de le faire. Après lui vient Achille, comme l'agent intérieur, ſans lequel la Nature n'agiroit point dans le vaſe, parce qu'il en eſt le principal miniſtre. C'eſt par ſon moyen que la matiere ſe diſſout, ſe putréfie & parvient au noir. Auſſi Homere a-t-il ſoin de dire qu'Achille s'étoit retiré dans ſon vaiſſeau *noir*. Euryalus, Méneſthéus, Thoas, Idoménée, Podarce, Eurypile, Polypete, Prothous, Crethon, Orſilochus, & la plus grande partie des Grecs avoient amenés des vaiſſeaux noirs. Proteſilas, qu'on ſuppoſe avoir été tué dès le commencement, eſt détenu & enſeveli dans la terre noire. Enfin Ulyſſe eſt le ſeul dont Homere diſe que la proue de ſon vaiſſeau étoit rouge; qu'il prit un vaiſſeau noir pour ramener Chryſéis à ſon pere Chryſès, & qu'il y mit de voiles blanches à ſon retour. Un des autres Héros de la piece eſt Pyrrhus ou Néoptolême; on a vû pourquoi. Enfin Pâris eſt celui contre qui les Grecs combattent pour r'avoir Hélène, qui eſt l'objet de tant de peines & de tant de travaux. Les autres Acteurs n'ont été ajoutés que pour l'ornement, & pour former le corps de ſa fiction: Agamemnon comme le chef principal, Ajax comme un brave guerrier, & Dioméde comme compagnon d'Ulysse. Les autres sont pour remplir les incidens qu'il a fallu faire naître, pour former le vraisemblable de sa fiction; à quoi il a ajouté les lieux de la Grece, de la Phrygie, de la Thrace, &c.

Que Troye ait donc existé ou non; qu'elle ait été détruite ou qu'elle ne l'ait pas été; il est toujours vrai que l'Iliade d'Homere a l'air d'une pure fiction; que l'on doit en juger comme des travaux d'Hercule, & comme l'on pense des fables qui regardent les Dieux & les Héros. Il ne faut donc pas juger de la réalité du fait, par ce qu'en disent les Auteurs postérieurs à Homere; puisqu'ils ne sont venus que bien des siécles après lui, qu'ils ont tous puisé chez lui, & que malgré cela ils ne sont point d'accord entr'eux. Quelques-uns ont voulu corriger dans Homere ce qu'ils n'ont pû expliquer, d'autres l'ont contredit, sans faire attention qu'ils rendoient par-là le fait encore plus incertain. Si l'on s'en rapporte au témoignage d'Hérodote, la guerre de Troye ne peut être que fausse; puisqu'Helène, pour laquelle on suppose qu'elle fut faite, étoit alors détenue chez Prothée, Roi d'Egypte. Cicéron appelloit cependant cet Auteur, le pere de l'histoire, tant à cause de son antiquité qu'à cause du fond de l'ouvrage, & de la maniere de l'écrire.

Aurons-nous plus de foi aux autres Auteurs Payens, qui admettoient les fables les plus ridicules pour des vérités? eux qui ont copié aveuglement Orphée, Lin, Mélampe, Musée, Homere & Héſiode; & d'où ces derniers ont-ils tiré ce qu'ils ont avancé? On le ſçait: c'eſt d'Egypte, ſource de toutes les fables. Les Egyptiens ſe vantoient de l'avoir appris d'Iſis, Iſis de Mercure, & Mercure de Vulcain.

Mais enfin ſi l'on veut ſoutenir opiniâtrement qu'il y a des vérités hiſtoriques cachées ſous le voile de ces fables; que l'on m'accorde au moins, qu'on a pû prendre occaſion de ces hiſtoires, pour former des allégories, & même des allégories des choſes les plus cachées & les plus ſecretes. Paracelſe, Fernel & tant d'autres l'ont fait; c'eſt ce qui rend leurs ouvrages inintelligibles preſqu'à tout le monde. Dans les ſyſtêmes de ceux qui ont voulu expliquer les fables hiſtoriquement, ou moralement, il ſe trouve des difficultés inſurmontables, qu'ils avouent eux-mêmes ne pouvoir débrouiller, ni réſoudre. Dans le mien, il ne s'en trouve aucune. Tout eſt plein, tout eſt ſimple, tout eſt naturel. C'eſt du moins une préſomption qui marque ſon avantage ſur les autres, & qui doit tenir lieu de preuve aux gens de bonne foi & exemts de préjugés, qu'il eſt le ſeul véritable.

Deſcente d'Enée aux Enfers.

TOUT le monde ſçait que quoique l'Enéïde de Virgile ſoit ſans contredit le plus beau Poëme latin que nous ayons, elle eſt cependant une imitation d'Homere; on ne ſera donc pas surpris que je joigne à l'Iliade (1) un lambeau de l'Enéïde. Virgile a suivi ses idées : il a donné carriere à son imagination ; mais il ne s'est pas écarté du canevas qu'Homere lui avoit fourni ; il se l'est seulement rendu propre par la maniere dont il l'a traité. Je ne prétends donc pas attribuer à Virgile toutes les connoissances de la Philosophie Hermétique ; il avoit sans doute emprunté d'ailleurs ce qu'il en dit, comme il avoit fait beaucoup d'autres choses ; on pourroit aussi penser que Virgile en avoit quelqu'idée : qu'il sentoit quel étoit l'objet de l'Iliade & de l'Odyssée, & qu'il ne les regardoit que comme des allégories de la médecine dorée. Il se trouvoit peut-être dans le cas de bien de Sçavans, qui par une étude assidue & réfléchie des Auteurs Hermétiques, ont des idées vraies, quoiqu'indéterminées de la matiere, & des opérations de cet Art ; mais qui ne mettent point la main à l'œuvre faute de quelqu'ami, qui leur indique quelle est précisément cette matiere, & qui fixe leur indétermination pour le commencement, & les suites du travail requis pour la réussite (2).

---

(1) Il est à propos de remarquer que le terme même d'*Ilias* a été pris par beaucoup d'Auteurs pour signifier la fin, le terme d'une chose. Le Cosmopolite l'a employé dans ce sens-là. *Ita etiam*, dit-il, dans son premier traité, *generosa natura semper agit usque in ipsum Iliadum, hoc est, terminum ultimum, postea cessat.*

(2) J'ai tout expliqué dans ces douze Traités, dit le même Cosmopolite dans son Epilogue, & j'ai rapporté toutes les raisons & les preuves naturelles ; afin que le Lecteur craignant Dieu & desireux de cet Art, puisse

Il n'eſt donc pas ſurprenant que Virgile ait gliſſé dans ſon Enéide quelques traits qui y ont du rapport. Tel eſt en particulier celui de la deſcente d'Enée aux Enfers. D'Eſpagnet (*a*), Augurelle (*b*), Philaléthe (*c*), & pluſieurs autres Philoſophes ont adopté les propres termes de Virgile, & en ont fait des applications très-heureuſes, dans les traités qu'ils ont compoſés ſur le grand œuvre. Je ne ſuppoſe donc pas ſans fondement ces idées à Virgile, & je me conformerai aux applications qu'en ont faites ces Auteurs, dans les explications que je donnerai à la narration de ce Poëte.

Enée ayant pris terre à Cumes (*d*) dirigea ſes pas vers le temple d'Apollon, & vers l'antre de l'effrayante Sibylle, que ce Dieu inſpire, & à laquelle il découvre l'avenir. L'entrée de ce temple étoit décorée par une repréſentation de la fuite de Dédale, ayant les aîles qu'il s'étoit fabriquées, & qu'il conſacra enſuite à Apollon, en l'honneur duquel il avoit édifié ce temple. On y voyoit auſſi le labyrinthe que Dédale conſtruiſit à Crete pour renfermer le Minotaure, les peines & les travaux qu'il falloit eſſuyer pour vaincre

---

plus facilement comprendre, tout ce que Dieu aidant, j'ai vû, & j'ai fait de mes propres mains ſans aucune fraude ni ſophiſtication. Il n'eſt pas poſſible de parvenir à la fin de cet Art, ſans une connoiſſance profonde de la Nature, à moins que Dieu, par une faveur ſinguliere ne daigne le révéler, ou qu'un ami de cœur ne déclare ce ſecret.

(*a*) Arcanum Herm. Philoſophiæ opus.

(*b*) Chryſopœia.

(*c*) Introitus apertus.

(*d*) Enéid. l. 6. v. 2. & ſuiv.

ce monſtre, & pour ſortir de ce labyrinthe quand on s'y étoit une fois engagé : le filet qu'Ariadne donna à Théſée pour cet effet (3).

Ces repréſentations frapperent Enée, & il s'ar-

---

(3) Les décorations de ce Temple ſont remarquables ; & il n'eſt pas étonnant qu'elles ayent attiré l'attention d'Enée. Un Artiſte ne ſçauroit trop réfléchir ſur une entrepriſe telle que celle du grand œuvre, afin de pouvoir venir au point de prendre, comme Zachaire (*a*), une derniere réſolution qui ne trouve aucune contradiction dans les Auteurs. Non ſeulement les opérations & le régime ſont un vrai labyrinthe, d'où il eſt très-difficile de ſe tirer ; mais les ouvrages des Philoſophes en forment un encore plus embarraſſant. Le grand œuvre eſt très-aiſé, ſi l'on en croit les Auteurs qui en traitent ; tous le diſent, & quelques-uns ont même aſſuré que ce n'étoit qu'un amuſement de femmes & un jeu d'enfans ; mais le Coſmopolite fait obſerver, que quand ils diſent qu'il eſt aiſé, il faut entendre, pour ceux qui le ſçavent. D'autres ont aſſuré que cette facilité ne regarde que les opérations qui ſuivent la préparation du mercure. D'Eſpagnet eſt de ce dernier ſentiment, puiſqu'il dit (*b*) : » Il » faut un travail d'Hercule pour la ſublimation du mer- » cure, ou ſa premiere préparation. Car ſans Alcide » Jaſon n'auroit jamais entrepris la conquête de la Toiſon » d'or. « Augurelle (*c*) s'exprime à ce ſujet dans les termes ſuivans :

Alter inauratam noto de vertice pellem
Principium velut oſtendit, quod ſumere poſſis ;
Alter onus quantum ſubeas.

J'ai expliqué la fable du Minotaure & de Théſée. On peut y avoir recours.

(*a*) Opuſcule. (*b*) Can. 42.
(*c*) Chryſop. l. 2.

rêtoit à les contempler ; mais la Prêtresse lui dit que le tems ne lui permettroit pas de s'y amuser. Il se rendit donc à l'antre où la Sibylle rendoit ses oracles, & à peine y fut-il arrivé qu'il la vit saisie de la fureur, qui avoit coutume de l'agiter dans ces circonstances. Les Troyens qui accompagnoient Enée furent saisis de frayeur. Enée lui-même trembla à cet aspect, & adressa, du meilleur de son cœur, sa priere à Apollon. Il lui rappella la protection toute particuliere, dont il avoit toujours favorisé les Troyens, & le pria instamment de la leur continuer. Il promit par reconnoissance d'élever deux temples de marbre, l'un en son honneur, l'autre en celui de Diane (4), dès qu'il seroit établi en Italie, avec les compagnons de son voyage. Il s'engagea même d'instituer des fêtes de Phœbus, & de les faire célébrer avec toute la magnificence possible. Il adressa ensuite la parole à la Prêtresse, & la pria de ne pas mettre ses oracles sur des feuilles volantes, crainte que le vent ne les dissipât, & qu'on ne pût les recueillir.

La Sibylle parla enfin, & prédit à Enée toutes les difficultés qu'il rencontreroit, & les obstacles qu'il auroit à surmonter tant dans son voyage,

---

(4) Apollon & Diane étant les deux principaux Dieux de la Philosophie Hermétique, c'est-à-dire, la matiere fixée au blanc & au rouge ; c'est avec raison qu'Enée s'adresse à eux, & qu'il promet de leur élever des temples. Le marbre indique par sa dureté la fixité de la matiere ; & l'établissement d'Enée en Italie désigne le terme des travaux de l'Artiste, ou la fin de l'œuvre.

que dans son établissement en Italie (5). Mais elle l'exhorta à ne pas perdre courage, & à prendre occasion de là de pousser sa pointe avec plus de vigueur. Ses oracles étoient (6) cependant

---

(5) Les difficultés qui se rencontrent pour parvenir à cet établissement ne sont pas petites, puisque tant de gens le tentent & l'ont tenté sans y réussir. Nous pouvons en juger par ce que dit Pontanus (a), qu'il a erré plus de deux cens fois, & qu'il a travaillé pendant très-long-tems sur la vraie matiere sans pouvoir réussir, parce qu'il ignoroit le feu requis. On peut voir l'énumération de ces difficultés, dans le traité qu'en a fait Thibault de Hogelande.

(6) Cette maniere de s'expliquer par des termes ambigus & équivoques, est precisément celle de tous les Philosophes. Il n'en est pas un qui ne l'ait employée; & c'est ce qui rend cette science si difficile, & presque impossible à apprendre dans les ouvrages qui en traitent. Ecoutons d'Espagnet là-dessus (b): » Que celui qui aime » la vérité, & qui desire apprendre cette science fasse le » choix de peu d'Auteurs, mais marqués au bon coin. » Qu'il tienne pour suspect tout ce qui lui paroît facile à » entendre, particulierement dans les noms *mysterieux* » des choses, & dans le secret des opérations. La vérité » est cachée sous un voile très-obscur; les Philosophes » ne disent jamais plus vrai que lorsqu'ils parlent obscu- » rement. Il y a toujours de l'artifice, & une espece de » supercherie dans les endroits où ils semblent parler » avec le plus d'ingénuité. « Il dit aussi (c): » Les Phi- » losophes ont coutume de s'exprimer en termes am- » bigus & équivoques; ils paroissent même très-souvent » se contredire. S'ils expliquent leurs mysteres de cette » façon, ce n'est pas à dessein d'altérer ou de détruire » la vérité, mais afin de la cacher sous ces détours, & » de la rendre moins sensible. C'est pour cela que leurs

(a) Epist. (b) Can. 9. (c) Can. 15.

pleins d'ambiguités, d'équivoques, & l'intelligence n'en étoit pas facile ; car elle enveloppoit le vrai d'un voile obscur & presqu'impénétrable (*a*).

Enée répondit à la Sibylle qu'il avoit prévû tout ce qui pouvoit lui arriver, qu'il y avoit réfléchi, & qu'il étoit disposé à tout. Mais puisqu'on assure, lui dit-il, que c'est ici l'entrée du ténébreux Empire de Pluton ; je souhaiterois ardemment voir mon pere Anchyse, lui que j'ai sauvé des flammes à travers de mille traits dardés contre nous ; lui qui, malgré la foiblesse de son âge, a eu le courage de s'exposer aux mêmes dangers que moi, & de m'accompagner dans tous les travaux que j'ai essuyés. Il m'a lui-même recommandé de venir vous trouver, & de vous demander cette grace. Rendez-vous propice à mes vœux ; vous qu'Hécate a sans doute préposée ici pour cela. On l'a bien accordée à Orphée pour y aller chercher sa chere épouse. Castor & Pollux y vont & en reviennent alternativement tous les jours. Théſée y est descendu pour enlever Proserpine ; & Hercule pour en emmener le Cerbere. Ils étoient fils des Dieux ; je le suis aussi.

» écrits sont pleins de termes synonymes, homonymes, » & qui peuvent donner le change. Leur usage est aussi » de s'expliquer par des figures hiéroglyphiques & plei- » nes d'énigmes, par des fables & des symboles. « Il suffit de lire ces Auteurs pour y reconnoître ce langage. Quant aux fables d'Orphée, de Théſée & d'Helène, nous les avons expliquées dans les livres précédens.

(*a*) Ibid. v. 98.

La Sibylle lui répondit : Fils d'Anchyse & des Dieux, il est aisé de descendre aux Enfers, la porte de ce lieu obscur est ouverte jour & nuit (*a*) ; mais l'embarras est d'en revenir, & de remonter au séjour des vivans (7). Il en est peu qui puis-

---

(*a*) Ibid. v. 126.

(7) La Sibylle a raison de dire que l'entrée de ce lieu est ouverte jour & nuit, puisque les Philosophes disent qu'en tout tems & en tout lieu on peut faire l'œuvre. Mais ce n'est pas le tout que d'y entrer ; il faut être au fait des opérations, sçavoir faire l'extraction du mercure, & deviner de quel mercure parlent les Philosophes. C'est précisément à cela que d'Espagnet fait l'application de ces paroles de la Sibylle, *Pauci quos æquus*, &c. Car comme le dit le même Auteur (*a*) : Pour empêcher de distinguer quel est le mercure dont parlent les Philosophes, & le cacher dans des ténébres plus obscures, ils en ont parlé comme s'il y en avoit de plusieurs sortes ; & l'ont nommé Mercure dans tous les états de l'œuvre où il se trouve, & dans chaque opération. Après la premiere préparation ils l'appellent leur Mercure, & Mercure sublimé ; dans la seconde, qu'ils nomment la premiere, parce que les Auteurs ne font point mention de cette premiere, ils appellent ce mercure, Mercure des corps, ou Mercure des Philosophes ; parce qu'alors le Soleil y est réincrudé ; le tout devient cahos ; c'est leur Rebis ; c'est leur tout, parce que tout ce qui est nécessaire à l'œuvre s'y trouve. Quelquefois même ils ont donné le nom de Mercure à leur élixir, ou médecine tingente, & absolument fixe, quoique le nom de Mercure ne convienne guéres qu'à une substance volatile.

Il faut donc être fils des Dieux pour se tirer d'embarras, & suivre exactement les enseignemens de la Sibylle ; si l'on veut passer deux fois le lac du Styx, & voir deux fois le séjour du Tartare ; c'est-à-dire, faire la prépara-

(*a*) Can. 36.

ſent le faire. Il faut être fils des Dieux; il faut par une ſublime vertu s'être rendu ſemblable aux Immortels, ou avoir du moins mérité l'affection de Jupiter toujours équitable. Au milieu de ce lieu ſont de vaſtes forêts environnées du noir Cocyte. Mais puiſque vous montrez une ſi grande envie de paſſer deux fois le lac du Styx, & de voir deux fois le ſéjour ténébreux du Tartare, je veux bien ſeconder vos deſirs. Ecoutez donc ce que vous avez à faire pour réuſſir, & retenez bien ce que je vais vous dire.

Un arbre épais cache dans la multitude de ſes branches un rameau flexible, dont la tige & les feuilles ſont d'or. Il eſt conſacré à Proſerpine. Il n'eſt point de forêts, point de boccages, point de vallées couvertes où l'on ne le trouve (8).

---

tion de la pierre ou du ſoufre, & puis l'élixir. Dans chaque opération on voit une fois le noir Styx & le ténébreux Tartare, c'eſt-à-dire, la matiere au noir.

(8) Cet arbre eſt le même que celui où étoit ſuſpendue la Toiſon d'or; c'eſt la même allégorie expliquée dans le ſecond livre. Mais la difficulté eſt de reconnoître cette branche; car les Philoſophes, dit d'Eſpagnet (*a*), ont donné une attention plus particuliere à cacher ce rameau d'or, que toute autre choſe; & celui-là ſeul peut l'arracher, ajoute le même Auteur d'après les paroles de la Sibylle: *qui*

Maternas agnoſcit aves.
. . . . . . Et geminæ cui fortè columbæ
Ipſa ſub ora viri cœlo venere volantes.

Il n'eſt pas étonnant que les Philoſophes ſe ſoient ap-

(*a*) Can. 15.

On ne sçauroit pénétrer dans ces lieux soûterrains sans avoir cueilli ce rameau, qui porte des

---

pliqués à cacher ce rameau d'or; puisqu'il est devant les yeux de tout le monde (*a*), qu'il se trouve par-tout; que tout le monde en fait usage, & que tout en provient. Il est connu des jeunes & des vieux, dit l'Auteur du Traité qui a pour titre : *Gloria mundi*, il se trouve dans les champs, les forêts, les montagnes & les vallées. Mais on le méprise, parce qu'il est trop commun. La force ni le fer ne sont point nécessaires pour l'arracher; c'est la science de l'œuvre. Ce rameau est le même que cette plante appellée *Moly*, que Mercure donna à Ulysse (*b*) pour se tirer des mains de Circé.

Sic utique loquutus Mercurius præbuit remedium
Ex terra evulsum; & mihi naturam ejus monstravit.
Radice quidem nigrum erat, lacti autem simile flore;
Et Moly ipsum vocant Dii; difficile vero effossu
Viris utique mortalibus.

On voit par-là qu'Homere & Virgile sont d'accord; mais le premier indique plus précisément la chose, puisqu'il marque la couleur de la racine & de la fleur. Les Auteurs anciens qui pensoient bien qu'Homere n'écrivoit qu'allégoriquement, ne se sont pas avisés de chercher cette plante dans le nombre des autres. Ils ont pensé qu'Homere n'avoit voulu signifier par-là que l'érudition & l'éloquence. On peut voir à cet égard Eusthathius, fol. 397. lig. 8. Théocrythus Idyll. 9. v. 35. Ils ont même voulu le prouver par la langue Hébraique, dont plusieurs pensent que ce Poëte étoit parfaitement instruit, de même que des cérémonies du culte des Juifs. Philostrate favorise ce sentiment (*c*). Voyez aussi Photius dans

(*a*) Cosmop. Epilog. & in Ænigm.
(*b*) Odyss. l. 10. v. 302. & suiv.
(*c*) In Heroicis, fol. 637.

fruits d'or. C'eſt le préſent que Proſerpine veut qu'on lui offre. On le trouve toujours : car à peine l'a-t-on arraché qu'il en pouſſe un autre de même métal. Voyez, cherchez-le de tous vos yeux ; & lorſque vous l'aurez trouvé, ſaiſiſſez-le, vous l'arracherez ſans peine ; ſi le deſtin vous eſt favorable, il viendra de lui-même ; mais s'il vous eſt contraire, tous vos efforts deviendront inutiles ; il n'eſt ni force, ni fer qui puiſſe en venir à bout.

Vous avez encore une autre choſe à faire. Vous ignorez ſans doute que le corps mort d'un de

---

ſa Biblioth. fol. 482. Duport. Gnomolog. Homeric. Noel le Comte, Mythol. l. 6. ch. 6. Antholog. fol. 103. Pline le Naturaliſte a cru que cette plante étoit le Cynocéphale, en latin *Antirrhinum*, & en françois *muffle de veau* (a). L'Emeri dans ſon Dictionnaire des Plantes, penſe que le Moly eſt une eſpece d'ail, dont il donne la deſcription ſous le nom de *Moly*. Ptolem. Héphæſtion en parle auſſi, l. 4. collat. *cum Scholiis Lycophron*, v. 679. On peut encore conſulter là-deſſus Maxime de Tyr, §. 19. mais les uns & les autres n'ont pas touché au but. Homere parloit à la vérité allégoriquement ; mais il faiſoit alluſion aux couleurs qui ſurviennent à la matiere du grand œuvre pendant les opérations. La racine de cette plante eſt noire, parce que les Philoſophes appellent racine & la clef de l'œuvre la couleur noire, qui paroît la premiere. La couleur blanche qui ſuccéde à la noire ſont les fleurs de cette plante, ou les roſes blanches d'Abraham Juif, & de Nicolas Flamel ; le lys de d'Eſpagnet & de tant d'autres ; le narciſſe que cueilloit Proſerpine, quand elle fut enlevée par Pluton, &c. On voit par-là pourquoi la force & le fer ſont inutiles pour arracher cette plante.

(a) L. 25. c. 4. & liv. 30.

vos amis infecte toute votre flotte; allez-donc l'inhumer; & pour expiation sacrifiez des bêtes noires: c'est par-là qu'il faut commencer (9);

---

(9) Proserpine exige qu'on lui présente ce rameau d'or; il n'est pas même possible d'aller à elle sans l'avoir. Mais avant de le cueillir, il faut inhumer celui qui a toujours accompagné Hector jusqu'à la mort, & que Triton avoit fait périr parmi les rochers de la mer. C'est-à-dire, qu'il faut mettre dans le vase le mercure fixé en pierre dans la mer philosophique, & continuer le régime de l'œuvre; alors la matiere se disposera à la putréfaction & à l'inhumation philosophique, comme faisoient les compagnons d'Enée à l'égard du corps de Misene, auxquels il laisse le soin des funerailles, pendant qu'il cherche le rameau d'or. On sçait ce qu'il faut entendre par la mort & les funerailles, nous en avons parlé bien des fois dans les livres précédens. Virgile, qui ne vouloit pas donner cette histoire comme vraie, mais comme une pure allégorie, a soin d'en prévenir le Lecteur une fois pour toute, en disant (*a*): *Si credere dignum est.*

Ce n'est donc qu'après l'inhumation de Misene qu'Enée pouvoit voir le lac du Styx, & l'Empire ténébreux de Pluton; & c'est pendant les funerailles, pendant que les Troyens pleurent sur le corps du défunt; qu'ils environnent le bûcher de feuilliages noirs (*b*); qu'ils lavent le cadavre, & lui font des onctions; c'est alors qu'Enée trouve ce rameau tant desiré, sous la conduite des deux colombes.

Morien (*c*) parle en plusieurs endroits de ce corps infecte & puant qu'il faut inhumer, qu'il l'appelle l'*immondice du mort*. Philaléthe emploie le même terme dans son Traité *De vera confectione lapidis*, pag. 48. & il dit, que la graisse, le plomb, l'huile de Saturne, la magnésie noire, le venin igné, les ténébres, le *Tartare*,

(*a*) V. 173.
(*b*) V. 213.
(*c*) Entret. du Roi Calid.

vous

vous pourrez ensuite voir les bois Stygiens, & ces Empires inaccessibles aux vivans. Enée s'en

---

la terre noire, le fumier, le voile noir, l'esprit fétide, l'immondice du mort, le menstrue puant, sont tous des termes synonymes, qui ne signifient que la même chose, c'est-à-dire, la matiere parvenue au noir.

Quant aux colombes, d'Espagnet a employé la même allégorie, & dit (*a*): que l'entrée du Jardin des Hespérides est gardée par des bêtes féroces, qu'on ne peut adoucir qu'avec les attributs de Diane, & les colombes de Vénus. Philaléthe a parlé aussi plus d'une fois de ces colombes, dans son Traité *Introitus apertus ad occlusum Regis palatium.* Sans elles, dit cet Auteur, il n'est pas possible d'y parvenir. Qu'on fasse attention à ce que signifient les attributs de Diane, & l'on verra qu'il n'est pas plus facile de pénétrer dans le séjour de Proserpine sans leur secours, qu'il étoit possible de prendre la ville de Troye sans les fléches d'Hercule: c'est pour cela que les colombes vinrent à Enée en volant, & furent aussi en volant se reposer sous l'arbre double, qui cache le rameau d'or. Le Cosmopolite fait mention de cet arbre (*b*) en ces termes: » Je fus ensuite conduit par Neptune » dans une prairie, où il y avoit un jardin, dans lequel » étoient plusieurs arbres dignes d'attention, & parfai- » tement beaux. Entre plusieurs on en voyoit deux prin- » cipaux, plus élevés que les autres, *fortis d'une même* » *racine*, dont l'un portoit des fruits brillans comme le » Soleil, & dont les feuilles étoient d'or; l'autre pro- » duisoit des fruits blancs comme le lys, & ses feuilles » étoient d'argent. Neptune appelloit l'un l'*arbre solaire* » & l'autre l'*arbre lunaire.* «

Lorsque les colombes arriverent près d'Enée, elles se poserent sur le gason; c'est la prairie du Cosmopolite. Elles s'écarterent de l'entrée du puant Enfer; parce que la matiere se volatilise pendant la putréfaction. Elles fu-

(*a*) Can. 42. & 52. (*b*) Enigme.

retourna donc tout pensif avec Achate son compagnon fidele. Ils trouverent sur le rivage le cadavre de Misene, fils d'Eole, que Triton avoit fait noyer en le précipitant à travers les rochers de la mer (si cependant le fait est croyable). Ils se mirent donc en devoir d'exécuter les ordres de la Sibylle, & pour cet effet ils se transporterent dans une forêt ancienne, & en couperent du bois pour former le bûcher. Enée pendant ce travail regardoit à travers cette forêt avec des yeux avides de découvrir le rameau d'or dont la Sibylle lui avoit parlé.

Sur ces entrefaites deux colombes (*a*) vinrent à lui en volant, & se reposerent sur le gason. Il les reconnut pour les oiseaux consacrés à sa mere, & le cœur plein de joie, il leur adressa la parole en ces termes: Servez-moi de guides, & dirigez mes pas dans l'endroit de la forêt, où croît ce rameau d'or. Et vous, Déesse ma mere, ne m'abandonnez pas dans l'incertitude où je suis.

Ayant ainsi parlé, il se mit en marche; observant avec attention les signes que les colombes lui donnoient, & la route qu'elles prenoient. Elles prirent leur vol, & furent aussi loin que la vûe pouvoit s'étendre. Mais lorsqu'elles arriverent à l'entrée du puant Enfer, elles s'en écarterent promptement, & furent se poser, suivant

---

rent se reposer sous l'arbre solaire, c'est-à-dire, que la volatilisation cesse dès que les parties volatiles se fixent en une matiere que les Philosophes appellent *or*.

(*a*) V. 190.

le desir d'Enée, sur le double arbre, dont les rameaux ont la brillante couleur d'or.

Enée ayant apperçu le rameau (*a*) tant desiré le saisit avec ardeur, & le porta dans l'antre de la Sibylle. Il rejoignit ensuite ses compagnons occupés aux funerailles de Misene. Chorinée en recueillit les ossemens & les enferma dans une urne d'airain (10). Enée lui éleva un tombeau,

(*a*) V. 216.

(10) Virgile ne dit pas qu'on mit les ossemens de Misene dans une urne d'or, ni d'argent, comme Homere dit qu'on avoit enfermé ceux d'Hector & ceux de Patrocle; mais dans une d'airain: & ce n'est pas sans raison. Ce sont trois états où se trouve la matiere, bien différens les uns des autres. Celui qui est représenté par Misene est le premier des trois; le tems même où la matiere est en putréfaction; & c'est alors que les Philosophes l'appellent *airain*, *laton* qu'il faut blanchir. Blanchissez le laton, & déchirez vos livres, ils vous sont alors inutiles, dit Morien (*a*). Les Sages dans cet art l'ont appellé dans cet état *chyle*, *plomb*, *Saturne*, & quelquefois *cuivre* ou *airain*, à cause de la couleur noire & de son impureté, dont il faut le purger (*b*). » Par ce moyen, » dit Riplée, (récapitulation de son Traité) vous aurez » un soufre noir, puis blanc, puis citrin, & enfin rouge, » sorti d'une seule & même matiere des métaux; c'est ce » ce qui a fait dire aux Philosophes: Quand vous igno» reriez tout le reste, si vous sçavez connoître notre la» ton ou airain: « Cuisez donc cet airain, ajoute Philaléthe après avoir cité ce trait de Riplée, cuisez cet airain, & ôtez-lui sa noirceur en l'imbibant, en l'arrosant jusqu'à ce qu'il blanchisse. Notre airain, dit Jean Dastin, se cuit d'abord & devient noir; il est alors proprement notre laton qu'il faut blanchir.

(*a*) Entretien du Roi Calid.

(*b*) Philaléthe, loc. cit. p. 43.

& se rendit vers la Sibylle pour se conformer aux conseils qu'elle lui avoit donnés. Son antre étoit élevé, pierreux, gardé par un lac noir, & environné d'une sombre forêt. Les oiseaux ne sçauroit voler par dessus impunément (11); car une vapeur noire & puante s'exhale de l'ouverture, s'éleve jusqu'à la convexité du ciel, & les fait tomber dedans.

Enée sacrifia ensuite quatre taureaux noirs (*a*), en invoquant Hécate, dont la puissance se fait sentir dans le Ciel & dans les Enfers. Il offrit une brebis noire à la Nuit, mere des Eumenides, & à la Terre sa sœur; & immola enfin une vache stérile à Proserpine, & finit par des sacrifices à Pluton.

Voilà l'urne d'airain dans laquelle ont mis les ossemens de Misene. Ceux de Patrocle furent mis dans de l'argent, & ceux d'Hector dans de l'or, parce que l'un signifioit la couleur blanche de la matiere appellée *argent*, ou *or blanc*, lorsqu'elle est dans cet état; & l'autre indiquoit la couleur rouge appellée *or*.

(11) Les oiseaux ne pouvoient passer en volant sur l'ouverture de l'antre qui sert d'entrée à l'Enfer, sans y tomber; parce que la matiere qui se volatilise, signifiée par les oiseaux, retombe dans le fond du vase après être montée jusqu'au sommet. L'espace qui se trouve vuide entre la matiere & ce sommet, est appellé *Ciel* par les Philosophes: ils donnent aussi le nom de *Ciel* à la matiere qui se colore.

La noirceur qui survient à la matiere ne pouvoit être mieux désignée que par les sacrifices & les immolations d'animaux noirs qu'Enée fait à Hécate, à la Nuit & à Pluton.

(*a*) V. 243.

La Sibylle entra dans cette ouverture effrayante (*a*), & Enée l'y ſuivit d'un pas ferme. Ils marchoient l'un & l'autre dans une obſcurité ſemblable à celle où ſur la fin du jour on commence à ne plus diſtinguer la couleur des objets. On trouve à l'entrée de ce lieu, les ſoins, les ſoucis, les maladies, la mort, le ſommeil & les ſonges. On y voit divers monſtres, tels que les Centaures (12), les Scyllas à deux formes,

---

(*a*) V. 270.

(12) Virgile préſente ici ſous un ſeul point de vûe tout ce que les Fables renferment d'hideux, d'horrible & d'effrayant ; on diroit qu'il a voulu nous apprendre que toutes ces Fables différentes n'ont qu'un même objet, que ce ſont des allégories de la même choſe, & qu'en vain cherche-t-on à les expliquer différemment. C'eſt ce but que je me ſuis propoſé dans cet Ouvrage ; toutes mes explications ne tendent qu'à cela. On peut ſe rappeller celles que j'ai données juſqu'ici ; on verra que j'ai expliqué tous ces monſtres de la même maniere, c'eſt-à-dire, de la diſſolution qui ſe fait pendant que la matiere eſt noire : j'ai tiré mes preuves des Ouvrages des Philoſophes, & je les ai expliquées ſelon les circonſtances ; on peut donc y avoir recours. Mais Virgile ſuit pas à pas ce qui ſe paſſe dans l'œuvre, & nous conduit inſenſiblement. Des monſtres il va au fleuve Achéron, tout bourbeux ; ce qui forme la boue, ou le fumier philoſophique ; & les ſables du Cocyte indiquent les parties de la matiere dont la réunion compoſe la pierre. De là il vient à Charon. Au portrait qu'il en fait, peut-on méconnoître la couleur d'un gris ſale qui ſuccéde immédiatement au noir ? Cette barbe griſe de vieillard mal peignée, ces haillons de toile mal-propres qui le couvrent, ſont un ſymbole des plus faciles à entendre. La commiſſion qu'il a ſeul de paſſer les ombres au-delà

Briarée, l'Hydre de Lerne, la Chimere, les Gorgones, les Harpyes, & les Ombres à trois corps.

Tel est le chemin qui mene au fleuve Achéron, plein de la boue du Styx & du sable du Cocyte. Charon, l'affreux Charon, est le Garde de ces eaux; sa barbe est à demi-blanche, sale, & mal peignée; un haillon de toile mal-propre lui sert de vêtement: c'est lui qui est chargé de passer de l'autre côté les ombres qui se présentent.

Une multitude innombrable (*a*) d'ombres erroient & voltigeoient sur les bords du fleuve, & prioient instamment Charon de les passer. Il repoussoit brutalement toutes celles dont les corps n'avoient pas été inhumés; mais enfin au bout d'un tems, il les prenoit dans sa barque (13).

---

du noir & bourbeux Achéron, indique parfaitement qu'on ne peut passer de la couleur noire à la blanche, sans la couleur grise intermédiaire. L'Erébe qui fut pere de Charon, & la Nuit sa mere, nous font encore mieux comprendre quel il étoit.

(*a*) V. 305. & suiv.

(13) Il eût été bien difficile d'exprimer la volatilisation de la matiere pendant & après la putréfaction, par une allégorie plus expressive que celle des ombres errantes & voltigeantes sur les bords du Stix; la chose s'explique d'elle-même. Mais pourquoi Charon refusoit-il de passer celles dont les corps étoient sans sépulture? La raison en est fort simple. Tant que les parties volatiles errent & voltigent dans le haut du vase au-dessus du lac philosophique, elles ne sont point réunies à la terre des Philosophes, qui passe de la couleur noire à la grise,

La Sibylle & Enée (a) continuerent leur route, & s'approcherent du Styx. Charon les ayant apperçus de sa barque, adressa ces paroles à Enée: Qui que vous soyez qui vous présentez en armes sur le rivage de ce fleuve, parlez, que venez-vous faire ici? Retirez-vous; ce séjour est celui des ombres, de la nuit & du sommeil. Il ne m'est pas permis d'admettre les vivans dans ma barque; je me suis bien repenti d'y avoir reçu Hercule, Thésée & Pirithoüs, quoique fils des Dieux, & d'une valeur extraordinaire. Le premier eut la hardiesse d'y lier Cerbere, gardien du Tartare, & de l'emmener; les deux autres eurent la témérité de vouloir enlever Proserpine. La Sibylle voyant Charon en colere, lui dit: appaisez-vous, cessez de vous échauffer, nous ne venons pas dans le dessein de faire aucune violence. Que le

---

signifiée par Charon; cette terre nage comme une isle flottante, & a donné occasion de feindre la barque. Lorsque ces parties volatiles se sont au bout d'un tems réunies à cette terre, le tems qui leur est fixé pour errer est fini; elles retournent d'où elles étoient parties, & passent avec les autres. Virgile a parfaitement bien exprimé ce qu'il faut entendre par cette inhumation, c'est-à-dire, cette réunion des parties volatiles voltigeantes, avec celles qui sont au fond du vase, d'où elles s'étoient séparées. *Sedibus hunc refer ante suis, & conde sepulchro*, dit Virgile, v. 152, en parlant de Misene; & v. 327, en parlant des ombres:

Nec ripas datur horrendas, nec rauca fluenta
Transportare priùs, quàm sedibus ossa quierunt.

(a) V. 384.

gardien dans son antre aboye éternellement, si bon lui semble, & que Proserpine demeure tranquille tant qu'elle voudra à la porte de Pluton, nous ne nous y opposerons pas. Enée est un héros recommandable par sa piété ; le desir seul de voir son pere l'amene ici. Si une envie aussi religieuse ne fait point d'impression sur vous, reconnoissez ce rameau d'or. Enée le tira pour lors de dessous son habit, où il le tenoit caché.

A l'aspect de ce rameau Charon se radoucit, & après l'avoir admiré assez long-tems, il conduisit sa barque au rivage, où étoit Enée. Il en éloigna les ombres ; & ayant introduit Enée dans son bord avec la Sibylle, il les passa de l'autre côté du fleuve limoneux. Là se trouve le Cerbere à trois gueules, dont les aboyemens affreux retentissent dans tout le royaume de Pluton. Dès qu'il apperçut Enée, il hérissa les couleuvres qui lui couvrent le col ; mais la Sibylle l'endormit, en jettant dans sa gueule béante une composition soporifique de miel & d'autres ingrédiens (14) ;

(14) Il est inutile de répéter ici ce que nous avons dit dans le second Livre, au sujet de la composition que Médée donna à Jason, pour endormir le Dragon gardien de la Toison d'or. Le Lecteur voit bien que ce sont deux allégories tout-à-fait semblables, & qu'elles doivent par conséquent être expliquées & entendues de la même maniere ; ce qui forme une nouvelle preuve, qui justifie l'idée que je veux donner de cette descente d'Enée aux Enfers. Le Dragon constitué gardien du Jardin des Hespérides, y a encore un rapport très-immédiat ; Cerbere étoit frere des deux, né comme eux de Typhon & d'Echidna. L'hydre de Lerne, le serpent Py-

il l'engloutit avidement, mais ſa propriété fit ſon effet. Cerbere ſe coucha tout de ſon long, & l'immenſité de ſon corps rempliſſoit tout l'antre. Enée débarqua auſſi-tôt, & s'empara de l'entrée.

Dès qu'il eut fait quelques pas, il entendit les pleurs & les cris des enfans que la mort cruelle a arrachés de la mammelle de leurs meres; les gémiſſemens de ceux que l'on a condamnés injuſtement à la mort; chacun y a ſa place déterminée, & va ſubir l'interrogatoire de Minos. Auprès de ces derniers ſont ceux qui ſe ſont eux-mêmes donnés la mort par ennui de la vie, dont ils voudroient bien jouir aujourd'hui, dûſſent-ils même y être ſujets aux travaux les plus pénibles, & plongés dans la derniere miſere. On en voit une infinité d'autres répandus çà & là, & qui verſent des larmes amères: les Amans & les Amantes, à qui les ſoins & les ſoucis ont donné la mort; Phédre, Procris, Eriphyle, Evadnes, Paſiphaé, Laodomie, Cénéus & Didon. Dès qu'Enée l'apperçut, il fut à elle, & lui parla; mais les excuſes du Héros ne firent point d'impreſſion ſur elle: elle lui tourna le dos, prit la fuite, & fut joindre Sichée ſon époux, qui payoit ſon amour d'un retour parfait, & qui vouloit la conſoler dans ſon affliction.

De là Enée fut aux lieux occupés par ceux qui

---

thon, le Sphinx, la Chimere, étoient auſſi ſortis du même pere & de la même mere que Cerbere. Cette parenté explique ce qu'ils étoient, & ce qu'on doit en penſer.

s'étoient fait un nom par leurs travaux militaires. Le premier qui se présenta à ses yeux fut Tydée, puis Parthenopée & Adraste. Il vit ensuite, entr'autres Troyens morts pendant la guerre de Troye, Glaucus, Médonte, Thersiloque, Anténor, Polybete favori de Cérès, & Idée cocher de Priam. La plupart des Grecs qui apperçurent Enée avec ses armes brillantes, furent saisis de crainte; les uns s'enfuirent, les autres se mirent à jetter des cris. Il vit Déiphobe fils de Priam, & en le voyant il ne put retenir un soupir, parce que Deiphobe lui parut des oreilles, du nez & des mains cruellement mutilé (15).

---

(15) Cette énumération des ombres que vit Enée, semble n'être placée là que pour orner le récit, & le rendre plus intéressant; mais il n'en est pas de même de la description qu'il fait du Tartare. Tisiphone la cruelle exécutrice des supplices auxquels les Dieux condamnent les criminels, & les criminels eux-mêmes sont désignés par leurs supplices. On y voit les Titans, Othus & Ephialtes, ces deux Géans énormes dont parle Homere, liv. 11. de l'Odyssée; Salmonée, Tityus, les Lapithes, Ixion, son fils Pirithoüs & son ami Thésée, Phlegyas, &c. On croit même que Virgile a voulu faire allusion à quelques personnes vivantes de son tems, en désignant les crimes dont le bruit public les disoit coupables, & qu'il parloit d'eux sous des noms empruntés de la Fable. Aussi Virgile ne dit pas qu'Enée y fût, mais que la Sibylle lui raconta ce qui s'y passoit. Le portrait que ce Poëte fait du Tartare, semble être mis à dessein, pour désigner les souffleurs & chercheurs de pierre philosophale, qui travaillent sans principes, & qui passent toute leur vie dans des travaux fatigans, dont ils ne retirent

Ils tenoient enſemble converſation, lorſque la Sibylle craignant qu'elle ne s'étendît trop loin, avertit Enée que l'aurore commençoit à paroître, & que le tems fixé pour de telles opérations avançoit. Enée, lui dit-elle, voilà la nuit qui ſe paſſe, & nous perdons le tems à pleurer. C'eſt

---

que les maladies & la miſere. Nous avons déjà dit que Pirithoüs en étoit le ſymbole. Les autres le ſont encore d'une maniere plus déterminée. Ixion qui n'embraſſa qu'une nuée, y eſt attaché à une roue qui tourne ſans ceſſe ; pour nous donner à entendre que les ſouffleurs ne recueillent de leurs travaux que des vapeurs, & la fumée des matieres qu'ils emploient, & que ce ſont une eſpéce de gens condamnés à un travail perpétuel & infructueux. Siſyphe y roule un rocher peſant, & fait tous ſes efforts pour le monter au ſommet d'une montagne ; lorſqu'il croit être ſur le point de l'y placer, le rocher lui échape des mains, & retombe au pied de la montagne, où il va le rechercher, pour recommencer le même travail avec auſſi peu de fruit. C'eſt ici le vrai portrait de ces ſouffleurs de bonne foi, qui travaillent jour & nuit dans l'eſpérance de réuſſir, parce qu'ils croyent être dans le bon chemin ; mais après bien des fatigues, lorſqu'ils ſont parvenus preſqu'au point qn'ils attendoient, ou leurs vaiſſeaux ſe caſſent, ou quelqu'autre accident leur arrive, & ils ſe trouvent au même point où ils étoient lorſqu'ils ont commencé ; ils ne ſe rebutent point, dans l'eſpérance de mieux réuſſir une autre fois. Les Danaïdes, qui puiſent ſans ceſſe de l'eau qui leur échape, parce que le vaſe eſt percé, repréſentent parfaitement ceux qui puiſent toujours dans leur bourſe & dans celle d'autrui, des biens qui leur échapent, ſans qu'il leur reſte autre choſe que les vaſes, où ces biens s'évanouiſſent & ſe perdent. On peut juger des autres par ceux-ci.

ici où le chemin (16) se partage en deux; l'un méne aux murs du Palais de Pluton & aux

(16) Le chemin qui conduit au Tartare est celui que prennent les gens dont je viens de parler; celui qui mene aux Champs Elisées est celui que suit Enée, & avec lui les Philosophes hermétiques. Les premiers trouvent dès l'entrée Tisiphone & les Furies, & ils ne rencontrent au bout qu'un air empesté, un séjour sombre & ténébreux, avec un travail pénible & infructueux. Les seconds, au contraire, assurés de leur fait, parce qu'ils ont la Sibylle pour guide, apperçoivent dès l'abord les murs & la porte du Palais du Dieu des richesses; tout ce que la nature a de plus agréable se présente à leurs yeux. On peut se rappeller à cette occasion ce que j'ai rapporté d'après les Philosophes, au sujet du séjour de Bacchus à Nisa, & de Proserpine en Sicile; c'est une description des Champs Elisées sous un autre nom.

Il suffit de gémir comme Enée sur le sort malheureux de ceux qui n'étant pas guidés par la Prêtresse d'Apollon, prennent le chemin du Tartare; mais il ne faut pas les suivre, c'est même perdre le tems que de s'amuser à les contempler: il vaut mieux continuer sa route, & aller placer le rameau d'or.

L'aurore commençoit à paroître lorsqu'ils apperçurent les murs du Palais; c'est-à-dire, que la couleur noire, signifiée par la nuit, commençoit à faire place à la couleur blanche, appellée lumiere & jour par les Philosophes. Ils marcherent donc; & étant arrivés à la porte, Enée y plaça le rameau d'or; parce que la matiere dans cet état de blancheur imparfaite, commence à se fixer, & à devenir par conséquent or des Philosophes. C'est pourquoi l'on dit qu'Enée enfonça son rameau dans le seuil de la porte; car la porte indique l'entrée d'une maison, comme cette couleur de blanc imparfait est un signe du commencement de la fixation.

Champs Eliſées, l'autre qui eſt à gauche, conduit au Tartare. Enée ayant levé les yeux, apperçut tout à coup de grands murs élevés ſur le rocher qui étoit à gauche; il étoit environné d'un fleuve de flammes très-rapide, qu'on nomme Phlégeton, & qui fait un grand bruit par le choc des cailloux qu'il roule. En face étoit une grande & vaſte porte, aux deux côtés de laquelle étoient poſées des colomnes de diamans, que les habitans du ciel même ne ſçauroient tailler avec le fer; une tour de fer s'élevoit dans les airs, Tiſiphone en garde l'entrée jour & nuit.

Après ce récit, la vieille Prêtreſſe d'Apollon dit à Enée: il eſt tems de continuer notre route & de finir l'ouvrage que nous avons entrepris; je vois déjà les murs de la demeure des Cyclopes, & les portes du Palais voûté, où nous devons dépoſer le rameau d'or. Ils marcherent donc, étant arrivés à ces portes, Enée ſe lava le corps, & enfonça ſon rameau dans le ſeuil même. Ce qu'ayant exécuté, ils ſe tranſporterent dans ces lieux fortunés, où l'on ne reſpire qu'un air ſuave, & où la béatitude a établi ſon ſéjour.

On y voit les Troyens (a) qui ſe ſont ſacrifiés pour leur patrie, les Prêtres d'Apollon qui ont vêcu religieuſement, & qui ont parlé de ce Dieu de la maniere qu'il convient, ceux qui ont inventé ou cultivé les arts, & ceux qui ſe ſont rendus recommandables par leurs bienfaits (17);

(a) V. 662.

(17) Ils entrerent enſuite dans ce lieu de délices, de joie & de ſatisfaction, dont tous les habitans ont un dia-

tous ont le front ceint d'une bandelette blanche, & un diadême de même couleur. La Sibylle leur adressa à tous ces paroles, & à Musée en particulier (18) : Dites-nous, ames bienheureuses, dites-nous, illustre Musée, où trouverons nous Anchise ? En quel endroit de ces lieux fait-il son séjour ? C'est l'envie de le voir qui nous améne, & qui nous a fait traverser les grands fleuves de l'Enfer. Nous n'avons point de retraite fixe, leur répondit Musée, nous habitons tous également ces agréables rivages, ces prairies verdoyantes & toujours arrosées : mais, si vous le voulez, montons sur cette élévation, & nous passerons de l'autre côté.

---

dême blanc. Voilà le progrès insensible de l'œuvre ; voilà les différentes nuances des couleurs qui se succédent. On a vû le noir représenté par la nuit, l'obscurité de l'antre de la Sibylle par les eaux noires des fleuves de l'Enfer, & la dissolution de la matiere par les monstres qui habitent les bords de ces fleuves ; la couleur grise, par la barbe de Charon & ses sales habillemens ; le blanc un peu plus développé, par le jour que répand l'aurore, & l'apparence des murs du Palais. Voilà enfin le blanc tout-à-fait manifesté par les bandelettes blanches, & le diadême des habitans des Champs Elisées.

(18) La Sibylle adressa la parole à Musée en particulier ; & pourquoi ? C'est que Musée passe pour un de ceux qui avoient puisé en Egypte la connoissance de la généalogie dorée des Dieux, & qui a peut-être le premier transporté dans la Grece leur Théogonie. Il avoit parlé d'Apollon, ou de l'or philosophique, de la maniere qu'il convenoit de le faire ; il avoit même cultivé l'art qui apprend à le faire, & à en parler. Ce n'est donc pas sans raison qu'on feint que la Sibylle s'adressa à lui pour trouver ce qu'Enée cherchoit.

Musée y étant monté avec eux, leur fit remarquer ces campagnes brillantes, dont l'éclat éblouissoit les yeux. Ils descendirent ensuite de l'autre côté, & apperçurent Anchise, qui parcouroit avec des yeux attentifs les ombres Troyennes & autres, qui devoient aller joindre les immortels. Il repassoit sans doute dans son esprit ceux qui lui appartenoient par les liens du sang, leur état, leurs mœurs, leurs actions. Il apperçut sur ces entrefaites Enée qui venoit à lui; des larmes de joie mouillerent ses joues; il lui tendit les bras, en lui disant: Vous voilà donc venu, & l'amour paternel vous a fait vaincre les travaux d'un voyage si pénible: je vous vois, je vous parle, je comptois jusqu'aux quarts d'heure dans l'impatience de vous voir, & mon espérance n'a point été vaine. Combien de terres, combien de mers avez-vous parcourus! combien de dangers avez-vous essuyés! que j'ai eu d'inquiétudes à cause de vous! Je craignois bien fort que la Libye ne ruinât votre projet (19).

---

(19) La Libye est au Couchant de l'Egypte; c'est une partie de l'Afrique, qui eut anciennement les noms d'Olympie, Océanie, Coryphé, Hespérie, Ortygie, Ethiopie, Cyrenne, Ophiusse. Anchise avoit raison de dire qu'il avoit craint pour Enée au sujet de la Libye; puisque le régime le plus difficile de l'œuvre est, selon tous les Philosophes, celui qu'il faut garder pour parvenir à la couleur noire, & pour en sortir; car le noir est la clef de l'œuvre, & c'est la premiere couleur solide qui doit survenir à la matiere; elle est le signe de la dissolution & de la corruption qui doit nécessairement précéder toute génération. Si l'on presse trop le feu,

Enée lui répondit ; depuis que la mort nous avoit séparés, la tristesse s'étoit emparée de mon cœur, vous étiez toujours présent à mon esprit, & l'ardent désir de vous voir m'amene ici. J'ai laissé ma flotte sur les rivages Tyrrhéniens, ne soyez point inquiet d'elle : permettez que je vous embrasse, & ne me privez pas de cette satisfaction. En exprimant ainsi sa joie, il versoit des larmes abondantes ; il tendit trois fois les bras pour l'embrasser, & trois fois l'ombre d'Anchise, semblable à l'image d'un songe, s'évanouit de ses mains.

Pendant cette conversation, Enée vit à côté d'eux un bosquet situé dans une vallée écartée ; c'étoit une demeure tranquille pour ses habitans, & le fleuve Léthé l'environnoit de toutes parts ; une multitude innombrable d'ombres de toutes les Nations voltigeoient tout autour, & ressembloient à un essain d'abeilles, qui dans un beau jour d'été fondent en troupes, & voltigent autour des lys & des fleurs qui émaillent une prai-

disent les Philosophes, la couleur rouge paroîtra avant la noire ; on brûlera les fleurs, & l'on sera frustré de son attente. Donnez donc toute votre attention, ajoutent-ils, au régime du feu ; cuisez votre matiere, jusqu'à ce qu'elle devienne noire, parce que c'est la marque de la dissolution & de la putréfaction ; quand vous y serez parvenu, continuez vos soins pour blanchir votre laiton (*a*) ; lorsqu'il sera blanc, réjouissez-vous alors, car le tems des peines est passé : *dealbate latonem, & rumpite libros.*

(*a*) Philalethe, Enarrat. Method. p. 80.

rie.

rie (20). Enée tout étonné de ce ſpectacle, demanda ce que c'étoit que ce fleuve, & cette

---

(20) Cette affectation de Virgile à citer d'abord les lys, qui eſt une fleur extrêmement blanche & peu commune dans les prairies, ſemble n'avoir eu d'autre but que de confirmer l'idée de la matiere parvenue au blanc, qu'il avoit d'abord déſignée par les bandelettes blanches, qui ceignent le front des habitans des Champs Eliſées. On diroit même qu'il n'a pas pouſſé au-delà la deſcription de l'œuvre, s'il n'avoit ajoûté que beaucoup d'autres fleurs émaillent les prairies. Quelque variées que ſoient ces fleurs en total, on ſçait que priſes chacune en particulier, elles ne ſont communément que toutes blanches, ou jaunes, ou rouges, ou nuancées de quelques-unes de ces couleurs. Virgile avoit déſigné la blanche en particulier par les lys; il s'eſt contenté d'indiquer les deux autres en général, qui marquent la ſuite de l'œuvre juſqu'au rouge. La réponſe que fait Anchiſe à Enée le prouve parfaitement. Cet eſprit igné répandu dans la matiere, eſt préciſément celui que les Philoſophes hermétiques diſent être dans leur magiſtere parfait, à qui ils ont donné auſſi le nom de Microcoſme, ou petit Monde, comme étant un abrégé de tout ce que le Macrocoſme a de parfait. Il eſt, diſent-ils, le principe de tout, c'eſt de lui que tout eſt fait; il produit le vin dans la vigne, l'huile dans l'olivier, la farine dans le grain, la ſemence dans les plantes, la couleur dans les fleurs, le goût dans les alimens; il eſt le principe radical & vivifiant des mixtes & de tous les corps; c'eſt l'eſprit univerſel corporifié, & qui ſe ſpécifie ſuivant les différentes eſpéces des individus des trois régnes de la nature. Le magiſtere eſt, dit d'Eſpagnet, une miniere de feu céleſte. Il faut obſerver à cet égard que Virgile a eu ſoin de diſtinguer les aſtres terreſtres d'avec les céleſtes, afin que le Lecteur ne les confondît pas; c'eſt pour cela qu'il les a appellés Titaniens, parce qu'on ſçait que les Titans

troupe d'hommes répandus ſur ſon rivage ; Anchiſe l'en inſtruiſit, en ces termes : Dès le commencement un certain eſprit igné fut infuſé dans le Ciel, la Terre, la Mer, la Lune & les Aſtres Titaniens ou terreſtres ; cet eſprit leur donne la vie, & les entretient ; une ame enſuite répandue par tout le corps, donne le mouvement à

étoient fils de la Terre. Les aſtres terreſtres ſont les métaux, auxquels la Chymie a donné les noms des Planétes. Virgile ajoûte que ce feu eſt d'origine céleſte, parce que, ſuivant Hermès (1), le Soleil eſt ſon pere, & la Lune ſa mere. Tous les Philoſophes hermétiques le diſent comme lui. On rempliroit un volume de citations à ce ſujet ; j'en ai même rapporté un aſſez bon nombre dans le cours de cet Ouvrage. Quand le magiſtere a donc acquis ſa perfection, il eſt alors ce feu concentré, cet eſprit igné de la nature, qui a la propriété de corriger les imperfections des corps, de les purifier de ce qu'ils ont d'impur, de ranimer leur vigueur, & de produire tous les effets que les Philoſophes lui attribuent. C'eſt enfin une médecine de l'eſprit, puiſqu'elle rend ſon poſſeſſeur exempt de toutes les paſſions d'avarice, d'ambition, d'envie, de jalouſie, & autres, qui tyranniſent ſans ceſſe le cœur humain. En effet, ayant la ſource des richeſſes & de la ſanté, que peut-on déſirer davantage dans le monde ? On n'aſpireroit gueres aux honneurs, ſi la miſere y étoit attachée. On n'envie pas le bien & la fortune d'autrui, quand on en a dequoi ſe ſatisfaire, & en rendre les autres participans. Les Philoſophes ont donc raiſon de dire que la ſcience hermétique eſt le partage des hommes prudens, ſages, pieux, & craignant Dieu ; que s'ils n'étoient pas tels lorſque Dieu a permis qu'ils en euſſent la poſſeſſion, ils le ſont devenus dans la ſuite.

(1) Table d'Emeraude.

toute la maſſe. De là ſont venues toutes les eſpéces d'hommes, de quadrupédes, d'oiſeaux & de poiſſons; cet eſprit igné eſt le principe de leur vigueur; ſon origine eſt céleſte, & il leur eſt communiqué par les ſemences qui les ont produits. Anchiſe les conduiſit enſuite au milieu de cette multitude d'ombres qu'ils avoient vûes; & étant monté ſur une petite élévation, pour mieux voir tout ſon monde, & les paſſer en revûe l'un après l'autre, il déſigna à Enée tous ceux qui dans l'Italie devoient dans la ſuite des tems deſcendre de lui, & ſoutenir la gloire du nom Troyen.

FIN.

CORRECTIONS DE LA SECONDE PARTIE.

PAGE 63, *ligne* 27; lactus, *lisez* lactis.
——— 66, ——— 1; crapaux, *lis.* crapaud.
——— *Ibid.* ——— 21; comment sçais-tu le nom; *lis.* comment sçais-tu que le nom.
——— 77, ——— 9; nomme, *lis.* comme.
——— *Ibid.* ——— 29; chaîné, *lis.* chaîne.
——— *Ibid.* ——— 30; un enclume, *lis.* une enclume.
——— 97, ——— 31; coutroient, *lis.* couroient.
——— 115, *dern. lig.* & fit dire, *lis.* ce qui fit dire.
——— 116, ——— 22; allumée, *lis.* allumées.
——— 127, ——— 4; de feu, *lis.* du feu.
——— 144, ——— 4; d'autes, *lis.* d'autres.
——— 187, ——— 21; d'Homere, *lis.* d'Horace.
——— 234, ——— 16; deneissa; *lis.* demissa.
——— 277, ——— 28; ce que c'étoit Pluton, *lis.* ce qu'étoit.
——— 278, *dern. lig.* odorantes, *lis.* odoriférentes.
——— 337, ——— 12; gourverner, *lis.* gouverner.
——— 358, ——— 19; en particulier, *lis.* un particulier.
——— 374, ——— 23; jusqu'à ce qui étoit, *lis.* jusqu'à ce que ce qui étoit caché.
——— 382, ——— 3; les Centures, *lis.* Centaures.
——— 383, ——— 4; la perfection, *l.* à la perfection.
——— 387, ——— 9; nétoye, *lis.* nettoye.
——— *Ibid.* ——— 14; nétoyé, *lis.* nettoyé.
——— 394, ——— 3; disporoit. *lis.* disparoît.
——— 418, ——— 24; existées, *lis.* existé.
——— 431, ——— 26; de galeres, *lis.* des galeres.
——— 545, ——— 16; pleurs, *lis.* larmes.
——— 556, ——— 7; existée, *lis.* existé.
——— 572, ——— 4; tetre, *lis.* terre.
——— 580, ——— 24; ennemis, *lis.* ennemi.
——— 585, ——— 24; déposé, *lis.* déposés.

TABLE
DES LIVRES ET CHAPITRES
de la seconde Partie.

TABLE.

TABLE.

Fin de la Table.

BIBLIOTHEQUE ROYALE

www.ingramcontent.com/pod-product-compliance
Lightning Source LLC
LaVergne TN
LVHW010517100826
845148LV00001B/29

* 9 7 8 2 0 1 2 5 7 5 7 1 4 *